21 世纪高等院校计算机教材系列

SAS 软件与统计应用教程

汪远征　徐雅静　主编

机 械 工 业 出 版 社

SAS 是当今国际上最著名的数据分析软件系统之一。本书以 SAS 系统 8.2 版本为背景，通过丰富的实例来介绍如何使用 SAS 中的 INSIGHT、“分析家”以及编程方法来实现常用的一些统计分析。本书涉及的 SAS 应用包括：描述性统计、假设检验和区间估计、回归分析、方差分析、主成分分析与因子分析、典型相关分析与对应分析、聚类分析与判别分析、属性数据分析等。

本书概念清楚，逻辑性强、层次分明、例题丰富，书中每章均附有典型习题，适合教师课堂教学和学生自学。

本书既可作为本、专科应用统计专业的教材，也可作为 SAS 统计软件培训班的教材，还可作为有关数据处理专业人员的参考用书。

图书在版编目（CIP）数据

SAS 软件与统计应用教程 / 汪远征，徐雅静主编. —北京：机械工业出版社，2007.1（2025.8 重印）

（21 世纪高等院校计算机教材系列）

ISBN 978-7-111-20695-8

Ⅰ. S… Ⅱ. ①汪…②徐… Ⅲ. 统计分析—应用软件，SAS—高等学校—教材 Ⅳ. C819

中国版本图书馆 CIP 数据核字（2007）第 000940 号

机械工业出版社（北京市百万庄大街 22 号　邮政编码 100037）

策　　划：胡毓坚

责任编辑：李馨馨

责任印制：李　昂

涿州市般润文化传播有限公司印刷

2025 年 8 月第 1 版 · 第 16 次印刷

184mm×260mm · 19.5 印张 · 479 千字

标准书号：ISBN 978-7-111-20695-8

定价：59.00 元

电话服务	网络服务
客服电话：010-88361066	机　工　官　网：www.cmpbook.com
010-88379833	机　工　官　博：weibo.com/cmp1952
010-68326294	金　　书　　网：www.golden-book.com
封底无防伪标均为盗版	机工教育服务网：www.cmpedu.com

出版说明

计算机技术是一门发展迅速的现代科学技术，它在经济建设与社会发展中，发挥着非常重要的作用。近年来，我国高等院校十分注重人才的培养，大力提倡素质教育、优化知识结构，提倡大学生必须掌握计算机应用技术。为了满足教育的需求，机械工业出版社组织了这套“21世纪高等院校计算机教材系列”。

在本套系列教材的组织编写过程中，我社聘请了各高等院校相关课程的主讲老师进行了充分的调研和细致的研讨，并针对非计算机专业的课程特点，根据自身的教学经验，总结出知识点、重点和难点，一并纳入到教材中。

本套系列教材定位准确，注重理论教学和实践教学相结合，逻辑性强、层次分明、叙述准确而精炼、图文并茂、习题丰富，非常适合各类高等院校、高等职业学校及相关院校的教学，也可作为各类培训班和自学用书。

参加编写本系列教材的院校包括：清华大学、西安交通大学、上海交通大学、北京交通大学、北京邮电大学、北京化工大学、北京科技大学、山东大学、首都经贸大学、河北大学等。

机械工业出版社

前　言

SAS 系统（Statistical Analysis System）是数据处理和统计领域的国际标准软件之一，是世界领先的数据分析和信息系统。在国际学术界有条不成文的规定，凡是用 SAS 统计分析的结果，在国际学术交流中可以不必说明算法，由此可见其权威性和信誉度。

在众多的统计软件中，SAS 系统以运行稳定、功能强大而著称。近 20 年来，SAS 系统一直占据统计软件的高端市场，它被成功应用于 120 多个国家和地区的 31000 多个机构中，直接用户超过 3500000 人。在世界财富 500 强中，有 90%的公司使用 SAS 软件。而在财富 500 强的前 100 家企业中，更是有 98%的公司使用 SAS 软件。目前 SAS 软件正在国内迅速地普及、发展。尽管 SAS 软件在国内的普及程度还远远不及美国和欧洲一些国家，但是相信，随着对数据统计需求的增加，企业对数据统计分析将会越来越重视，会有越来越多的企业使用 SAS 系统。

在西方发达国家，SAS 软件是大学生的必修课，也是其毕业后谋生的资本。在我国，熟练地应用 SAS 系统也逐渐成为统计师和文、理科大学生的“谋生本领”。

本书通过丰富的实例来介绍如何使用 INSIGHT、“分析家”以及编程方法来实现常用的一些统计分析。这些实例涉及多个领域，并有详细的分析过程，便于不同背景的读者学习参考。

本书涉及的 SAS 软件在统计方面的应用包括：描述性统计、假设检验和区间估计、回归分析、方差分析、主成分分析与因子分析、典型相关与对应分析、聚类分析与判别分析、属性数据分析等。作为 SAS 软件系统与应用统计的入门书，本书不强调全面介绍 SAS 软件功能，而是强调掌握 SAS 统计软件的基本用法，进一步掌握统计分析的基本方法，然后通过阅读更详细的资料以达到熟练使用统计软件完成统计应用的目的。

本书可以作为大专院校应用统计专业的教材，也可作为 SAS 统计软件培训班的教材，还可以作为专业统计人员使用 SAS 软件的参考书。

本书第 1 章由汪远征编写，第 2 章由曲双红编写，第 3、4 章由徐雅静编写，第 5 章由李湘露编写，第 6 章由吕延华、张文卿、张愿章、孔杰编写，第 7 章由仝允战、胡尧、朱跃峰、罗楚新编写，第 8 章由刘庆胜、李谧佳、姜胜利编写，第 9 章由李惠、刘大明编写，全书由汪远征、徐雅静主编。由于作者水平有限，难免存在错误与疏漏，希望读者批评指正。

编　者

目　　录

第 1 章　SAS 基础

SAS（Statistical Analysis System）是由美国北卡罗来纳州的 SAS institute 公司开发的一种统计软件，它被广泛应用在商业、科研领域。SAS 不仅具有强大的统计分析功能，而且具有一般数据库软件的数据管理功能，同时系统的功能也逐渐扩展到线性与非线性规划、时间序列分析、运筹决策支持、数据仓库和数据挖掘等领域。

本章介绍统计软件 SAS 的基础知识，包括 SAS 系统工作环境的使用、SAS 系统对数据文件的管理以及 SAS 系统对数据的简单处理。

1.1　初识 SAS

SAS 是一个大型的应用软件系统，具有完备的数据访问、管理、分析、呈现，以及应用开发功能。

1.1.1　SAS 简介

1．SAS 与统计分析

在众多的统计软件中，SAS 以运行稳定、功能强大而著称。近 20 年来，SAS 一直占据着统计软件的高端市场，用户遍及金融、医药卫生、生产、运输、通信、政府和教育科研等领域。在数据处理和统计分析领域，SAS 系统被誉为国际上的标准软件，堪称统计软件界的巨无霸。在美英等国，能熟练使用 SAS 系统进行统计分析是许多公司和科研机构选才的条件之一。在国内 SAS 软件也正迅速普及、发展，尽管普及程度还远远不及美国和欧洲一些国家，但是随着对数据统计需求的增加，企业对数据统计分析将会越来越重视，会有越来越多的企业使用 SAS 系统。

2．SAS 的版本介绍

SAS 是在 20 世纪 60 年代末期由两位北卡州立大学（North Carolina State University）统计系的教授开发的。第一版的 SAS 只含一般线性模型的分析法，而且只适用于 IBM 的主机；1972 年 SAS 软件及其使用手册首次对外公开租赁；1976 年 SAS 公司成立，主要负责软件的发展、维护并提供相关服务。由于 SAS 公司认为软件多元化是未来发展的必然趋势，在 1984 年决定以 C 语言改写 SAS 系统的同时，以多元架构（Multi-Vendor Architecture，MVA）为设计重点，使得 SAS 在不同的操作系统平台下几乎不须修改即可运行，提高了使用性。至于 PC 版本的 SAS 则于 1987 年推出（V6.02），1989 年推出 SAS/PC（V6.04）版本；1997 年下半年推出适用于 Windows 的 V6.12 版本；2000 年 2 月又推出 SAS 系统 V8 版本，2001 年推出 SAS 系统 V8.2 版本；目前 SAS 最新版本为 V9.01。

本书介绍目前最为流行的 SAS V8.2，所有程序和操作都在 SAS V8.2 中调试通过。

3．SAS 的功能模块

SAS 系统由 30 几个模块组成，主要包括：BASE、GRAPH、ETS、FSP、AF、OR、IML、

SHARE、QC、STAT、INSIGHT、ANALYST、ASSIST、CONNECT、CPE、LAB、ETS、WAREHOUSE、PC File Formats、GIS、SPECTRAVIEW、SHARE、R/3、Online Tutor：SAS Programming、MDDB Server、IT Service Vision Client、IntrNet Compute Services、Enterprise Reporter、MDDB Server common products、Enterprise Miner、AppDev Studio、Integration Technologies 等。

SAS 的分析功能散布在几乎所有的模块之中，较为集中的具有统计分析功能的是 SAS/BASE、SAS/STAT、SAS/QC、SAS/INSIGHT、SAS/ETS 等模块，通过编程可以调用各种分析功能。

随着图形界面、用户友好等程序思想的发展，SAS 也陆续提供了一些不需要学习 SAS 编程就能进行数据管理、分析、报表、绘图的功能，其中做得比较出色的有 INSIGHT 模块和 Analyst（分析家）。INSIGHT 是在基本的 SAS 系统基础上添加的一个模块，提供了数据交互输入、数据探索、分布研究、相关分析，以及各种图形功能。“分析家”则为常见的数据管理和统计功能提供了一个简单易用的图形界面，还能够把用图形界面进行的操作以普通 SAS 程序的形式记录下来供学习参考。

对于常用的一些统计分析方法，SAS 系统中的如下三种方法可以达到同样的目的：

- INSIGHT（交互式数据分析）模块
- Analyst（分析家）模块
- 直接编程方式

一般来说，INSIGHT 模块在数据探索方面比较有特色，最为直观，便于步步深入；“分析家”可提供自动形成的程序，而且在属性数据分析和功效函数计算方面较 INSIGHT 强；编程方式是功能最强的，尤其是一些特殊或深入的分析功能只能用编程实现，但相对来说，编程较难熟练掌握。

本书将分别介绍使用 INSIGHT 模块、“分析家”和直接编程方式来完成常用统计分析功能并说明 SAS 输出结果的含义。

1.1.2 使用 SAS

1. SAS 的启动

在 Windows 环境中，用如下方法可以进入 SAS 系统的窗口运行环境：

- 用鼠标选择系统菜单项：“开始” → “程序” →The SAS System→The SAS System for Windows V8。
- 如果 SAS 安装系统在桌面上建立有快捷方式图标，双击 SAS.EXE 图标启动 SAS。
- 生成 SAS.EXE 的快捷方式（把 SAS.EXE 用鼠标右键拖到桌面），双击 SAS.EXE 图标启动 SAS。

2. SAS 的操作界面

SAS 系统启动后，进入 SAS 操作界面。SAS 操作界面的标准名称为 SAS Application WorkSpace（SAS 应用工作空间），简称 SAS AWS。

与 Windows 应用程序一样，SAS AWS 是一个多窗口界面：在一个主窗口内包含若干个子窗口，并有菜单栏、工具栏、状态栏等，如图 1-1 所示。

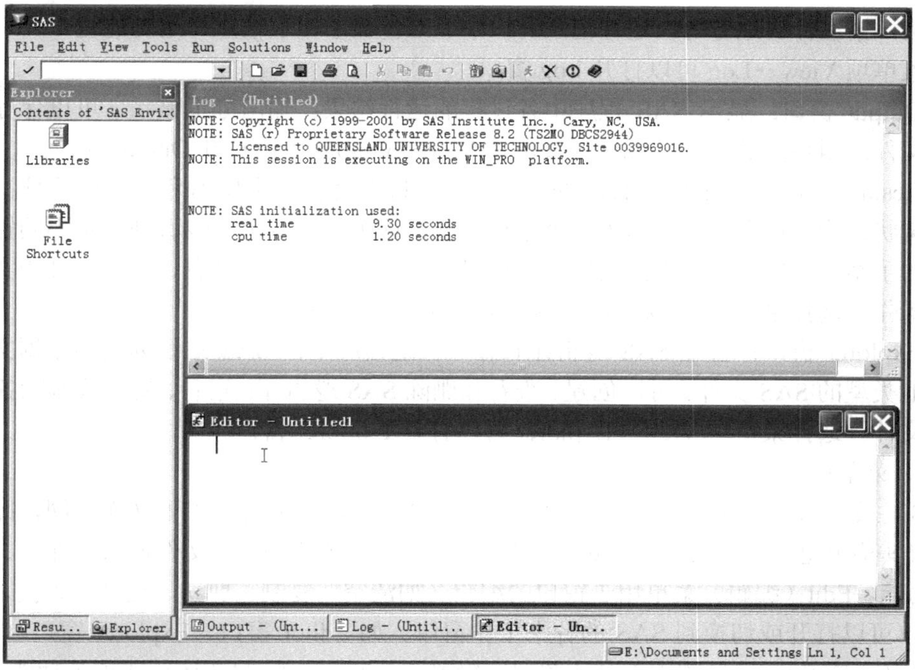

图 1-1　SAS AWS

（1）子窗口

SAS 是一个典型的多文档界面程序，因此在其窗体内可以有多个子窗口。但当前子窗口只有一个，即标题栏深色显示的那个。我们所做的操作均是针对当前子窗口的，如果要对其他子窗口进行操作，则需切换为当前子窗口。

SAS V8.2 的子窗口有十几个，但初始状态下能见到的是最常用的五个子窗口：程序编辑窗口（Editor）、运行记录窗口（Log）、输出窗口（Output）、结果窗口（Results）和浏览器窗口（Explorer），通过点击工作区下方的标签可以切换当前子窗口。

通常，在 Editor 窗口输入 SAS 程序，选择菜单项 Run→Submit，或者直接点击工具栏上的  按钮就可以运行程序；在 Output 窗口查看结果，如果有图形输出，还会出现一个 Graph 窗口；如果进行了多次输出，Output 便保存了多次的结果，从 Results 窗口查看结果可以很容易分清楚；Log 窗口给出了程序运行的信息，如果程序有错误，则给出相应的提示，可以根据提示修改错误。如果 Output 或 Log 窗口的信息过多，造成混乱，也可以在主菜单 Edit 中选择 Clear 清除当前窗口的信息。

下面是五个常用子窗口的功能和特点：

- Editor 窗口：增强的程序编辑器。可以用不同颜色显示 SAS 程序的不同部分，并对 SAS 命令的语法进行检查；可以自动缩进排列程序文本，可以折叠一段程序。其操作类似于 Windows 中的记事本，可以对所编辑的文本（主要是 SAS 程序）进行选中、复制、剪切、粘贴等操作。可以同时打开多个 Editor 窗口。用功能键〈F5〉或选择菜单项 View→Enhanced Editor 可以打开 Editor 窗口。
- Log 窗口：记录程序的运行情况。显示运行是成功还是出错，运行所用时间，如果出错，错在什么地方等。运行记录窗口中以红色显示错误信息。用功能键〈F6〉或选择菜单项 View→Log 可以打开 Log 窗口。

- Output 窗口：显示 SAS 程序中各过程的运行结果。输出分页显示，可以保存结果为文件。用功能键〈F7〉或选择菜单项 View→Output 可以打开 Output 窗口。
- Results 窗口：管理 SAS 程序的输出结果。将提交执行的 SAS 程序的结果依次排列为树状结构，每个结果表示为一个结点，展开这个结点可进一步看到表示不同输出内容的子结点。用鼠标右键点击结点，可以对该输出结果进行查看、存储、打印和删除等操作。选择菜单项 View→Results 可以打开 Results 窗口。
- Explorer 窗口：管理 SAS 逻辑库和存放在逻辑库中由 SAS 系统创建的数据文件和其他类型的 SAS 文件。可以创建、查看和删除 SAS 逻辑库；查看、复制或删除各种 SAS 文件。选择菜单项 View→Explorer 可以打开 Explorer 窗口。

（2）菜单栏

SAS 主窗口标题栏下是主菜单。SAS 菜单是动态的，其内容随上下文而不同，即光标在不同窗口其菜单也不同。其中，File（文件）菜单主要是有关 SAS 文件调入、保存、转换及打印等功能。Edit（编辑）菜单用于窗口的编辑（如清空、复制、剪切、粘贴、查找、替换）。View 菜单可以打开或切换到 SAS 的各个工作窗口，如 Editor 窗口、Explorer 窗口。Tools 菜单可以打开一些 SAS 提供的小工具如图像编辑器，还包含修改 SAS 运行选项等功能。Run 菜单用于程序执行、远程调用等，仅当 Editor 窗口为当前窗口时有效。Solutions 菜单是 SAS 图形操作界面模块的入口，比如 INSIGHT、Analyst（分析家）、ASSIST 等模块的调用都可以通过 Solutions 菜单。

（3）工具栏

主菜单下是一个命令条和工具栏。命令条主要用于与 SAS 较早版本的兼容，可以在这里键入 SAS 的显示管理命令。工具栏图标提供了常见任务的快捷方式，比如保存、打印、帮助等。鼠标光标在某一工具栏图标上停留几秒可以显示一个说明。工具栏也是动态的，当光标在编辑窗口时工具栏图标的解释如表 1-1 所示。

表 1-1　光标在编辑窗口时工具栏图标说明

图标	名　称	功　能
	New	建立新的编辑窗口
	Open	打开文件到编辑窗口。用户指定一个文件调入到编辑窗口内。这个文件从此与编辑窗口相关联，以后的存盘操作将自动存入这个文件
	Save	存盘，保存编辑窗口内容，注意如果此窗口已经与一个文件相联系，此功能将覆盖文件的原有内容而不提示
	Print	打印当前窗口内容
	Print preview	打印预览
	Cut	剪切选定文本
	Copy	复制选定文本
	Paste	粘贴。注意这些操作是对 Windows 剪贴板进行的，可以用来与其他 Windows 应用程序交换文本、数据等。剪切或复制到剪贴板的内容可以被其他应用程序粘贴，其他应用程序放到剪贴板的内容也可以粘贴到 SAS 的编辑窗口中
	Undo	撤销刚才的编辑操作
	New Library	建立新的 SAS 逻辑库

（续）

图标	名　称	功　能
	SAS Explorer	打开 SAS 管理器窗口查看、管理 SAS 的各个库和库中的文件
	Submit	运行（提交）编辑窗口中的程序
	Clear All	清空当前窗口内容
	Break	中断正在运行的 SAS 程序
	Help	进入 SAS 的帮助界面。因为 SAS 是一个十分庞大的系统，我们不可能完全了解 SAS 的每一个细节，所以善于利用 SAS 的帮助系统对于学好用好 SAS 是极为重要的。也可以从菜单进入 SAS 帮助

其中提交程序按钮最为常用，点击该按钮即可运行 Editor 窗口中的 SAS 程序。

（4）状态栏

SAS 界面的状态栏中显示当前工作目录，这是文件打开、保存的默认目录。双击此处可以更改当前工作目录。

3．SAS 的退出

在 SAS 应用工作空间中用鼠标单击关闭按钮，或者选择菜单 File→Exit，打开 Exit 对话框，如图 1-2 所示，单击“确定”按钮，即可退出 SAS。

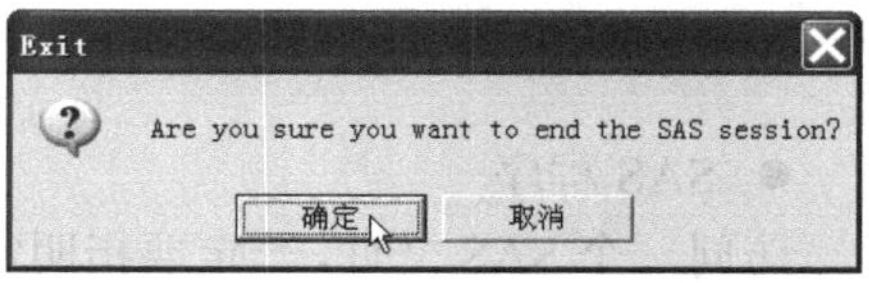

图 1-2　“Exit”对话框

1.1.3　SAS 对数据文件的管理

在 SAS 系统中建立的众多 SAS 文件，可按不同需要将其归入若干个 SAS 逻辑库，以便对 SAS 文件进行访问和管理。Explorer 窗口可以管理逻辑库和各种 SAS 文件，一般来说，对于 SAS 文件的复制、查看和删除等操作，在 Explorer 窗口下进行比在 Windows 下更为方便。

1．逻辑库和 SAS 文件

SAS 逻辑库是一个逻辑概念，在 Windows 环境下，一个逻辑库就是存放在同一文件夹中的一组 SAS 文件。在 SAS 系统的信息组织中，总共只有两个层次：SAS 逻辑库是高一级的层次，低一级的层次就是 SAS 文件本身。

SAS 的逻辑库分为临时库和永久库两种。临时库只有一个，名为 Work，其他的库均为永久库。SAS 每次启动时会自动指定 4 个库标记：Work、Sasuser、Sashelp、Sasmap。存放在 Work 中的 SAS 文件叫临时文件，当退出 SAS 系统时这些临时文件会被自动删除。Sasuser 库保存与用户个人设置有关的文件，Sashelp 库保存与 SAS 帮助系统、例子有关的文件。

由此看出，SAS 文件分为临时文件和永久文件：临时文件存放在临时库中，在退出 SAS 系统时自动被删除；永久文件保存在永久库中，在退出 SAS 系统时不会自动被删除。所以，通常把作为中间结果或练习使用的数据集保存为临时数据集，而需要以后再用的数据集则可以保存为永久数据集。如果需要备份，最好在退出前把临时文件复制到其他的库中。

在 Explorer 窗口中，单击工具按钮，或是在右键菜单中选择 New，打开 New Library 对话框，可以建立新库（如把一个库名 Mylib 和一个实际的文件夹 G:\张三\Myfile 联系起来），见图 1-3。如果选中 Enable at startup 复选框，则每次打开 SAS 时所建逻辑库都有效。

SAS 文件是指储存在 SAS 逻辑库中的成员，SAS 的用户文件的主要类型有：

- SAS 数据集

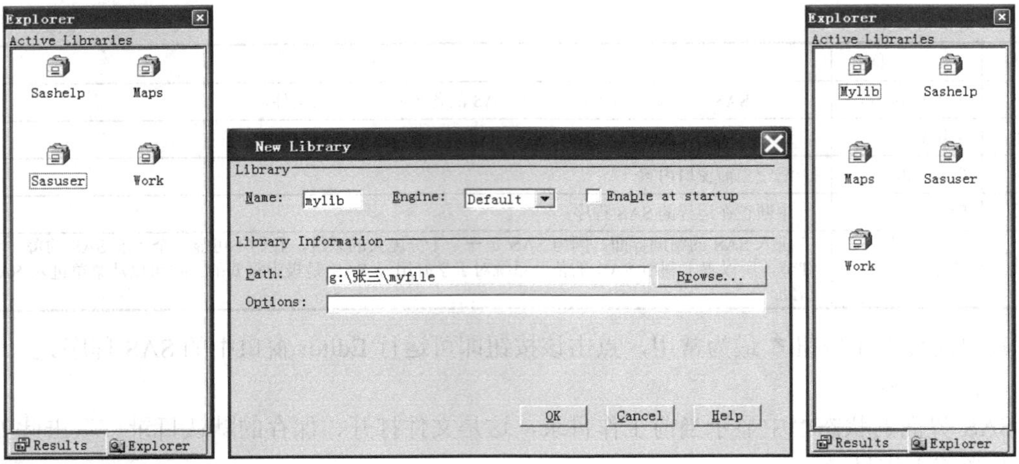

图 1-3　建立新库

● SAS 程序

访问一个 SAS 文件，一定要指明它所在的逻辑库，格式为：逻辑库名.文件名。如在 Sasuser 库下建立一个名为 Mydata 的数据集，访问的时候，要用 Sasuser.mydata。

如果不指明逻辑库名，则表示存储在临时逻辑库 WORK 中的 SAS 文件。

2. SAS 的名字

SAS 逻辑库和数据集都有名字，这些名字的命名应该尽量使其能反映数据集中储存的信息的内容。对所有的 SAS 的名字（数据集名、变量名、逻辑库名等等）有以下命名规则：

1）由英文字母、数字、下划线组成；

2）第一个字符必须是字母或下划线；

3）不区分大、小写字母。

另外，SAS 逻辑库名最多用 8 个字符；数据集和变量的名字最多用 32 个字符。

比如 name，abc，aBC，x1，yearl2，_NULL_等是合法的名字，且 abc 和 aBC 是同一个名字，而 class-1（有减号）、a bit（有空格）、serial#（有特殊字符）、12abc（首字符为数字）等不是合法的名字。

3. SAS 数据集

SAS 的核心是 SAS 数据集。SAS 数据集是 SAS 文件的一种，一般由以下两部分组成：

（1）描述部分

包含该数据集的一般信息，包括：数据集的名字及其成员类型、数据集建立的日期和时间、观测的数目、变量的数目以及数据集中每一个变量的特征信息，包括：Name（变量名）、Type（类型）、Length（长度）、Format（输出格式）、Informat（输入格式）、Label（标签）。

（2）数据部分

包含该数据集中收集的数据的值，可以看作是一个矩形的表格。图 1-4 所示的数据表就是 SAS V8 自带的数据集 Sasuser.Class⊖，其中包含了 19 个学生的有关信息。

⊖ 如果没有找到这个数据集，按如下步骤可以生成此数据集及其他示例数据集：选择菜单 Solutions→Analysis→Analyst，进入 Analyst，然后选择其中的 Tools-Sample Data，在出现的对话框中选中所有数据集就可以生成示例数据集。

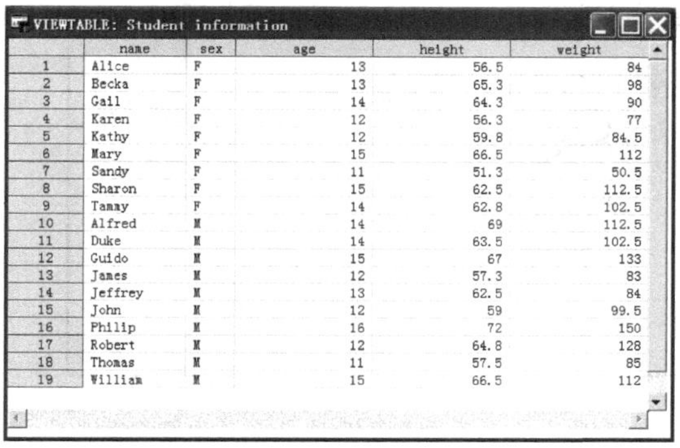

	name	sex	age	height	weight
1	Alice	F	13	56.5	84
2	Becka	F	13	65.3	98
3	Gail	F	14	64.3	90
4	Karen	F	12	56.3	77
5	Kathy	F	12	59.8	84.5
6	Mary	F	15	66.5	112
7	Sandy	F	11	51.3	50.5
8	Sharon	F	15	62.5	112.5
9	Tammy	F	14	62.8	102.5
10	Alfred	M	14	69	112.5
11	Duke	M	14	63.5	102.5
12	Guido	M	15	67	133
13	James	M	12	57.3	83
14	Jeffrey	M	13	62.5	84
15	John	M	12	59	99.5
16	Philip	M	16	72	150
17	Robert	M	12	64.8	128
18	Thomas	M	11	57.5	85
19	William	M	15	66.5	112

a)

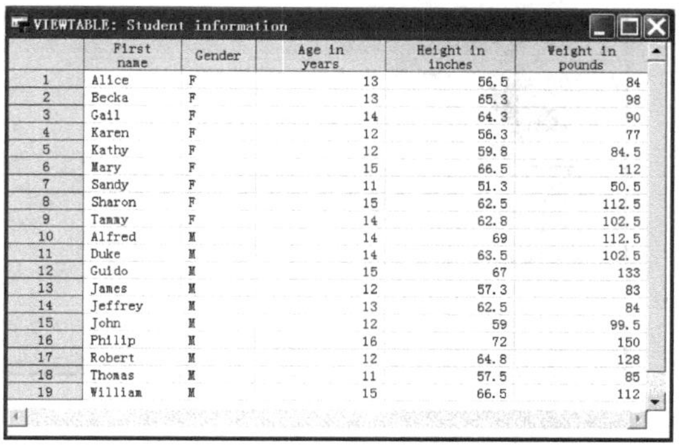

	First name	Gender	Age in years	Height in inches	Weight in pounds
1	Alice	F	13	56.5	84
2	Becka	F	13	65.3	98
3	Gail	F	14	64.3	90
4	Karen	F	12	56.3	77
5	Kathy	F	12	59.8	84.5
6	Mary	F	15	66.5	112
7	Sandy	F	11	51.3	50.5
8	Sharon	F	15	62.5	112.5
9	Tammy	F	14	62.8	102.5
10	Alfred	M	14	69	112.5
11	Duke	M	14	63.5	102.5
12	Guido	M	15	67	133
13	James	M	12	57.3	83
14	Jeffrey	M	13	62.5	84
15	John	M	12	59	99.5
16	Philip	M	16	72	150
17	Robert	M	12	64.8	128
18	Thomas	M	11	57.5	85
19	William	M	15	66.5	112

b)

图 1-4　数据集

表格的列（columns）称为变量（variables），对应于原始数据文件或其他一些外部数据库所称的字段（fields）。如图 1-4 中的 name、sex 等。

表格的行（rows）称为观测（observations），对应于原始数据文件或其他一些外部数据库所称的记录（records）或数据行（data lines）。

图 1-4a 的第一行显示的是变量名，右图第一行显示的是相应的标签名。虽然 SAS 的变量名不支持中文字符，但是标签可以使用中文名称。

4．数据集的导入

建立数据集的方法很多，但是，无论是在 Explorer 窗口中使用 VIEWTABLE 程序，或是下面将要介绍的 INSIGHT 模块和“分析家”，还是使用编程操作中专门的数据读入方法来建立数据集，都需要将数据现场录入，费时费力。较为简便的方法是，利用 Excel 录入数据，并作简单处理，然后将 Excel 数据表导入到 SAS 数据集中。

	A	B	C	D	E
1	姓名	年龄	性别	身高	体重
2	KATE	12	女0	145	43.1
3	LOUISE	12	女	149	55.8
4	JANE	12	女	135	33.6
5	JACLYN	12	女	162	65.8
6	LILLIE	12	女	127	29.1
7	TIM	12	男	147	38.1
8	JAMES	12	男	149	58.1
9	ROBERT	12	男	125	35.9
10	BARBARA	13	女	147	50.8
11	ALICE	13	女	149	48.6
12	SUSAN	13	女	137	30.4
13	JOHN	13	男	159	44.5
14	JOE	13	男	154	47.7
15	MICHAEL	13	男	142	43.1
16	DAVID	13	男	145	35.9
17	JUDY	14	女	149	36.8
18	ELIZABET	14	女	152	41.3

图 1-5　Excel 数据表 Bclass

导入 Excel 数据表的步骤如下（以图 1-5 所示的 Excel 数据表为例㊀）：

1）在 SAS 应用工作空间中，选择菜单 File→Import Data…，打开导入向导 Import Wizard 第一步：选择导入类型（Select import type），默认的类型为 Excel 数据表，单击 Next 按钮，如图 1-6a 所示。

2）在第二步的 Select file 对话框中，单击 Browse 按钮，在“打开”对话框中选择所需要的 Excel 文件，返回。然后，单击 Option 按钮，选择所需的工作表，单击 OK 按钮返回，如图 1-6b 所示。单击 Next 按钮，进入下一步。

3）在第三步的 Select library and member 对话框中，选择导入数据集所存放的逻辑库以及数据集的名称，单击 Next 按钮（如图 1-7a 所示），进入下一步。

㊀ 性别一栏的第一个数据原为“女”，现多输入一个字符“0”，是为了让 SAS 能将该变量长度识别为 2。导入数据后，将 0 删除再存盘。

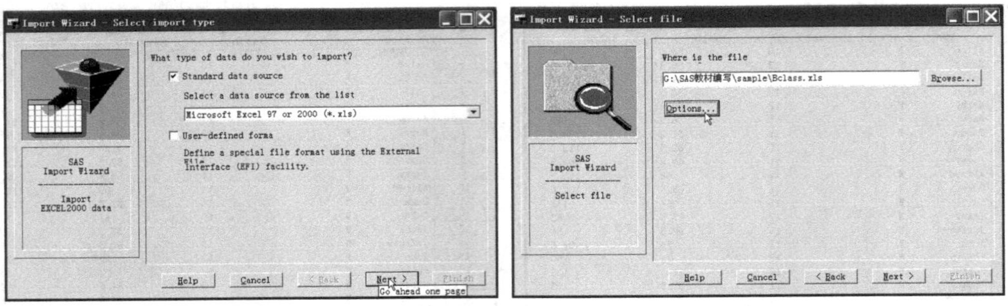

a)　　　　b)

图 1-6　导入向导一、二步

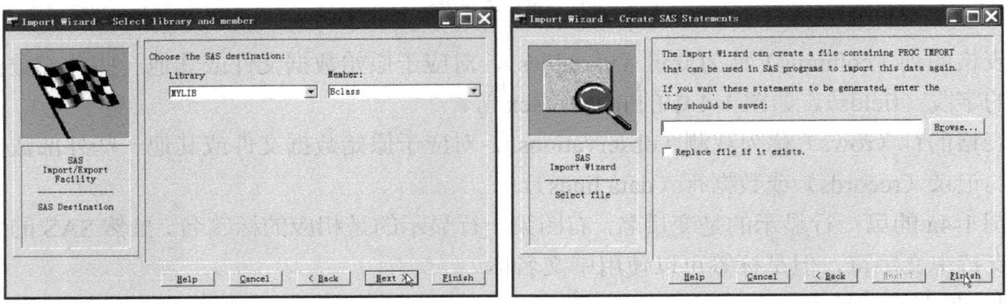

a)　　　　b)

图 1-7　导入向导三、四步

4）在第四步的 Create SAS Statements 对话框中，可以选择将系统生成的程序代码存放的位置，本例不做选择，直接单击 Finish 按钮（如图 1-7b 所示），完成导入过程。

在 Explorer 窗口中，双击逻辑库 Mylib 中的文件 Bclass，即可看到新导入的数据集，如图 1-8b 所示。

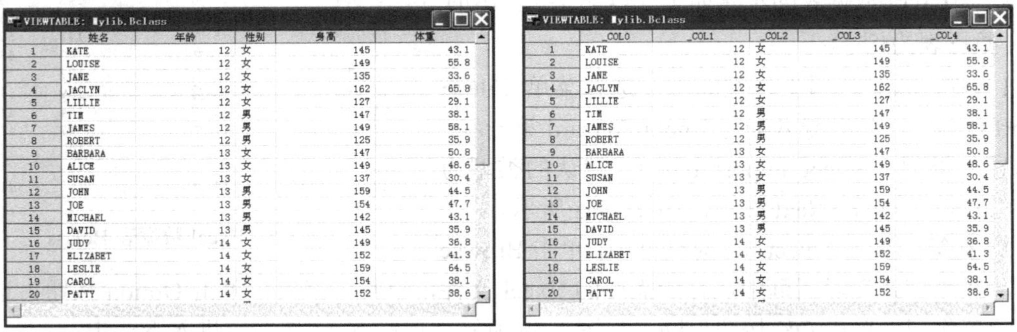
VIEWTABLE: Mylib.Bclass

	姓名	年龄	性别	身高	体重
1	KATE	12	女	145	43.1
2	LOUISE	12	女	149	55.8
3	JANE	12	女	135	33.6
4	JACLYN	12	女	162	65.8
5	LILLIE	12	女	127	29.1
6	TIM	12	男	147	38.1
7	JAMES	12	男	149	58.1
8	ROBERT	12	男	125	35.9
9	BARBARA	13	女	147	50.8
10	ALICE	13	女	149	48.6
11	SUSAN	13	女	137	30.4
12	JOHN	13	男	159	44.5
13	JOE	13	男	154	47.7
14	MICHAEL	13	男	142	43.1
15	DAVID	13	男	145	35.9
16	JUDY	14	女	149	36.8
17	ELIZABET	14	女	152	41.3
18	LESLIE	14	女	159	64.5
19	CAROL	14	女	154	38.1
20	PATTY	14	女	152	38.6

VIEWTABLE: Mylib.Bclass

	_COL0	_COL1	_COL2	_COL3	_COL4
1	KATE	12	女	145	43.1
2	LOUISE	12	女	149	55.8
3	JANE	12	女	135	33.6
4	JACLYN	12	女	162	65.8
5	LILLIE	12	女	127	29.1
6	TIM	12	男	147	38.1
7	JAMES	12	男	149	58.1
8	ROBERT	12	男	125	35.9
9	BARBARA	13	女	147	50.8
10	ALICE	13	女	149	48.6
11	SUSAN	13	女	137	30.4
12	JOHN	13	男	159	44.5
13	JOE	13	男	154	47.7
14	MICHAEL	13	男	142	43.1
15	DAVID	13	男	145	35.9
16	JUDY	14	女	149	36.8
17	ELIZABET	14	女	152	41.3
18	LESLIE	14	女	159	64.5
19	CAROL	14	女	154	38.1
20	PATTY	14	女	152	38.6

a)　　　　b)

图 1-8　数据集 Bclass

VIEWTABLE 的第一行显示变量的标签，选择主菜单项 View→Column Names，显示变量名称如图 1-8b 所示。系统对不能识别的变量名依次赋予默认的名称：_COL0、_COL1、_COL2 等。可以在后面介绍的 INSIGHT 模块或“分析家”中修改变量的名称。

1.2 初识 INSIGHT 模块

1.2.1 调用 INSIGHT 模块

有如下两种方法可以调用 INSIGHT 模块：

1）在命令行键入 Insight；

2）在菜单中选择 Solution（解决方案）→Analysis（分析）→Interactive Data Analysis（交互式数据分析）。

上面两种方法都将打开 SAS/INSIGHT Open 对话框，如图 1-9 所示。

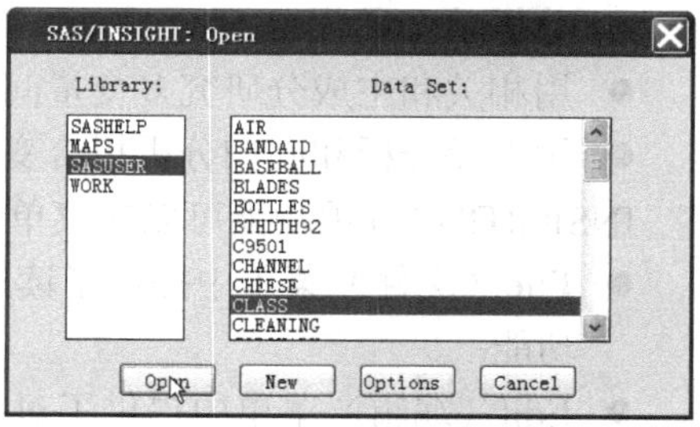

图 1-9 打开 INSIGHT 的数据窗口

在对话框中选择数据集 SASUSER. CLASS，单击 Open（打开）按钮，即可在 INSIGHT 中打开数据窗口，如图 1-10 所示。

INSIGHT 提供了一个类似于电子表格的数据窗口来管理数据集。图 1-10 为显示了数据集 SASUSER.CLASS 的数据窗口。

图 1-10 INSIGHT 中的数据窗口

数据窗口的左上角给出了变量个数和观测个数；每个观测有一个观测序号，观测序号前的符号表示该观测在作图时使用的符号和颜色；数据集的变量在数据窗的顶部标明，每个变量都标以 Int（区间型）或 Nom（列名型）。

在 SAS 数据集中，变量分为两种类型：字符型变量和数值型变量。在 INSIGHT 中，为了区分变量在分析中的不同作用，又按变量的测量水平分为两类：

- 区间型变量（interval variable）：区间型变量必须是数值型变量，可以对其观测值进行四则运算，计算各种统计量；
- 列名型变量（nominal variable）：列名型变量可以是数值型的，也可以是字符型的，在 INSIGHT 中常起分类作用。

字符型变量只能是列名型的，对取值不多而用以区分不同类别的数值型变量也可看作列名型的。在默认情况下，INSIGHT 对所有数值型变量冠以区间型测量水平，对所有字符型变量冠以列名型测量水平。如果需要，可将数值型变量改为列名型测量水平。

1.2.2 INSIGHT 的功能概述

INSIGHT 是一个交互式的数据探索和分析的工具，用这一模块可以实现以下功能：

- 通过多窗口连动的图形和分析结果，对数据进行探索；
- 分析单变量分布；
- 用相关和主成分研究多变量间的关系；
- 用方差分析和回归分析拟合变量间关系的模型。

INSIGHT 的各项功能可以在菜单中找到：

- File（文件）菜单中提供了读入数据集，存储数据集、分析结果的表格和图形的管理功能；
- Edit（编辑）菜单中提供了对打开数据集的变量、观测进行增删、设定数据显示格式和窗口管理的功能；
- Analyze（分析）菜单提供了作图和分析的功能，其分析功能可分为：分布拟合、线性模型（包括回归分析、方差分析等）、多变量分析三类；
- Tables（表）、Graphs（图）、Curves（曲线）、Vars（变量）菜单中随不同的分析项目提供不同的功能。Tables 提供显示分析结果的各种表的功能，Graphs 提供生成与分析有关的各种图形的功能，Curves 提供与分析有关的各种曲线的功能，Vars 提供由分析结果形成的新的变量的功能。

INSIGHT 的一般操作步骤为：

1）打开数据窗口，在数据窗口对数据集进行各种预处理；

2）在“Analyze（分析）”菜单中选择相应的菜单项，进行分析；

3）查看各种分析结果。

其操作界面如图 1-11 所示。

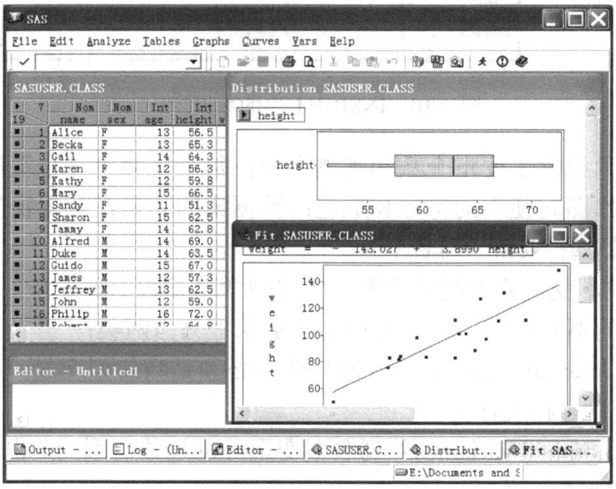

图 1-11　INSIGHT 的操作界面

1.2.3 数据的预处理操作

1. 在数据窗口中移动列

1）单击数据窗口左上角处的三角按钮，打开数据窗菜单，选择 Move to First（移到最前），如图 1-12a 所示，在弹出的 Move to First 对话框中（如图 1-12b 所示），选择欲移动到首列的变量，单击 OK 按钮，即可将该变量移到第一列，如图 1-12c 所示。

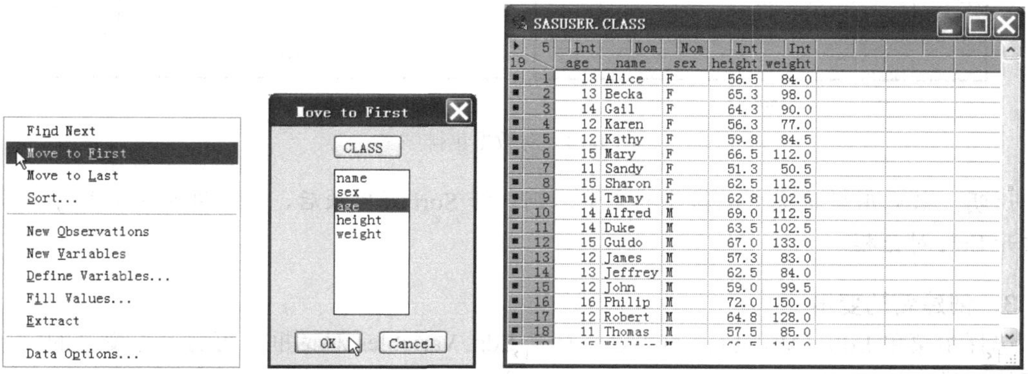

a) b) c)

图 1-12 移动变量到首列

将某个变量移到最后一列（Move to Last）的操作，可类似进行。

2）移到某两列中间：选择主菜单 Edit→Windows→Tools，打开 Tools 对话框，如图 1-13a 所示。

单击手形按钮，光标变为手形，鼠标指向移动变量的顶部，按住鼠标左键拖动到适当的地方即可，如图 1-13b 所示。

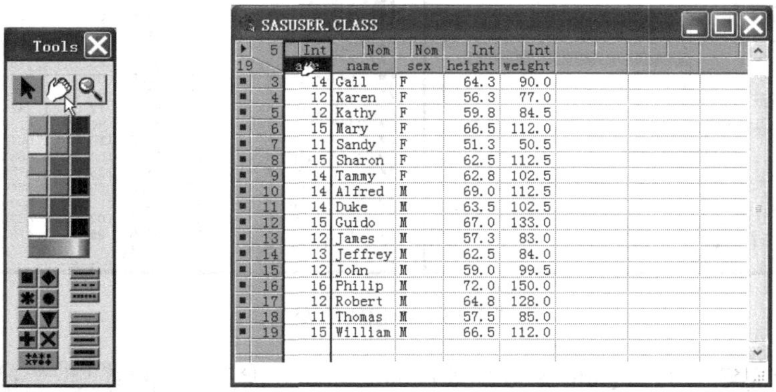

a) b)

图 1-13 移动变量到指定列

2. 对数据集排序

单击数据窗口左上角处的三角按钮，打开数据窗口菜单，选择 Sort，在打开的 Sort 对话框（图 1-14a）中，选择排序的变量，单击 Y 按钮，将变量选定，然后单击 OK 按钮即可。可同时根据多个变量进行排序，默认是升序排序，可单击 Asc/Des 按钮切换到降序。

例如：按 name 进行升序排列，按 age 进行降序排列，如图 1-14b 所示。

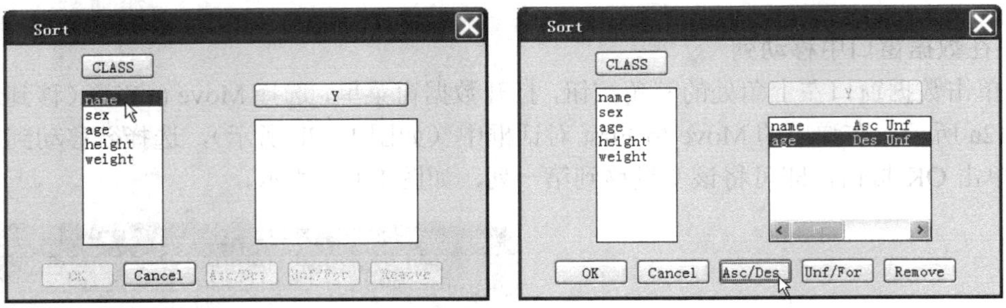

a)　　b)

图 1-14　对数据集排序

说明：若先用鼠标选中欲排序的变量，则选择 Sort 菜单项后，将立即对该列排序，而不再打开 Sort 对话框。

3. 创建新的变量

选择主菜单 Edit→Variables→Other，打开 Edit Variables 对话框，可通过原变量的关系定义新的变量。如：根据学生体重与身高之比建立新变量 D_weight：

1）选中变量 weight，单击 Y，选中变量 height，单击 X；

2）在 Transformation 列表框中选择运算：Y / X；

3）在 Label 栏中注明：体重身高比；

4）最后单击 OK 按钮，数据集中即可增加新变量列，如图 1-15 所示。

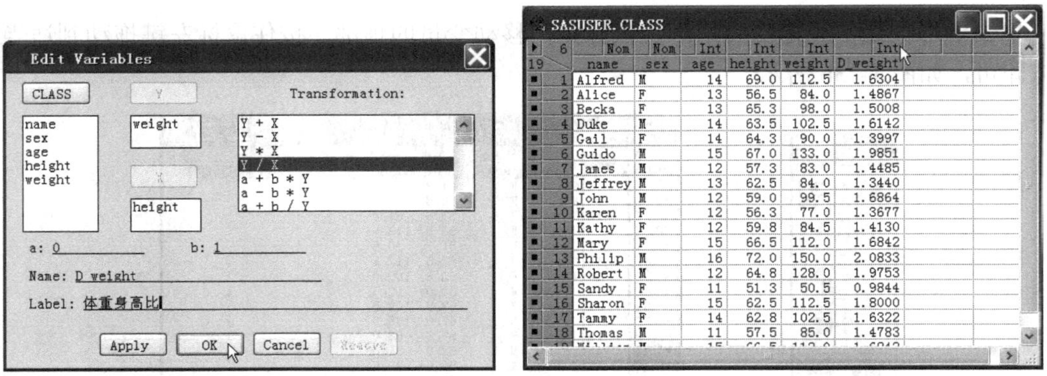

	Nom name	Nom sex	Int age	Int height	Int weight	Int D_weight
1	Alfred	M	14	69.0	112.5	1.6304
2	Alice	F	13	56.5	84.0	1.4867
3	Becka	F	13	65.3	98.0	1.5008
4	Duke	M	14	63.5	102.5	1.6142
5	Gail	F	14	64.3	90.0	1.3997
6	Guido	M	15	67.0	133.0	1.9851
7	James	M	12	57.3	83.0	1.4485
8	Jeffrey	M	13	62.5	84.0	1.3440
9	John	M	12	59.0	99.5	1.6864
10	Karen	F	12	56.3	77.0	1.3677
11	Kathy	F	12	59.8	84.5	1.4130
12	Mary	F	15	66.5	112.0	1.6842
13	Philip	M	16	72.0	150.0	2.0833
14	Robert	M	12	64.8	128.0	1.9753
15	Sandy	F	11	51.3	50.5	0.9844
16	Sharon	F	15	62.5	112.5	1.8000
17	Tammy	F	14	62.8	102.5	1.6322
18	Thomas	M	11	57.5	85.0	1.4783

图 1-15　创建新的变量

注意：其中变量名 D_weight 是系统默认的，可以修改。

4. 建立数据集的子集

下述方法可以建立当前已打开数据集的子集。如欲找出所有男生的观测：

1）选择主菜单 Edit→Observations→Find，打开 Find Observations 对话框，确定建立新数据表的关系式；

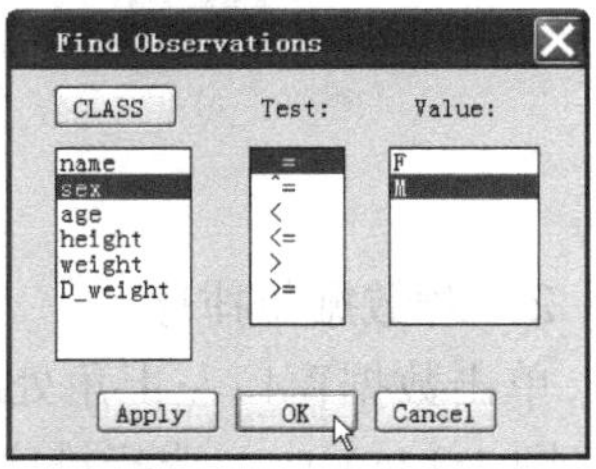

图 1-16　选择观测

2）在变量名称列表中选择 sex，在 Value（值）列表中选择 M，单击 OK 按钮，如图 1-16 所示；数据窗口中所有男生的观测被选中，如图 1-17a 所示；

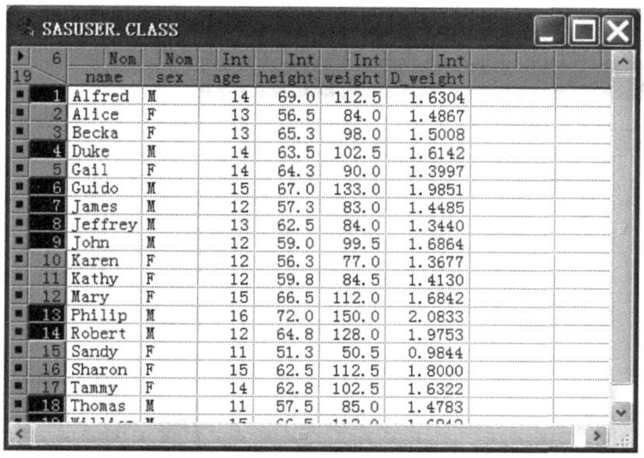
SASUSER.CLASS

	Nom name	Nom sex	Int age	Int height	Int weight	Int D_weight
1	Alfred	M	14	69.0	112.5	1.6304
2	Alice	F	13	56.5	84.0	1.4867
3	Becka	F	13	65.3	98.0	1.5008
4	Duke	M	14	63.5	102.5	1.6142
5	Gail	F	14	64.3	90.0	1.3997
6	Guido	M	15	67.0	133.0	1.9851
7	James	M	12	57.3	83.0	1.4485
8	Jeffrey	M	13	62.5	84.0	1.3440
9	John	M	12	59.0	99.5	1.6864
10	Karen	F	12	56.3	77.0	1.3677
11	Kathy	F	12	59.8	84.5	1.4130
12	Mary	F	15	66.5	112.0	1.6842
13	Philip	M	16	72.0	150.0	2.0833
14	Robert	M	12	64.8	128.0	1.9753
15	Sandy	F	11	51.3	50.5	0.9844
16	Sharon	F	15	62.5	112.5	1.8000
17	Tammy	F	14	62.8	102.5	1.6322
18	Thomas	M	11	57.5	85.0	1.4783

a)

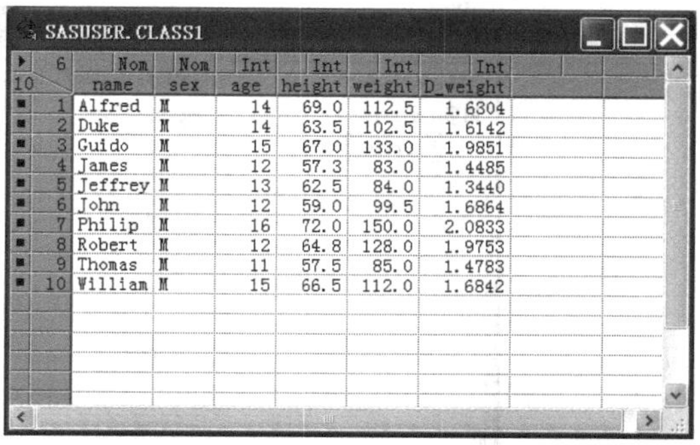
SASUSER.CLASS1

	Nom name	Nom sex	Int age	Int height	Int weight	Int D_weight
1	Alfred	M	14	69.0	112.5	1.6304
2	Duke	M	14	63.5	102.5	1.6142
3	Guido	M	15	67.0	133.0	1.9851
4	James	M	12	57.3	83.0	1.4485
5	Jeffrey	M	13	62.5	84.0	1.3440
6	John	M	12	59.0	99.5	1.6864
7	Philip	M	16	72.0	150.0	2.0833
8	Robert	M	12	64.8	128.0	1.9753
9	Thomas	M	11	57.5	85.0	1.4783
10	William	M	15	66.5	112.0	1.6842

b)

图 1-17　建立数据集的子集

3）单击数据窗口左上角处的三角按钮，打开菜单，选择 Extract，生成新数据集，如图 1-17b 所示。

4）若要保存数据集，选择菜单 File→Save→Data，在打开的 Save Data 对话框中选择保存的逻辑库名，并输入数据集名，单击 OK 按钮即可。

5. 直接输入数据建立新数据表

在 INSIGHT 中创建新数据表的步骤如下：

1）选择主菜单 File→New，即可建立一个新数据集；

2）单击数据窗口左上角处的三角按钮，打开菜单，选择 New Variables，在打开的对话框中输入变量个数；再选择 Define Variables，在打开的对话框中输入变量名称（Name）及其他属性，如图 1-18 所示，单击 OK 按钮即可；

3）在单元格内输入数据，每输入一个数据后按 Enter 键确认；

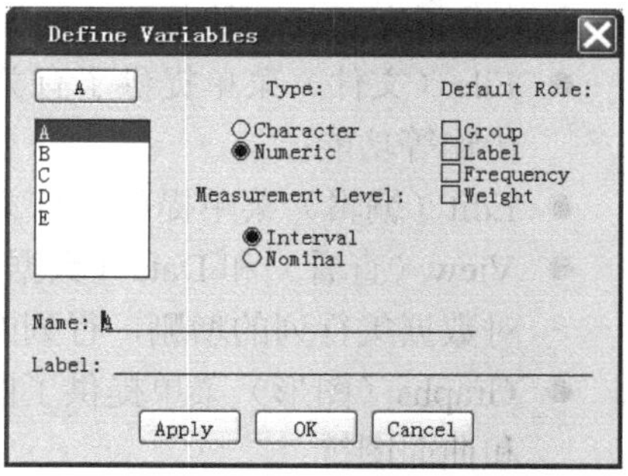

图 1-18　定义变量的名称与属性

4）选择菜单 File→Save→Data，在打开的 Save Data 对话框中选择保存的逻辑库名，并输入数据集名，单击 OK 按钮即可保存新建的数据集。

1.3　初识“分析家”

1.3.1　调用“分析家”

可以用下面两种方法启动“分析家”，打开“分析家”窗口：

1）在命令行中输入“Analyst”；

2）选择主菜单 Solutions（解决方案）→Analysis（分析）→Analyst（分析家）。

“分析家”窗口包括左右两部分，左边是自动建立的一个新项目（New Project），其中包含一个未命名的新数据集（Untitled），右边则是项目管理器，其中以树状结构显示项目的各个成员，如图 1-19 所示。

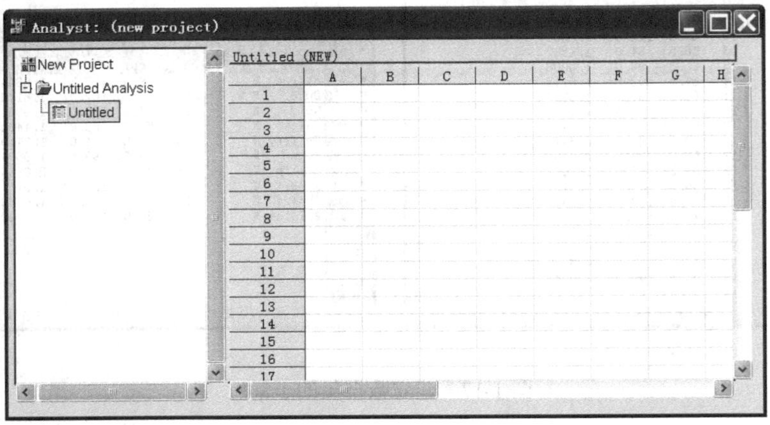

图 1-19　启动“分析家”

1.3.2　功能概述

“分析家”的左侧随着分析的进行将形成一棵目录树，树的第一级分支记录着所进行的各项分析任务，第二级分支包含该任务的输出结果、输出图形和产生结果的 SAS 程序。可以像使用 Windows 的资源管理器一样来查询所进行的分析结果。

与“分析家”相应的菜单功能如下：

- File（文件）菜单提供了有关数据文件的新建、读、写、文件的导入和导出、打印和传输等功能；
- Edit（编辑）菜单提供了有关修改当前文件内容的一些选项；
- View（查看）和 Data（数据）菜单提供了对读入数据集进行加工的一些功能，例如，对数据集行列的增删，行列的排序，行列的转置和对数据集的随机取样等；
- Graphs（图形）菜单提供了图形功能，包括直方图、盒形图、等高线图、三维散点图和曲面图等；
- Statistics（统计）菜单提供了主要的统计分析功能，包括描述统计量计算、列联表分析、假设检验、方差分析和回归分析等。

1.3.3　“分析家”的有关操作

1．打开数据集

选择主菜单 File→Open By SAS Name，打开 Select A Member 对话框，选择一个数据集作为项目的成员，例如，选择数据集 Sasuser.Class，打开的数据集就作为项目的一个成员，如图 1-20 所示。

2．导入 Excel 数据表

在“分析家”中，可以直接将 Excel 数据表转换为 SAS 数据集，其步骤如下：

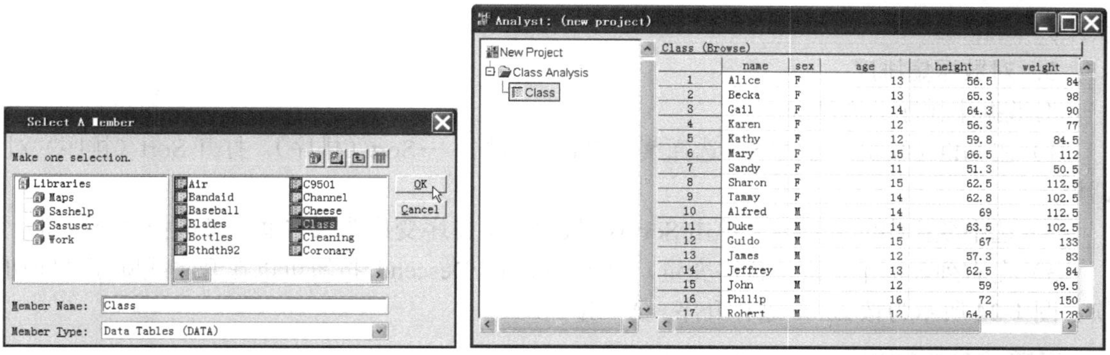

图 1-20 Select A Member（选择成员）

1）选择主菜单 File→Open…，在打开的对话框中，选择文件类型为 Microsoft Excel Spreadsheet；

2）选定 Excel 工作簿文件，单击“打开”按钮，打开 SAS Import：Spreadsheet Options 对话框，在 Worksheet/Range 下拉列表中选择工作表名称（见图 1-21a），单击 OK 按钮，即可将 Excel 数据表导入 SAS（见图 1-21b）；

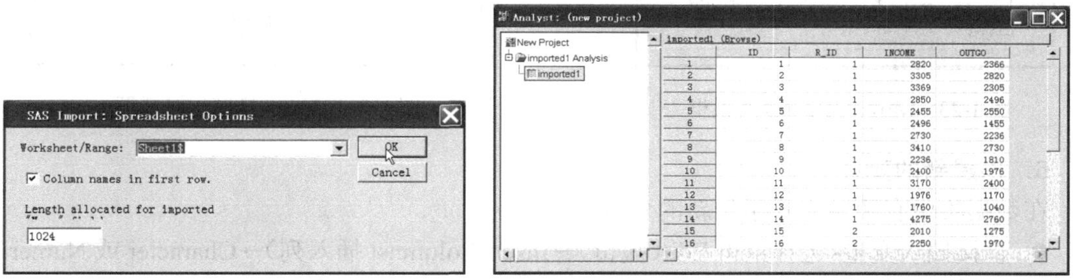

a)　　b)

图 1-21 将 Excel 数据表导入 SAS

3）选择主菜单 File→Save As By SAS Name…，在打开的 Save As 对话框中，选择所要保存的逻辑库名，并输入数据集名（见图 1-22），单击 Save 按钮，即可将导入的 Excel 数据表保存为 SAS 数据集。

3. 浏览和编辑

已打开的数据集可处于浏览（Browse）或编辑（Edit）两种不同的状态，浏览方式只允许显示数据集的内容，编辑方式允许修改数据表的内容。

可以通过选择菜单 Edit→Mode（模式）→Edit（编辑）或 Edit→Mode（模式）→Browse（浏览）进行切换。

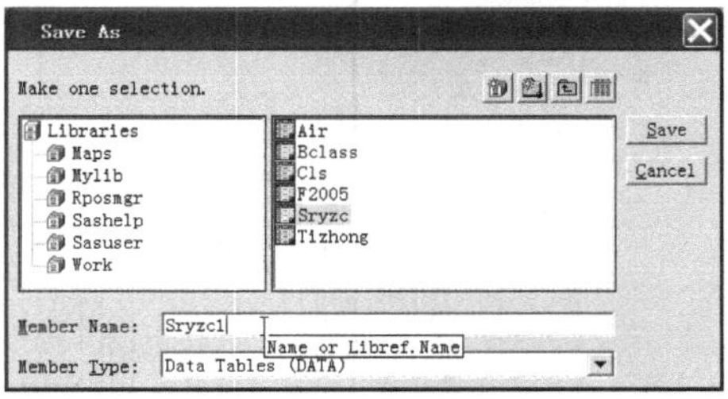

图 1-22 保存为 SAS 数据集

4. 改变变量显示的次序

选择菜单 View（查看）→Columns（列）→Move（移动），打开 Move Columns 对话框，如图 1-23 所示。在列表中选择变量名后，使用上下箭头，单击 OK 按钮后，即可改变变量显示的次序。

5. 对数据集排序

对数据集排序的方法如下：

1）在 Edit（编辑）方式下，选择菜单 Data（数据）→Sort（排序），打开 Sort（排序）对话框；

2）选中欲排序的变量名，单击 Sort By 按钮，将排序变量选入右框，可选择多个变量；

3）在右列表框中，选中排序变量，单击 Ascend/Descend 按钮可以在升序或降序之间切换。图 1-24 所示为按 name 进行升序（A）排列。

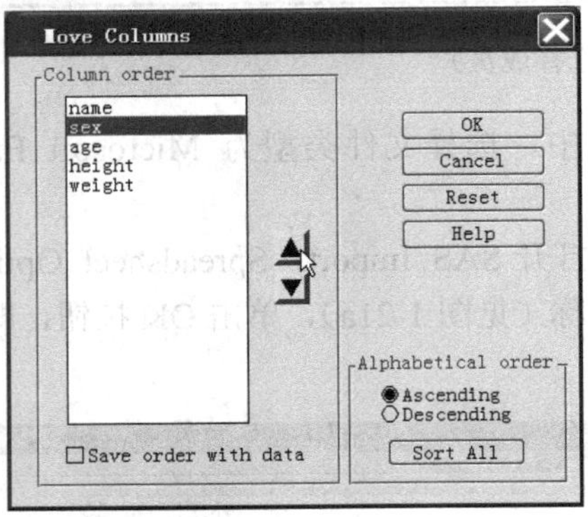

图 1-23　Move Columns 对话框

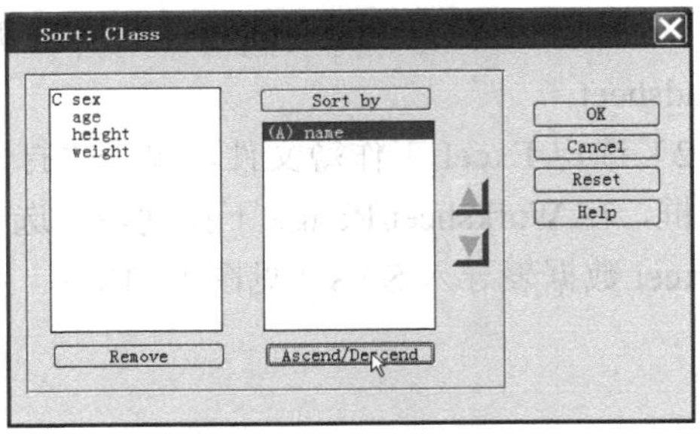

图 1-24　Sort（排序）对话框

6. 创建新的变量

在数据集中有两种方式添加新的变量。

- 直接插入变量：选择菜单 Edit（编辑）→Insert Columns（插入列）→Character 或 Numeric，指定插入变量的类型，即可在数据集中插入一个新的变量。
- 根据原变量的关系得到新变量：选择菜单 Data（数据）→Transform（变换）→Compute（计算），打开 Compute（计算）对话框，在对话框中确定变量关系式，如：加入一个名为 ratio 的数值型胖瘦指标，等于 weight/((height/100)^2)，如图 1-25 所示。单击 OK 按钮后，数据集中增加了一个新变量：ratio。

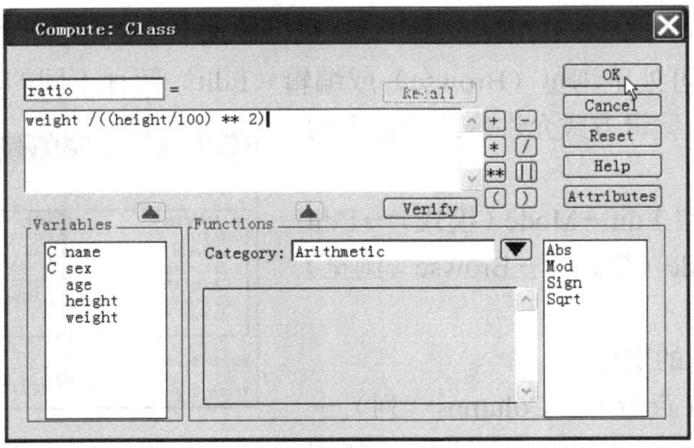

图 1-25　Compute（计算）对话框

7. 创建数据集的子集

打开一个数据集后，选择菜单 Data（数据）→Filter（过滤）→Subset Data（子集数据），打开 Subset 对话框；在列表中选择变量，在弹出的 Operators（算子）列表中选择算子（比如 EQ 表示“等于”），如图 1-26a 所示。

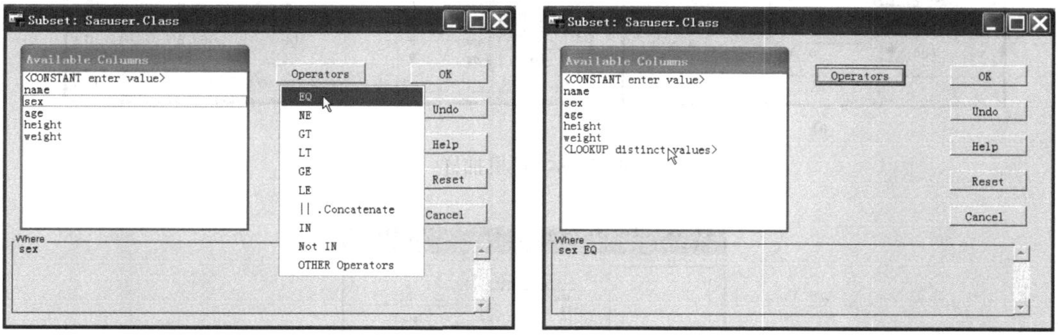

a)　　　　　　　　　　　　　　b)

图 1-26　“Subset”对话框

用鼠标单击列表框中的<LOOKUP distinct values>（见图 1-26b），再在弹出的 Lookup Values 对话框中选择该变量的可能取值，如找出所有男生的观测，可选值为 M。

单击 OK 按钮，即可生成子集，如图 1-27 所示。

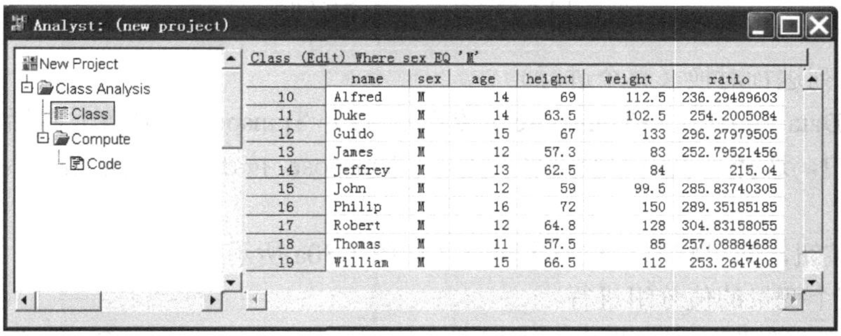

图 1-27　生成所有男生的观测

若要保存新生成的子集，可以选择菜单 File（文件）→Save As By SAS Name（另存为 SAS 文件）。若想恢复数据集的所有观测，可以选择菜单 Data（数据）→Filter（过滤）→None（无），即可解除“过滤”。

8. 由数据集随机抽样

选择菜单 Data（数据）→Random Sample（随机抽样），在打开的 Random Sample 对话框中，可设定样本的容量或抽取的比例（Ratio）。例如，图 1-28a 所示即为创建一个容量为 10 的样本时的设置。

单击 OK 按钮，即可生成所需样本，如图 1-28b 所示。

若要保存生成的样本，可以选择菜单 File（文件）→Save As By SAS Name（另存为 SAS）。

9. 数据集的转置

在 SAS 许多具有分析功能的过程中，有时需要将数据阵转置。方法如下：

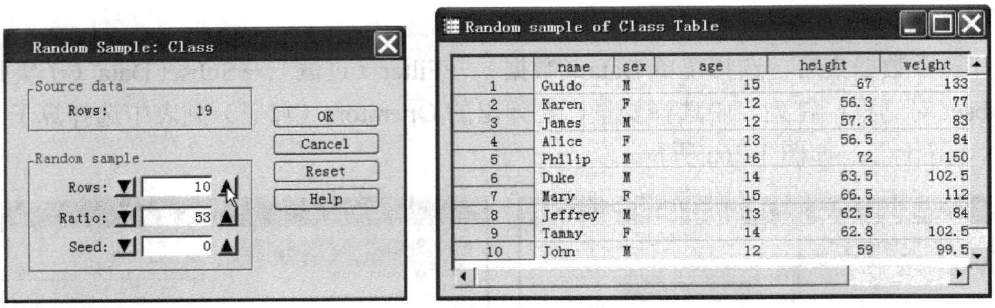

a)　　　　b)

图 1-28　随机抽样

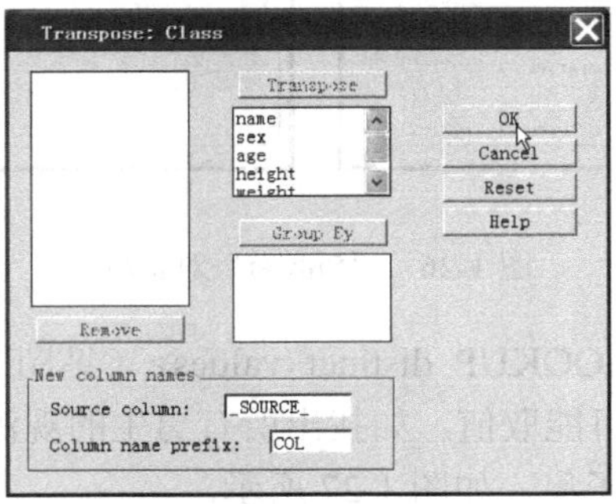

图 1-29　Transpose 对话框

（1）将行列进行对换（整个进行）

选择菜单 Data（数据）→Transpose（转置），打开 Transpose（转置）对话框；

在对话框中，选择列表中的变量名，单击 Transpose 按钮，将变量名选入右上框，如图 1-29 所示；

单击 OK 按钮，即可将原有数据集转置（如图 1-30a 所示）。

（2）按某个变量的值分组进行

在 Transpose（转置）对话框中，可把某个变量的值选入右下框（Group By）。如把 class 按变量 sex 的不同值分组进行转换（如图 1-30b 所示）。

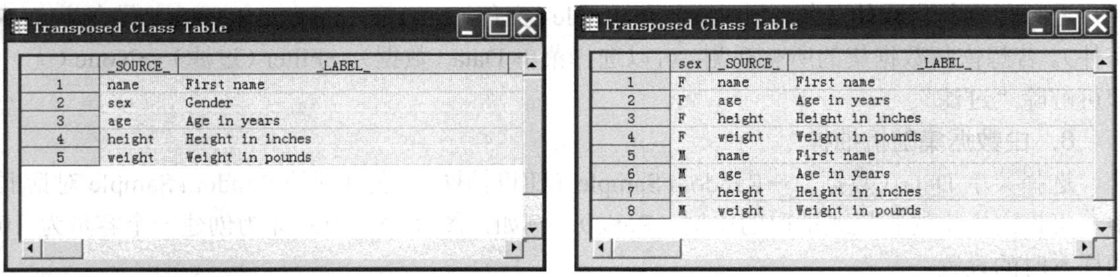

a)　　　　b)

图 1-30　数据集的转置

1.4 SAS 编程初步

1.4.1 SAS 程序概述

和其他计算机语言一样，SAS 语言（也称为 SCL 语言，SAS Component Language）也有其专有的词汇（即关键字）和语法。关键字、名字、特殊字符和运算符等按照语法规则排列组成 SAS 语句，而执行完整功能的若干个 SAS 语句就构成了 SAS 程序。

1．数据步与过程步

SAS 程序包括多个步骤和一些控制语句，一般情况下由两种类型的程序步（steps）组成：数据步（DATA steps）和过程步（PROC steps）。有时 SAS 程序还包括一些全程语句，用以控制贯穿整个 SAS 程序的某些选项、变量或程序运行的环境。

- 数据步通常用于创建 SAS 数据集，但也可以用于产生特别设计的报表。
- 过程步通常用于分析和处理 SAS 数据集中的数据，但有时候也可用于创建数据集。

一个 SAS 程序就是由数据步、过程步或两者的任意组合而成。每一个程序步通常由若干语句（statements）构成。

2．书写规则

一个 SAS 语句有两个重要特征：

- 由 SAS 关键词（keyword）开始；
- 总是以分号“;”结束。

例如：

```
data c200501;
   input name $ sex $
        math chinese;
   cards;
李家富  男  92 98
张丽萍  女  89 106
王春雷  男  86 90
刘刚  男  98 109
张颖  女  80 110
;
proc print data = c200501;
proc means data = c200501 mean;
   var math chinese;
run;
```

说明：

1）一个数据步由关键词 DATA 开始，而一个过程步由关键词 PROC 开始。

2）SAS 语句是自由格式的：一个语句可以由几行组成，可以在任一列开始和结束，几个语句可以在同一行内。SAS 每看到一个分号，就将其以前一个分号以后的所有字符当作一条语句来处理，而不管它们处在多少个不同的行中（如代码中的二、三行为一个语句）。

3）SAS 语句对字母的大小写不敏感，可以根据个人习惯决定字母的大写或小写。

4）SAS 语句中的词之间用空格或特殊符号分隔。

3．SAS 程序中的注释

在 SAS 程序中可以加入注释，注释使用 C 语言语法，用/*和*/在两端界定注释，这种注释可以出现在任何允许加入空格的位置，可以占多行。另一种注释是把以星号开头的行作为注释。一般只把注释单独占一行或若干行，不把注释与程序代码放在同一行。注释的另一个作用是把某些代码暂时屏蔽使其不被运行。下面是一个注释的例子：

```
/*生成 2005 级 1 班考试成绩的数据集*/
data c200501;
```

4．SAS 程序的提交

SAS 程序在 Editor 窗口中编写，欲使 SAS 运行所编写的程序，可单击热键〈F8〉，或者选择菜单项 Run→Submit，或者直接点击工具栏上的按钮均可以提交程序。

当一个 SAS 程序被提交（submit）时，每一个 DATA、PROC 或 RUN 语句会导致前面的程序步被执行。所以，一个 SAS 程序应以 RUN 语句结束，否则，最后一个程序步不会被执行。

每一个程序步被分别执行。执行时，SAS 系统会产生一个日志（log 窗口），记录执行过程中的信息和可能发生的任何错误。执行的结果根据 SAS 程序的不同而有所不同：

- 通常 SAS 程序包括一些过程步，它们会创建报表形式的输出（Output 窗口）。
- 有些 SAS 程序执行诸如排序或数据处理过程，除了在日志中的记录之外，不产生可见的输出结果。

1.4.2 指定逻辑库

在 1.1.3 节中介绍了在 SAS 浏览器中建立逻辑库的方法，下面介绍使用编程的方法建立逻辑库。

1．一个逻辑库连接一个文件夹

建立逻辑库，又称为指定逻辑库，其实质是把一个库名和一个实际文件夹联系起来，指定逻辑库的命令语句为全程语句，其格式如下：

```
LIBNAME <逻辑库名>  "<路径>";
```

例如指定的库名为 Mylib1，路径为：e:\data\，SAS 语句如下：

```
libname mylib1 "e:\data\";
```

下面的语句可以显示所有已指定的逻辑库名：

```
Libname  _All_  list;
```

若要取消指定的逻辑库名，可以使用如下格式：

```
LIBNAME <逻辑库名> CLEAR;
```

若要取消所有指定的逻辑库名，可以使用如下语句：

```
Libname  _All_  clear;
```

当然，不包括系统默认的逻辑库名：SasHelp，SasUser，SasMap，Work。

2．一个逻辑库连接多个文件夹

Libname 语句不仅可以为一个物理位置（实际文件夹）指定逻辑库名，也可以为多个物理位置指定逻辑库名，其格式如下：

```
LIBNAME <逻辑库名>  ("<路径 1>"  "<路径 2>" …);
```

1.4.3 数据步简介

1．建立 SAS 数据集

利用数据步建立 SAS 数据集，有两种方式可以输入数据：一是将数据排列在变量名串之后；二是指定一个外部数据文件供读取。

第一种方式的一般语法为：

```
DATA <数据集名>;
     INPUT <变量名 1>[$] <变量名 2>[$]…<变量名 k>[$];
     CARDS;
d11 d12 …d1k
d21 d22 …d2k
……
;
RUN;
```

说明：

1）DATA 语句指定要建立的 SAS 数据集名，通常包括逻辑库名。如果 DATA 语句中省略逻辑库名，则表明建立的是一个临时库 Work 中的临时表。

2）INPUT 语句指定如何读取数据并将其赋予每个变量。因此，在 INPUT 语句中，必须给出有效的 SAS 变量名和变量的类型。可选项“$”表示该变量为字符型变量。

3）变量名必须符合 SAS 命名规则。

4）DATA、INPUT 和 CARDS 三个关键词缺一不可，CARDS 后面的数据行，应与 INPUT 后面的变量名一一对应。

5）如果 CARDS 后面的数据行有重复的域，可以在 INPUT 语句的末尾增加行停留符“@@”，以便接着读入后续的数据。

例如：

```
data f2005;
   input number name $ @@;
   cards;
200541001 zhao 200541002 qian 200541003 sun
200541004 li
;
run;
```

第二种方式的一般语法为：

```
DATA <数据集名>;
      INFILE '<文件名>';
      INPUT <变量名 1> <变量名 2>…<变量名 k>;
RUN;
```

说明：第二种方式中用 INFILE 语句指定了一个外部数据文件，所有需要输入的数据存放在该文件中，从而取代了第一种方式中的 CARDS 语句及其下列的一连串数据，当数据比较多的时候，用第二种方式可以使程序看上去显得比较简洁。注意，这里 INFILE 语句在 INPUT 语句之前，而在第一种方式中，CARDS 语句在 INPUT 语句之后。

例如：

```
data c200501;
   infile 'g:\data\c2005.txt';
   input name $ sex $ math chinese;
run;
```

其中外部数据文件 g:\data\c2005.txt 的内容如图 1-31 所示。

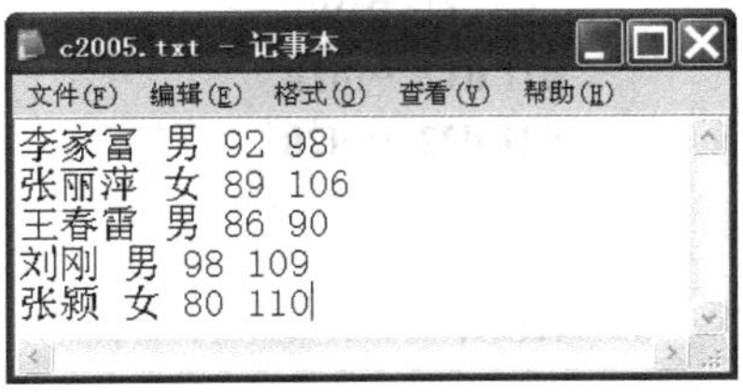

图 1-31　g:\data\c2005.txt 的内容

运行上述程序，在逻辑库 Work 中可以看到刚生成的数据集 c200501。

2．数据集的复制与修改

可以用 SET 语句把一个已有数据集复制到一个新数据集，同时还可以进行修改。如果只是复制数据集，也可以用 SAS 管理器（SAS Explorer）完成。SET 语句的语法格式有两种，有些功能有重复。

格式一：

```
DATA <新数据集名>;
      SET <数据集名>;
      [KEEP <欲保持的变量名列表>;]
      [DROP <欲丢弃的变量名列表>;]
      [IF <条件> [THEN <语句>];]
RUN;
```

说明：

1）三个选项均不选，可作数据集的简单复制。比如要把数据集 Work.c200501 复制为数据集 Mylib.cls，只要用如下程序：

```
data   mylib.cls;
   set c200501;
run;
```

这样的程序流程中有一个隐含循环，SET 是读取观测的语句，程序在数据步内反复循环，直到数据集 c200501 最后一个观测被读过。

可以在复制过程的同时给数据集增加一个新的变量（见图 1-32）：

```
data   c200501;
   set c200501;
   avg = math*0.5 + chinese/120*100*0.5;
run;
```

	name	sex	math	chines	avg
1	李家富	男	92	98	87
2	张丽萍	女	89	106	89
3	王春雷	男	86	90	81
4	刘刚	男	98	109	94
5	张颖	女	80	110	86

图 1-32　增加一个新的变量

2）使用 IF…THEN…语句可以在复制的同时对生成的数据集进行修改。如把超过 100 分的语文成绩都改为 100 分，可以用如下程序：

```
data c200501a;
   set c200501;
   if Chinese > 100 then Chinese = 100;
run;
```

3）使用 KEEP 语句指定要保留的变量。如：

```
data c200501b;
   set c200501;
   keep name avg;
run;
```

生成的数据集 C200501B 只包含 name 和 avg 两个变量。

4）使用 DROP 语句指定要丢弃的变量。如上例中的 KEEP 语句可以换成：

```
drop sex math chinese;
```

用这种方法可以取出数据集的一部分列组成的子集。

5）使用 IF…可以指定一个条件，取出数据集的某些行组成新的子集。如，我们希望取出数学分数 90 分以上，语文分数 100 分以上的学生的观测，可以用如下的子集 IF 语句：

```
data c200501c;
   set c200501;
   if math >= 90 and Chinese >= 100;
run;
```

格式二：

```
DATA <新数据集名>;
      SET <数据集名>[<选项>];
      [IF <条件> [THEN <语句>];]
RUN;
```

说明：选项包括 KEEP=，表示引入时只要指定的变量；DROP=，表示不引入指定的变量；OBS=，表示读取观测时读到指定的序号为止（是序号而不是观测数）；FIRSTOBS=，表示从指定序号的观测开始读取而跳过之前的观测不读。

3．拆分数据集

使用 SET 和 OUTPUT 语句可以根据某一分类原则把数据行分别存放到不同的数据集，语法格式为：

```
DATA <新数据集 1>    <新数据集 2> …;
    SET <数据集名>[<选项>];
    SELECT(<选择表达式>)
        [WHEN(<条件 1>) OUTPUT <新数据集 1>;]
        [WHEN(<条件 2>) OUTPUT <新数据集 2>;]
        …
    END
RUN;
```

例如，希望把数据集 c200501 中的所有男生的观测放到数据集 c200501m 中，把所有女生的观测放到 c200501f 中，可以使用如下程序：

```
data c200501m c200501f;
  set c200501;
  select(sex);
    when('男') output c200501m;
    when('女') output c200501f;
    otherwise put sex= '有错';
  end;
  drop sex;
run;
```

这个程序中有两个地方需要注意：在 DATA 语句中，我们指定了两个数据集名，这表示要生成两个数据集。程序中用 SET 语句引入了一个数据集，如何将这个数据集的观测分配到两个结果数据集中呢？关键在于 OUTPUT 语句。OUTPUT 语句是一个可执行语句，它命令把当前观测写到语句指定的数据集中。这样，根据 SELECT 的结果把不同性别的观测分别放到了两个不同数据集中。

4．数据集的纵向合并

使用 SET 语句可以将几个结构相同的数据集上下连接到一起。其语法格式为：

```
DATA <新数据集名>;
    SET <数据集 1>[(IN=<变量名 1>)]    <数据集 2>[(IN=<变量名 2>)] …;
    [IF <变量名 1> = 1 THEN <变量名>=<值 1>;]
    [IF <变量名 2> = 1 THEN <变量名>=<值 2>;]
    …
RUN;
```

例如，在前例中我们把 c200501 数据集按男、女拆分成了 c200501m 和 c200501f 两个数据集并抛弃了性别变量，可以用如下程序连接两个数据集并恢复性别信息：

```
data new;
  set c200501m(in=male) c200501f(in=female);
  if male=1 then sex='男';
  if female=1 then sex='女';
```

```
run;
```

在数据步中，如果观测来自 c200501m，则变量 male 值为 1，如果观测来自 c200501f，则变量 female 值为 1，可以使用这两个变量的值定义新变量 sex。用数据集选项的 IN = 指定的变量不能直接进入结果数据集而只能用于数据步程序中。

如果所有选项都不选，则可直接将多个数据集纵向合并为一个大数据集。例如，有四个班的学生情况的数据集 Class1～Class4，每个数据集包含一个班学生的学号、姓名、性别信息，我们希望把这些数据集合并为一个大数据集，可以用如下代码：

```
data classes;
  set class1 class2
      class3 class4;
run;
```

5．数据集的横向合并

两个（或多个）数据集如果包含了同样的一些观测的不同变量，且各数据集的观测按顺序是一一对应的，就可以用如下带有 MERGE 语句的数据步把它们左右横向合并到一个数据集，其语法格式为：

```
DATA <新数据集名>;
     MERGE   <数据集列表>;
     [BY <变量 1> [<变量 2>…]];
RUN;
```

例如，数据集 c200501u 包含学生的姓名、性别，数据集 c200501v 包含学生的数学成绩，数据集 c200501w 包含学生的语文成绩，且各数据集的观测是按顺序一一对应的，就可以用如下带有 MERGE 语句的数据步把它们左右横向合并到一个数据集 New：

```
data new;
  merge c200501u c200501v c200501w;
run;
```

说明：这样虽然可以横向合并数据集，但是如果各数据集的观测顺序并不一样，就会把不同人的成绩合并到一起。所以横向合并一般应该采用按关键字合并的办法，即先把每个数据集按照相同的、能唯一区分各观测的一个（或几个）变量（BY 变量）排序，然后用 BY 语句和 MERGE 语句联合使用，这样即使原来观测顺序不一致也可以保证横向合并的结果没有错。

1.4.4 过程步简介

下面介绍 SAS 过程步的一般形式、常用语句以及几个常用的过程。

1．SAS 过程步的一般形式

SAS 过程步的一般形式为：

```
PROC <过程名> [DATA=<输入数据集>] [<选项>];
```

```
        <过程语句>/<选项>;
        <过程语句>/<选项>;
RUN;
```

说明：

其中 PROC 语句的选项是可选的，用来规定过程运行的一些设置，如果有多个选项，则用空格分开。DATA=也是可选的，默认情况下使用最近生成的数据集。

过程步一般以 RUN 语句结束，也可以省略 RUN 语句而在下一个过程步或数据步的开始处结束，另外还有一种“交互式过程”可以在遇到 RUN 语句时不结束过程运行，只有遇到 QUIT 语句或者下一个过程步、数据步时才结束。

过程步在 PROC 语句之后、结束之前可以有若干个过程语句。通常情况下，过程语句与数据步中的语句不同，数据步中的语句不能用在过程步中。过程步语句一般以某一个关键字开头，如 VAR、BY、TABLES、WEIGHT 等。语句中某些内容，如果有选择项，通常写在斜杠后。

某些 SAS 过程步是对数据集作某种变换（如 SORT 过程对数据集排序），不生成显示结果；多数过程步是对数据集作某些分析、报表，这时结果出现在 OUTPUT 窗口（高精度绘图过程的输出在 GRAPHICS 窗口）。对 OUTPUT 窗口的结果，我们可以用 File-Save As 菜单把它保存到一个文本文件进行进一步的修饰，插入到其他文档中，也可以用 File-Print 菜单直接打印。

2. 过程步常用语句

在过程步的语法格式中含有“过程语句/选项”，下面介绍几个常见的过程语句，更具体的用法可以在以后实际用到时再仔细体会。

（1）VAR 语句

VAR 语句在很多过程中用来指定分析变量，其格式为：

```
VAR <变量名 1> <变量名 2> ... <变量名 n>;
```

例如：

```
var   math   Chinese;
```

（2）BY 语句和 CLASS 语句

BY 语句在过程中一般用来指定一个或几个分类变量，根据这些分类变量值把观测分组，然后对每一组观测分别进行本过程指定的分析。其格式为：

```
BY <变量名 1> <变量名 2> …;
```

在使用带有 BY 语句的过程步之前一般先用 SORT 过程对数据集排序。如假设已经把 C200501 数据集按性别排序，则下列 PRINT 过程可以把男、女生分别列出：

```
proc print data=c200501;
   by   sex;
run;
```

结果如图 1-33 所示。

在一些过程（如方差分析）中，使用 CLASS 语句指定一个或几个分类变量；而在另一些过程（如 MEANS）中，CLASS 语句的作用与 BY 语句类似，可以指定分类变量，把观测按分类变量分类后分别进行分析。使用 CLASS 时不需要先按分类变量排序。

```
--------------- sex=男 ---------------
Obs     name      math     chinese

 1      李家富      92         98
 2      王春雷      86         90
 3      刘刚        98        109

--------------- sex=女 ---------------
Obs     name      math     chinese

 4      张丽萍      89        106
 5      张颖        80        110
```

图 1-33　按性别分组

（3）OUTPUT 语句

在过程步中经常用 OUTPUT 语句指定输出结果存放的数据集。不同过程中把输出结果存入数据集的方法各有不同，OUTPUT 语句是用得最多的一种，其一般格式为：

OUTPUT OUT = <输出数据集名> <关键字>=<变量名> <关键字>=<变量名>…;

其中用 OUT=给出了要生成的结果数据集的名字，用“关键字=变量名”的方式指定了输出哪些结果（关键字是如 MEANS 过程中的 MEAN，VAR，STD 那样的要输出的结果名），等号后面的变量名指定了这些结果在输出数据集中叫什么名字。例如：

```
proc    means    data = c200501;
   var math;
   output    out=result    n = n
   mean = meanmath    var = varmath;
run;
proc print data=result; run;
```

（4）WHERE 语句

用 WHERE 语句可以选择输入数据集的一个行子集来进行分析，在 WHERE 关键字后指定一个条件。其格式为：

WHERE <条件>;

例如：

```
where math>=60 and chinese>=60;
```

指定只分析数学、语文成绩都及格的学生。

（5）FORMAT 语句

过程步中的 FORMAT 语句可以为变量输出规定一个输出格式，比如:

```
proc print data=c200501;
   format   math   9.1   chinese   9.1;
run;
```

使得列出的数学、语文成绩宽度占 9 位，带一位小数。

（6）LABEL 语句

LABEL 语句为变量指定一个临时标签，很多过程可以使用这样的标签。LABEL 语句的格式为：

LABEL <变量名>='<标签>' <变量名>='<标签>'...;

例如:

```
proc  print  data=c200501  label;
   format  math  9.1  chinese  9.1;
   id name;
   var math chinese;
   label name = '姓名' math= '数学成绩'  chinese = '语文成绩';
run;
```

结果如图 1-34 所示。

姓名	数学成绩	语文成绩
李家富	92.0	98.0
张丽萍	89.0	106.0
王春雷	86.0	90.0
刘刚	98.0	109.0
张颖	80.0	110.0

图 1-34 为变量指定临时标签

事实上，在生成数据集的 DATA 步中也可以用 FORMAT 语句规定变量的输出格式，用 LABEL 语句规定变量的标签，用 LENGTH 语句规定变量的存储长度，用 ATTRIB 语句同时规定变量的各属性。在数据步中规定的变量属性是附属于数据集本身的，是永久的；在过程步中规定的变量属性（标签、输出格式等）只用于此过程的本次运行。

3．输出列表过程 PRINT

PRINT 过程是最常用的 SAS 过程之一，在生成一个数据集之后，如果不是太大，一般都用 PRINT 过程来列出数据集的内容，这样可以检查变量与值之间的对应是否正确，数据输入是否正确。其语法格式为：

```
PROC PRINT [DATA = <数据集>] [NOOBS];
   [VAR <变量列表>;]
   [WHERE <表达式>;]
RUN;
```

其中：

1）在 PROC 语句中使用“DATA=选项”指定要列表的数据集名；NOOBS 选项用于指定不输出观测号。

2）VAR 语句可以指定要列出的变量并指定顺序，例如

```
proc print data=c200501;
     var  name  chinese  sex;
run;
```

列出变量 name、chinese、sex 的值。注意这已不是生成时的变量顺序。变量 MATH 未列出（见图 1-35）。

3）WHERE 语句可以从输入数据集中选一个子集来处理，如可以指定只列出满足条件的观测：

```
proc print data=c200501;
   where name in ('李家富', '刘刚');
run;
```

结果如图 1-36 所示，只列出了李家富和刘刚两个人的观测数据。注意其观测序号分别

为 1 和 4，这是生成 c200501 数据集时确定的。

Obs	name	chinese	sex
1	李家富	98	男
2	张丽萍	106	女
3	王春雷	90	男
4	刘刚	109	男
5	张颖	110	女

图 1-35　使用 PRINT 过程输出

Obs	name	sex	math	chinese
1	李家富	男	92	98
4	刘刚	男	98	109

图 1-36　使用 WHERE 语句

4．数据排序过程 SORT

在 SAS 过程中用 BY 语句可以把观测分类进行处理，但在此之前需要先用 SORT 过程排序。SORT 过程可以把数据集按某一个或若干个变量的次序进行排序。其语法格式为：

```
PROC SORT [DATA = <数据集>] [OUT = <输出数据集名>];
  [BY <变量列表>;]
RUN;
```

其中 DATA 选项指定的数据集为输入数据集，OUT 选项指定的数据集为输出数据集。若省略 OUT 选项，则输入数据集与输出数据集为同一个数据集。

例如，我们要把数据集 c200501 的观测（行）按性别排序（分类），可以用以下的程序：

```
proc  sort  data = c200501;
  by  sex;
run;
```

注意这样用 DATA=指定的数据集既是输入数据集又是输出数据集。过程的结果在输出窗口没有显示，只是把数据集按要求进行了排序。

可以按几个变量排序，例如，要按男、女性别排序，并在男生、女生内部按平均分由高到低排序，可以用以下的程序：

```
proc sort data=c200501;
  by  sex  descending  avg;
run;
```

BY 语句中在一个变量名前面加上 DESCENDING 关键字表示此变量的排序是由大到小的。

排序结果可以用“proc print; run;”显示出来。

5．格式化过程 FORMAT

FORMAT 过程可以设定数据的输出格式，对变量的不同值或不同范围的值设定不同的“标签”来显示，其语法格式如下：

```
PROC FORMAT;
  VALUE <格式名>  <范围 1> = '<标签 1>'
                  <范围 2> = '<标签 2>'
                  ……;
RUN;
```

其中格式名的命名规则与逻辑库名相同。例如使用如下代码设置输出格式：

```
proc format;
  value $F_Sex 'F' = '女'   'M' = '男';
run;
```

使用如下 PRINT 过程的 FORMAT 语句输出数据集 Sasuser.Class：

```
proc print data = Sasuser.Class;
  format sex $F_sex.;
run;
```

输出结果如图 1-37 所示。

Obs	name	sex	age	height	weight
1	Alice	女	13	56.5	84.0
2	Becka	女	13	65.3	98.0
3	Gail	女	14	64.3	90.0
4	Karen	女	12	56.3	77.0
5	Kathy	女	12	59.8	84.5
6	Mary	女	15	66.5	112.0
7	Sandy	女	11	51.3	50.5
8	Sharon	女	15	62.5	112.5
9	Tammy	女	14	62.8	102.5
10	Alfred	男	14	69.0	112.5
11	Duke	男	14	63.5	102.5
12	Guido	男	15	67.0	133.0
13	James	男	12	57.3	83.0
14	Jeffrey	男	13	62.5	84.0
15	John	男	12	59.0	99.5
16	Philip	男	16	72.0	150.0
17	Robert	男	12	64.8	128.0
18	Thomas	男	11	57.5	85.0
19	William	男	15	66.5	112.0

图 1-37 使用 FORMAT 过程

6．标题及全程语句

从上面的输出结果可以看到，在每页输出结果上面有一行标题，内容为“The SAS System”。事实上，我们可以指定自己的标题来取代 SAS 默认的标题。指定标题的 TITLE 语句的格式为：

TITLE '<标题内容>';

例如，在前一例的程序前面加上一行：

```
title '2005 级 1 班成绩表';
```

则输出结果的标题为“2005 级 1 班成绩表”。要注意的是，TITLE 语句是一个“全程”语句。全程语句与一般语句不同，一般语句必须用在数据步或过程步内，作为数据步或过程步的一部分，而全程语句则既可以用在数据步和过程步内，又可以单独使用（在数据步、过程步外部）。全程语句的作用一般有持续性，即：全程语句的效果将持续到退出 SAS 系统或用另一个同样的全程语句来修改它。例如，在上面用 TITLE 语句指定了一个标题，那么，这个标题的作用将持续下去，虽然下一个过程没有用 TITLE 语句指定标题，它也会出现在下一个过程的输出中，例如在上面用 TITLE 语句为 c200501 数据集的列表输出加了标题后，再运行如下程序：

```
proc   means   data=sasuser.gpa;
run;
```

你会发现标题“2005 级 1 班成绩表”仍出现在输出的每一页，而这个标题已经与输出内容矛盾了（现在分析的是 SASUSER.GPA 数据集而不是 c200501 数据集）。为了取消这个标题，只要用一个没有规定内容的空 TITLE 语句即可：

```
title;
```

这时连默认的“The SAS System”标题也没有了。

另一个全程语句 OPTIONS 语句可以规定系统运行的一些选择项，例如输出是否每页有页号，是否有日期，输出的行宽，输出每一页的高度（行数）等。例如：

```
options   nonumber   nodate
```

```
linesize=64 pagesize=60;
```

其中，NONUMBER 表示输出不显示页号（改用 NUMBER 则规定显示页号），NODATE 表示不在每页显示运行日期和时间（改用 DATE 则显示），LINE SIZE=64 规定输出每行最宽不超过 64 个字符（这是允许的最小行宽），PAGESIZE=60（或 PS = 60）规定输出每页为 60 行，不足时用空行补齐。

1.5 习题

1．完成下列操作：

1）启动 SAS 系统，熟悉各个菜单的内容；

2）掌握如何在编辑窗口、日志窗口、输出窗口、结果窗口之间切换；

3）熟悉工具栏中的各项功能。

2．完成下列操作：

1）使用 SAS 资源管理器查看 Libraries 目录下有哪些逻辑库，在 SasUser、Work 逻辑库下有哪些数据集；

2）SasUser 逻辑库下的数据集与 Work 逻辑库下的数据集有哪些不同？

3．现有 10 位同学的名字、年龄、体重、身高等数据（见表 1-2）：

表 1-2　10 位同学的名字、年龄、体重、身高数据

Name	Age	Weight	Height
Tom	10	40	165
Mike	11	42	160
Jack	10	46	162
Brown	10	41	172
Lucy	10	39	155
Gup	11	38	166
Lee	9	46	182
Mary	10	39	159
Kate	11	37	155
Vencent	10	40	160

1）用这些数据新建一个名为 test 的临时数据集存放在 Work 临时库中；

2）建立一个名为 Mylib 的永久库，用上述数据新建一个名为 Test1 的数据集存放在 Mylib 中。

4．完成下面操作：

1）在 INSIGHT 中打开数据集 Test1，并尝试 1.2.3 节中的各项操作；

2）在“分析家”中打开数据集 Test1，并尝试 1.3.3 节中的各项操作。

5．说出数据步与过程步的主要功能。

6．对表 1-2 中的数据尝试 1.4.3 节及 1.4.4 节的各项操作。

第 2 章　SAS 的描述统计功能

设一组观测数据：x_1，…，x_n，它们可能是从所研究对象的全体——总体中抽取的 n 个观测值，也可能是某一简单问题中所研究对象的全体。统计分析首先要做的是对这 n 个数据进行描述性分析（Descriptive Analysis），提取数据中包含的有用信息，以发现其内在的规律。如果数据是从总体中抽取的样本，进一步可以分析、推断样本中所包含总体的信息。

本章介绍如何使用 SAS 对数据作描述性统计分析。

2.1　描述性统计的基本概念

对数据进行频数统计、计算特征统计量和将数据图形化的过程称为描述统计。其目的是为了揭示数据的集中趋势、分散程度和数据分布形态，展示极端数据，最后作出说明现象本质的初步结论。

2.1.1　统计学的基本概念

1．总体与样本

总体（Population）：总体是指所研究对象的全体组成的集合。

样本（Sample）：样本是指从总体中抽取的部分对象（个体）组成的集合。样本中包含个体的个数称为样本容量。容量为 n 的样本常用 n 个随机变量 X_1，X_2，…，X_n 表示，其观测值（样本数据）则表示为 x_1，…，x_n，为简单起见，有时不加区别。

2．参数与统计量

参数（Parameter）：参数是用来描述总体特征的概括性值。如总体平均值（μ）、总体方差（σ^2）、总体比例（π）等。

统计量（Statistics）：统计量是用来描述样本特征的概括性值。如样本均值（$\bar{x}$）、样本方差（s^2）、样本比例（P）等。

通常总体参数是未知的，而统计量可由样本数据计算得到。在描述性统计中用统计量说明样本数据的特性，在推断性统计中则用统计量估计总体参数的值。

按照统计量的功能常将统计量分为表示数据位置的统计量、表示数据分散程度的统计量和表示数据分布形状的统计量等。

2.1.2　表示数据位置的统计量

如果要用简单的数字来概括一组观测数据 x_1，…，x_n，可以使用“位置统计量”来作为数据的总体代表，常见的位置统计量有：均值、中位数、分位数、众数等。

1．均值（Mean）

均值是所有观测值的平均值，是描述数据取值中心位置的一个度量：

$$\overline{x} = \frac{1}{n}\sum_{i=1}^{n} x_i = \frac{x_1 + \cdots + x_n}{n}$$

2．中位数（Median 或 Med）

中位数是描述观测值数据中心位置的统计量，大体上中位数的数据大（小）为观测值的一半。中位数的一个优点是它不受个别极端数据的影响，具有稳健性。中位数的计算方法是：首先将数据从小到大排序为：$x_{(1)}$，…，$x_{(n)}$，然后计算：

$$中位数 = \begin{cases} x_{\left(\frac{n+1}{2}\right)} & n\ 为奇数 \\ \frac{1}{2}\left(x_{\left(\frac{n}{2}\right)} + x_{\left(\frac{n}{2}+1\right)}\right) & n\ 为偶数 \end{cases}$$

当观测值比较有规则，即不存在极端的值时，用均值代表观测值的中心比较好；而在有极端值时则用中位数更合适。

3．众数（Mode）

观测值中出现最多的数称为众数。众数不如均值和中位数用得普遍。在属性变量分析中，常需考虑频数，因此众数用得多些。

4．百分位数（Percentile）

分位数也是描述数据分布和位置的统计量。0.5 分位数就是中位数，0.75 分位数和 0.25 分位数又分别称为上、下四分位数，并分别记为 $Q3$ 和 $Q1$。

p 分位数有时又称为第 $100 \times p$ 百分位数。如上、下四分位数又称为 75 百分位数（75-percentile，约有 75%的观测值小于它）和 25 百分位数（25-percentile 约有 25%的观测值小于它）。一般地，k 百分位数（k-percentile），即约有 k%的观测值小于它。

2.1.3 表示数据分散程度的统计量

1．极差（Range）与半极差（Interquartile range）

极差就是数据中的最大值和最小值之间的差：

$$极差 = \max\{x_i\} - \min\{x_i\}$$

上、下四分位数之差 $Q3 - Q1$ 称为四分位极差或半极差，它描述了中间半数观测值的散布情况。

2．方差（Variance 或 Var）

方差是由各观测值到均值距离的平方和除以观测量减 1：

$$s^2 = \frac{1}{n-1}\sum_{i=1}^{n}(x_i - \overline{x})^2 = \frac{(x_1 - \overline{x})^2 + \cdots + (x_n - \overline{x})^2}{n-1}$$

3．标准差（Standard deviation 或 Std Dev）

方差的开方称为标准差：

$$s = \sqrt{s^2}$$

标准差的量纲与原变量一致。

方差和标准差所反映的是数据对其均值中心的某种离散程度。标准差（或方差）较小的观测数据一定是比较集中在均值附近的，反之则是比较离散的。

一般来说，均值是对数据分布中心的最普通的度量，而标准差则是对数据分散程度的最常用的度量。

4．变异系数（Coefficient of Variation 或 CV）

变异系数是将标准差表示为均值的百分数，是观测数据分散性的一个度量，它在比较用不同单位测量的数据的分散性时是有用的：

$$CV=\frac{s}{\overline{x}}\times 100\%$$

2.1.4 表示数据分布形状的统计量

偏度和峰度是描述数据分布形状的指标。

1．偏度（Skewness）

偏度是刻画数据对称性的指标。偏度的计算公式为：

$$SK=\frac{n}{(n-1)(n-2)}\sum_{i=1}^{n}\left(\frac{x_i-\overline{x}}{s}\right)^3$$

在 SAS 系统中：

- 关于均值对称的数据其偏度为 0；
- 在左侧更为分散的数据，其偏度为负，称为左偏；
- 在右侧更为分散的数据，其偏度为正，称为右偏。

2．峰度（Kurtosis）

峰度描述数据向分布尾端散布的趋势。峰度的计算公式为：

$$K=\frac{n(n+1)}{(n-1)(n-2)(n-3)}\sum_{i=1}^{n}\left(\frac{x_i-\overline{x}}{s}\right)^4-\frac{3(n-1)^2}{(n-2)(n-3)}$$

利用峰度研究数据分布的形状是以正态分布为标准（假定正态分布的方差与所研究分布的方差相等），比较两端极端数据的分布情况，若

- 近似于标准正态分布，则峰度接近于零；
- 尾部较正态分布更分散，则峰度为正，称为轻尾；
- 尾部较正态分布更集中，则峰度为负，称为厚尾。

2.1.5 其他统计量

1．均值的标准误（Std Error Mean 或 Std Mean 或 Std error）

$$Std\ Mean=\frac{s}{\sqrt{n}}=\sqrt{\frac{1}{n(n-1)}\sum_{i=1}^{n}(x_i-\overline{x})^2}$$

2．校正平方和（Corrected sum of squares）

$$CSS = \sum_{i=1}^{n}(x_i - \overline{x})^2$$

3．未校正平方和（Uncorrected sum of squares）

$$USS = \sum_{i=1}^{n} x_i^2$$

4．k 阶原点矩

$$A_k = \frac{1}{n}\sum_{i=1}^{n} x_i^k, k = 1, 2, \cdots$$

其中 A_1 即为均值 $\overline{x}$ 。

5．k 阶中心矩

$$B_k = \frac{1}{n}\sum_{i=1}^{n}(x_i - \overline{x})^k,\ k = 2, 3, \cdots$$

2.2　在 SAS 中计算统计量

在 SAS 系统中有很多计算统计量的方法，下面分别介绍使用 INSIGHT 模块、“分析家”以及编程计算统计量的方法。

2.2.1　用 INSIGHT 计算统计量

INSIGHT 可以非常方便地计算各种统计量。

1．实例数据

【例 2-1】　表 2-1 为两个不同地区居民家庭收入和支出情况的抽样调查，试分别统计收入和支出情况。

表 2-1　不同地区居民家庭收入和支出情况　　（单位：元）

家庭编号	地区编号	家庭总收入	家庭总支出	家庭编号	地区编号	家庭总收入	家庭总支出
1	2	1794	1550	9	1	2850	2496
2	2	1716	1365	10	1	4275	2760
3	1	3410	2730	11	2	2010	1275
4	2	1765	1530	12	1	2236	1810
5	2	2184	1900	13	1	3305	2820
6	2	2050	2050	14	1	2400	1976
7	2	2460	2184	15	2	2250	1970
8	1	1976	1170	16	2	2200	2060

（续）

家庭编号	地区编号	家庭总收入	家庭总支出	家庭编号	地区编号	家庭总收入	家庭总支出
17	1	2730	2236	24	2	1776	1350
18	1	2496	1455	25	2	1980	1794
19	1	1760	1040	26	1	2455	2550
20	1	2820	2366	27	2	1080	1380
21	2	2250	1966	28	2	1986	1200
22	1	3170	2400	29	1	3369	2305
23	2	1200	1250	30	2	1530	1316

将表 2-1 中的数据通过 Excel 导入到 SAS 数据集 Mylib.sryzc 中，四个变量名分别为：ID、R_ID、Income 和 Outgo，相应的标签名为家庭编号、地区编号、家庭总收入和家庭总支出。

2. 在 INSIGHT 中打开数据集

在菜单中选择 Solution（解决方案）→Analysis（分析）→Interactive Data Analysis（交互式数据分析）命令，打开 SAS/INSIGHT Open 对话框，在对话框中选择数据集 Mylib.sryzc，单击 Open（打开）按钮，即可在 INSIGHT 中打开数据窗口，如图 2-1a 所示。

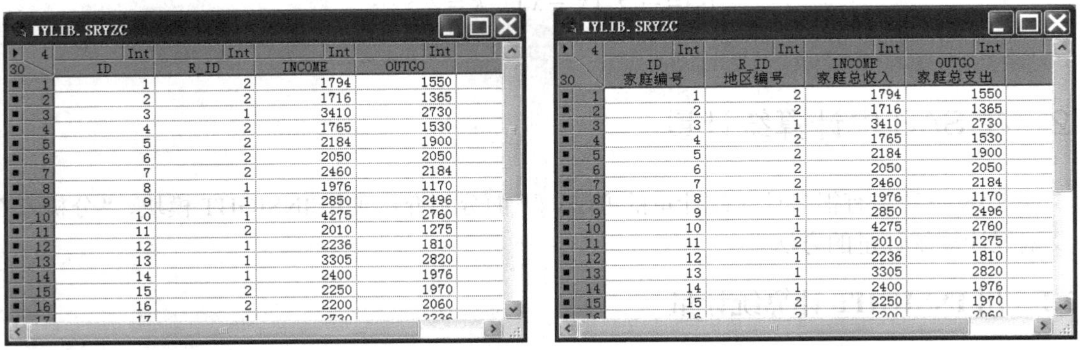

a)　　b)

图 2-1　在 INSIGHT 中打开数据集 mylib.sryzc

单击数据窗口左上角处的三角按钮，打开数据窗菜单，选择 Data Options…（数据选项），在打开的 Data Options 对话框中选中 Show Variable Labels（显示变量标签）复选框，然后单击 OK 按钮，数据窗口在显示变量名称的同时显示标签名，如图 2-1b 所示。

3. 计算统计量

选择菜单 Analyze（分析）→Distribution (Y)（分布）命令，打开 Distribution (Y)对话框。在数据集 sryzc 的变量列表中，选择 Income，然后单击 Y 按钮，Income 被选为分析变量，选择 R_Id，然后单击 Group 按钮，R_Id 被选为分组变量，如图 2-2a 所示。

单击 Output（输出）按钮，在打开的对话框中包含的描述性统计选项见表 2-2。

选择选项矩统计量和分位数，取消默认的选项 Box Plot/Mosaic Plot 和 Histogram/Bar Chart，单击 OK 按钮，即可得到变量 Income 按 R_Id 分组的各种矩统计量（Moments）和分位数（Quantiles），如图 2-3 所示。

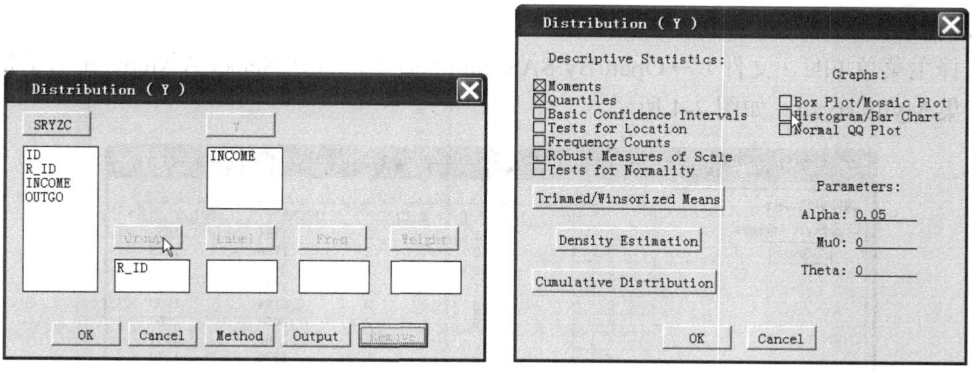

a) b)

图 2-2 Distribution (Y)对话框

表 2-2 描述性统计选项

选　　项	说　　明	选　　项	说　　明
Moments	矩统计量	Frequency Counts	频数统计
Quintiles	分位数	Robust Measures of Scale	尺度的稳健估计
Basic Confidence Intervals	基本置信区间	Tests for Normality	正态性检验
Tests for Location	位置检验		

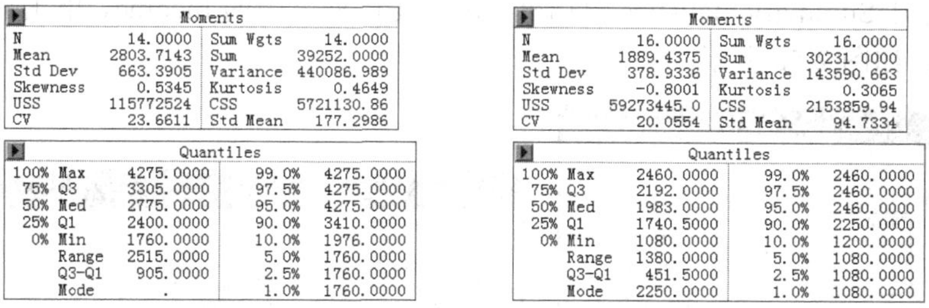

a)

Moments

N	14.0000	Sum Wgts	14.0000
Mean	2803.7143	Sum	39252.0000
Std Dev	663.3905	Variance	440086.989
Skewness	0.5345	Kurtosis	0.4649
USS	115772524	CSS	5721130.86
CV	23.6611	Std Mean	177.2986

Quantiles

100% Max	4275.0000	99.0%	4275.0000
75% Q3	3305.0000	97.5%	4275.0000
50% Med	2775.0000	95.0%	4275.0000
25% Q1	2400.0000	90.0%	3410.0000
0% Min	1760.0000	10.0%	1976.0000
Range	2515.0000	5.0%	1760.0000
Q3-Q1	905.0000	2.5%	1760.0000
Mode	.	1.0%	1760.0000

b)

Moments

N	16.0000	Sum Wgts	16.0000
Mean	1889.4375	Sum	30231.0000
Std Dev	378.9336	Variance	143590.663
Skewness	-0.8001	Kurtosis	0.3065
USS	59273445.0	CSS	2153859.94
CV	20.0554	Std Mean	94.7334

Quantiles

100% Max	2460.0000	99.0%	2460.0000
75% Q3	2192.0000	97.5%	2460.0000
50% Med	1983.0000	95.0%	2460.0000
25% Q1	1740.5000	90.0%	2250.0000
0% Min	1080.0000	10.0%	1200.0000
Range	1380.0000	5.0%	1080.0000
Q3-Q1	451.5000	2.5%	1080.0000
Mode	2250.0000	1.0%	1080.0000

a) b)

图 2-3 分组显示的各种矩统计量和分位数

图 2-3a 为 1 号地区，图 2-3b 为 2 号地区。结果分析：从显示的矩统计量结果看，1 号地区的平均收入 2803 元明显高于 2 号地区的平均收入 1889 元，1 号地区的标准差 663 元也比 2 号地区的标准差 378 元大得多，说明 1 号地区较富裕，但贫富差距较大。从分位数结果看，1 号地区的最高收入为 4275 元，有半数的家庭收入在 2775 元以上，而 2 号地区的最高收入才为 2460 元，说明 1 号地区半数的家庭都比 2 号地区最富的还富。

2.2.2 用“分析家”计算统计量

以上 INSIGHT 模块中所作的描述性统计量计算，用“分析家”也都可以实现。下面介绍“分析家”的独特功能。

1．启动“分析家”

选择主菜单 Solutions（解决方案）→Analysis（分析）→Analyst（分析家）命令，打开

Analysit 窗口。

选择主菜单 File（文件）→Open By SAS Name 命令，打开 Select A Member 对话框，选择数据集 Mylib.sryzc，如图 2-4 所示。

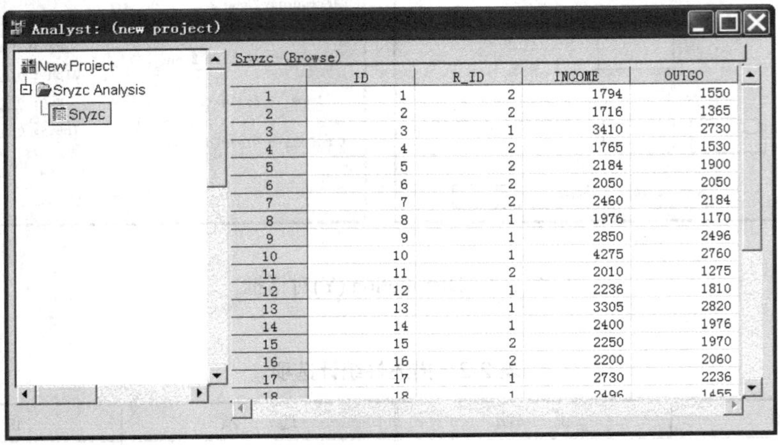

图 2-4　在“分析家”中打开数据集

2．通过 Summary Statistics 菜单计算描述性统计量

选择主菜单 Statistics（统计）→Descriptive（描述性统计）→Summary Statistics（汇总统计量）命令，打开 Summary Statistics 对话框，选择变量列表中的 Income，单击 Analysis 按钮，选定分析变量，如图 2-5a 所示。

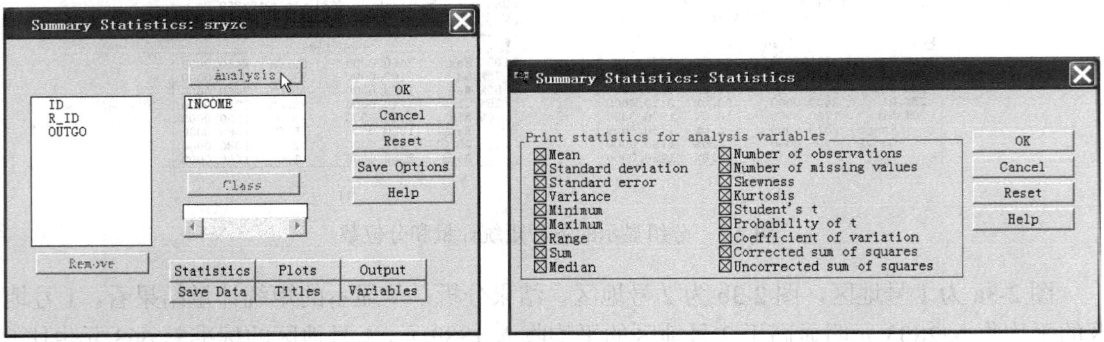

a)　　　　　　　　　　b)

图 2-5　选定分析变量与统计量

单击 Statistics 按钮，打开 Summary Statistics：Statistics 对话框。对话框中列出可以计算的所有统计量，见表 2-3。

表 2-3　可计算统计量

Mean	均值	Number of observations	观测数
Standard deviation	标准差	Number of missing values	缺失数
Standard error	标准误	Skewness	偏度
Variance	方差	Kurtosis	峰度

（续）

Minimum	最小值	Student's t	t 检验值
Maximum	最大值	Probability of t	p 值
Range	极差	Coefficient of variation	变异系数
Sum	和	Corrected sum of squares	校正平方和
Median	中位数	Uncorrected sum of squares	未校平方和

选择输出所有统计量，如图 2-5b 所示。两次单击 OK 按钮后，得到描述性统计量如图 2-6 所示。

```
                              The MEANS Procedure

                        Analysis Variable : INCOME

                                                          N
      Mean        Std Dev      Std Error       Variance   N  Miss        Minimum        Maximum
 ----------------------------------------------------------------------------------------------
   2316.10    697.6905919    127.3802918      486772.16  30     0        1080.00        4275.00
 ----------------------------------------------------------------------------------------------

                        Analysis Variable : INCOME

                                                                    Coeff of
    Median          Range            Sum   Corrected SS         USS   Variation       Skewness
 ----------------------------------------------------------------------------------------------
   2218.00        3195.00       69483.00    14116392.70   175045969  30.1235090      0.7789183
 ----------------------------------------------------------------------------------------------

                        Analysis Variable : INCOME

                        Kurtosis      t Value    Pr > |t|
                       --------------------------------------
                       0.9320947        18.18      <.0001
                       --------------------------------------
```

图 2-6　描述性统计量

3．通过 Distributions 菜单计算描述性统计量

还可以用如下方法得到各种描述性统计量：选择主菜单 Statistics（统计）→Descriptive（描述性统计）→Distributions（分布）命令，打开 Distributions 对话框，选择变量列表中的 Income，单击 Analysis 按钮，选定分析变量，如图 2-7a 所示。

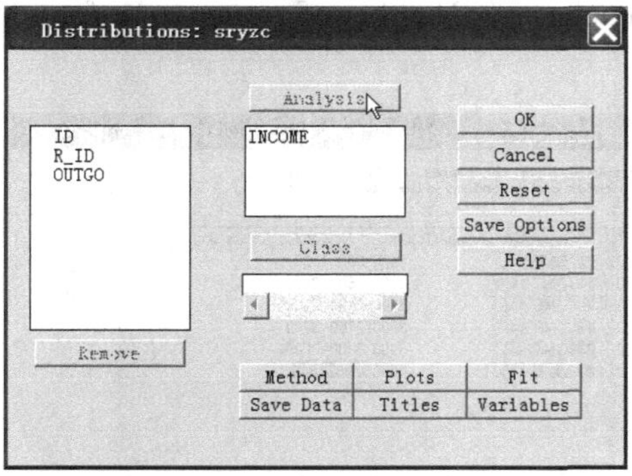

a)

```
                      The UNIVARIATE Procedure
                  Variable:  INCOME  (家庭总收入)

                             Moments

N                          30    Sum Weights                 30
Mean                   2316.1    Sum Observations         69483
Std Deviation      697.690592    Variance            486772.162
Skewness           0.77891826    Kurtosis            0.93209467
Uncorrected SS      175045969    Corrected SS        14116392.7
Coeff Variation     30.123509    Std Error Mean      127.380292


                   Basic Statistical Measures

         Location                      Variability

     Mean     2316.100     Std Deviation             697.69059
     Median   2218.000     Variance                     486772
     Mode     2250.000     Range                          3195
                           Interquartile Range       936.00000
```

b)

图 2-7　矩统计量和基本统计测度

单击 OK 按钮，即可得到关于变量 Income 的矩统计量和基本统计测度，如图 2-7b 所示；位置检验、分位数以及极值观测（最大和最小的 5 个观测）如图 2-8 所示。

其中位置检验的概念将在第 3 章介绍。

Tests for Location: Mu0=0

Test	-Statistic-		-----p Value------	
Student's t	t	18.18256	Pr > |t|	<.0001
Sign	M	15	Pr >= |M|	<.0001
Signed Rank	S	232.5	Pr >= |S|	<.0001

Quantiles (Definition 5)

Quantile	Estimate
100% Max	4275
99%	4275
95%	3410
90%	3337
75% Q3	2730
50% Median	2218
25% Q1	1794
10%	1623
5%	1200
1%	1080
0% Min	1080

The UNIVARIATE Procedure
Variable: INCOME (家庭总收入)

Extreme Observations

----Lowest----		----Highest---	
Value	Obs	Value	Obs
1080	20	3170	11
1200	17	3305	2
1530	28	3369	3
1716	30	3410	8
1760	13	4275	14

图 2-8 位置检验、分位数以及极值观测

4．按变量值分组计算频数

为了按数值型变量的值分组计算频数，需要首先根据数值型变量的值在数据集中增加一个新的分类变量，然后再计算频数，下面利用上例介绍“分析家”的这一功能。

首先按变量 Income 定义一个新的变量 INCOME_freq 如下：

$$\text{INCOME\_freq}=\begin{cases}900\sim1500 & 900<\text{INCOME}\leqslant1500\\1500\sim2100 & 1500<\text{INCOME}\leqslant2100\\2100\sim2700 & 2100<\text{INCOME}\leqslant2700\\2700\sim3300 & 2700<\text{INCOME}\leqslant3300\\3300\sim3900 & 3300<\text{INCOME}\leqslant3900\\3900\sim4500 & 3900<\text{INCOME}\leqslant4500\end{cases}$$

选择主菜单 Edit（编辑）→Mode（模式）→Edit（编辑）命令，使数据集可以被编辑（修改）。

选择主菜单 Data（数据）→Transform（变换）→Recode Ranges（重编码范围）命令，打开 Recode Ranges Information 对话框；

在 Column to recode 的列表框中选择变量 INCOME，在 New column name 栏输入新变量名 INCOME_freq，在 New column type 栏选择 Character，在 Number of groups to be formed 栏输入分组数目 6，如图 2-9a 所示。

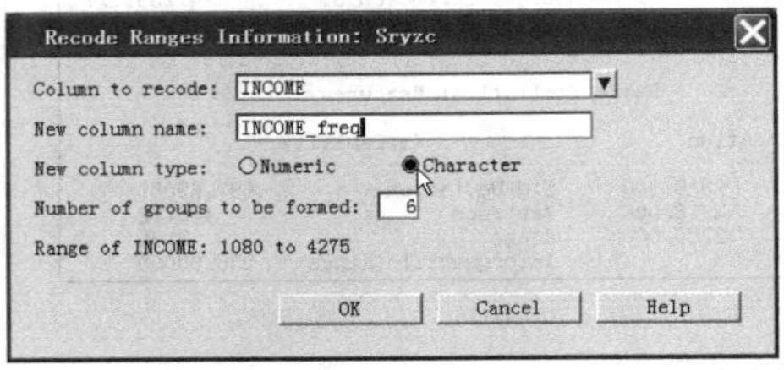

a)

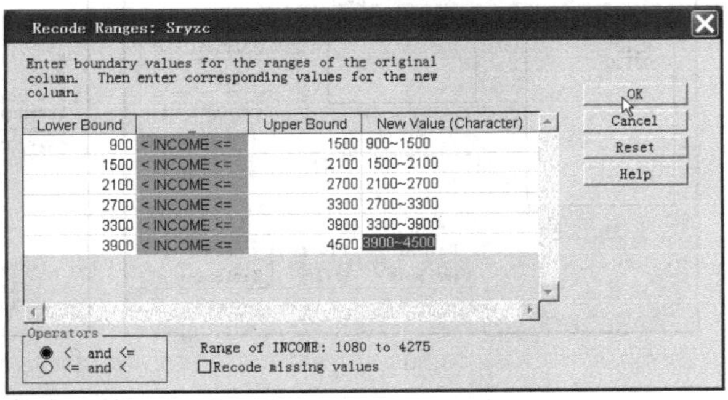

b)

图 2-9 Recode Ranges 对话框

单击 OK 按钮，打开 Recode Ranges 对话框，输入新变量的取值范围及新变量名称，如图 2-9b 所示。

单击 OK 按钮，得到新变量 INCOME_freq，如图 2-10 所示。单击工具栏 Save（保存）

按钮，将含有新变量的数据集保存待用。

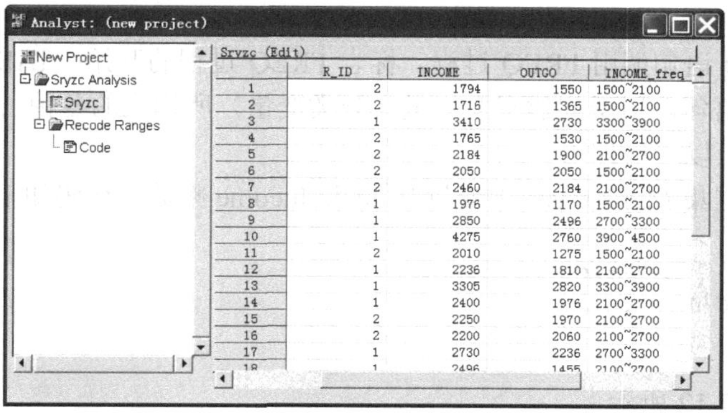

图 2-10　分组变量 INCOME_freq

选择主菜单 Statistics（统计）→Descriptive（描述性统计）→Frequency Counts（频数统计）命令，打开 Frequency Counts 对话框，选择变量列表中的 INCOME，单击 Frequencies 按钮，选定分析变量，如图 2-11a 所示。

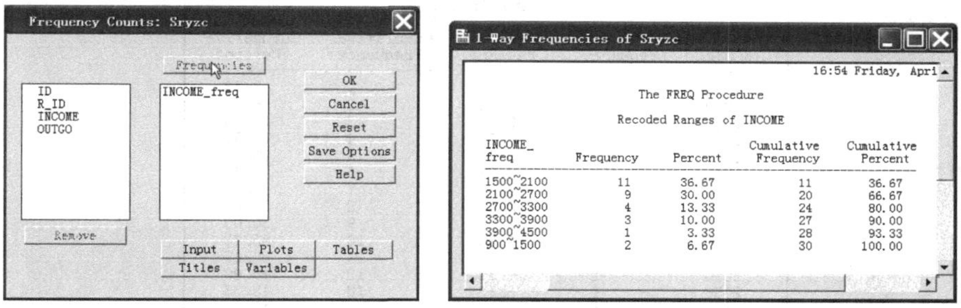

a)　　　　　　　　　　　　b)

图 2-11　频数统计

单击 OK 按钮，得到关于变量 INCOME_freq 的频数统计，如图 2-11b 所示。

2.2.3　编程实现描述性统计

SAS 系统提供了多个不同的过程来实现统计量的计算，它们在功能范围上有许多重复，下面介绍用 FREQ、MEANS 和 UNIVARIATE 这三个过程来计算简单的描述统计量。

FREQ 过程常用来计算分类变量取值的频数，而 MEANS 和 UNIVARIATE 过程则对数值型变量计算均值、标准差等统计量。

1. FREQ 过程

FREQ 过程包括多个控制频数输出与检验的语句和选项，依次介绍如下。

（1）FREQ 过程的简单形式

格式如下：

```
PROC   FREQ   DATA = <数据集>;
  [TABLES <变量 1> <变量 2>  …;]
```

```
    [FORMAT <变量 1> <输出格式 1>.   <变量 2> <输出格式 2>. …;]
RUN;
```

其中，PROC FREQ 语句调用 FREQ 过程，标志 FREQ 过程的开始；TABLES 语句是 FREQ 过程中非常关键的语句，用于创建有关变量（分类变量）所构成的各种表格，并进行相应的假设检验和计算，可以多次使用。

例如，统计数据集 Mylib.sryzc 中变量 R_Id 和 Income 频数的代码如下：

```
proc freq data = mylib.sryzc;
   tables R_Id Income;
RUN;
```

显示结果如图 2-12 所示。

The FREQ Procedure

地区编号

R_ID	Frequency	Percent	Cumulative Frequency	Cumulative Percent
1	14	46.67	14	46.67
2	16	53.33	30	100.00

家庭总收入

INCOME	Frequency	Percent	Cumulative Frequency	Cumulative Percent
1080	1	3.33	1	3.33
1200	1	3.33	2	6.67
1530	1	3.33	3	10.00
1716	1	3.33	4	13.33
1760	1	3.33	5	16.67
1765	1	3.33	6	20.00
1776	1	3.33	7	23.33
1794	1	3.33	8	26.67
1976	1	3.33	9	30.00
1980	1	3.33	10	33.33
1986	1	3.33	11	36.67
2010	1	3.33	12	40.00
2050	1	3.33	13	43.33
2184	1	3.33	14	46.67
2200	1	3.33	15	50.00
2236	1	3.33	16	53.33
2250	2	6.67	18	60.00
2400	1	3.33	19	63.33
2455	1	3.33	20	66.67
2460	1	3.33	21	70.00
2496	1	3.33	22	73.33
2730	1	3.33	23	76.67
2820	1	3.33	24	80.00
2850	1	3.33	25	83.33
3170	1	3.33	26	86.67
3305	1	3.33	27	90.00
3369	1	3.33	28	93.33
3410	1	3.33	29	96.67
4275	1	3.33	30	100.00

图 2-12　变量 R_Id 和 Income 的频数

输出结果对分析变量的每个值都提供了取这个值的频数（Frequency）、在有效数据中所占的百分数（Percent）、累积频数（Cumulative Frequency）和累积百分数（Cumulative Percent）。图 2-12 显示的 Income 变量频数太过分散，没有太大意义，应考虑分组统计频数。

（2）使用 FORMAT 语句

先用如下 FORMAT 过程将 Income 变量分组：

```
proc format;
   value F_R_Id 1 = '1 号地区' 2 = '2 号地区';
   value F_Income 900<-1500 = '900~1500'
```

```
        1500<-2100 = '1500~2100'
        2100<-2700 = '2100~2700'
        2700<-3300 = '2700~3300'
        3300<-3900 = '3300~3900'
        3900<-4500 = '3900~4500';
run;
```

然后在 FREQ 过程中使用 FORMAT 语句：

```
proc freq data = mylib.sryzc;
   tables R_Id Income;
   format R_Id F_R_Id. Income F_Income.;
run;
```

结果显示如图 2-13 所示。

The FREQ Procedure

地区编号

R_ID	Frequency	Percent	Cumulative Frequency	Cumulative Percent
1号地区	14	46.67	14	46.67
2号地区	16	53.33	30	100.00

家庭总收入

INCOME	Frequency	Percent	Cumulative Frequency	Cumulative Percent
900~1500	2	6.67	2	6.67
1500~2100	11	36.67	13	43.33
2100~2700	9	30.00	22	73.33
2700~3300	4	13.33	26	86.67
3300~3900	3	10.00	29	96.67
3900~4500	1	3.33	30	100.00

图 2-13　使用 FORMAT 语句

注意：使用 FORMAT 过程将 Income 变量的取值分组和上面使用“分析家”将变量 Income 分组的做法类似，不同的是前者没有在数据集中增加新变量。

（3）多个变量交叉分类频数计算

FREQ 过程不仅可以对单个变量计算其取值的频数分布，而且可以对两个或多个变量计算它们不同取值组合的频数分布。只需在 TABLES 语句中将要组合的变量用“*”号连接。例如比较不同地区的收入分布，可以使用如下过程：

```
proc freq data = mylib.sryzc;
   tables R_Id*Income;
   format R_Id F_R_Id. Income F_Income.;
run;
```

结果显示如图 2-14a 所示。

如下过程可以不输出单元格百分数和按列计算的百分数：

```
proc freq data = mylib.sryzc;
```

```
    tables R_Id*Income/nopercent nocol;
    format R_Id F_R_Id. Income F_Income.;
run;
```

输出结果如图 2-14b 所示。

The FREQ Procedure

Table of R_ID by INCOME

R_ID(地区编号)　　INCOME(家庭总收入)

Frequency Percent Row Pct Col Pct	900~1500	1500~210 0	2100~270 0	2700~330 0	3300~390 0	3900~450 0	Total
1号地区	0 0.00 0.00 0.00	2 6.67 14.29 18.18	4 13.33 28.57 44.44	4 13.33 28.57 100.00	3 10.00 21.43 100.00	1 3.33 7.14 100.00	14 46.67
2号地区	2 6.67 12.50 100.00	9 30.00 56.25 81.82	5 16.67 31.25 55.56	0 0.00 0.00 0.00	0 0.00 0.00 0.00	0 0.00 0.00 0.00	16 53.33
Total	2 6.67	11 36.67	9 30.00	4 13.33	3 10.00	1 3.33	30 100.00

a)

The FREQ Procedure

Table of R_ID by INCOME

R_ID(地区编号)　　INCOME(家庭总收入)

Frequency Row Pct	900~1500	1500~210 0	2100~270 0	2700~330 0	3300~390 0	3900~450 0	Total
1号地区	0 0.00	2 14.29	4 28.57	4 28.57	3 21.43	1 7.14	14
2号地区	2 12.50	9 56.25	5 31.25	0 0.00	0 0.00	0 0.00	16
Total	2	11	9	4	3	1	30

b)

图 2-14　交叉分类频数表

2. MEANS 过程

（1）语法格式

MEANS 过程的一般格式：

PROC MEANS DATA = <数据集名>　[<统计量关键字列表>]；
[VAR <分析变量列表>；]
[BY <分组变量名>；]
[CLASS <分组变量名>；]
RUN；

PROC MEANS 语句后的选项主要用来指定所要计算的统计量，默认情况下，MEANS 过程会给出频数、均数、标准差、最大值和最小值等，其余统计量的计算均需要在选项中指定。

VAR 语句引导所要进行分析的所有变量的列表，SAS 将对 VAR 语句所引导的所有变量分别进行描述性统计分析。

BY 语句与 CLASS 语句所指定的分类变量用来进行分组统计，但输出格式不同。

如对数据集 Mylib.sryzc 中的 Income 变量计算简单统计量，可用如下 MEANS 过程：

```
proc   means   data = mylib.sryzc;
   var   Income;
run;
```

结果如图 2-15 所示。

The MEANS Procedure

Analysis Variable : INCOME 家庭总收入

N	Mean	Std Dev	Minimum	Maximum
30	2316.10	697.6905919	1080.00	4275.00

图 2-15　简单统计量

（2）使用统计量关键字列表

在 PROC MEANS 语句中使用统计量关键字列表：

```
proc   means   data = mylib.sryzc n mean median p1 p5 p95 p99 q1 q3 max min;
   var   Income;
run;
```

结果如图 2-16 所示。

```
                              The MEANS Procedure

                     Analysis Variable : INCOME 家庭总收入

N        Mean       Median      1st Pctl     5th Ptcl     95th Pctl     99th Pctl
-----------------------------------------------------------------------------------
30     2316.10     2218.00      1080.00      1200.00      3410.00       4275.00
-----------------------------------------------------------------------------------

                     Analysis Variable : INCOME 家庭总收入

                  Lower          Upper
               Quartile       Quartile        Maximum        Minimum
               ------------------------------------------------------
                1794.00        2730.00        4275.00        1080.00
               ------------------------------------------------------
```

图 2-16　计算多个统计量

SAS 系统中可以计算的描述性统计量关键字及其含义见表 2-4。

表 2-4　描述性统计量关键字及其含义

关　键　字	所代表的含义	关　键　字	所代表的含义
n	有效数据记录数	range	极差
nmiss	缺失数据记录数	skewness	偏度
mean	均值	kurtosis	峰度
std	标准差	t	分布位置假设检验之 *t* 统计量
stderr	标准误	probt	上述 *t* 统计量对应的概率值
var	方差	q1	第一四分位数
median	中位数	q3	第三四分位数
mode	众数	qrange	四分位数间距
cv	变异系数	p1	第一百分位数
max	最大值	p5	第五百分位数
min	最小值	p10	第十百分位数
sum	总计	p90	第九十百分位数
sumwgt	加权值总计	p95	第九十五百分位数
css	校正平方和	p99	第九十九百分位数
uss	未校正平方和		

（3）使用 CLASS 语句和 BY 语句

使用 CLASS 语句和 BY 语句可以分组计算分析变量的描述性统计量值，由 CLASS 语句和 BY 语句指定的变量在分析中起分组（类）的作用，被称为分类变量。两个语句的区别是：

- 使用 BY 语句时要求数据集按 BY 变量排序，使用 CLASS 语句无此要求。
- 使用 BY 语句时输出按 BY 变量的每个值分别提供一个表，使用 CLASS 语句则将所有结果排列在一个表之中。

使用 BY 语句之前需先排序，如下代码可以在上例中按变量 R_Id 分组统计：

```
proc   sort   data = mylib.sryzc;
   by R_Id;
run;
proc   means   data = mylib.sryzc n mean median p1 p5 p95 p99 q1 q3 max min;
   var   Income;
   by R_Id;
run;
```

结果如图 2-17 所示。

```
------------------------------------------ 地区编号=1 ------------------------------------------

                                     The MEANS Procedure

                        Analysis Variable : INCOME 家庭总收入

N          Mean         Median       1st Pctl       5th Ptcl       95th Pctl       99th Pctl
---------------------------------------------------------------------------------------------
14      2803.71        2775.00        1760.00        1760.00         4275.00         4275.00
---------------------------------------------------------------------------------------------

                        Analysis Variable : INCOME 家庭总收入

                       Lower           Upper
                    Quartile        Quartile         Maximum         Minimum
                 ------------------------------------------------------------
                     2400.00         3305.00         4275.00         1760.00
                 ------------------------------------------------------------

------------------------------------------ 地区编号=2 ------------------------------------------

                        Analysis Variable : INCOME 家庭总收入

N          Mean         Median       1st Pctl       5th Ptcl       95th Pctl       99th Pctl
---------------------------------------------------------------------------------------------
16      1889.44        1983.00        1080.00        1080.00         2460.00         2460.00
---------------------------------------------------------------------------------------------

                        Analysis Variable : INCOME 家庭总收入

                       Lower           Upper
                    Quartile        Quartile         Maximum         Minimum
                 ------------------------------------------------------------
                     1740.50         2192.00         2460.00         1080.00
                 ------------------------------------------------------------
```

图 2-17　使用 BY 语句分组计算多个统计量

使用 CLASS 语句分组较为简单，如下代码也可以在上例中按变量 R_Id 分组统计：

```
proc   means   data = mylib.sryzc n mean median p1 p5 p95 p99 q1 q3 max min;
   var   Income;
   class R_Id;
RUN;
```

分析结果如图 2-18 所示。

3. UNIVARIATE 过程

UNIVARIATE 过程的一般格式为：

```
PROC UNIVARIATE DATA = <数据集名>   [<统计量关键字列表>];
   [VAR <分析变量列表>;]
   [BY | CLASS <分组变量名>;]
```

```
  [HISTOGRAM <变量名称>/<选项列表>;]
  [OUTPUT OUT = <数据集名> <统计量关键字> = <自定义变量名>;]
RUN;
```

Analysis Variable : INCOME 家庭总收入

地区编号	N Obs	N	Mean	Median	1st Pctl	5th Ptcl	95th Pctl
1	14	14	2803.71	2775.00	1760.00	1760.00	4275.00
2	16	16	1889.44	1983.00	1080.00	1080.00	2460.00

Analysis Variable : INCOME 家庭总收入

地区编号	N Obs	99th Pctl	Lower Quartile	Upper Quartile	Maximum	Minimum
1	14	4275.00	2400.00	3305.00	4275.00	1760.00
2	16	2460.00	1740.50	2192.00	2460.00	1080.00

图 2-18 使用 CLASS 语句分组计算多个统计量

UNIVARIATE 过程和 MEANS 过程的格式非常相似，相同的语句和选项其含义也相同，所不同的是某些统计量只能在 UNIVARIATE 过程中计算（如众数），而且 UNIVARIATE 过程中具有绘图功能。

其中，HISTOGRAM 语句用来指示 SAS 对其后所指定的变量绘制直方图，其后的选项用来指示 SAS 添加不同类型的拟合图形（如正态分布的分布密度曲线）。

例如，计算数据集 mylib.sryzc 中 Income 变量的统计量：

```
proc   univariate   data = mylib.sryzc;
  var   Income;
run;
```

输出包括 5 个部分。第一部分是矩统计量（见图 2-19），各统计量已在 2.1.1 中作了介绍。

The UNIVARIATE Procedure
Variable: INCOME (家庭总收入)

Moments

N	30	Sum Weights	30
Mean	2316.1	Sum Observations	69483
Std Deviation	697.690592	Variance	486772.162
Skewness	0.77891826	Kurtosis	0.93209467
Uncorrected SS	175045969	Corrected SS	14116392.7
Coeff Variation	30.123509	Std Error Mean	127.380292

图 2-19 矩统计量

第二部分为基本的位置和分散程度统计量，位置统计量包括均值、中位数、众数，分散程度统计量包括标准差、方差、极差、四分位间距，如图 2-20a 所示。第三部分为关于均值等于零的三种检验的结果，包括 t 检验、符号检验和符号秩检验，如图 2-20b 所示。

Basic Statistical Measures

Location		Variability	
Mean	2316.100	Std Deviation	697.69059
Median	2218.000	Variance	486772
Mode	2250.000	Range	3195
		Interquartile Range	936.00000

a)

Tests for Location: Mu0=0

Test	-Statistic-		-----p Value------	
Student's t	t	18.18256	Pr > |t|	<.0001
Sign	M	15	Pr >= |M|	<.0001
Signed Rank	S	232.5	Pr >= |S|	<.0001

b)

图 2-20 位置和分散程度统计量与均值等于零的三种检验

第四部分为各个重要的分位数，第五部分是观测数据的 5 个最低值和 5 个最高值（见图 2-21）。

Quantiles (Definition 5)

Quantile	Estimate
100% Max	4275
99%	4275
95%	3410
90%	3337
75% Q3	2730
50% Median	2218
25% Q1	1794
10%	1623
5%	1200
1%	1080
0% Min	1080

Extreme Observations

----Lowest----		----Highest---	
Value	Obs	Value	Obs
1080	20	3170	11
1200	17	3305	2
1530	28	3369	3
1716	30	3410	8
1760	13	4275	14

图 2-21　分位数与观测数据的 5 个最低值和 5 个最高值

2.3　统计图形

数据除用统计量来概括表达外，还可以用统计图形显示。统计图具有直观、鲜明、形象、便捷等特点，在表达统计数据时可以给人留下深刻的印象。统计图形的种类很多，下面介绍几种在 SAS 系统中常用的统计图形。

2.3.1　定量变量的图形表示

1．直方图

对于数值型变量，常用直方图（histogram）来展示变量取值的分布。将变量取值的范围分成若干区间（一般是等间隔的），在等间隔区间的情况下，每个区间的长度称为组距。考察数据落入每一区间的频数与频率，在每个区间上画一个矩形，它的宽度是组距，它的高度可以是频数、频率或密度（频率 / 组距），在高度是密度的情况下（图 2-22a），每一矩形的面积恰是数据落入区间的频率，这种直方图可以估计总体的概率密度。组距对直方图的形态有很大影响，组距太小，每组的频数较少，由于随机性的影响，邻近区间上的频数可能很大；组距太大，直方图所反映概率密度的形态就会过于粗略。一个合适的分组是希望直方图的形态能接近总体的概率密度，SAS 软件会根据样本容量在样本取值范围内自动地确定一个分组方式，另外也提供了设定分组的方法。

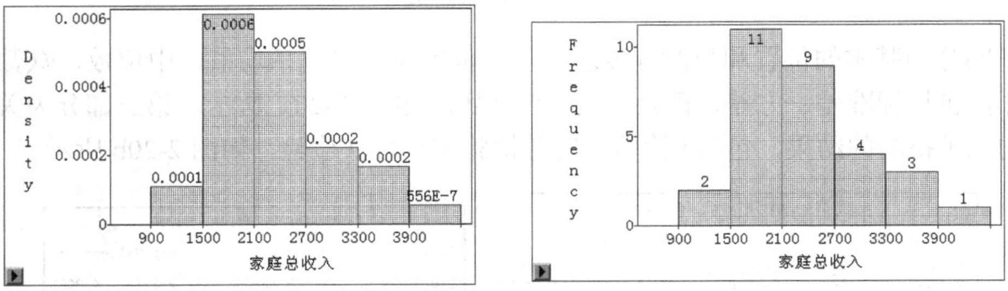

a)　　b)

图 2-22　密度直方图与频数直方图

图 2-22b 的横坐标是收入区间，这里每一格代表 600 元的收入范围（格子宽度因不同的

数据特性或要求而定），而纵坐标为各种收入的频数。比如在 1500～2100 元范围的观测值有 11 个（最高的一个矩形条），而 2100～2700 元范围内有 9 个（第二高的矩形）观测值等。显然从直方图可以看出数据分布的疏密。

2．盒形图

盒形图（Boxplot）又称箱图、箱线图、盒子图，是用更为简洁的方法表现数据在数轴上的分布及其特点的图形。

图 2-23a 是根据居民家庭的收入情况所绘的盒形图；图 2-23b 是分地区情况所绘的盒形图。

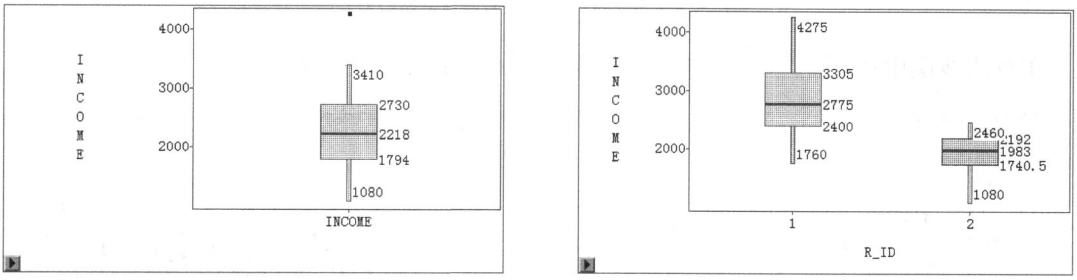

a)　　　　b)

图 2-23　居民家庭收入情况的盒形图

盒子的中间横线是数据的中位数（Median），数据中有一半大于中位数（在其之上），另一半小于中位数（在其之下）。封闭盒子的上下两横线（边）分别为上、下四分位数（点）。因此盒子上下边线内包含了位于分布中间的 50%的数据。盒子的长度就是分布的四分位间距。其作用类似于标准差，可以反映数据分布的分散程度。从盒子边线向外画了两条线叫做触须线，最长可以延伸到四分位间距的 1.5 倍，但是如果已经到了数据的最小值或最大值处就不再延伸。如果有些数据值超出了触须线的范围，则这些数据用触须线以外的点来画出，一般认为这样的点是可能的异常点，在进一步进行数据分析时可以考虑是否需要剔除它。

从盒形图上可以大体看出数据集中在什么范围，上下两侧是否对称。如果盒子的下半部比上半部长，而且下触须线比上触须线长，说明数据分布为左偏；否则数据分布为右偏。

常将分类数据的若干个盒形图放在一个图中比较（见图 2-23b）。从图中可以看出 1 号地区的数据比 2 号地区的数据分散得多，也就是说 1 号地区的居民家庭收入之间的差别相对于 2 号地区要大些；而且，总体来说 1 号地区的收入要高一些。从盒形图上还可以看出 1 号地区的数据分布略右偏，说明高收入家庭的收入较分散，2 号地区的数据分布略左偏，说明低收入家庭的收入较分散。

3．散点图

通常得到的数据可能有两个变量，如家庭的收入和支出情况的数据，这里家庭总收入是一个变量，而家庭总支出是第二个变量。希望通过图形了解收入和支出的关系，这时可以用一个变量为横坐标（如家庭总收入），另一个变量为纵坐标（这里是家庭总支出）来作图（见图 2-24）。这种图称为散点图（Scatter Plot）。

4．线图

线图（Line Plot）用来表示变量间的取值变化情况，有单式和复式两种（见图 2-25）。

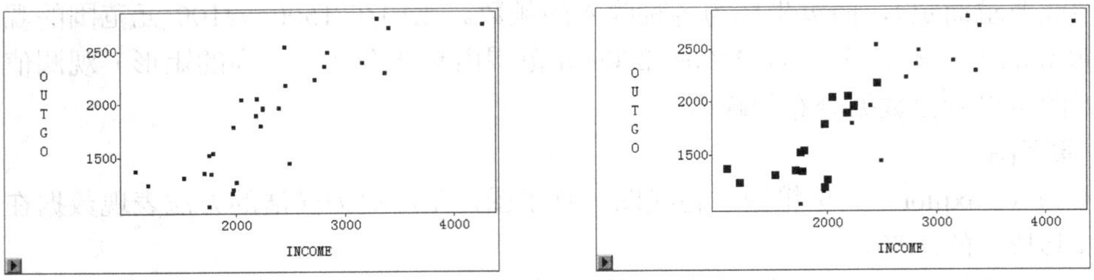

a) b)

图 2-24　家庭收入和支出情况的散点图

在复式线图中可用不同颜色的实线来标志区别，如图 2-25b 所示。

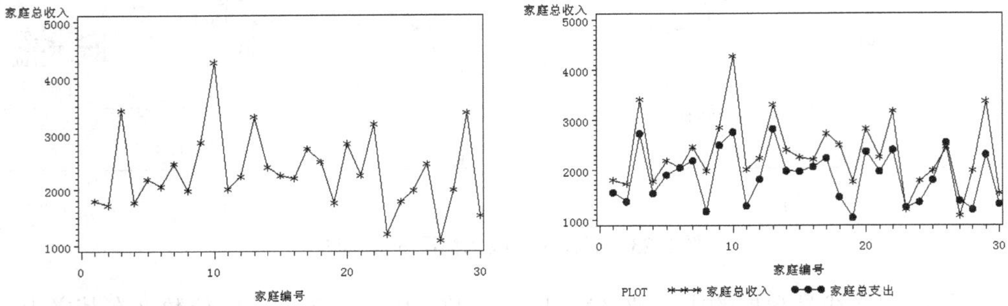

a) b)

图 2-25　家庭总收入线图

线图通常用来描述变量与时间变量的关系。

2.3.2　分类变量的图形表示

分类变量又称属性变量，包括：名义变量（如性别、职业、民族）和有序变量（如调查意见的完全同意、同意、中立、反对、强烈反对）。对分类变量的分析也是统计学的重要研究内容。

分类变量也可以通过图形直观地描绘出它们各类的数量和所占比例，常用的有条形图、饼图和马赛克图。

1．条形图

条形图（Bar Chart）给出分类变量取每个值的频数，图 2-26 为变量 R_ID 取值的条形图。

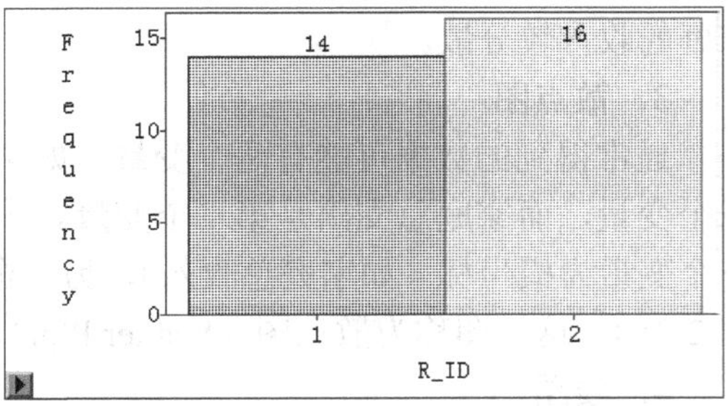

图 2-26　条形图

2．饼图

通常，饼图（Pie Chart）可以对分类变量描述其频数取值的比例，对于数值变量，则像直方图那样应先计算各区间取值的频数，再按比例画出。

图 2-27 中给出的是家庭支出分组频数的饼图。要注意的是，如果有太多的分组，那么

饼图就不那么好看了。

3．马赛克图

马赛克图（Mosaic Plot）一般不针对单个变量，而是针对两个以上分类变量。这种图的好处是直观显示了两个以上变量每种取值组合的观测个数和比例，如图 2-28 所示。

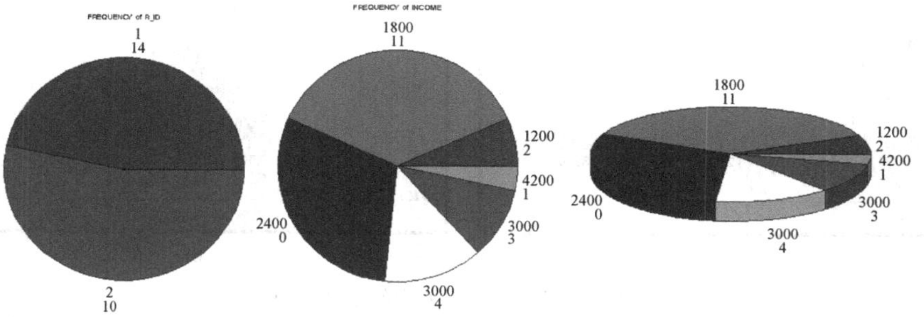

图 2-27　饼图

2.4　用 SAS 绘制统计图形

2.4.1　用 INSIGHT 绘制统计图形

INSIGHT 模块可以画出多种统计图形，而且图形清晰、美观。

1．绘制直方图

首先在 INSIGHT 中打开数据集 Mylib.sryzc。

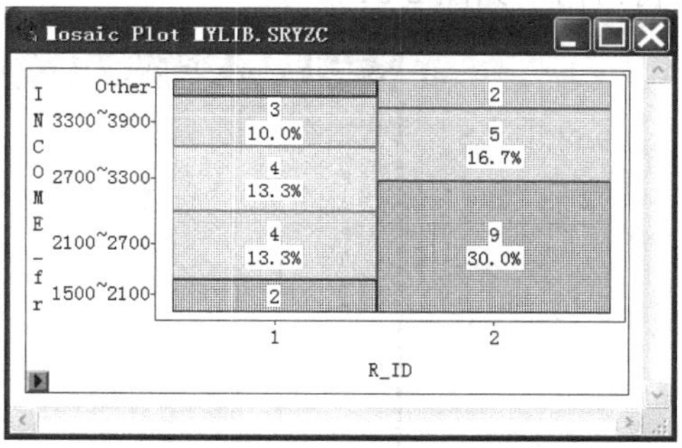

图 2-28　马赛克图

选择菜单 Analyze（分析）→Histogram/Bar Chart (Y)（直方图/条形图）命令，打开 Histogram/Bar Chart (Y)对话框。在数据集 sryzc 的变量列表中，选择 Income 变量，然后单击 Y 按钮，Income 变量被选定，如图 2-29a 所示。

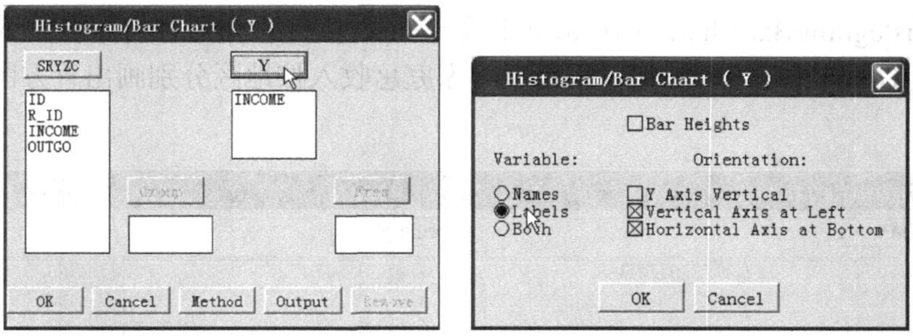

a)　　　　b)

图 2-29　Histogram/Bar Chart(Y)对话框

单击 Output（输出）按钮，在打开的对话框中选择 Labels（标签）选项，如图 2-29b 所示，以便输出的图形显示中文标签名。单击 OK 按钮返回对话框。

单击 OK 按钮，即可得到直方图，如图 2-30a 所示。

单击图形框左下角处的三角形，在打开的菜单中选择 Values（值），即可在图中显示频数值，如图 2-30b 所示。

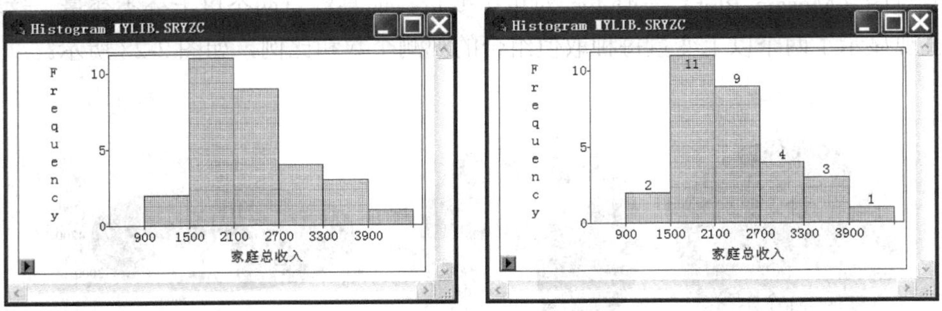

a) b)

图 2-30 在 INSIGHT 中绘制直方图

如果在 Histogram/Bar Chart (Y)对话框中同时选择多个变量，则可以将多个直方图画在一个窗口内，如图 2-31 所示。

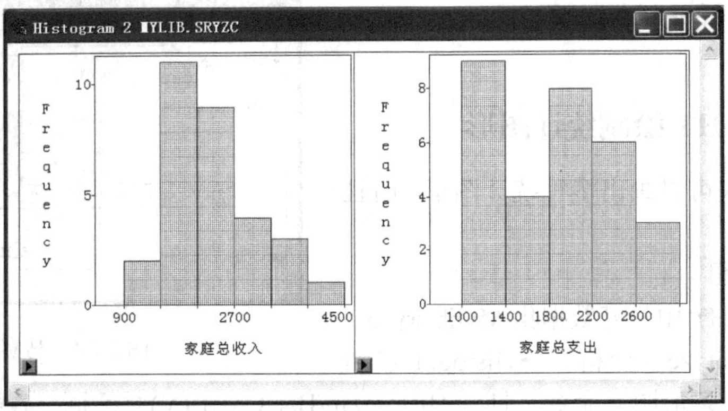

图 2-31 在 INSIGHT 中绘制多个直方图

如果在 Histogram/Bar Chart (Y)对话框中选定 Income 变量作为分析变量，然后选择 R_ID 变量后再单击 Group（分组）按钮，则可以将家庭总收入按地区分别画出直方图，如图 2-32 所示。

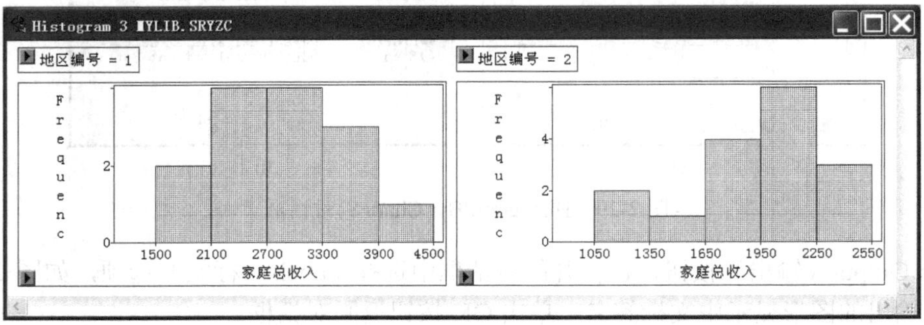

图 2-32 不同地区家庭总收入的直方图

2．绘制条形图

INSIGHT 模块可对分类变量绘制条形图。首先单击 R_ID 变量名上方的变量作用按钮，在弹出的菜单中选择 Nominal（列名型），如图 2-33a 所示。

选择菜单 Analyze（分析）→Histogram/Bar Chart (Y)（直方图/条形图）命令，打开 Histogram/Bar Chart (Y)对话框。在数据集 sryzc 的变量列表中，选择 R_ID 变量，然后单击 Y 按钮，R_ID 变量被选定，如图 2-33b 所示。

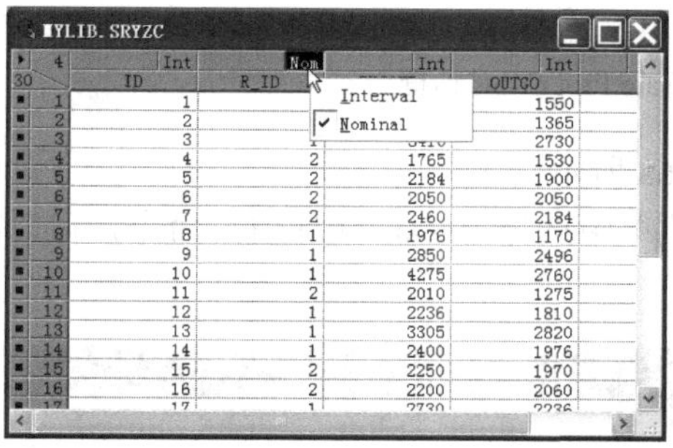

a)

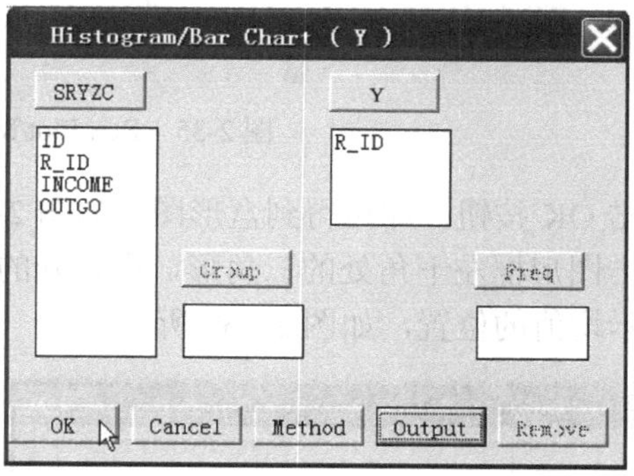

b)

图 2-33　设置分析变量

单击 Output（输出）按钮，在打开的对话框中选择 Labels（标签）选项，单击 OK 按钮返回对话框。

单击 OK 按钮，即可得到条形图，如图 2-34a 所示。如果选择 Income_freq（见 2.2.2 节）作为分析变量，则可以得到图 2-34b 所示的条形图。

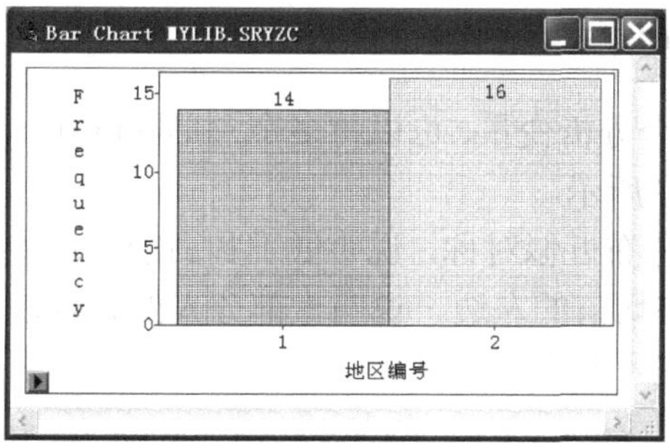

a)

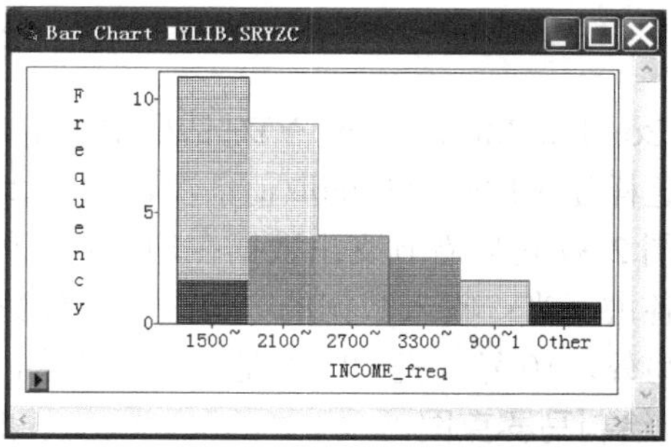

b)

图 2-34　条形图

3．绘制盒形图

选择菜单 Analyze（分析）→Box Plot/Mosaic Plot (Y)（盒形图/马赛克图）命令，可以对区间型变量作盒形图，对分类型变量作马赛克图。打开 Box Plot/Mosaic Plot (Y)对话框。在数据集 sryzc 的变量列表中，选择 Income 变量，然后单击 Y 按钮，Income 变量被选定，如图 2-35a 所示。

单击 Output（输出）按钮，在打开的对话框中选择 Labels（标签）选项，取消 Y Axis Vertical（垂直的 Y 轴）选项，如图 2-35b 所示。单击 OK 按钮返回对话框。

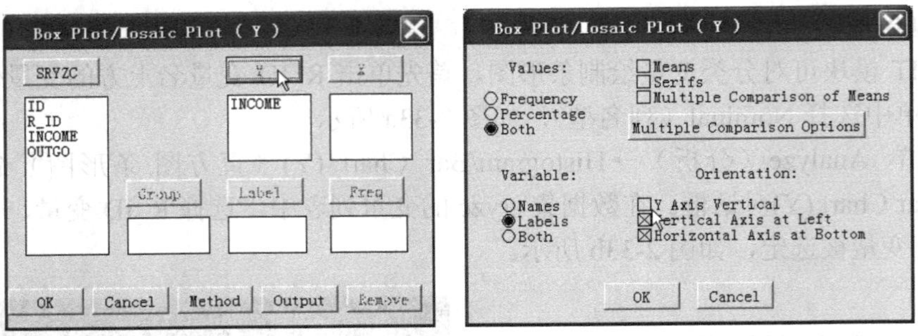

a) b)

图 2-35 Box Plot/Mosaic Plot (Y)对话框

单击 OK 按钮，即可得到盒形图，如图 2-36a 所示。

单击图形框左下角处的三角形，在打开的菜单中选择 Means（均值）命令，可以在盒形图中显示均值的位置，如图 2-36b 所示。

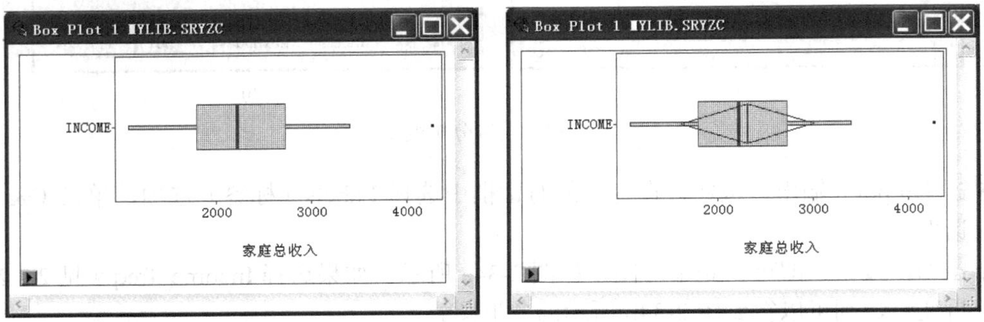

a) b)

图 2-36 在 INSIGHT 中绘制盒形图

在 Box Plot/Mosaic Plot (Y)对话框中选定多个分析变量，可以将多个盒形图画在一个坐标系下，这样便于比较变量的取值情况，如图 2-37 所示。

从图 2-37 可以看到支出数据在均值两边的分布近似对称，说明低于和高于平均支出的家庭几乎各占一半；收入数据的二分之一分位数在均值的左边，说明大部分人的收入低于平均收入。另外，10 号家庭的收入是一个极端值，它不具有代表性。

4．绘制马赛克图

选择 Analyze（分析）→Box Plot/Mosaic Plot (Y)（盒形图/马赛克图）命令，可以对分类变量作马赛克图。下面以 2.2.2 节中修改过的数据集 sryzc 为例，作出 R_ID 变量和 Income_freq 变量的马赛克图。

首先将 R_ID 变量改为 Nominal（列名型）（参见图 2-33a）。

选择菜单 Analyze（分析）→Box Plot/Mosaic Plot (Y)（盒形图/马赛克图）命令，打开 Box Plot/Mosaic Plot (Y)对话框。在数据集 sryzc 的变量列表中，选择 R_ID 变量，然后单击 Y 按钮，R_ID 变量被选定，单击 OK 按钮，得到的结果如图 2-38a 所示。

如果在 Box Plot/Mosaic Plot (Y)对话框中选择 Income_freq 作 Y 变量，选择 R_ID 作 X 变量，则可以得到两个变量每种取值组合的观测个数和比例，如图 2-38b 所示。

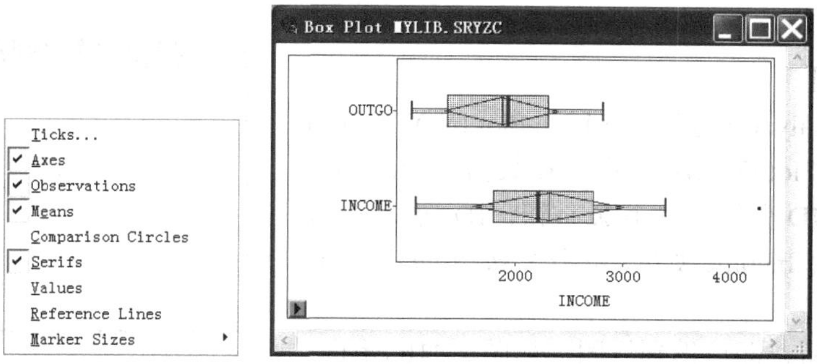

a)　　　　　　　　　　b)

图 2-37　多个变量绘制盒形图

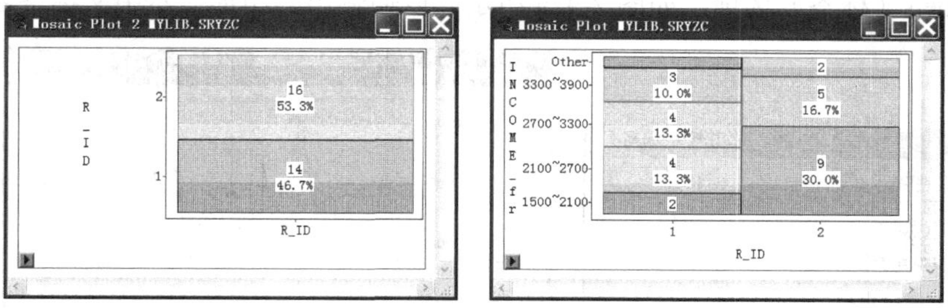

a)　　　　　　　　　　b)

图 2-38　一个变量的盒形图与两个变量的交叉马赛克图

单击其中一个方块可以选中数据集中相应的一个分组，例如单击地区为 2，收入 1500~2100 的方块可以看到这一组的家庭。双击某一方块可以检查相应组的家庭数据。

5．绘制散点图

选择菜单 Analyze（分析）→Scatter Plot (Y X)（散点图）命令，打开 Scatter Plot (Y X)对话框。在变量列表中，选择 Income，单击 Y 按钮，Income 变量被选定为 Y 轴变量，选择 Outgo，单击 X 按钮，Outgo 变量被选定为 X 轴变量，如图 2-39a 所示。

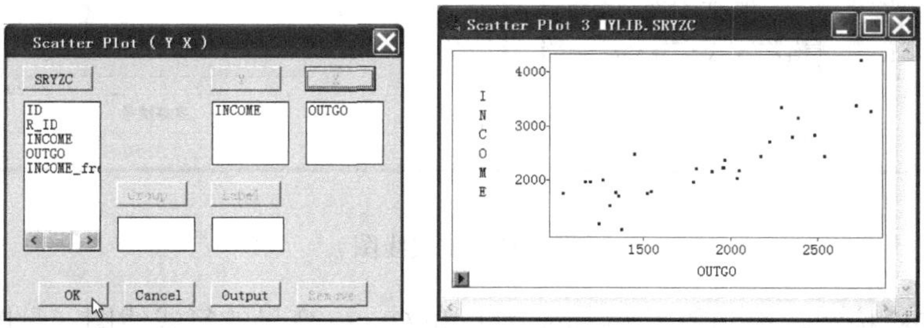

a)　　　　　　　　　　b)

图 2-39　家庭的收入和支出情况

单击 OK 按钮，即可得到散点图，如图 2-39b 所示。可以看出收入与支出有一定的线性相关关系。

在数据集窗口选中所有 1 号地区的观测号，图 2-40 是在散点图中区分两个地区的情况，细点为 2 号地区，粗点为 1 号地区。从该图可以看出 1 号地区比 2 号地区在收入和支出水平上都要高出许多。

6．绘制线图

选择菜单 Analyze（分析）→Line Plot (Y X)（分布）命令，打开 Line Plot (Y X)对话框。在数据集 sryzc 的变量列表中，选择 ID 变量，单击 X 按钮，ID 变量被选定为 X 轴，然后选择 Income 变量，单击 Y 按钮，如图 2-41a 所示。

单击 OK 按钮，即可得到线图，如图 2-41b 所示。

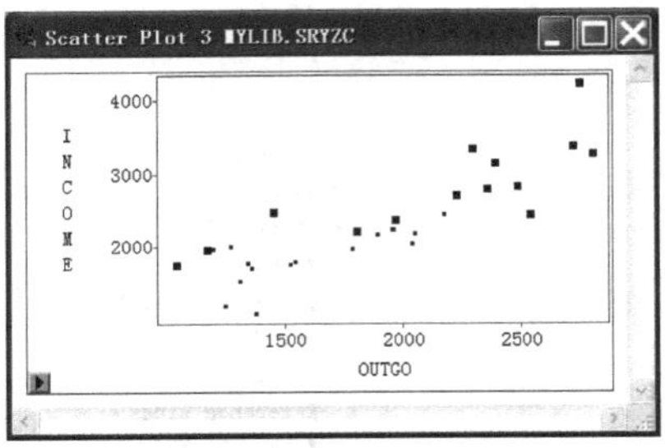

图 2-40　不同地区的情况

若在 Line Plot (Y X)对话框中，将 ID 变量选定为 X 轴，选择 Income 变量和 Outgo 变量，单击 Y 按钮。单击 Output（输出）按钮，在打开的对话框中选择 Labels（标签）选项，如图 2-42a 所示，以便输出的图形显示中文标签名。

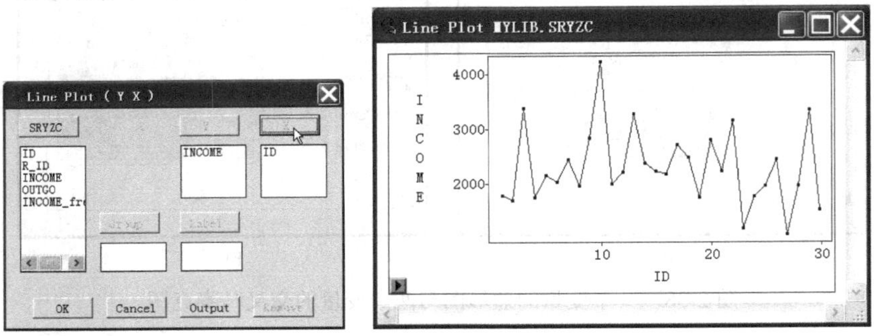

a)　　b)

图 2-41　绘制 Income 变量关于 ID 变量的线图

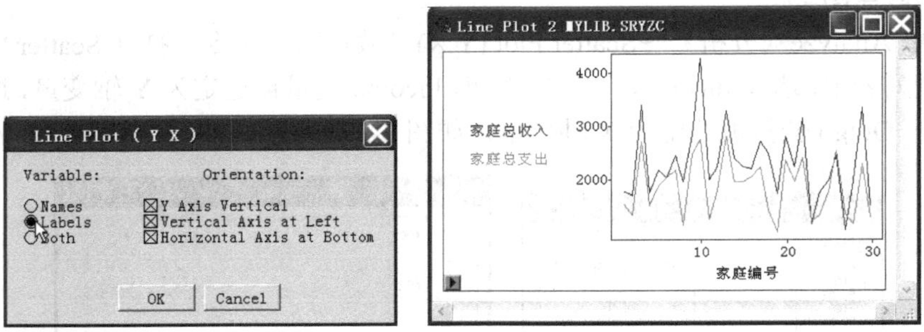

a)　　b)

图 2-42　复式线图

两次单击 OK 按钮，得到关于 Income 变量和 Outgo 变量的复式线图（见图 2-42b）。

2.4.2　用“分析家”绘制统计图形

1．绘制饼图

在“分析家”中打开数据集 mylib.sryzc。

选择主菜单 Graphs（图形）→Pie Chart（饼图）命令，打开 Pie Chart 对话框，选择变量列表中的 Income，单击 Chart 按钮，选定分析变量，如图 2-43a 所示。

单击 OK 按钮，得到饼图，如图 2-43b 所示。

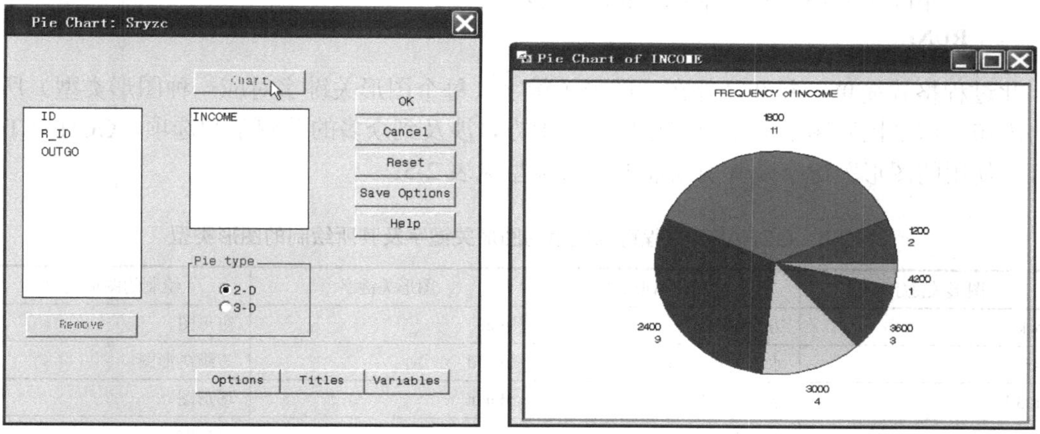

a) b)

图 2-43 在“分析家”模块中画饼图

2. 绘制条形图

选择主菜单 Graphs（图形）→Bar Chart（条形图）→Horizontal（水平）命令，打开 Horizontal Bar Chart 对话框，选择变量列表中的 INCOME，单击 Chart 按钮，选定分析变量，选择 R_ID 变量，单击 Stack By 按钮，再选中 3-D 选项，如图 2-44a 所示。

单击 OK 按钮，得到水平条形图，如图 2-44b 所示。

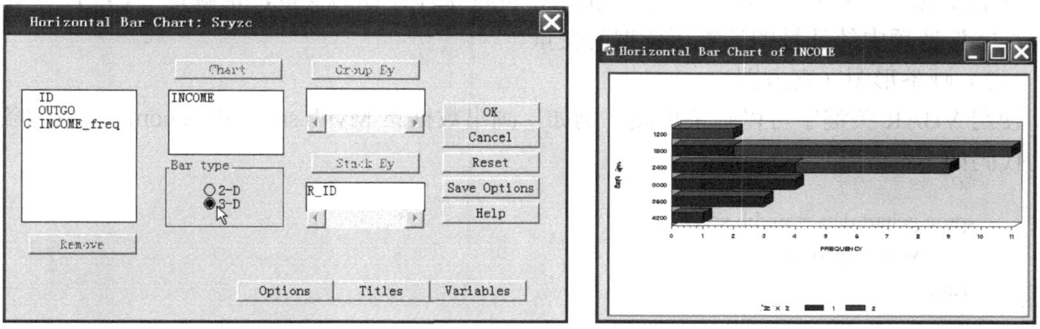

a) b)

图 2-44 绘制条形图

2.4.3 编程绘制统计图形

SAS 系统可以把存储在 SAS 数据集中的数据以图形的方式形象直观地显示出来。在 SAS/GRAPH 模块的支持下，SAS 可以作散点图、曲线图、直方图、扇形图、三维曲面图、等高线图、地图等。

1. GCHART 过程

（1）语法格式

GCHART 过程用于绘制直方图、饼形图（扇形图）、三维直方图等表示变量分布的图形。其语法格式为：

```
PROC GCHART DATA = <数据集名>;
  <图形关键字>   <变量名称>/<选项列表>
RUN;
```

此过程格式简单，复杂之处在于图形关键字（每个图形关键字对应一种图形类型）所引导的语句，这是控制图形类型及图形要素的地方，涉及到众多的关键字和选项。GCHART 过程可以使用的图形关键字及其所绘制的图形类型见表 2-5。

表 2-5 GCHART 过程可以使用的图形关键字及其所绘制的图形类型

图形关键字	绘制的图形类型	图形关键字	绘制的图形类型
block	方块图	pie	饼形图
hbar	水平的条形图	pie3d	三维饼形图
hbar3d	水平的三维条形图	donut	环形图
vbar	竖立的条形图	star	星形图
vbar3d	竖立的三维条形图		

图形关键字后的变量名用于指定进行图形描述时的分组变量，可以是数值型的（此时以各组的组中值为分组的标志），也可以是字符型的。其后的选项比较重要的有：

TYPE = 统计量关键字，表示以图形对变量（SUMVAR 所指定的变量）的哪一种统计量进行描述，例如频数（FREQ）、均数（MEAN）、总计（SUM）、频数百分比（PCTN）等；

SUBGROUP = 变量名（分组变量），指定要进行分组（各组段内再分组）的变量；

SUMVAR = 变量名（数值变量），指定要进行统计计算的变量，也就是“TYPE = 统计量关键字”选项中统计量的计算所依据的变量。

（2）画条形图（直方图）

使用 VBAR 关键字可以画条形图。例如，画出数据集 Mylib.sryzc 中 Income 变量的条形图的代码如下：

```
proc gchart data = mylib.sryzc;
     vbar   Income;
run;
```

结果如图 2-45a 所示。

其中绘图用的变量用 VBAR 语句给出，如果把 VBAR 改成 HBAR，则条形方向变为横向。用 GCHART 绘制的条形图和在 INSIGHT 中绘制的直方图有所不同，它在横轴标的是区间的中点值，而在 INSIGHT 中横轴标的是区间的端点值。

可以指定分组的变量，例如在每个区段内再分段，可以用如下代码：

```
proc gchart   data = mylib.sryzc;
     vbar   Income / subgroup = R_Id;
run;
```

结果如图 2-45b 所示。

可以绘制分组的条形图，例如按地区分组绘制两个直方图并排放置（见图 2-46），可以用如下程序：

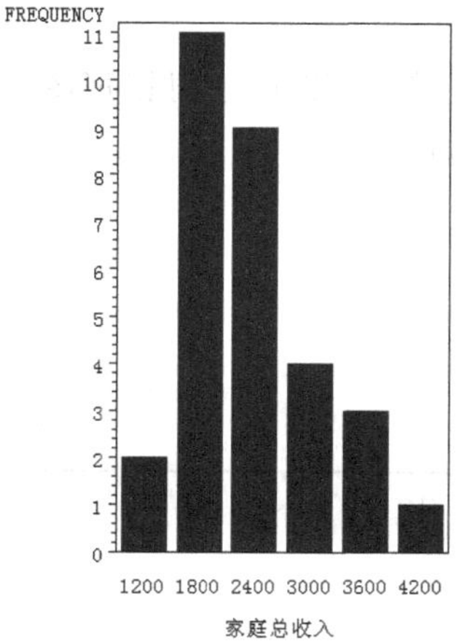

a)

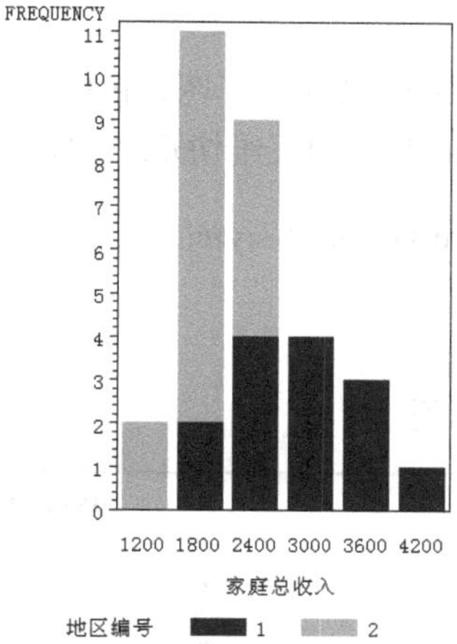

b)

图 2-45　Income 变量的条形图

```
proc gchart   data = mylib.sryzc;
  vbar   Income / group = R_Id;
run;
```

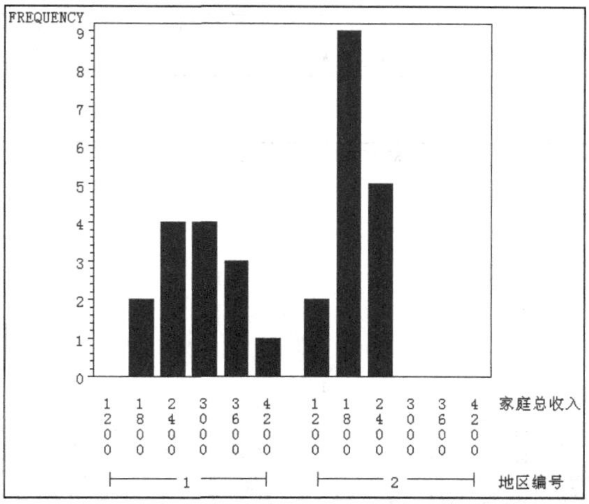

图 2-46　Income 变量的分组条形图

（3）画三维条形图

使用 BLOCK 关键字可以画三维条形图。例如，画出数据集 mylib.sryzc 中 Income 变量的三维条形图的代码如下：

```
proc gchart   data = mylib.sryzc;
  block Income/ group = R_Id;
run;
```

结果如图 2-47a 所示。

（4）画饼形图

使用 PIE 关键字可以画饼形图，PIE3D 关键字可以画三维饼形图。例如，画出数据集 mylib.sryzc 中 Income 变量的三维饼形图的代码如下：

```
proc gchart    data = mylib.sryzc;
   PIE3D Income;
run;
```

结果如图 2-47b 所示。

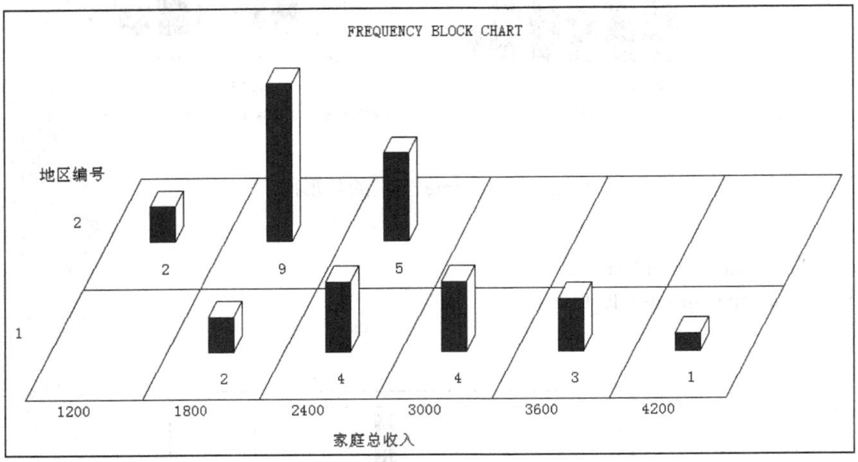

a)

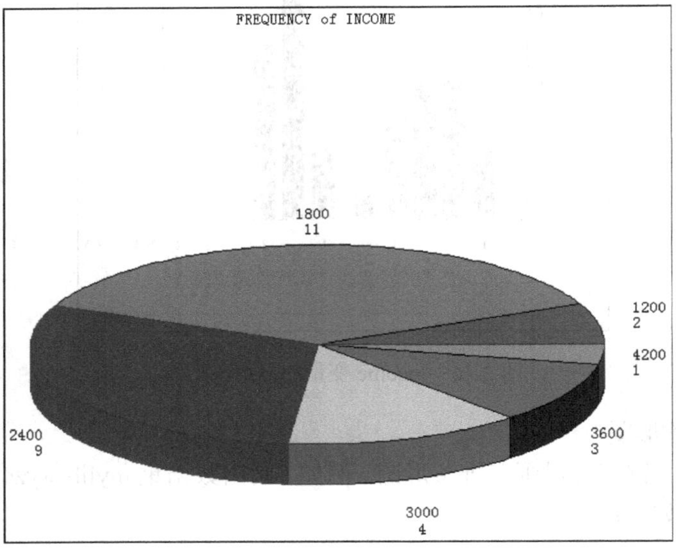

b)

图 2-47　Income 变量的分组条形图与三维饼形图

2．使用 GPLOT 过程绘制散点图和连线图

平面的散点图就是以数据集中某两个变量为纵坐标和横坐标，每个观测对应一个点。数

据集中的多个观测就在平面上构成一幅散点图。连线图则是将散点图的点之间按一定的方式用直线或曲线相连所得。

通常用散点图和连线图可以表示：

- 一个变量随另一个变量的变化；
- 变量之间的关系；
- 数据值的分布。

（1）GPLOT 过程的一般格式

```
PROC GPLOT DATA = <数据集名>;
  PLOT <纵轴变量> * <横轴变量> [= <变量>][/<选项>];
  [SYMBOLn <选项>;]
RUN;
```

PLOT 语句中用于分组的<变量>可为字符型或数值型，为数值型时作为离散型变量处理，每一个值将被当作一个组别，此变量的具体值（或与每个具体值对应的图形）将被作为散点用来绘制散点图。常用的选项见表 2-6。

表 2-6　PLOT 语句的选项

选　　项	意　　义	说　　明
FRAM | NOFRAM	在图形四周加入或不加入边框	默认为加入
CFRAM = 颜色	边框内的颜色	默认为白色
AUTOHREF(AUTOVEREF)	在水平（垂直）轴的每个主刻度处加入水平（垂直）参考线	
NOAXIS	取消坐标轴及相关的图形元素	
CAXIS = 颜色	设定轴的颜色	
CTEXT = 颜色	设定与轴相关字符的颜色	
HAXIS = 值列举	设定水平轴主刻度的值	
VAXIS = 值列举	设定垂直轴主刻度的值	

SYMBOL 语句用来控制表示点的符号和点间的连线。其中 n 是不同 SYMBOL 语句的序号，可以是 1～99，默认为 1。选项见表 2-7。

表 2-7　SYMBOL 语句的选项

选　　项	意　　义	取　　值
V = 符号	表示点使用的符号	plus, x, star, square, diamond, triangle, hash, y, z, paw, point, dot, circle
C = 颜色	表示点的符号及连线的颜色	black, red, green, blue, cyan, magenta, gray, pink, orange, brown, yellow
CV =颜色	专指点的符号的颜色	
H = n<单位>	指名符号的大小	单位有：cell, cm, pct, pt, in
POINTLABEL	在点的附近表明 Y 轴变量的值	
i = 连线方式	指明连线的方式	none, join, spline, needle
CI = 颜色	专指连线的颜色	
L = n	n 为线型的序号	0－ 空白线，1－ 实线，2－ 虚线
W = n	n 表示线的宽度	

注意：SYMBOL 语句是全局语句。恢复 SYMBOL 语句默认设置的命令是：

```
goptions reset = symbol;
```

（2）散点图

绘制家庭总收入对家庭总支出的散点图，代码如下：

```
proc gplot   data = mylib.sryzc;
      plot   Income*outgo;
run;
```

结果显示了一个 GRAPHICS 窗口，绘出了以 Income 为纵轴、以 Outgo 为横轴的散点图（见图 2-48a）。

可以在图中按第三个变量分组画出散点图（见图 2-48b），代码如下：

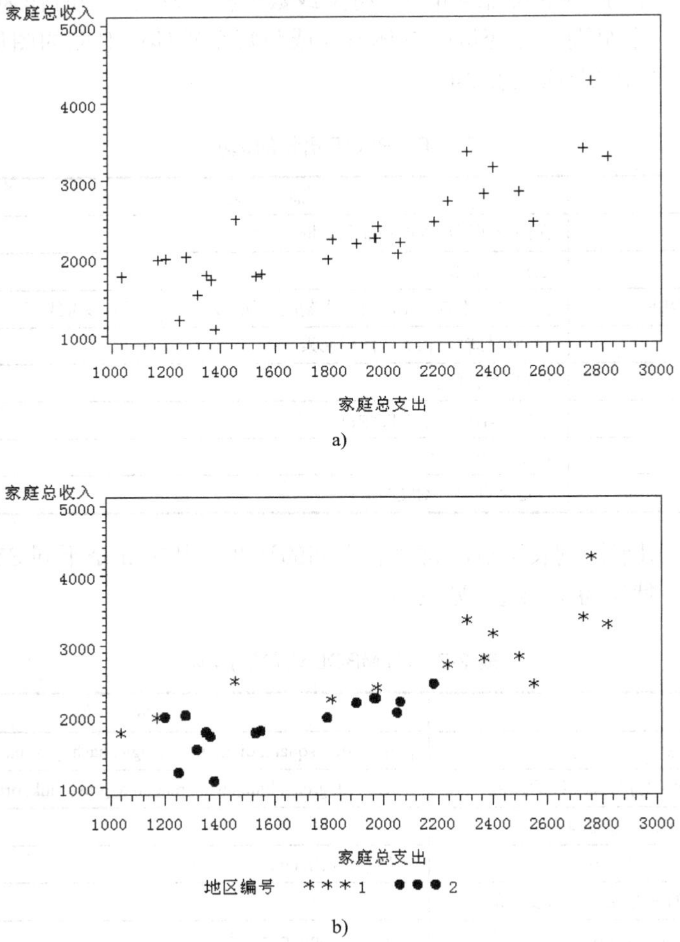

图 2-48　以 Income 为纵轴、以 Outgo 为横轴的散点图

```
proc gplot   data = mylib.sryzc;
   plot   Income*outgo = r_id;
```

```
    symbol1    color=black    v = star;
    symbol2    color=blue    v = dot;
run;
```

其中我们指定了两个 SYMBOL 语句，第一个 SYMBOL 语句指定了 v = star，表示符号为星形，第二个 SYMBOL 语句指定了 v = dot 表示符号为点。

（3）连线图

为了绘制连线，只要在 SYMBOL 语句中指定 i = join。例如绘制家庭总收入对家庭编号的连线图（见图 2-49a），代码如下：

```
proc gplot    data = mylib.sryzc;
    plot    Income*id;
    symbol i=join v=star;
run;
```

也可以分地区绘制家庭总收入对家庭编号的连线图（见图 2-49b），代码如下：

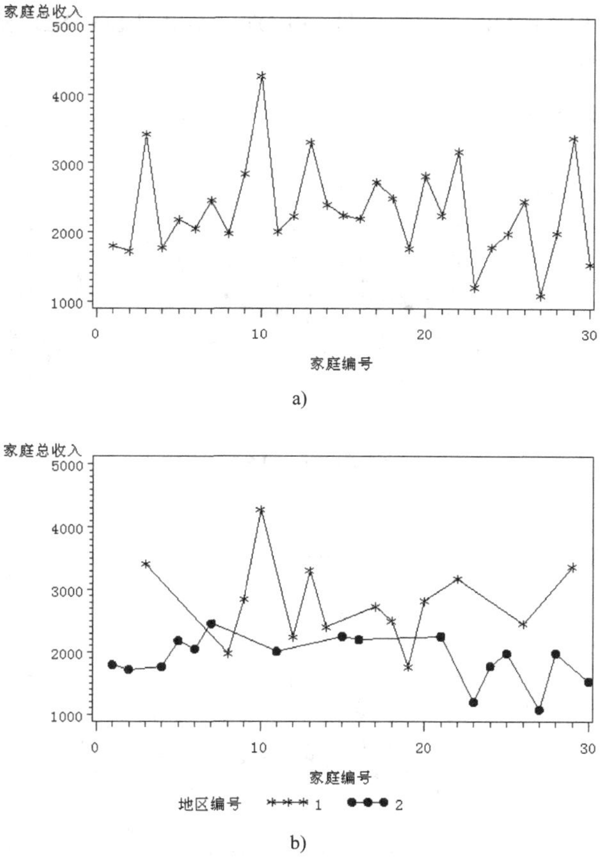

图 2-49　家庭总收入对家庭编号的连线图

```
proc gplot    data = mylib.sryzc;
    plot    Income*id=r_id;
```

```
    symbol1    color=black i=join v = star;
    symbol2    color=blue i=join v = dot;
run;
```

为了在图中绘出几个变量，只要在 PLOT 语句中指定多个因变量（自变量一般应为同一个），并使用 OVERLAY 选项，例如绘制家庭总收入和家庭总支出对家庭编号的连线图，代码如下：

```
proc sort data=mylib.sryzc;
    by id;
proc gplot    data = mylib.sryzc;
    plot    Income*id=1 outgo*id=2/overlay    legend;
    symbol1    color=black i=join v = star;
    symbol2    color=blue i=join v = dot;
run;
```

其中在 PLOT 语句中用了“纵轴*横轴=n”的格式来指定曲线使用哪一个 SYMBOL 语句的规定来画，n 对应于 SYMBOL 语句的序号。PLOT 语句的 LEGEND 选项可以加入图例以说明不同折线的含义，如图 2-50a 所示。

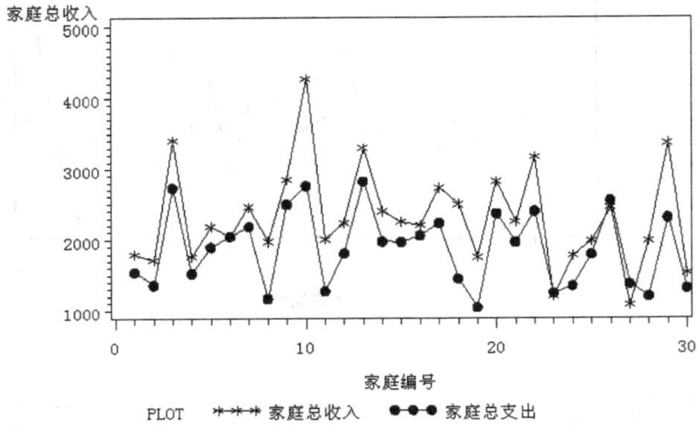

a)

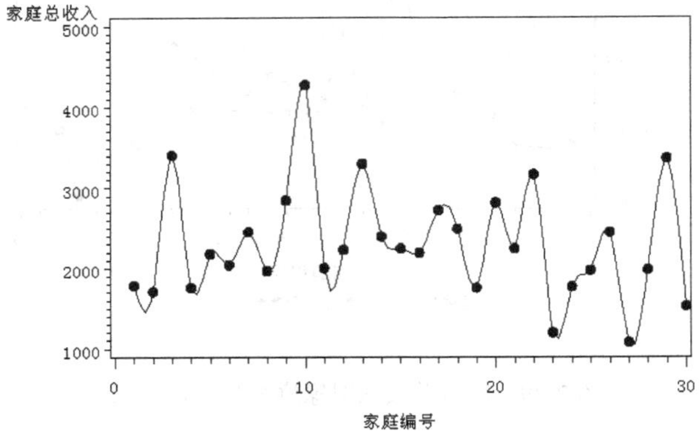

b)

图 2-50　两个变量的连线图与用样条曲线连接的连线图

如果不想在图中出现散点符号，可以在 SYMBOL 语句中用 V = NONE。

SYMBOL 语句的“I =”选项还可以取 SPLINE 表示在散点间连接样条曲线，如图 2-50b 所示。

取 I = SMnn（nn 取 00～99 值）表示绘制样条曲线但可以不经过散点，nn 值代表曲线光滑性与拟和度的折衷。取 I = NEEDLE 绘制每个点到横轴的垂线。取 I = RL 绘制线性回归直线，I = RQ 为二次曲线，I = RC 为三次曲线。

下述格式的 GPLOT 过程可以在一幅图中以不同的纵坐标绘出两个变量的散点图：

```
PROC GPLOT DATA = <数据集名>;
  PLOT <纵轴变量> * <横轴变量> = 1][/<选项>];
  PLOT2 <纵轴变量> * <横轴变量> = 2][/<选项>];
  [SYMBOL1 <选项>;]
  [SYMBOL2 <选项>;]
RUN;
```

结果如图 2-51 所示。

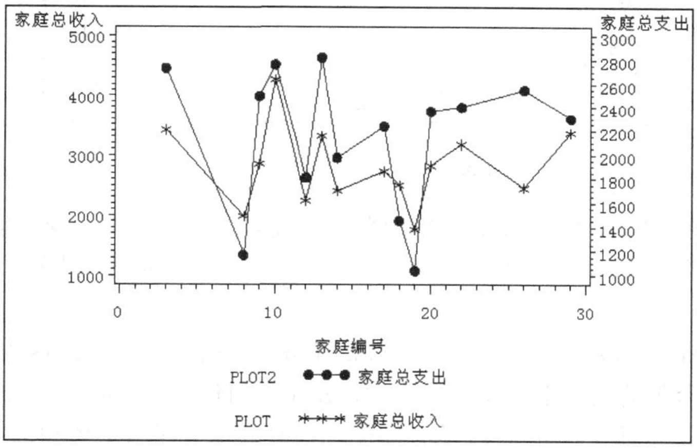

图 2-51　一幅图中不同的纵坐标系

GPLOT 过程还可以有其他灵活的用法，可以参考有关资料或用 SAS 系统菜单 Help-SAS System Help，从中找到 Help on SAS Software Products Using SAS/GRAPH Softwar。

2.4.4　图形的调整与输出

各绘图过程中都指定了丰富的选项来调整图形，读者可以参考有关资料或查录系统的帮助。另外，在图形中也可以用 TITLE 语句和 FOOTNOTE 语句给图形加标题和脚注。

还可以在图形的标题、标签中使用 TrueType 字型的汉字，例如：

```
goptions ftext="宋体" htitle=4 cells htext=3 cells;
proc   gplot   data=sasuser.class;
  title "试验 SAS 图形的汉字功能";
  symbol   i=none   v=square;
  plot weight*height;
```

```
    label weight="体重" height="身高";
run;
```

输出结果见图 2-52。其中 GOPTIONS 中的 FTEXT 选项指定图形中文本的字体。如果需要用汉字则需要指定一种汉字字体。HTITLE 选项和 HTEXT 选项指定标题和其他文字的高度，如不需要可以省略。

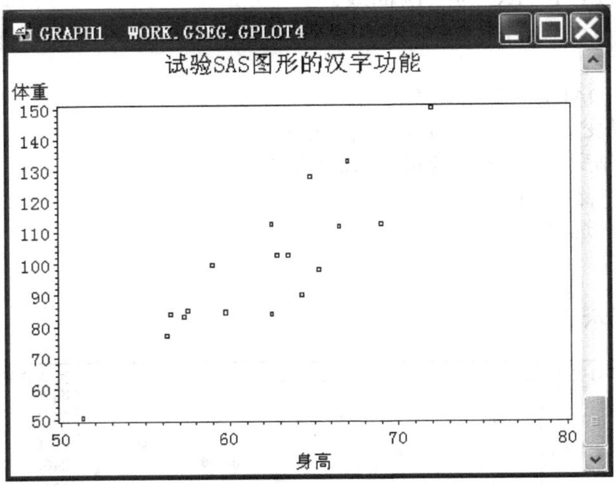

图 2-52　在 SAS 图形中使用汉字

为了把 GRAPH 绘制的图形保存为兼容的图形文件，只要在显示某一页图形输出时，选 File-Export 菜单命令，在出现的输入文件名的窗口中选择适当的文件类型，如 BMP、WMF、JPEG、PS 等。

要打印 GRAPH 生成的图形，只要选 File-Print。这样用 Windows 的打印驱动程序与 SAS/GRAPH 的图形驱动配合来打印。另外，SAS/GRAPH 模块还提供了许多种打印机的独立的驱动程序，可以不依赖于 Windows 的打印驱动，具体请参考有关资料或帮助。

2.5　习题

1．从某大学总数为 500 名学生的“概率统计学”课程的考试成绩中，随机地抽取 60 名学生的考试成绩如下：

63	75	83	91	45	81	93	30	72	80	82	83	81	76	67	84	72	58	83	64
93	63	75	99	74	76	95	91	83	61	82	85	83	44	88	72	66	94	68	78
88	71	94	85	82	79	100	90	83	88	84	48	72	80	85	80	87	76	62	96

画出上述数据的频数直方图，求出上述数据的平均值、中位数、四分之一分位点及四分之三分位点，并分析成绩分布情况。

2．掷一枚均匀子 42 次，记录朝上一面的点数，画出记录的频数和频率直方图，并说明记录的分布规律。（如无条件实验也可以用以下数据）：

3	2	4	1	5	1	5	3	4	3	5	6	4	2	5	3	1	3	4	1	4
5	1	6	3	3	1	2	4	2	6	3	4	6	6	1	6	2	4	5	2	6

3．研究 Sasuser.gpa 中 gpa 分数的分布，说明极端值情况，画出 gpa 的盒形图，并说明如何解释。通过直方图、盒形图、各统计量简述不同性别的 gpa 数据的特点。

4．利用数据集 Sasuser.gpa，画出 gpa 对各数值型变量的散点图矩阵，简述 gpa 数据与各变量间的直观的相互关系。

5．某高校对本校财经类学科硕士毕业生的收入状况进行调查，抽查了 30 位毕业生，得到他们的年收入数据如下（单位：千元）：

30.7	30.7	31.1	30.5	32.2	29.9	30.2	30.3	32.3	31.8
29.7	29.1	30.6	31.2	32.7	30.3	28.9	30.3	30.9	33.3
28.8	30.0	30.1	32.2	32.1	29.3	30.4	30.6	32.9	30.3

1）求年收入的均值、中位数和四分位数；

2）求年收入的极差和标准差；

3）绘制年收入的盒形图，并概括年收入的分布情况。

6．某城市自来水公司水费收缴员某次对某一居民楼内各用户两个月的用水量查表记录如下（单位：m^3）：

47	23	22	13	20	11	19	9	20	9	20	9	12	9
10	12	7	8	10	10	15	10	4	13	13	6	62	6
23	14	9	8	6	5	12	15	20	20	14	10	47	10
12	17	9	5	17	68	30	9	35	20	25	20	25	20
14	8	10	24	11	16	16	20	9					

试对该居民楼的用水情况做出分析。

7．某高校对学生逃课的情况进行抽样调查的结果如下：

项　目	2004 级	2005 级	男	女	总　计
从不逃课	1	7	5	3	8
偶尔逃课	31	35	29	37	66
经常逃课	18	8	16	10	26

1）利用统计图形从整体上对逃课情况进行分析；

2）利用统计图形对两个年级逃课状况进行比较分析；

3）利用统计图形对男女生逃课状况进行比较分析。

第3章　区间估计与假设检验

区间估计与假设检验属于统计推断的重要内容。本章介绍SAS系统中总体参数的区间估计与假设检验，以及总体的正态性检验等功能。

3.1　区间估计与假设检验的基本概念

利用样本对总体进行统计推断，主要有两类问题：一类是参数估计问题，另一类是假设检验问题。参数估计是根据样本的统计量来对总体的参数进行估计，假设检验则是研究如何利用样本得到的统计量来检验事先对总体参数所作的假设是否正确。

3.1.1　区间估计

1．点估计和区间估计

参数的估计方法主要有两种：点估计和区间估计。

点估计是用样本的观测值估计总体未知参数的值。由于样本的随机性，不同样本观测值计算得出的参数的估计值间存在着差异，因此常用一个区间估计总体的参数，并把具有一定可靠性和精度的估计区间称为置信区间。利用构造的统计量及样本观测值，计算得出参数的置信区间的方法称为参数的区间估计。

2．参数的置信区间

在区间估计中，对于总体的未知参数 θ，需要求出两个统计量 $\theta_1(X_1, X_2, \cdots, X_n)$和 $\theta_2(X_1, X_2, \cdots, X_n)$来分别估计总体参数 θ 的上限和下限，使得总体参数在区间（θ_1，θ_2）内的概率为

$$P\{\theta_1 < \theta < \theta_2\} = 1 - \alpha$$

其中 $1-\alpha$ 称为置信水平；（θ_1，θ_2）称为 θ 的置信区间；θ_1，θ_2 分别称为置信下限和置信上限。置信水平为 $1-\alpha$ 的含义是随机区间（θ_1，θ_2）以 $1-\alpha$ 的概率包含了参数 θ。

3．正态总体均值和方差的置信区间

参数的区间估计大多是对正态总体的参数进行估计，如对单总体均值、方差的估计，两总体均值差的估计和两总体方差比的估计等。

正态总体参数的各种置信区间见表3-1。

4．总体比例与比例差的置信区间

实际应用中经常需要对总体比例进行估计，如产品的合格率、大学生的就业率和手机的普及率等。记 π 和 P 分别表示总体比例和样本比例，则当样本容量 n 很大时（一般当 nP 和 $n(1-P)$均大于5时，就可以认为样本容量足够大），样本比例 P 的抽样分布可用正态分布近似。总体比例与比例差的置信区间如表3-2所示。

表 3-1　正态总体均值和方差的置信区间

被估参数		条　件	枢轴量及其分布	参数的置信区间
单正态总体	μ	σ^2 已知	$Z=\dfrac{\bar{X}-\mu}{\sigma/\sqrt{n}}\sim N(0,1)$	$\left(\bar{X}-Z_{\alpha/2}\dfrac{\sigma}{\sqrt{n}},\bar{X}+Z_{\alpha/2}\dfrac{\sigma}{\sqrt{n}}\right)$
		σ^2 未知	$t=\dfrac{\bar{X}-\mu}{S/\sqrt{n}}\sim t(n-1)$	$\left(\bar{X}-t_{\alpha/2}(n-1)\dfrac{S}{\sqrt{n}}\right),\left(\bar{X}+t_{\alpha/2}(n-1)\dfrac{S}{\sqrt{n}}\right)$
	σ^2	μ 已知	$\chi^2=\sum\limits_{i=1}^{n}\left(\dfrac{X_i-\mu}{\sigma}\right)^2\sim\chi^2(n)$	$\left(\dfrac{\sum\limits_{i=1}^{n}(X_i-\mu)^2}{\chi^2_{\alpha/2}(n)},\dfrac{\sum\limits_{i=1}^{n}(X_i-\mu)^2}{\chi^2_{1-\alpha/2}(n)}\right)$
		μ 未知	$\chi^2=\dfrac{(n-1)S^2}{\sigma^2}=\sum\limits_{i=1}^{n}\left(\dfrac{X_i-\bar{X}}{\sigma}\right)^2\sim\chi^2(n-1)$	$\left(\dfrac{\sum\limits_{i=1}^{n}(X_i-\bar{X})^2}{\chi^2_{\alpha/2}(n-1)},\dfrac{\sum\limits_{i=1}^{n}(X_i-\bar{X})^2}{\chi^2_{1-\alpha/2}(n-1)}\right)$
两正态总体	$\mu_1-\mu_2$	两样本独立，σ_1^2，σ_2^2 已知	$Z=\dfrac{\bar{X}-\bar{Y}-(\mu_1-\mu_2)}{\sqrt{\sigma_1^2/n_1+\sigma_2^2/n_2}}\sim N(0,1)$	$\bar{X}-\bar{Y}\pm Z_{\alpha/2}\sqrt{\sigma_1^2/n_1+\sigma_2^2/n_2}$
		两样本独立，$\sigma_1^2=\sigma_2^2=\sigma^2$ 未知	$t=\dfrac{\bar{X}-\bar{Y}-(\mu_1-\mu_2)}{S_w\sqrt{1/n_1+1/n_2}}\sim t(n_1+n_2-2)$ 其中 $S_w=\sqrt{\dfrac{(n_1-1)S_1^2+(n_2-1)S_2^2}{n_1+n_2-2}}$	$\bar{X}-\bar{Y}\pm t_{\alpha/2}(n_1+n_2-2)S_w\sqrt{1/n_1+1/n_2}$
	$\dfrac{\sigma_1^2}{\sigma_2^2}$	两样本独立，μ_1,μ_2 未知	$F=\dfrac{S_1^2/S_2^2}{\sigma_1^2/\sigma_2^2}\sim F(n_1-1,n_2-1)$	$\left(\dfrac{S_1^2}{S_2^2}\dfrac{1}{F_{\alpha/2}(n_1-1,n_2-1)},\dfrac{S_1^2}{S_2^2}\dfrac{1}{F_{1-\alpha/2}(n_1-1,n_2-1)}\right)$

注：表中分位数 X_α 的定义是：$P\{X>X_\alpha\}=\alpha$，（$0<\alpha<1$）

表 3-2　总体比例与比例差的置信区间

待 估 参 数		枢轴量及其分布	参数的置信区间
总体比例	π	$Z=\dfrac{P-\pi}{\sqrt{\dfrac{P(1-P)}{n}}}\overset{\text{近似}}{\sim}N(0,1)$	$P\pm Z_{\alpha/2}\sqrt{\dfrac{P(1-P)}{n}}$
两总体比例差	$\pi_1-\pi_2$	$z=\dfrac{(P_1-P_2)-(\pi_1-\pi_2)}{\sqrt{\pi_1(1-\pi_1)/n_1+\pi_2(1-\pi_2)/n_2}}\overset{\text{近似}}{\sim}N(0,1)$ 其中 P_1，P_2 为两个样本比例	$(P_1-P_2)\pm Z_{\alpha/2}\sqrt{\dfrac{P_1(1-P_1)}{n_1}+\dfrac{P_2(1-P_2)}{n_2}}$

3.1.2　假设检验

1．假设检验的基本原理

对总体参数进行假设检验时，首先要给定一个原假设 H_0，H_0 是关于总体参数的表述，与此同时存在一个与 H_0 相对立的备择假设 H_1，H_0 与 H_1 有且仅有一个成立；经过一次抽样，若发生了小概率事件（通常把概率小于 0.05 的事件称为小概率事件），可以依据“小概率事件在一次实验中几乎不可能发生”的理由，怀疑原假设不真，作出拒绝原假设 H_0，接受 H_1 的决定；反之，若小概率事件没有发生，就没有理由拒绝 H_0，从而应作出拒绝 H_1 的决定。

2．假设检验的步骤

1）根据问题确立原假设 H_0 和备选假设 H_1；

2）确定一个显著水平α，它是衡量稀有性（小概率事件）的标准，常取为 0.05；

3）选定合适的检验用统计量 W（通常在原假设中相等成立时，W 的分布是已知的），根据 W 的分布及 α 的值，确定 H_0 的拒绝域；

4）由样本观测值计算出统计量 W 的观测值 W_0，如果 W_0 落入 H_0 的拒绝域，则拒绝 H_0；否则，不能拒绝原假设 H_0。

注意：在 SAS 系统中，是由样本观测值计算出统计量 W 的观测值 W_0 和衡量观测结果极端性的 p 值（p 值就是当原假设成立时得到样本观测值和更极端结果的概率），然后比较 p 和 α 作判断：$p<\alpha$，拒绝原假设 H_0；$p\geqslant\alpha$，不能拒绝原假设 H_0。

p 值通常由下面的公式计算得到：

- $p=P\{|W|\geqslant|W_0|\}=2P\{W\geqslant|W_0|\}$　　（拒绝域为两边对称的区域时）
- $p=2\min\{P\{W\geqslant W_0\},P\{W\leqslant W_0\}\}$　　（拒绝域为两边非对称区域时）
- $p=P\{W\geqslant W_0\}$　　（拒绝域为右边区域时）
- $p=P\{W\leqslant W_0\}$　　（拒绝域为左边区域时）

只需根据 SAS 计算出的 p 值，就可以在指定的显著水平下，作出拒绝或不能拒绝原假设的决定。

3．正态总体均值和方差的假设检验

对正态总体的参数进行假设检验是假设检验的重要内容，如对单总体均值、方差的检验、两总体均值之差的检验和两总体方差比的检验等。正态总体参数的各种检验方法见表 3-3～表 3-5。

表 3-3　单正态总体 $N(\mu,\sigma^2)$ 均值 μ 的检验法

检验名称	条　件	检验类别	H_0	H_1	检验统计量	分布	拒 绝 域
Z 检验	σ^2 已知	双边检验	$\mu=\mu_0$	$\mu\neq\mu_0$	$Z=\dfrac{\bar{X}-\mu_0}{\sigma/\sqrt{n}}$	$N(0,1)$	$\lvert Z\rvert\geqslant Z_{\alpha/2}$
		左边检验	$\mu\geqslant\mu_0$	$\mu<\mu_0$			$Z\leqslant -Z_\alpha$
		右边检验	$\mu\leqslant\mu_0$	$\mu>\mu_0$			$Z\geqslant Z_\alpha$
t 检验	σ^2 未知	双边检验	$\mu=\mu_0$	$\mu\neq\mu_0$	$t=\dfrac{\bar{X}-\mu_0}{S/\sqrt{n}}$	$t(n-1)$	$\lvert t\rvert\geqslant t_{\alpha/2}(n-1)$
		左边检验	$\mu\geqslant\mu_0$	$\mu<\mu_0$			$t\leqslant -t_\alpha(n-1)$
		右边检验	$\mu\leqslant\mu_0$	$\mu>\mu_0$			$t\geqslant t_\alpha(n-1)$

表 3-4　单正态总体 $N(\mu,\sigma^2)$ 方差 σ^2 的检验法

检验名称	条件	检验类别	H_0	H_1	检验统计量	分　布	拒 绝 域
χ^2 检验	μ 已知	双边检验	$\sigma^2=\sigma_0^2$	$\sigma^2\neq\sigma_0^2$	$\chi^2=\sum_{i=1}^{n}\left(\dfrac{X_i-\mu}{\sigma_0}\right)^2$	$\chi^2(n)$	$\chi^2\leqslant\chi^2_{1-\alpha/2}(n)$ 或 $\chi^2\geqslant\chi^2_{\alpha/2}(n)$
		左边检验	$\sigma^2\geqslant\sigma_0^2$	$\sigma^2<\sigma_0^2$			$\chi^2\leqslant\chi^2_{1-\alpha}(n)$
		右边检验	$\sigma^2\leqslant\sigma_0^2$	$\sigma^2>\sigma_0^2$			$\chi^2\geqslant\chi^2_{\alpha}(n)$
	μ 未知	双边检验	$\sigma^2=\sigma_0^2$	$\sigma^2\neq\sigma_0^2$	$\chi^2=\dfrac{(n-1)S^2}{{\sigma_0}^2}=\sum_{i=1}^{n}\left(\dfrac{X_i-\bar{X}}{\sigma_0}\right)^2$	$\chi^2(n-1)$	$\chi^2\leqslant\chi^2_{1-\alpha/2}(n-1)$ 或 $\chi^2\geqslant\chi^2_{\alpha/2}(n-1)$
		左边检验	$\sigma^2\geqslant\sigma_0^2$	$\sigma^2<\sigma_0^2$			$\chi^2\leqslant\chi^2_{1-\alpha}(n-1)$
		右边检验	$\sigma^2\leqslant\sigma_0^2$	$\sigma^2>\sigma_0^2$			$\chi^2\geqslant\chi^2_{\alpha}(n-1)$

表 3-5　两正态总体的均值差与方差比的检验

名称	条件	类别	H_0	H_1	检验统计量	分　布	拒　绝　域
Z 检验	两样本独立，$\sigma_1^2=\sigma_2^2=\sigma^2$ 未知	双边检验	$\mu_1-\mu_2=0$	$\mu_1-\mu_2\neq 0$	$t=\dfrac{\bar{X}-\bar{Y}}{S_w\sqrt{1/n_1+1/n_2}}$ 其中 $S_w=\sqrt{\dfrac{(n_1-1)S_1^2+(n_2-1)S_2^2}{n_1+n_2-2}}$	$t(n_1+n_2-2)$	$\lvert t\rvert\geqslant t_{\alpha/2}(n_1+n_2-2)$
		左边检验	$\mu_1-\mu_2\geqslant 0$	$\mu_1-\mu_2<0$			$t\leqslant -t_{\alpha}(n_1+n_2-2)$
		右边检验	$\mu_1-\mu_2\leqslant 0$	$\mu_1-\mu_2>0$			$t\geqslant t_{\alpha}(n_1+n_2-2)$
t 检验	成对匹配样本，σ_1^2，σ_2^2 未知	双边检验	$\mu_d=0$	$\mu_d\neq 0$	$t=\dfrac{\bar{d}}{S_d/\sqrt{n}}$	$t(n-1)$	$\lvert t\rvert\geqslant t_{\alpha/2}(n-1)$
		左边检验	$\mu_d\geqslant 0$	$\mu_d<0$			$t\leqslant -t_{\alpha}(n-1)$
		右边检验	$\mu_d\leqslant 0$	$\mu_d>0$			$t\geqslant t_{\alpha}(n-1)$
F 检验	两样本独立，μ_1,μ_2 未知	双边检验	$\sigma_1^2/\sigma_2^2=1$	$\sigma_1^2/\sigma_2^2\neq 1$	$F=S_1^2/S_2^2$	$F(n_1-1,n_2-1)$	$F\leqslant F_{1-\alpha/2}(n_1-1,n_2-1)$ 或 $F\geqslant F_{\alpha/2}(n_1-1,n_2-1)$
		左边检验	$\sigma_1^2/\sigma_2^2\geqslant 1$	$\sigma_1^2/\sigma_2^2<1$			$F\leqslant F_{1-\alpha}(n_1-1,n_2-1)$
		右边检验	$\sigma_1^2/\sigma_2^2\leqslant 1$	$\sigma_1^2/\sigma_2^2>1$			$F\geqslant F_{\alpha}(n_1-1,n_2-1)$

4．总体比例与比例差的检验

当样本容量 n 很大时，可根据表 3-6 对总体比例与比例差进行假设检验。

表 3-6　总体比例与比例差的检验

检 验 名 称	检验类别	H_0	H_1	检验统计量	分布	拒绝域
比例检验	双边检验	$\pi=\pi_0$	$\pi\neq\pi_0$	$z=\dfrac{P-\pi_0}{\sqrt{\pi_0(1-\pi_0)/n}}$	$N(0，1)$	$\lvert z\rvert\geqslant z_{\alpha/2}$
	左边检验	$\pi\geqslant\pi_0$	$\pi<\pi_0$			$\lvert z\rvert\leqslant -z_{\alpha}$
	右边检验	$\pi\leqslant\pi_0$	$\pi>\pi_0$			$\lvert z\rvert\geqslant z_{\alpha}$
两总体比例差检验	双边检验	$\pi_1=\pi_2$	$\pi_1\neq\pi_2$	$z=\dfrac{P_1-P_2}{\sqrt{P_1(1-P_1)/n_1+P_2(1-P_2)/n_2}}$	$N(0，1)$	$\lvert z\rvert\geqslant z_{\alpha/2}$
	左边检验	$\pi_1\geqslant\pi_2$	$\pi_1<\pi_2$			$\lvert z\rvert\leqslant -z_{\alpha}$
	右边检验	$\pi_1\leqslant\pi_2$	$\pi_1>\pi_2$			$\lvert z\rvert\geqslant z_{\alpha}$

3.2　总体均值的区间估计与假设检验的 SAS 实现

3.2.1　使用 INSIGHT 模块

1．总体均值的区间估计

在 INSIGHT 模块中提供了计算正态总体均值、标准差、方差置信区间的功能，这些计算都是在 Distribution(Y)（分布）功能中实现的。下面介绍在 INSIGHT 模块中作区间估计的方法。

【例 3-1】　某药材生产商要对其仓库中的 1000 箱药材的平均重量进行估计，药材重量的总体方差未知，随机抽取 16 箱样本称重后结果如表 3-7 所示。

表 3-7　16 箱药材重量　（单位：kg）

50	50	56	51	49	53	47	52
53	53	49	53	55	48	50	55

设药材重量数据存放于数据集 Mylib.yczl 中，其中重量变量名为 weight。求该仓库中每箱药材平均重量在 95％置信水平下的置信区间。步骤如下：

1）启动 INSIGHT 模块，并打开数据集 Mylib.yczl；

2）选择菜单 Analyze（分析）→Distribution(Y)（分布）；

3）在打开的 Distribution(Y)对话框中选定分析变量：weight，如图 3-1a 所示；

4）单击 Output 按钮，在打开的对话框中选中 Basic Confidence interval（基本置信区间）复选框，如图 3-1b 所示；

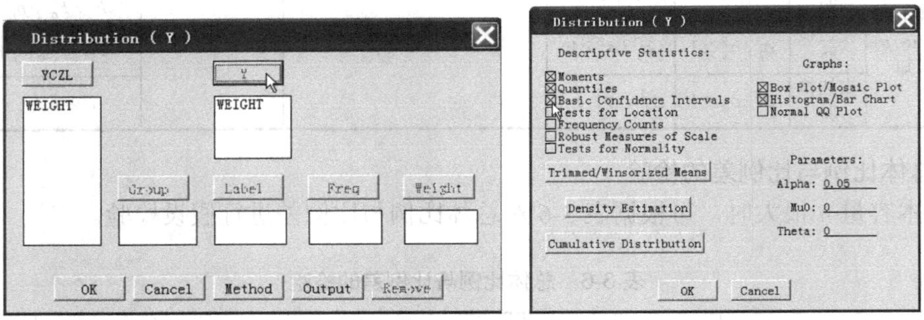

a)　　b)

图 3-1　区间估计的设置

5）两次单击 OK 按钮，得到变量的分析结果。

结果包括一个名为 95％Confidence Intervals（95％置信区间）的列表，表中给出了均值、标准差、方差的估计值（Parameter）、置信下限（LCL）和置信上限（UCL），如图 3-2 所示。结果表明，根据抽样样本，该仓库中药材的平均重量以 95％的可能性位于 50.08～52.92kg 之间。

若要得到其他置信水平的置信区间，例如要 97.5％的置信区间，可以选择菜单 Tables（表）→Basic Confidence Interval（基本置信区间）→Others（其他），在打开的 Basic Confidence Interval 对话框中修改置信水平，如图 3-3 所示。

95% Confidence Intervals

Parameter	Estimate	LCL	UCL
Mean	51.5000	50.0835	52.9165
Std Dev	2.6583	1.9637	4.1143
Variance	7.0667	3.8562	16.9271

图 3-2　95％置信区间

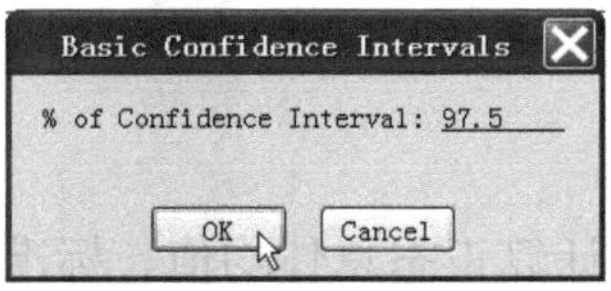

97.5% Confidence Intervals

Parameter	Estimate	LCL	UCL
Mean	51.5000	49.8453	53.1547
Std Dev	2.6583	1.8847	4.4074
Variance	7.0667	3.5519	19.4249

图 3-3　97.5％置信区间

可以看到，由于置信水平的提高，置信区间的长度在增加。

2．单样本总体均值的假设检验

【例 3-2】　一家食品厂以生产袋装食品为主，每天的产量大约为 8000 袋，每袋重量规定为 100g。为了分析每袋重量是否符合要求，质检部门经常进行抽检。现从某天生产的一批食品中随机抽取了 25 袋，测得每袋重量如表 3-8 所示。

表 3-8 25 袋食品的重量 （单位：g）

112.5	101.0	103.0	102.0	100.5	102.6	107.5	95.0	108.8
115.6	100.0	123.5	102.0	101.6	102.2	116.6	95.4	97.8
108.6	105.0	136.8	102.8	101.5	98.4	93.3		

试从抽检的样本数据出发，检验变量 WEIGHT 的均值与 100g 是否有显著差异。假定表 3-8 中的数据存放在数据集 Mylib.spzl 中，重量变量名为 WEIGHT。

设变量 WEIGHT 的均值为 μ，问题是希望通过样本数据检验变量 WEIGHT 均值的如下假设：

$$H_0: \mu = 100 \qquad H_1: \mu \neq 100$$

使用 INSIGHT 对均值进行检验的步骤如下：

1）首先启动 INSIGHT，并打开数据集 Mylib.spzl；

2）选择菜单 Analyze（分析）→Distribution(Y)（分布）；

3）在打开的 Distribution(Y)对话框中选定分析变量：选择变量 WEIGHT，单击 Y 按钮，将变量移到右上方的列表框中；

4）单击 OK 按钮，得到变量的描述性统计量；

5）选择菜单 Tables（表）→Tests for Location（位置检验），在弹出的 Tests for Location 对话框中输入 100，单击 OK 按钮，得到输出结果如图 3-4 所示。

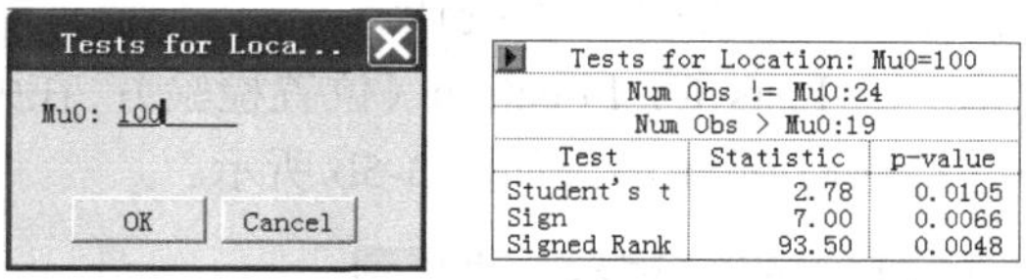

图 3-4 Tests for Location

结果显示，观测值不等于 100g 的观测有 24 个，其中 19 个观测值大于 100。

图中第一个检验为 t 检验(Student's t)，需要假定变量服从正态分布，检验的 p 值为 0.0105，这个检验在 0.05 水平下是显著的，所以可认为均值与 100g 有显著差异。第二个检验（Sign）是叫做符号检验的非参数检验，其 p 值为 0.0066，在 0.05 水平下也是显著的，结论不变。第三个检验（Sgned Rank）是叫做符号秩检验的非参数检验，其 p 值为 0.0048，在 0.05 水平下是显著的，结论不变。

由于这三个检验的结论都是 p 值小于 0.05，所以应拒绝原假设，即总体的均值与 100 有显著差异。注意：三个检验结果的说明参见例 3-3。

3．两样本总体均值的比较：成对匹配样本

我们在现实中经常遇到同一总体两个测量结果的比较，例如，考察同一组人在参加一年的长跑锻炼前后的心率有无显著差异。这时，每个人一年前的心率和一年后的心率是相关的，心率本来较快的人锻炼后相对于其他人仍较快。所以，检验这样的成对总体的均值不能使用两样本 t 检验的方法，因为独立性条件不再满足。这时，我们可以检验两个变量间的差值的均值是否为零，这等价于检验两组观测值的平均水平有无显著差异。

在 INSIGHT 中比较成对样本均值是否显著差异，可以计算两变量的差值变量，再检验差值变量的均值是否显著为 0。

【例 3-3】 由 10 名学生组成一个随机样本，让他们分别采用 *A* 和 *B* 两套试卷进行测试，结果如表 3-9 所示。

表 3-9　10 名学生两套试卷的成绩

试卷 *A*	78	63	72	89	91	49	68	76	85	55
试卷 *B*	71	44	61	84	74	51	55	60	77	39
差值	7	19	11	5	17	−2	13	16	8	16

试从样本数据出发，分析两套试卷是否有显著差异。

步骤如下：

1）首先生成差值变量：启动 INSIGHT，并打开数据集 Mylib.sjdf。选择菜单 Edit→Variables→Other，打开 Edit Variables 对话框，选择 A 为 Y 变量，B 为 X 变量，然后选择变换（Transformation）：Y－X，如图 3-5a 所示，生成新的差值变量 *d*；

2）然后对变量 *d* 的均值做如下假设：

H_0：$\mu_d = 0$　　　　H_1：$\mu_d \neq 0$

3）选择菜单 Analyze（分析）→Distribution(Y)（分布），在打开的 Distribution(Y)对话框中选定分析变量，选择变量差值 *d*，单击 Y 按钮，将变量 *d* 移到右上方的列表框中；

4）单击 Output 按钮，在打开的对话框中选中 Tests for Location（位置检验）复选框；

5）两次单击 OK 按钮，得到变量的描述性统计量；

6）选择菜单 Tables（表）→Tests for Location（位置检验）；在弹出的 Tests for Location 对话框中输入 0，单击 OK 按钮得到输出结果如图 3-5b 所示。

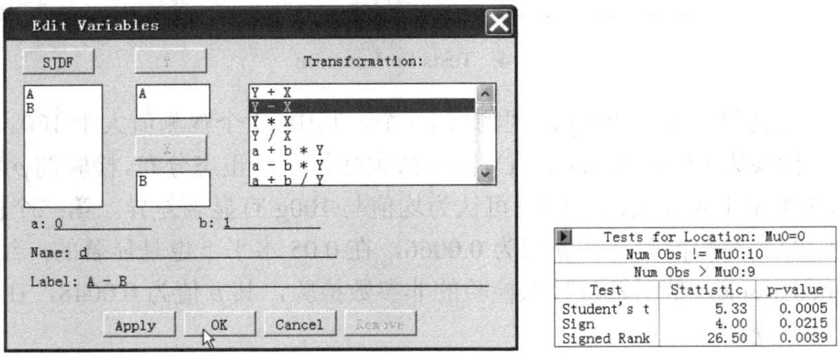

a)　　　　　　　　　　　　b)

图 3-5　差值变量的检验结果

结果分析：

结果显示三个检验的结论都是 *p* 值小于 0.05，所以应拒绝原假设，即总体的均值与 0 有显著差异。所以两套试卷有显著差异。

虽然 SAS 给出三个检验结果，其实，在作结论时只需其中一个。如果可以认为分析变量服从正态分布只要看 *t* 检验结果；否则只需看符号检验结果。只有在数据为两两比较的大小结果而没有具体数值时符号检验才有用。

对于其他的统计检验问题也是遵照如此的原则：有多种方法可用时要根据对统计知识的理解选出最合适的一个。

3.2.2 使用“分析家”

1. 总体均值的置信区间

【例 3-4】 在“分析家”中求例 3-1 中每箱药材平均重量在 95%置信水平下的置信区间。

步骤如下：

1）在“分析家”模块中打开数据集 Mylib.yczl；

2）选择菜单 Statistics（统计）→Hypothesis Tests（假设检验）→One Sample t - test for a Mean（单样本均值 t - 检验）；

3）在打开的 One Sample t - test for a Mean 对话框中选择变量 weight，单击 Variable，将其移到 Variable 中，如图 3-6a 所示；

4）单击 Tests 按钮，在打开的对话框中设置置信区间类型（本例选 Interval）和置信水平（本例选 95.0%），如图 3-6b 所示。

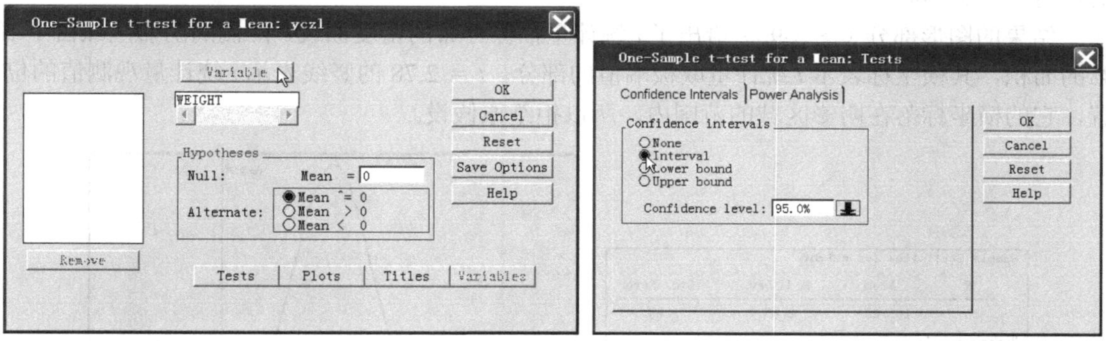

a)　　　　　　　　　　b)

图 3-6　设置均值的置信区间

5）两次单击 OK 按钮，在显示的结果中，有一部分为关于置信区间的（见图 3-7）。

结果表明，根据抽样样本，该仓库中药材的平均重量以 95%的可能性位于 50.08～52.92kg 之间。

```
95 % Confidence Interval for the Mean

     Lower Limit:          50.08
     Upper Limit:          52.92
```

图 3-7　均值的置信区间

2. 单样本总体均值的假设检验

【例 3-5】 使用“分析家”检验例 3-2 中食品重量是否符合要求。

希望通过样本数据检验变量 WEIGHT 均值的如下假设：

H_0：$\mu = 100$　　　　H_1：$\mu \neq 100$

由于此时的方差未知，所以使用 t 检验法。步骤如下：

1）在“分析家”中打开数据集 Mylib.spzl；

2）选择菜单 Statistics（统计）→Hypothesis Tests（假设检验）→One Sample t - test for a Mean（单样本均值 t - 检验），打开 One Sample t - test for a Mean 对话框；

3）选中变量 weight，单击 Variable 按钮，将其移到 Variable 框中；

4）在假设框“Mean=”右边的文本框中填入原假设的均值数据 100，然后单击 Plots 按钮，在打开的对话框中选中 t distribution plot 复选框，如图 3-8 所示；

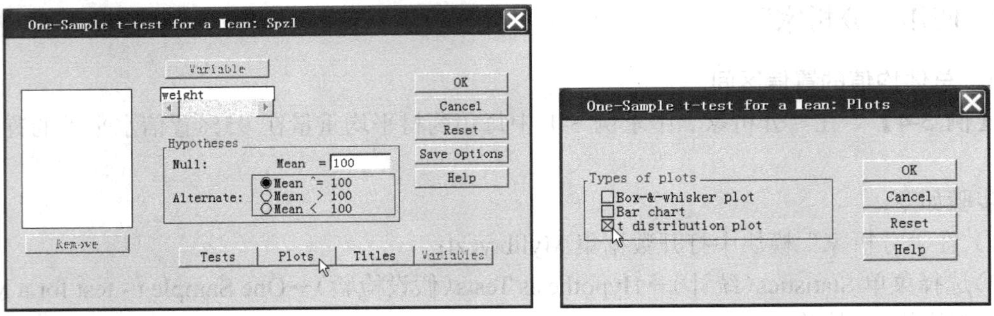

a)　　　　b)

图 3-8　设置均值检验

5）两次单击 OK 按钮，得到的结果如图 3-9 所示。

显示结果（见图 3-9a）表明 t 统计量的 p 值=0.0105<0.05，所以拒绝原假设，即认为总体的均值不等于 100。

结果的图形部分（图 3-9b）给出了 t 统计量抽样分布的密度曲线，两侧的阴影区域占了 5 %的面积，其横坐标表示 t 统计量取极端值的部分。t = 2.78 的竖线表示 t 统计量观测值的位置，它的横坐标落在阴影区域的范围内，所以拒绝原假设。

```
Sample Statistics for weight
      N         Mean        Std. Dev.       Std. Error
  ------------------------------------------------------
     25        105.36         9.65            1.93

Hypothesis Test

   Null hypothesis:     Mean of weight =  100
   Alternative:         Mean of weight ^= 100

          t Statistic        Df        Prob > t
         -------------------------------------
             2.776           24         0.0105
```

a)

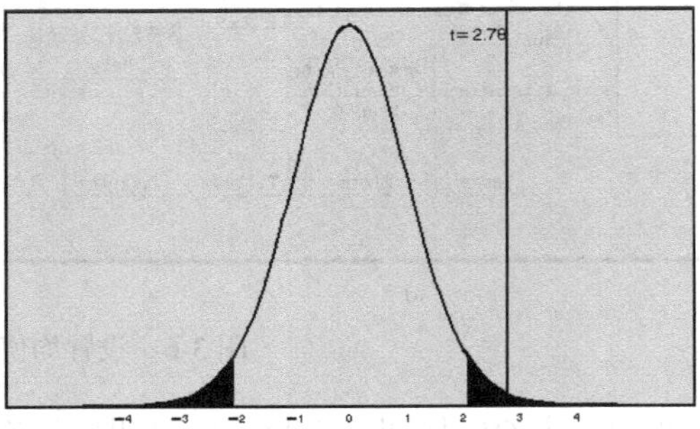

b)

图 3-9　均值检验结果

分析结果表明当天生产食品的重量不符合标准。

3．两样本总体均值的比较：成对匹配样本

【例 3-6】 使用“分析家”对例 3-3 中两套试卷检验有无显著差异。

这是一个（成对匹配）双样本均值检验问题，若 μ_1 和 μ_2 分别表示两套试卷的平均成绩，则检验的是：

$$H_0：\mu_1 - \mu_2 = 0 \qquad H_1：\mu_1 - \mu_2 \neq 0$$

分析步骤如下：

1）在“分析家”中打开数据集 Mylib.sjdf;

2）选择菜单 Statistics（统计）→Hypothesis Tests（假设检验）→Two Sample Paired t - Test for a Mean（均值的成对双样本 t - 检验）；

3）在打开的 Two Sample Paired t - Test for a Mean 对话框中，将变量 A 和 B 分别选到 Group1 和 Group2 中；

4）单击 Plots 按钮，在打开的对话框中选中 t distribution plot 复选框，如图 3-10b 所示。

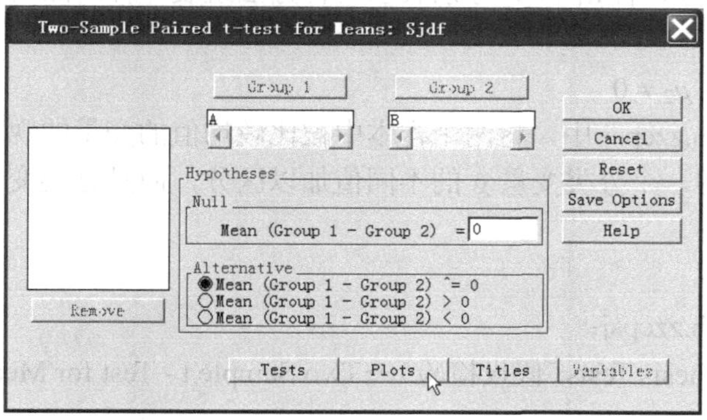

a)

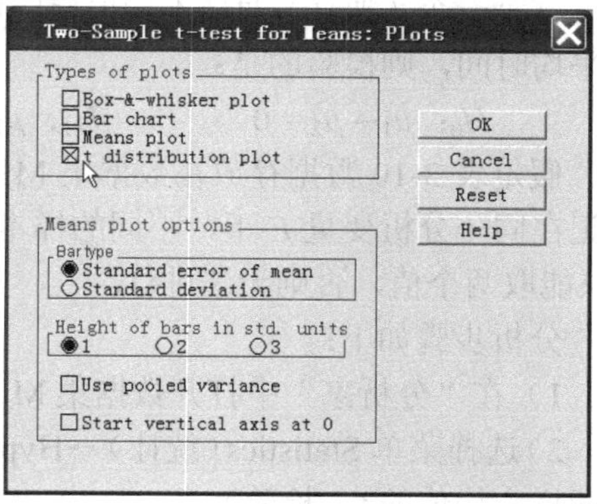

b)

图 3-10　双样本均值检验设置

5）两次单击 OK 按钮，得到分析结果如图 3-11 所示。

结果显示，无论两总体的方差是否相等，t 统计量的 p 值 $= 0.0005 < 0.05$，所以在 0.05 的显著水平下，拒绝原假设，两总体的均值有显著差异。

图形部分（见图 3-11b）给出了 t 统计量抽样分布的密度曲线。$t = 5.325$ 的竖线表示 t 统计量观测值的位置，它的横坐标落在阴影区域的范围内，所以拒绝原假设。

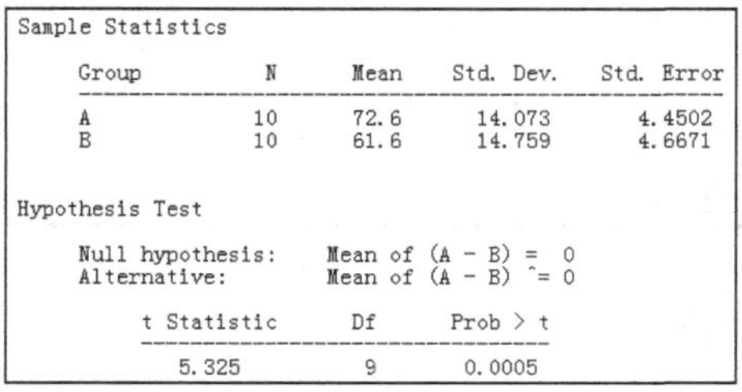

Sample Statistics

Group	N	Mean	Std. Dev.	Std. Error
A	10	72.6	14.073	4.4502
B	10	61.6	14.759	4.6671

Hypothesis Test

Null hypothesis:　Mean of (A - B) = 0
Alternative:　Mean of (A - B) ^= 0

t Statistic	Df	Prob > t
5.325	9	0.0005

a)

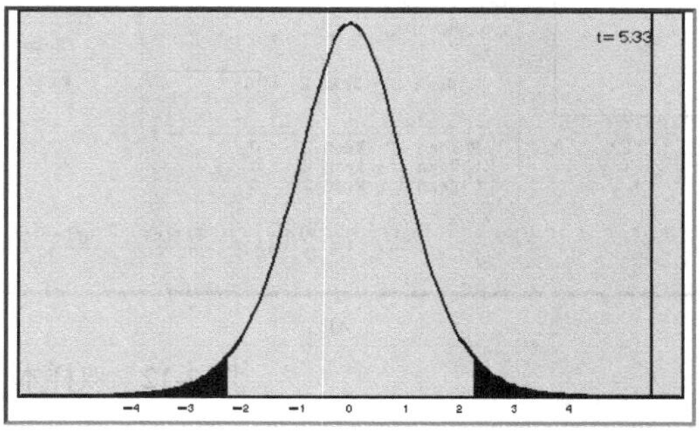

b)

图 3-11　双样本均值检验结果

结果表明有 95%的把握可以认为两套试卷有显著差异。

4．两样本总体均值的比较：独立样本

【例 3-7】 为估计两种方法组装产品所需时间的差异，分别对两种不同的组装方法随机安排一些工人进行操作试验，每个工人组装一件产品所需的时间如表 3-10 所示。试以 0.05 的显著水平推断两种方法组装产品所需平均时间有无差异。

表 3-10　两种方法组装产品所需的时间　　（单位：min）

方法 1	28.3	30.1	29.0	37.6	32.1	28.8	36.0	37.2	38.5	34.4	28.0	30.0
方法 2	27.6	22.2	31.0	33.8	20.0	30.2	31.7	26.0	32.0	31.2		

这是一个（独立）两样本均值检验问题，若 μ_1 和 μ_2 分别表示两种方法组装一件产品所需的平均时间，则检验的是：

$$H_0:\ \mu_1-\mu_2=0 \qquad H_1:\ \mu_1-\mu_2\neq 0$$

假定表 3-10 数据存放在数据集 Mylib.zzcpsj 中，将两个样本中被比较均值的变量的观测值记在同一分析变量 F 下，不同的样本用一个分类变量 g 的不同值加以区分，而且分类变量 g 只能取两个值，否则无法进行。

分析步骤如下：

1）在“分析家”中打开数据集 Mylib.zzcpsj；

2）选择菜单 Statistics（统计）→Hypothesis Tests（假设检验）→Two Sample t - Test for Mean（两样本均值的 t - 检验）；

3）在打开的 Two Sample t - Test for a Mean 对话框中，将变量 F 和 g 分别选到 Dependent 和 Group 中；

4）单击 Plots 按钮，在打开的对话框中选中 t distribution plot 复选框，如图 3-12b 所示。

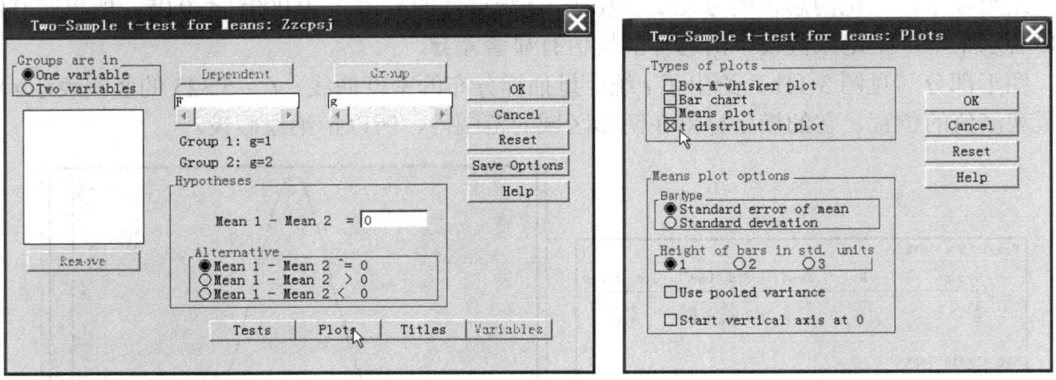

a)　　　　　　　　　　b)

图 3-12　双样本均值检验设置

5）两次单击 OK 按钮，得到分析结果如图 3-13 所示。

结果显示，由于 t 统计量的 p 值 $=0.0433$，所以在 95%的置信水平下，应该拒绝原假设，即两种方法所需时间有差异。

图形部分（见图 3-13b）给出了 t 统计量抽样分布的密度曲线。$t=2.16$ 的竖线表示 t 统计量观测值的位置，它的横坐标落在阴影区域的范围内，所以拒绝原假设。

结果表明，在 0.05 的显著水平下两种方法所需时间有差异。

3.2.3　使用 TTEST 过程

SAS 中用于 t 检验功能的过程有：UNIVARIATE、MEANS、SUMMARY、TABULATE 以及 TTEST 过程，前 4 个过程所能执行的 t 检验均针对单样本均值与已知总体均值的比较，而 TTEST 过程则是专门用来进行 t 检验的 SAS 过程。TTEST 过程可以执行单样本均值的 t 检验、配对数据的 t 检验以及双样本均值比较的 t 检验。

```
Sample Statistics

     Group              N        Mean    Std. Dev.    Std. Error
     ---------------------------------------------------------
     1                 12        32.5     3.9995        1.1546
     2                 10       28.57     4.5456        1.4374

Hypothesis Test

     Null hypothesis:     Mean 1 - Mean 2 =  0
     Alternative:         Mean 1 - Mean 2 ^= 0

     If Variances Are     t statistic      Df         Pr > t
     ----------------------------------------------------
     Equal                   2.158         20         0.0433
     Not Equal               2.132      18.17         0.0469
```

a)

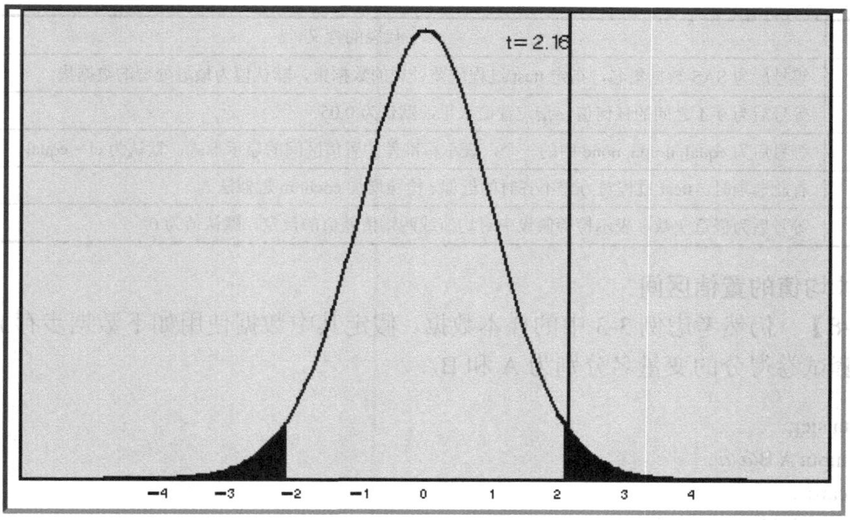

b)

图 3-13　双样本均值检验结果

1. 语法格式

PROC TTEST <选项列表>;
　[CLASS <分组变量名>; **]**
　[VAR <分析变量名列表>; **]**
　[PAIED <变量名列表>; **]**
　[BY <分组变量名>; **]**
RUN;

其中，PROC TTEST 和 RUN 语句是必须的，其余语句都是可选的，而且可调换顺序。

CLASS 语句所指定的分组变量是用来进行组间比较的；而 BY 语句所指定的分组变量是用来将数据分为若干个更小的样本，以便 SAS 分别在各小样本内进行各自独立的处理。

VAR 语句引导要检验的所有变量列表，SAS 将对 VAR 语句所引导的所有变量分别进行组间均值比较的 t 检验。

PAIED 语句用来指定配对 t 检验中要进行比较的变量对，其后所带的变量名列表一般形式及其产生的效果见表 3-11。

表 3-11　选项及其含义

变量名列表形式	产生的效果
*a***b*	$a-b$
*a***b* *c***d*	$a-b, c-d$
(*a* *b*)*(*c* *d*)	$a-c, a-d, b-c, b-d$
(*a* *b*)*(*c* *b*)	$a-c, a-b, b-c$

PROC TTEST 语句后可跟的选项及其表示的含义如表 3-12 所示。

表 3-12　选项及其含义

选　　项	代表的含义
data =	等号后为 SAS 数据集名，指定 ttest 过程所要处理的数据集，默认值为最近处理的数据集
alpha =	等号后为 0~1 之间的任何值，指定置信水平，默认为 0.05
ci =	等号后为 equal, umpu, none 中的一个，表示标准差的置信区间的显示形式，默认为 ci = equal
cochran	有此选项时，ttest 过程对方差不齐时的近似 *t* 检验增加 cochran 近似法
h0 =	等号后为任意实数，表示检验假设中对均值或两均值差值的设定，默认值为 0

2．总体均值的置信区间

【例 3-8】 仍然考虑例 3-3 中的样本数据。假定其中数据使用如下数据步存放在数据集 sjcj 中，两套试卷得分的变量名分别为 A 和 B。

```
data sjcj;
   input A B@@;
   cards;
78 71 63 44 72 61 89 84 91 74
49 51 68 55 76 60 85 77 55 39
;
run;
```

使用最简代码求均值、标准差的置信区间：

```
proc ttest data = sjcj;
run;
```

代码运行结果给出两个变量在 95％置信水平下的均值、标准差的置信区间，以及对原假设 $\mu_0= 0$ 所作的 t 检验的 p 值，如图 3-14 所示。

3．单样本总体均值的假设检验

在例 3-8 中增加原假设选项以及置信水平，代码如下：

```
proc ttest h0=70 alpha = 0.01 data=sjcj;
   var A;
run;
```

The TTEST Procedure

Statistics

Variable	N	Lower CL Mean	Mean	Upper CL Mean	Lower CL Std Dev	Std Dev	Upper CL Std Dev	Std Err
A	10	62.533	72.6	82.667	9.6798	14.073	25.691	4.4502
B	10	51.042	61.6	72.158	10.152	14.759	26.944	4.6671

T-Tests

Variable	DF	t Value	Pr > |t|
A	9	16.31	<.0001
B	9	13.20	<.0001

图 3-14　样本均值的置信区间等

代码运行结果除了给出变量 A 在 99%置信水平下的均值、标准差的置信区间外，还给出对假设 $\mu_0 = 70$ 所作的 t 检验的 p 值，如图 3-15 所示。

Variable	N	Lower CL Mean	Mean	Upper CL Mean	Lower CL Std Dev	Std Dev	Upper CL Std Dev	Std Err
A	10	58.138	72.6	87.062	8.6925	14.073	32.052	4.4502

T-Tests

Variable	DF	t Value	Pr > |t|
A	9	0.58	0.5734

图 3-15　样本均值的 t 检验

结果显示 t 统计量的 p 值 $=0.5734$，在 0.01 的显著水平下不能拒绝原假设：均值 $=70$。

4．配对两样本均值的假设检验

在例 3-8 中检验两套试卷有无显著差异，代码如下：

```
proc ttest data=sjcj;
  paired A*B;
run;
```

代码运行结果给出了对原假设 $\mu_1 - \mu_2 = 0$ 所作的 t 检验的 p 值，如图 3-16 所示。

Difference	N	Lower CL Mean	Mean	Upper CL Mean	Lower CL Std Dev	Std Dev	Upper CL Std Dev	Std Err
A - B	10	6.3273	11	15.673	4.4929	6.532	11.925	2.0656

T-Tests

Difference	DF	t Value	Pr > |t|
A - B	9	5.33	0.0005

图 3-16　配对样本均值的 t 检验

结果显示 t 统计量的 p 值 $=0.0005 < 0.05$，因此拒绝原假设。说明两套试卷有显著差异。

5．独立两样本均值的假设检验

过程 TTEST 还可以用于进行独立双样本均值比较的 t 检验法。它的用法为

```
PROC TTEST DATA = <数据集名>;
  CLASS <分组变量名>;
  VAR <分析变量名列>;
RUN;
```

使用这一格式要求将两个样本中被比较均值的变量的观测值记在同一分析变量下，不同的样本用另一个分类变量的不同值加以区分，而且分类变量只能取两个值，否则将报错。

【例 3-9】 仍然考虑例 3-7 中的样本数据。假定其中数据使用如下数据步存放在数据集 zzcpsj 中：

```
data zzcpsj;
  input f g$@@;
  cards;
28.3 1 27.6 2 30.1 1 22.2 2 29 1 31 2
37.6 1 33.8 2 32.1 1 20 2 28.8 1 30.2 2
36 1 31.7 2 37.2 1 26 2 38.5 1 32 2
34.4 1 31.2 2 28 1 30 1
;
run;
```

将两批工人的测量结果看作两个样本，但其数据都放在一个数据集之中，所需的时间值是记录在同一分析变量 f 之下，而两种方法的差别是由变量 g 的值加以区分的，所以 g 可作为分类变量。检验代码如下：

```
proc ttest data=zzcpsj;
  class g;
  var f;
run;
```

检验结果如图 3-17 所示。

Variable	g	N	Lower CL Mean	Mean	Upper CL Mean	Lower CL Std Dev	Std Dev	Upper CL Std Dev	Std Err
f	1	12	29.959	32.5	35.041	2.8333	3.9995	6.7907	1.1546
f	2	10	25.318	28.57	31.822	3.1266	4.5456	8.2985	1.4374
f	Diff (1-2)		0.1306	3.93	7.7294	3.2545	4.2539	6.143	1.8214

T-Tests

Variable	Method	Variances	DF	t Value	Pr > |t|
f	Pooled	Equal	20	2.16	0.0433
f	Satterthwaite	Unequal	18.2	2.13	0.0469

Equality of Variances

Variable	Method	Num DF	Den DF	F Value	Pr > F
f	Folded F	9	11	1.29	0.6779

图 3-17　独立样本均值的 t 检验

在检验中，先看其最后关于方差等式的检验结果，检验方差相等使用的是 F 统计量，其数值为 1.29，相应的 p 值=0.6779＞0.05 = α，所以不能拒绝方差相等的假设。

在方差相等的前提下，检验均值差异使用的是 Pooled 方法，对应统计量的 t 值为 2.16，相应的 p 值=0.0433＜0.05 = α，所以两种方法所需的时间是有显著差异的。

在异方差的情况下，使用 Satterthwaite 法检验均值的差异。

3.3 总体比例的区间估计与假设检验的 SAS 实现

比例值总是界于 0～1 或 0%～100%之间，在实际问题中，常常需要检验总体比例是否为某个假设值 π_0，例如全部产品中合格品的比例，一批种子的发芽率，对某项改革措施赞同者的比例等。

民意调查中常常遇到大量的比例检验问题，因为调查的内容总是与比例有关，例如，希望了解总体中有多少人支持这种或那种观点，多少人知道这件事或那件事，对于一个政治候选人来说，在两人竞选时，50%是一个相当重要的标志。得票率超过 50%将在选举中获胜，所以选举前的民意测验可以给候选人如何与对手竞争一个重要的概念。如果某候选人在一次民意调查中的支持率为 48%，他最终是否能如愿当选，48%与 50%有差异，这个差异是由于抽样的随机性带来的，还是该候选人的支持率确实低于竞争对手。候选人竞选班子中的统计专家们一定会精心设计假设检验，通过不断的民意调查所提供的信息，分析竞选的走势。

下面主要介绍“分析家”的使用。

3.3.1 总体比例的置信区间

【例 3-10】 2004 年底北京市私家车拥有量已达到 129.8 万辆，位居全国之首，据业内人士分析其中国产中低档汽车的比例较大，为了估计目前北京市场个人购车的平均价格，调查人员于某日在北京最大的车市随机抽取 36 位私人消费购车者，得到他（她）们所购汽车的价格，见表 3-13。

表 3-13 年底购车价格 （单位：万元）

6.88	11.28	19.98	13.6	10.6	14.8	6.88	11.78	20.98
24.4	12.3	14.8	6.88	13.68	13.6	30.3	14.6	14.8
8.28	14.98	14.7	9.6	14.6	17.4	9.6	15.68	15.8
9.6	12.9	5.38	10.18	15.68	20.5	10.6	14.8	7.38

根据以上调查数据，试以 95%的置信水平推断该地区购买私家车在 15 万元以上的消费者占有的比例。

设购车价格数据存放在数据集 Mylib.gcjg 中，价格变量名为 price。这是一个单样本比例的区间估计问题。由于在 SAS 中只能对两水平的分类变量作比例的区间估计与检验，所以首先要按变量 price 生成一个新的分类变量。步骤如下：

1）在“分析家”中打开数据集 Mylib.gcjg；

2）选择主菜单 Edit（编辑）→Mode（模式）→Edit（编辑），使数据集可以被编辑（修改）；

3）选择主菜单 Data（数据）→Transform（变换）→Recode Ranges（重编码范围），打开 Recode Ranges Information 对话框；

在 Column to recode 右边的列表框中选择变量 price，在 New column name 栏输入新变量名 price_f，在 New column type 栏选择 Character，在 Number of groups to be formed 栏输入分组数目 2，如图 3-18a 所示。

4）单击 OK 按钮，打开 Recode Ranges 对话框，注意到 Recode Ranges Information 对话框中显示的 price 变量的取值范围：5.38～30.3，输入新变量的取值，如图 3-18b 所示。

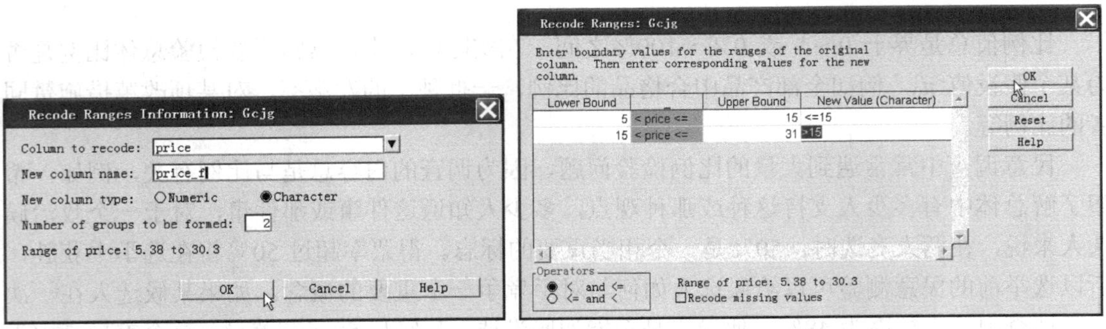

a)　　　b)

图 3-18　Recode Ranges 对话框

5）单击 OK 按钮，得到新变量 price_f；

6）选择菜单 Statistics（统计）→Hypothesis Tests（假设检验）→One Sample Test for a Proportion（单样本比例检验）；

7）在打开的 One Sample Test for a Proportion 对话框中选择变量 price_f，单击 Variable，将其移到 Variable 中；

8）单击 Level of Interest 下拉框右侧的下拉尖头，选>15，如图 3-19a 所示；

9）单击 Intervals 按钮，在打开的对话框中选定置信估计类型和置信水平，如图 3-19b 所示。单击 OK 按钮返回。

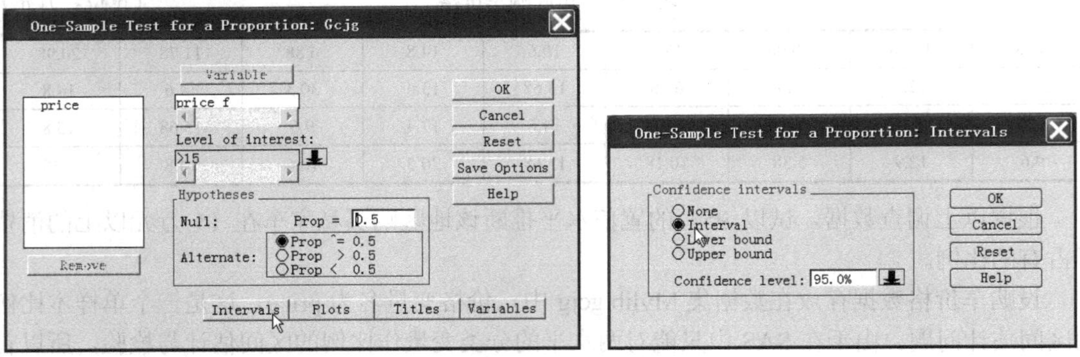

a)　　　b)

图 3-19　设置比例的置信区间

10）单击 OK 按钮，得到分析结果。

分析结果中包括变量的置信区间：按 95%的置信水平变量 price 取值为“>15”的比例在区间（0.109，0.391）范围中（见图 3-20），即可以 95%的概率估计该地区所购买车辆在 15 万元以上的消费者所占比例在 10.9%～39.1%之间。

95% Confidence Interval for the Proportion

price_f	Lower limit	Upper limit
>15	0.109	0.391

图 3-20　比例的置信区间

3.3.2 单样本总体比例的假设检验

【例 3-11】 考虑例 3-10 中的数据，试检验总体中购买车辆在 15 万元以上者所占比例是否超过 30%。

这是一个单样本比例检验问题，若π表示总体中购买车辆在 15 万元以上者所占比例，则检验的是：

H_0：$\pi \geqslant 0.3$ $\qquad$ H_1：$\pi < 0.3$

步骤如下：

1）选择菜单 Statistics（统计）→Hypothesis Tests（假设检验）→One Sample Test for a Proportion（单样本比例检验），打开 One Sample Test for a Proportion 对话框；

2）选中变量 price_F，单击 Variable 按钮，将其移到 Variable 框中；

3）单击 Level of Interest 下拉框右侧的下拉箭头，选>15；在 Hypotheses 栏下，输入原假设值 0.3，然后选择备择假设 Prop < 0.3，如图 3-21a 所示；

4）单击 Plots 按钮，在打开的 One Sample Test for a Proportion：Plots 对话框中选中 Normal distribution plot 复选框，如图 3-21b 所示。

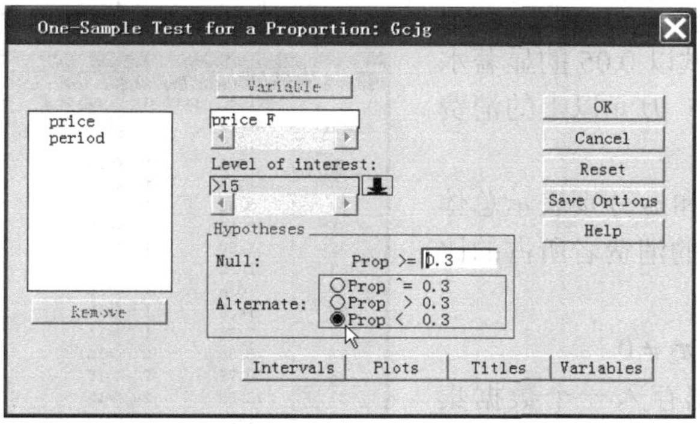

a)

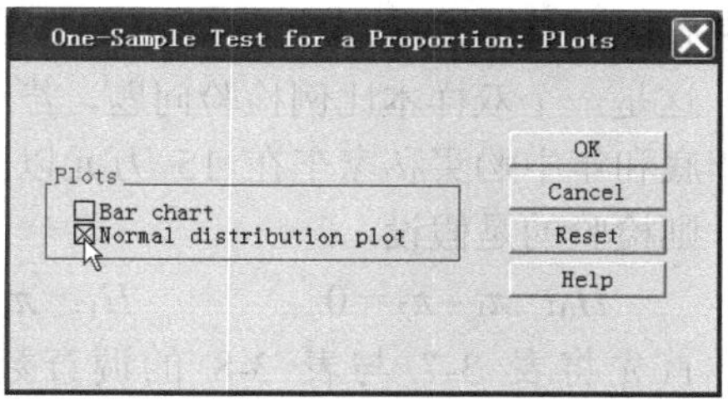

b)

图 3-21 比例检验设置

5）两次单击 OK 按钮，得到检验结果如图 3-22 所示。

```
Sample Statistics

     price_F          Frequency
     ------------------------
     <=15                  27
     >15                    9
                     ----------
     Total                 36

Hypothesis Test

     Null Hypothesis:    Proportion => 0.3
     Alternative:        Proportion <  0.3

     price_F          Proportion       Z Statistic       Pr > Z
     ----------------------------------------------------------
     >15                  0.2500             -0.65       0.2563
```

a)

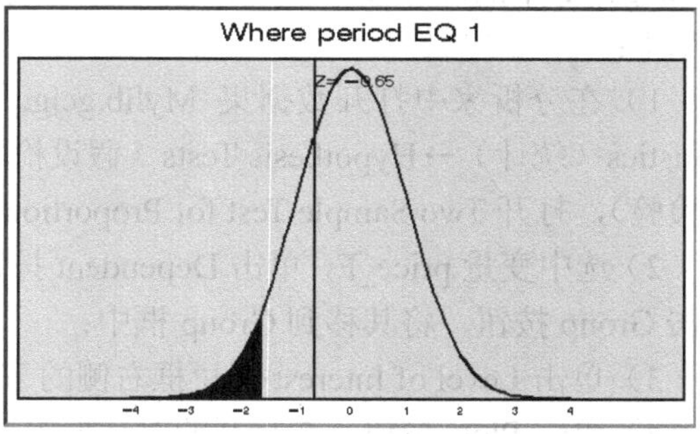

b)

图 3-22 比例检验结果

显示的结果表明样本中购买车辆在 15 万元以上者的比例为 25%，检验用的 Z 统计量的

p 值为 0.2563 > 0.05，所以不能拒绝原假设。

结果的图形部分（见图 3-22b）给出了 Z 统计量抽样分布的密度曲线，单侧的阴影区域占了 5%的面积，其横坐标表示 Z 统计量取极端值的部分。$Z=-0.65$ 的竖线表示 Z 统计量观测值的位置，它的横坐标不在阴影区域的范围内，所以不能拒绝原假设。

结果表明购买车辆在 15 万元以上者所占比例在 0.05 的显著水平下超过 30%。

3.3.3 两总体比例的比较

【例 3-12】 2004 年底很多类型的国产轿车价格都比年中有所下降，为了对比 2004 年底与年中私家购车族购车价格的差异，在年中新购车者中随机抽取 32 人，调查得到的价格数据如表 3-14。

表 3-14 年中购车价格 （单位：万元）

5.38	10.78	12.88	14.7	18.88	30.3	7.38	11.2	13.6
15	19.98	15.28	7.98	11.78	13.65	15.8	20.5	9.99
9.38	11.78	14.6	15.9	20.98	9.36	10.3	12.3	14.7
17	24.4	8.99	11.38	10.28				

综合表 3-13 与表 3-14 的调查数据，试以 0.05 的显著水平推断该地区年底与年中购买私家车在 15 万元以上的消费者占有比例有无差异。

这是一个双样本比例检验问题，若 π_1 和 π_2 分别表示总体中年底和年中购买私家车在 15 万元以上的消费者所占的比例，则检验的是假设：

$$H_0:\ \pi_1-\pi_2=0 \qquad H_1:\ \pi_1-\pi_2\neq 0$$

首先将表 3-7 与表 3-8 的调查数据存入一个数据集 Mylib.gcjgq 中，价格变量名为 price，使用变量 period 以区别年中数据（2）与年底数据（1）。按例 3-10 中的步骤由 price 生成两水平分类变量 price_F。图 3-23 所示即为数据集 Mylib.gcjgq 中的部分数据。然后，对上面假设进行检验，步骤如下：

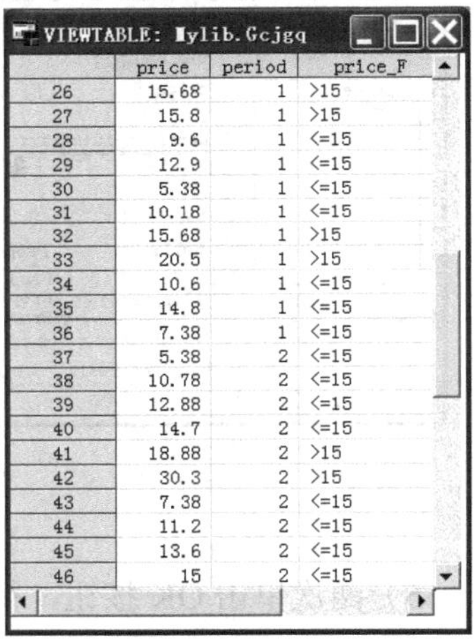

	price	period	price_F
26	15.68	1	>15
27	15.8	1	>15
28	9.6	1	<=15
29	12.9	1	<=15
30	5.38	1	<=15
31	10.18	1	<=15
32	15.68	1	>15
33	20.5	1	>15
34	10.6	1	<=15
35	14.8	1	<=15
36	7.38	1	<=15
37	5.38	2	<=15
38	10.78	2	<=15
39	12.88	2	<=15
40	14.7	2	<=15
41	18.88	2	>15
42	30.3	2	>15
43	7.38	2	<=15
44	11.2	2	<=15
45	13.6	2	<=15
46	15	2	<=15

图 3-23 数据集 Mylib.gcjgQ

1）在分析家中打开数据集 Mylib.gcjgq 后，选择菜单 Statistics（统计）→Hypothesis Tests（假设检验）→Two Sample Test for Proportion（双样本比例检验），打开 Two Sample Test for Proportion 对话框；

2）选中变量 price_F，单击 Dependent 按钮，将其移到 Dependent 框中，选中变量 period，单击 Group 按钮，将其移到 Group 框中；

3）单击 Level of Interest 下拉框右侧的下拉箭头，选“>15”，如图 3-24a 所示；

4）单击 Plots 按钮，在打开的对话框中选中 Normal distribution plot 复选框，如图 3-24b 所示。

5）两次单击 OK 按钮，得到分析结果如图 3-25 所示。

结果显示，由于 Z 统计量的 p 值为 0.5664，所以在 0.05 的显著水平下，不能拒绝原假设。

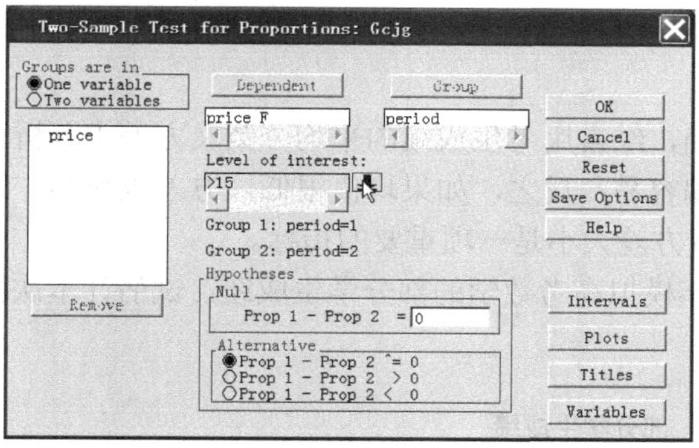

a)

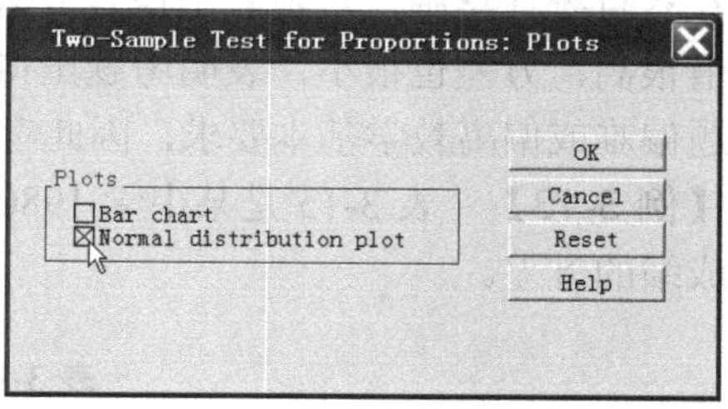

b)

图 3-24　双样本比例检验设置

图形部分（见图 3-25b）给出了 Z 统计量抽样分布的密度曲线。$Z = -0.57$ 的横坐标不在阴影区域的范围内，所以不能拒绝原假设。

```
Sample Statistics

        - Frequencies of price_F for period -
  Value      1              2
  ----------------------------------------
  <=15                27             22
  >15                  9             10


Hypothesis Test

  Null hypothesis:
        Proportion of price_F(period=1) - Proportion of price_F(period=2) =  0
  Alternative:
        Proportion of price_F(period=1) - Proportion of price_F(period=2) ^= 0

        - Proportions of price_F for period -
  Value      1              2                Z        Prob > Z
  ----------------------------------------------------------------
  >15             0.2500         0.3125    -0.57     0.5664
```

a)

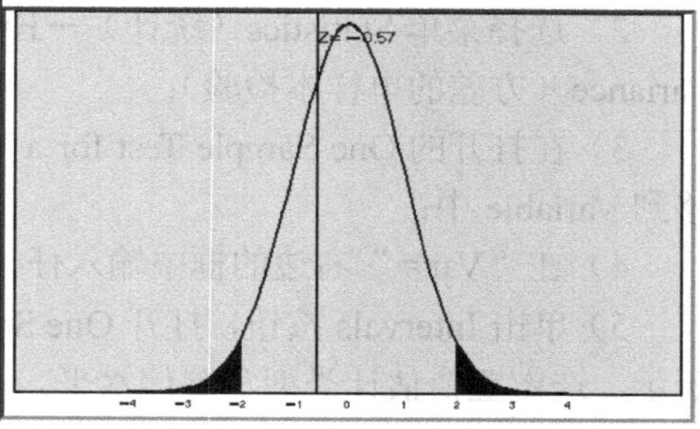

b)

图 3-25　双样本比例检验

结果表明该地区 2004 年底与年中私家购车价格在 15 万元以上者所占比例没有明显差异。

3.4　总体方差的区间估计与假设检验的 SAS 实现

在假设检验中，有时不仅需要检验正态总体的均值、比例，而且需要检验正态总体的方差。例如，在产品质量检验中，质量标准是通过不同类型的指标反映的，有些属于均值类型，如尺寸、重量、抗拉强度等；有些属于比例类型，如产品合格率、废品率等；有些属于方差类型，如尺寸的方差、重量的方差、抗拉强度的方差等。在这里，方差反映着产品的稳定性。方差大，说明产品的性能不稳定，波动大。凡与均值有关的指标，通常也与方差有关，方差从另一个方面说明研究现象的状况，在经济生活方面，对方差关注的例子更是比比皆是。例如，居民的平均收入说明了收入达到的一般水平，是衡量经济发展阶段的一个重要指标，而收入的方差则反映了收入分配的情况，可以用于评价收入的合理性。在投资方面，收益率的方差更是评价投资风险的重要依据。

下面主要介绍“分析家”的使用。

3.4.1　总体方差的置信区间

在教育统计学中，对考题出得是否恰当，经常用考生成绩的平均分数及方差来分析。如果均值很高，方差也很小，表明考题出得偏容易；反之，如果均值很低，方差也很小，则表明考题偏难或偏离教学基本要求，因此考查方差大小是一项重要的指标。

【例 3-13】　表 3-15 是某中学 1980 年模拟高考数学的部分学生成绩，试估计本次模拟考试成绩的方差。

表 3-15　部分学生成绩

100	96	96	90	92	100	100	90	99
92	100	98	100	97	97	95	94	100

假定表 3-15 中的数据存放在数据集 Mylib.kscj 中，成绩变量名为 score。分析步骤如下：

1）在“分析家”中打开数据集 Mylib.kscj；

2）选择菜单 Statistics（统计）→Hypothesis Tests（假设检验）→One Sample Test for a Variance（方差的单样本检验）；

3）在打开的 One Sample Test for a Variance 对话框中选择变量 score，单击 Variable，将其移到 Variable 中；

4）在“Var =”右边的框中输入任一正数，例如 1，如图 3-26a 所示；

5）单击 Intervals 按钮，打开 One Sample Test for a Variance：Intervals 对话框，如图 3-26b 所示，选定置信估计类型和置信水平。

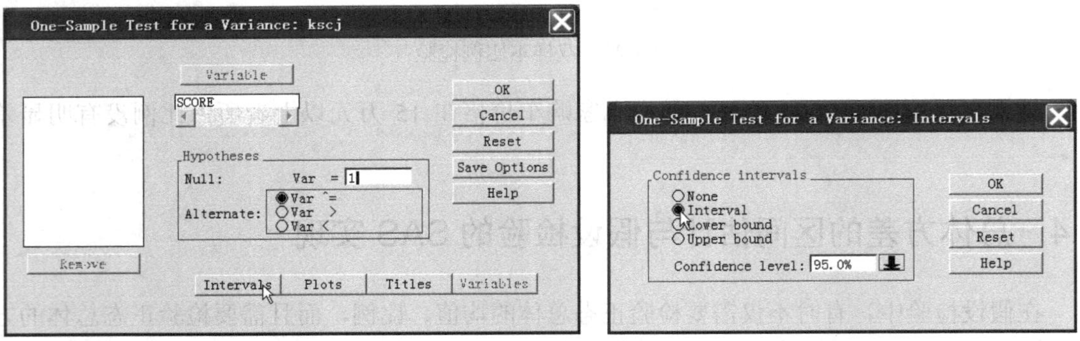

a)　　　　b)

图 3-26　设置方差的置信区间

6）两次单击 OK 按钮，得到分析结果，结果中包括方差的置信区间估计，如图 3-27 所示。

结果表明，本次模拟考试成绩方差在置信水平 95%下的置信区间为（7.1692，28.614）。

```
95% Confidence Interval for the Variance

     Lower Limit    Upper Limit
     -----------    -----------
       7.1692         28.614
```

图 3-27　方差的置信区间

3.4.2　单样本总体方差的假设检验

对于考试成绩来说，假定我们认为$\sigma = 10$是一个合理的分散度，若出现$\sigma < 5$，则可以认

为考生分数太集中，如再加上均值偏高，就有理由认为该考卷偏容易。

【例 3-14】 考虑例 3-13 中的模拟考试成绩，检验考试成绩是否太集中。

这是一个单样本方差检验问题，若σ表示总体方差，则检验的是：

H_0：$\sigma^2 \leqslant 5^2$　　　　H_1：$\sigma^2 > 5^2$

步骤如下：

1）选择菜单 Statistics（统计）→Hypothesis Tests（假设检验）→One Sample Test for a Variance（单样本方差检验），打开 One Sample Test for a Variance 对话框；

2）选中变量 score，单击 Variable 按钮，将其移到 Variable 框中；

3）在 Hypothesis（假设）栏中，输入原假设 Var = 25，然后选择备择假设 "Var > 25"，如图 3-28a 所示；

4）单击 Plots 按钮，在打开的 One Sample Test for a Variance：Plots 对话框中选中 Probability distribution plot 复选框，如图 3-28b 所示。两次单击 OK 按钮，得到结果。

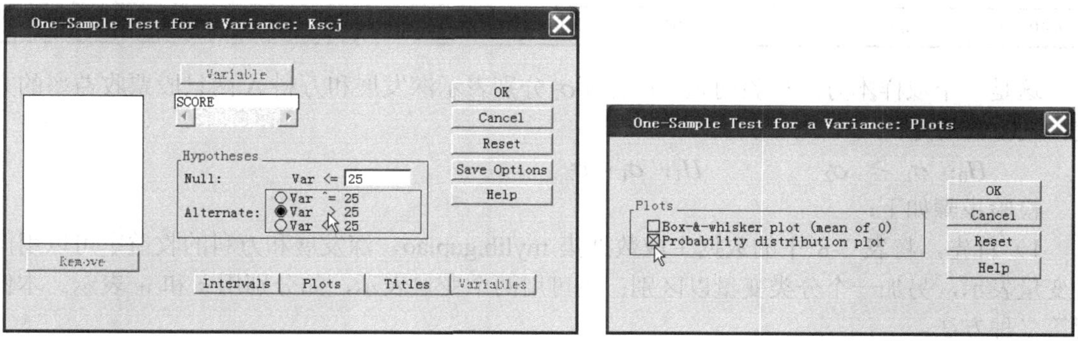

图 3-28　单样本方差检验设置

结果（见图 3-29a）显示，样本方差为 12.732，由于χ^2检验的 p 值 = 0.9504，所以不能拒绝方差≤ 25 的原假设。图形部分（见图 3-29b）给出了χ^2分布的密度曲线，右侧阴影区域占了 5%的面积，其横坐标表示χ^2统计量取极端值的部分。Chi-square = 8.66 的竖线表示χ^2统计量观测值的位置，它的横坐标不在阴影区域的范围内，所以不能拒绝原假设。

结果表明在 0.05 的显著水平下可以认为该模拟考试的成绩太过集中。

```
Sample Statistics for SCORE

      N      Mean        Std. Dev.      Variance
    ----------------------------------------------
     18     96.444       3.5682         12.732

Hypothesis Test

    Null hypothesis:         Variance of SCORE <= 25
    Alternative:             Variance of SCORE >  25

              Chi-square       Df        Prob
              ------------------------------------
                8.658          17       0.9504
```

a)

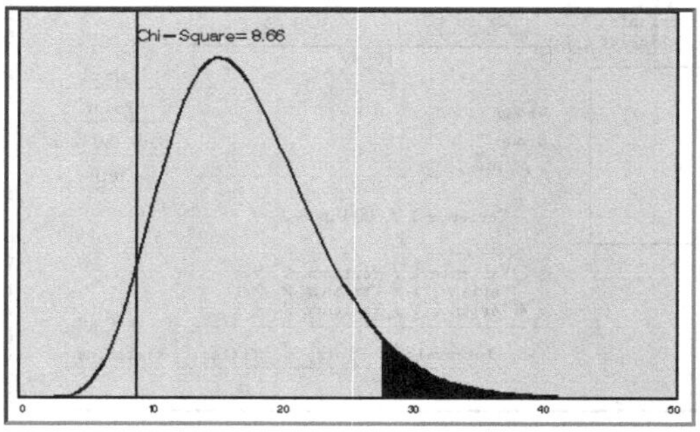

b)

图 3-29　单样本方差检验结果

3.4.3　两样本总体方差的比较

【例 3-15】　已知两只股票深发展（000001）和万科 A（000002）在 2004 年 6 月 21 个交易日的收益率如表 3-16 所示。试在 0.05 的显著水平下判断深发展的风险是否高于万科 A？

表 3-16　深发展和万科 A 在 2004 年 6 月 21 个交易日的收益率

交易日	深发展	万科 A	交易日	深发展	万科 A	交易日	深发展	万科 A
20040601	0.0031	0.0099	20040610	−0.0022	0.0041	20040621	−0.0022	0.0131
20040602	0.0301	−0.0137	20040611	0	0.002	20040622	0.0033	0.028
20040603	−0.0231	−0.0139	20040614	−0.0209	−0.0123	20040623	−0.0066	−0.0147
20040604	−0.0082	0.006	20040615	0.0461	0.0186	20040624	−0.0144	0.0085
20040607	−0.0228	−0.008	20040616	−0.0097	−0.002	20040625	−0.0056	−0.0127
20040608	−0.0223	0.002	20040617	−0.0228	−0.0428	20040628	−0.0519	0.0043
20040609	−0.0109	−0.0202	20040618	0.0111	−0.0255	20040629	0.0226	0.0319

这是一个双样本方差检验问题，若σ_1和σ_2分别表示深发展和万科 A 两只股票收益率的方差，则检验的是：

H_0：$\sigma_1 \geqslant \sigma_2$　　　　H_1：$\sigma_1 < \sigma_2$

检验步骤如下：

1）首先，将表 3-8 中的数据生成数据集 mylib.gupiao，深发展和万科的收益率可以用同一变量表示，另加一个分类变量以区别；也可用两个变量表示，如分别用 *s* 和 *w* 表示。本例用第二种方法。

2）在分析家中打开数据集 mylib.gupiao 后，选择菜单 Statistics（统计）→Hypothesis Tests（假设检验）→Two-Sample Test for Variance（双样本方差检验），打开 Two-Sample Test for Variance 对话框；

3）在 Groups are in 栏中选择 Two variables 选项，并将变量 *s* 和 *w* 分别移至 Group1 和 Group2 框中；在 Hypothesis（假设）栏中，选择备择假设 Variance 1 / Variance2 < 1，这样原假设就为 Variance 1 / Variance2 ≥ 1，如图 3-30a 所示；单击 OK 按钮，得到分析结果。

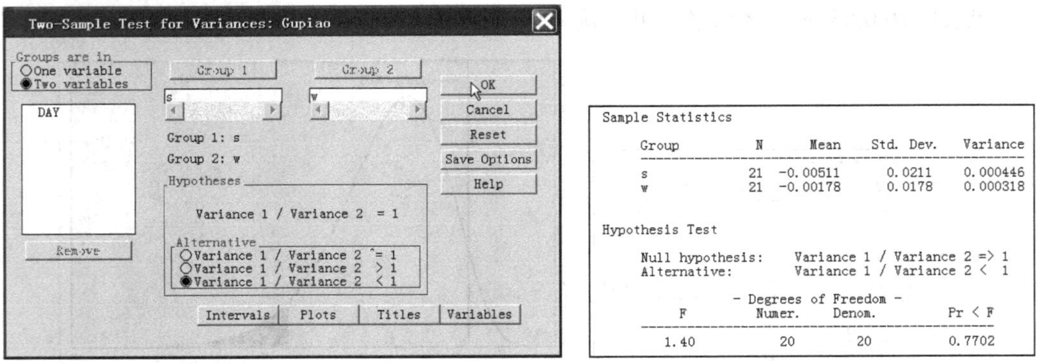

图 3-30　双样本方差检验

结果显示（见图 3-30b），在 0.05 的显著性水平下不能拒绝原假设，说明深发展的股票风险不低于万科 A。

3.5 分布检验

在对总体参数作假设检验之前，常常需要判断总体分布是否为正态分布。下面介绍总体分布情况的判断以及正态性检验的方法。

3.5.1 数据的分布研究

数据的统计量刻画了数据的主要特征，而要对数据的总体情况作全面描述，就要研究数据的分布。

检验数据是否来自正态分布总体，应用中常用分布拟合图、画 QQ 图、分布检验等方法。

1. 分布拟合图

由于密度直方图中矩形的面积是数据落入对应区间中的频率，根据大数定理，数据量很大时，频率近似于概率。所以，如果数据来自一个具有概率密度 $f(x)$ 的连续型随机变量，密度直方图就可以作为概率密度 $f(x)$ 的一个估计。

直方图顶端的形态为折线，而常用的一些分布的密度曲线如正态分布等都是光滑曲线，所谓分布拟合图就是在限定的参数分布类中通过对参数的估计，用估计得到的参数所对应的密度曲线去拟合直方图顶部的形态。

图 3-31 所示为分布拟合图，图 3-31a 为正态分布拟合图，图 3-31b 为对数正态分布拟合图。

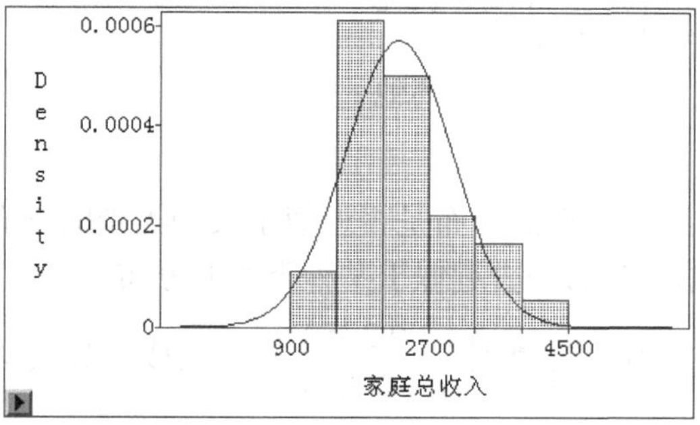

a)

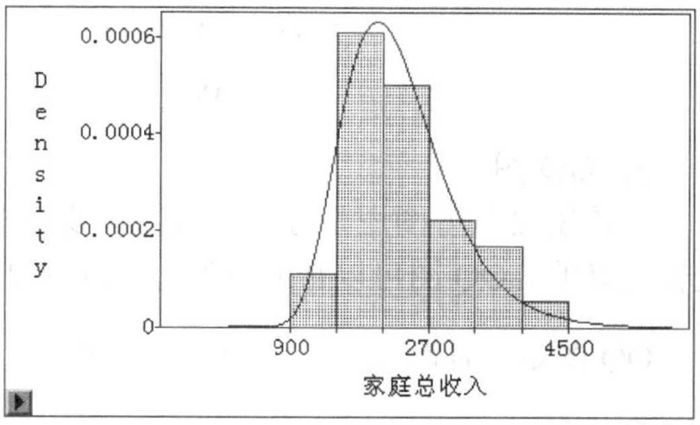

b)

图 3-31 分布拟合图

在 SAS 系统中提供的参数分布类型有：正态（Normal）分布（最为常用的分布）、对数正态（Lognormal）分布、指数分布、Gamma 分布、Weibull 分布，它们的分布密度分别为：

1）参数为（μ，σ）的正态分布：

$$f(x)=\frac{1}{\sqrt{2\pi}\sigma}\exp\left(-\frac{(x-\mu)^2}{2\sigma^2}\right)$$

2）参数为（θ，μ，σ）的对数正态分布：

$$f(x)=\begin{cases}\dfrac{1}{x-\theta}\dfrac{1}{\sqrt{2\pi}\sigma}\exp\left\{-\dfrac{1}{2}\left(\dfrac{\log(x-\theta)-\mu}{\sigma}\right)^2\right\}, & x>\theta\\ 0, & 其他\end{cases}$$

3）参数为（θ，σ）的指数分布的密度为：

$$f(x)=\begin{cases}\dfrac{1}{\sigma}\exp\left\{-\dfrac{x-\theta}{\sigma}\right\}, & x>\theta\\ 0, & 其他\end{cases}$$

4）参数为（θ，c，σ）的指数分布的密度为：

$$f(x)=\begin{cases}\dfrac{c}{\sigma}\left(\dfrac{y-\theta}{\sigma}\right)^{c-1}\exp\left\{\dfrac{x-\theta}{\sigma}\right\}, & x>\theta\\ 0, & 其他\end{cases}$$

5）参数为（θ，α，σ）的 Gamma 分布的密度为：

$$f(x)=\begin{cases}\dfrac{1}{\Gamma(\alpha)}\sigma\left(-\dfrac{x-\theta}{\sigma}\right)^{\alpha-1}\exp\left(-\dfrac{x-\theta}{\sigma}\right), & x>\theta\\ 0, & 其他\end{cases}$$

6）参数为（θ，c，σ）的 Weibull 分布的密度为：

$$f(x)=\begin{cases}\dfrac{1}{\sigma}\left(-\dfrac{x-\theta}{\sigma}\right)^{c-1}\exp\left(-\left(\dfrac{x-\theta}{\sigma}\right)^{c}\right), & x>\theta\\ 0, & 其他\end{cases}$$

2. QQ 图

不论密度直方图还是分布拟合图，要从图上鉴别数据的分布是否近似于某种类别的分布是较困难的。QQ 图可以帮助我们方便地鉴别数据的分布是否近似于某种类型的分布。

QQ 图是一种散点图。对应于正态分布的 QQ 图由点$\left(\Phi^{-1}\left(\dfrac{i-0.375}{n+0.25}\right),x_{(i)}\right)$构成，其横坐标为标准正态分布的分位数，纵坐标 $x_{(i)}$（$i=1$，2，…，n）是将 x_1，…，x_n 从小到大排序后的数列，为总体 i/n 分位点的估计。若观测数据近似正态分布 $N(\mu，\sigma^2)$，则 QQ 图上这些点近似在直线 $y=\sigma x+\mu$ 附近。

图 3-32 为居民家庭收入情况的 QQ 图，分别为对应于正态分布与对数正态分布的 QQ 图。

要利用 QQ 图鉴别样本数据是否近似于正态分布，只需看 QQ 图上的点是否近似地在一条直线附近，该直线的斜率为总体的标准差，截距为总体的均值。

同样，也可以作对应于对数正态分布、指数分布、Gamma 分布、Weibull 分布的 QQ 图，以鉴别样本数据是否来自某一类型的总体分布。

用 QQ 图还可获得分布的偏度和峰度的粗略信息。

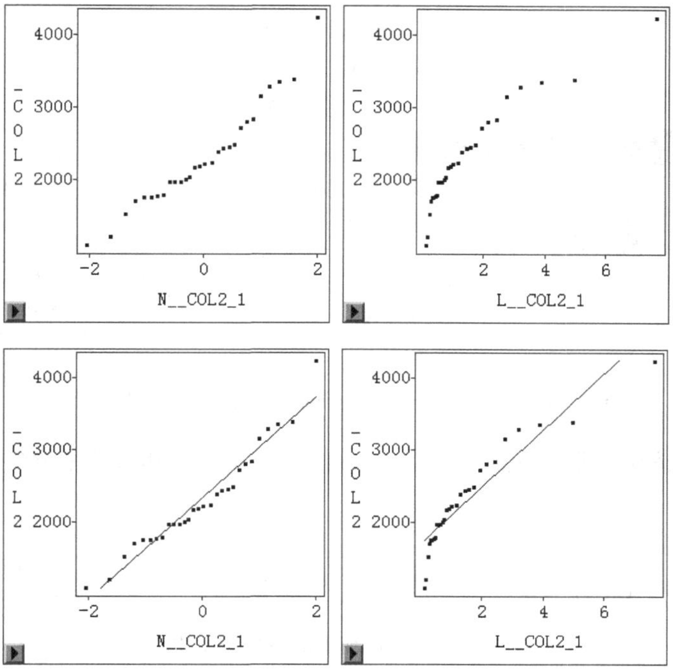

图 3-32　QQ 图

3.5.2　在 INSIGHT 模块中研究分布

1．绘制分布拟合图

【例 3-16】　在 INSIGHT 模块中绘制居民家庭收入情况（参见例 2-1）的分布拟合图。

选择菜单 Analyze（分析）→Distribution (Y)（分布），打开 Distribution (Y)对话框。在数据表 sryzc 的变量列表中，选择 income，然后单击 Y 按钮，income 被选为分析变量，选择 R_Id，然后单击 Group 按钮，R_Id 被选为分组变量，如图 3-33a 所示。

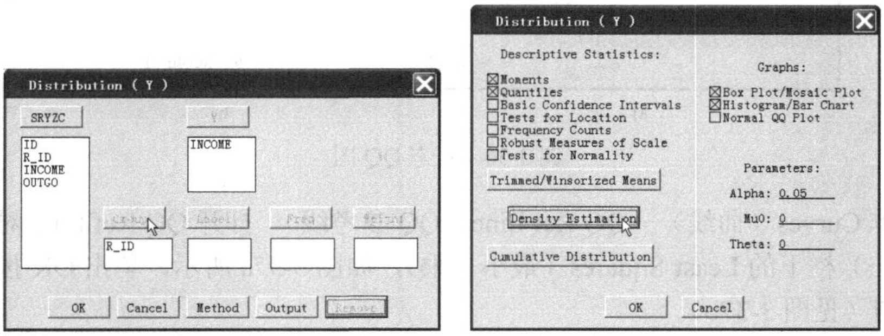

a)　　　　　　　　　　　　b)

图 3-33　Distribution (Y)对话框

单击 Output（输出）按钮，在打开的对话框中单击 Density Estimation（密度估计）按钮（见图 3-33b），打开 Density Estimation 对话框，选中 Parametric Estimation（参数估计）栏下的 Normal（正态）和 Lognormal（对数正态）复选框，如图 3-34a 所示。单击 OK 按钮返回。

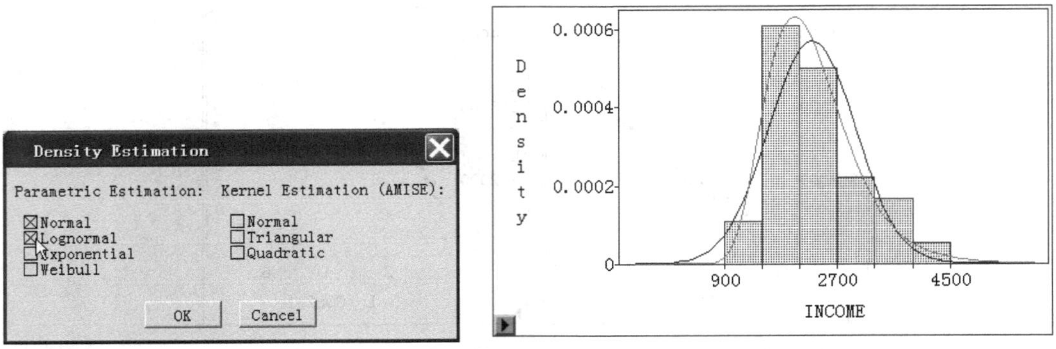

a)　　　　　　b)

图 3-34　参数估计对话框与 income 变量的密度拟合图

两次单击 OK 按钮，即可得到变量 Income 的密度拟合图和参数密度估计如图 3-34b 与图 3-35 所示。

Parametric Density Estimation						
Curve	Distribution	Method	Mean/Theta	Sigma	Zeta/C	Mode
———	Normal	Sample	2316.1000	697.6906		2316.1000
———	Lognormal	MLE	0	0.2964	7.7044	2031.5117

图 3-35　income 变量的参数密度估计

2．绘制 QQ 图

如果在图 3-33b 所示的 Distribution (Y)对话框中选中 Normal QQ Plot（正态 QQ 图）复选框，如图 3-36a 所示，则可以得到 QQ 图，如图 3-36b 所示。

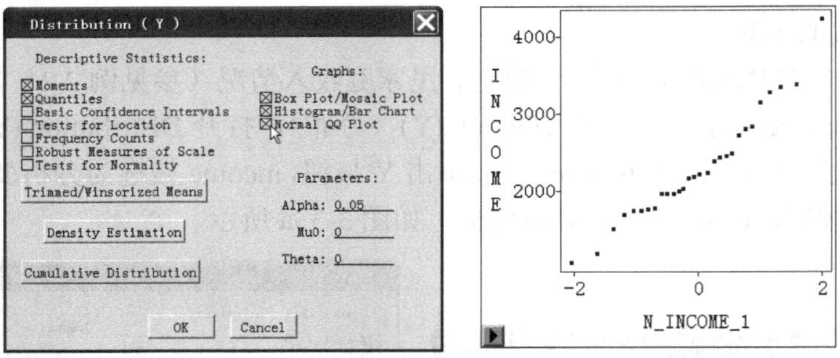

a)　　　　　　b)

图 3-36　正态 QQ 图

选择菜单 Curves（曲线）→QQ Ref Line（QQ 参考线），打开 QQ Ref Line 对话框。选择 Method（方法）栏下的 Least Squares（最小二乘），如图 3-37a 所示，单击 OK 按钮得到带参考线的 QQ 图（见图 3-37b）。

选择菜单 Graphs（图形）→QQ Plot（QQ 图），打开 QQ Plot 对话框。选择 Distribution（分布）栏下的 Lognormal QQ Plot（对数正态 QQ 图），如图 3-38a 所示，单击 OK 按钮得到对数正态 QQ 图，如图 3-38b 所示。

虽然从图 3-34 的分布拟合图中似乎得到居民家庭收入情况的样本数据接近于对数正态分布，但从 QQ 图可以看出，样本数据更接近于正态分布。

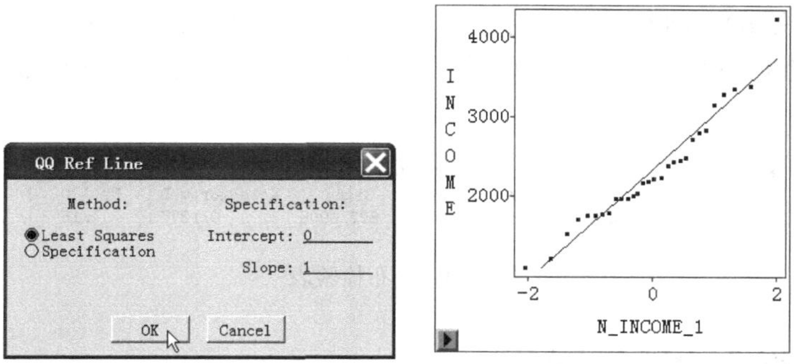

a) b)

图 3-37　带参考线的 QQ 图

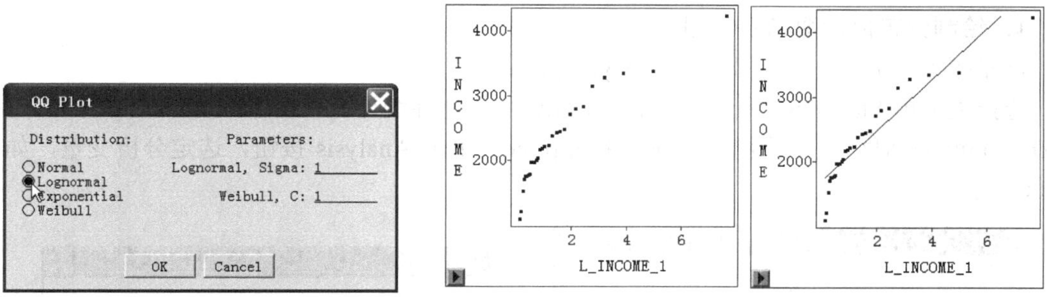

a) b)

图 3-38　对数正态 QQ 图

3．正态性检验

上述结论是一种直观的检验，更为严格的检验如下所示。

在 INSIGHT 中继续上述操作：选择菜单 Curves（曲线）→Test for Distribution（分布检验），打开 Test for Distribution 对话框；

对话框中显示可作的检验有：Normal（正态分布）、Lognormal（对数正态分布）、Exponential（指数分布）和 Weibull，默认作正态分布检验，如图 3-39a 所示。

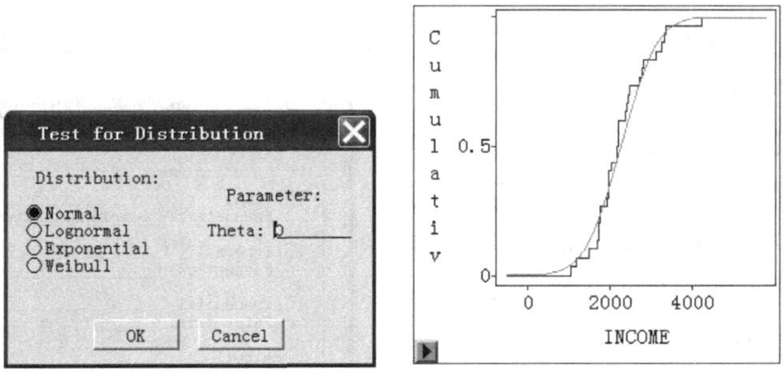

a) b)

图 3-39　作正态分布检验

单击 OK 按钮，得到变量 income 的经验分布和拟合的正态累计分布曲线图（见图 3-39b）。检验结果汇总在分布检验表（见图 3-40）中，其中列举了拟合正态分布的均值 2316.1000（即样本均值）和标准差 697.6906（即样本标准差），并提供了 Kolmogorov D 统计量的数值 0.1377，而相应的 p 值 $> 0.15 > 0.05 = \alpha$，所以不能拒绝原假设，可以认为变量 income 总体分布为正态分布。

Tests for Distribution					
Curve	Distribution	Mean/Theta	Sigma	Kolmogorov D	Pr > D
————	Normal	2316.1000	697.6906	0.1377	>.15

图 3-40　分布检验表

3.5.3　在“分析家”中研究分布

【例 3-17】　在“分析家”中研究例 3-10～例 3-12 中北京市场个人购车价格变量 price 的正态性。

1．绘制分布拟合图和 QQ 图

首先在“分析家”中打开数据集 Mylib.gcjg；

选择主菜单 Statistics（统计）→Descriptive（描述性统计）→Distributions…（分布），打开 Distributions 对话框，选择变量列表中的 price，单击 Analysis 按钮，选定分析变量，如图 3-41a 所示。

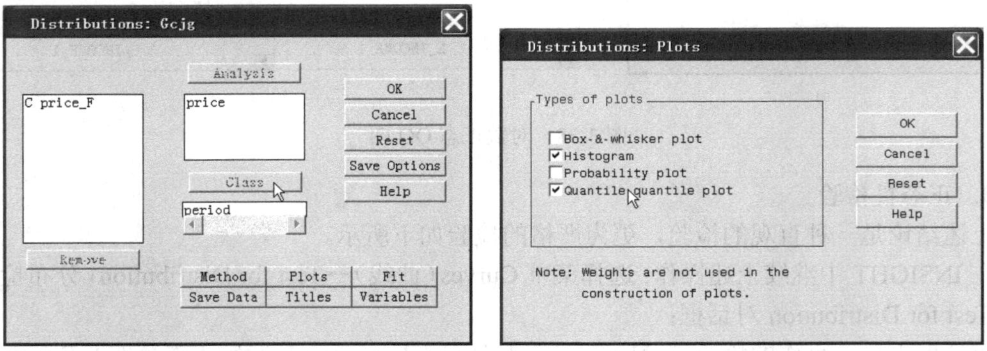

a)　　　　　　　　　　　　b)

图 3-41　设置分析选项

单击 Plots 按钮，打开 Distributions：Plots 对话框，选中 Histogram 和 Quantile quantile plot 复选框，如图 3-41b 所示。

单击 OK 按钮返回，然后单击 Fit（拟合）按钮，在打开的对话框中包含 4 种分布拟合的选项。选择拟合的分布类型：Normal，然后填入分布的参数，默认为用样本估计量（Sample estimates）。如图 3-42 所示。

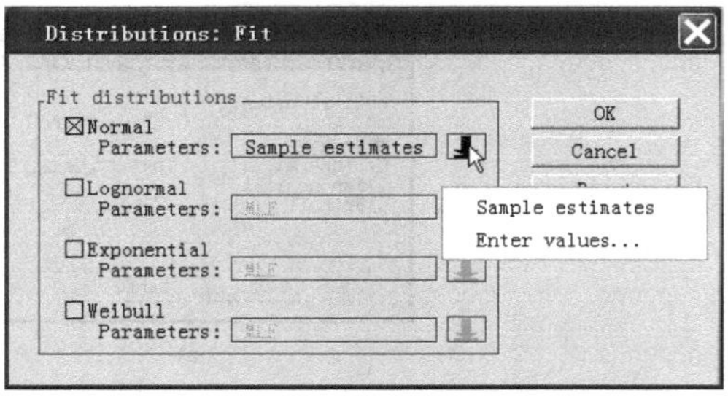

图 3-42　分布拟合设置

三次单击 OK 按钮，得到直方图和 QQ 图，如图 3-43 所示。

2．分布检验

继续上述步骤。在分析家窗口的项目管理器中双击 Fitted Distributions of Gcjg 项，得到检验结果如图 3-44～图 3-45 所示。

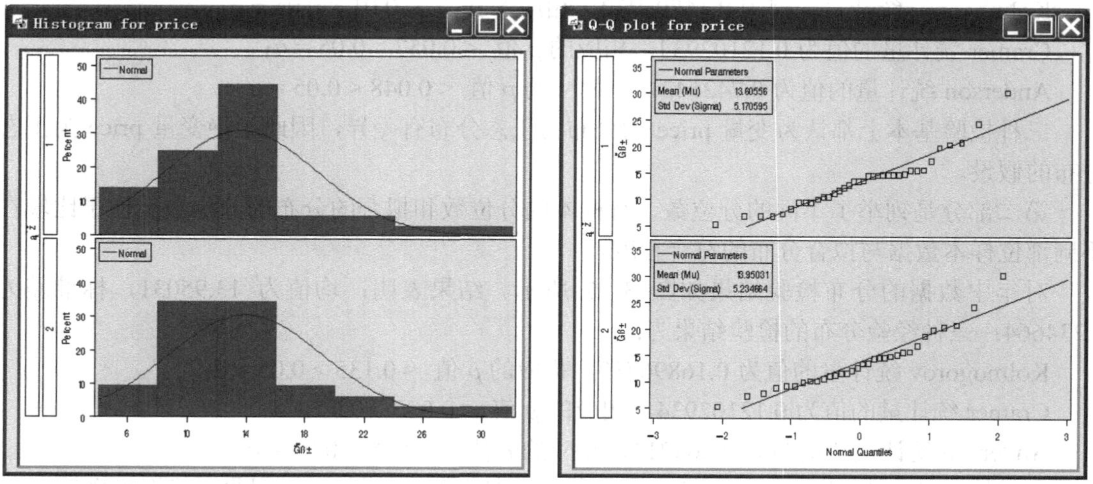

a)　　　　　　　　　　b)

图 3-43　带拟合曲线的直方图与 QQ 图

```
              The UNIVARIATE Procedure
           Fitted Distribution for price
                    period = 1

         Parameters for Normal Distribution

           Parameter   Symbol   Estimate

           Mean        Mu       13.60556
           Std Dev     Sigma    5.170595

      Goodness-of-Fit Tests for Normal Distribution

Test                  ---Statistic----    -----p Value-----

Kolmogorov-Smirnov    D     0.16896730    Pr > D      <0.010
Cramer-von Mises      W-Sq  0.12102934    Pr > W-Sq    0.057
Anderson-Darling      A-Sq  0.74264214    Pr > A-Sq    0.048
```

a)

```
Quantiles for Normal Distribution

                -------Quantile------
 Percent        Observed    Estimated

   1.0          5.38000      1.57695
   5.0          6.88000      5.10068
  10.0          6.88000      6.97917
  25.0          9.89000     10.11804
  50.0         13.64000     13.60556
  75.0         15.33000     17.09307
  90.0         20.50000     20.23194
  95.0         24.40000     22.11043
  99.0         30.30000     25.63416
```

b)

图 3-44　分布检验结果——年底数据 period = 1

```
         Parameters for Normal Distribution

           Parameter   Symbol   Estimate

           Mean        Mu       13.95031
           Std Dev     Sigma    5.234664

      Goodness-of-Fit Tests for Normal Distribution

Test                  ---Statistic----    -----p Value-----

Kolmogorov-Smirnov    D     0.13602629    Pr > D       0.135
Cramer-von Mises      W-Sq  0.10791348    Pr > W-Sq    0.087
Anderson-Darling      A-Sq  0.66646142    Pr > A-Sq    0.078
```

a)

```
      The UNIVARIATE Procedure
   Fitted Distribution for price
            period = 2

Quantiles for Normal Distribution

                -------Quantile------
 Percent        Observed    Estimated

   1.0          5.38000      1.77266
   5.0          7.38000      5.34006
  10.0          8.99000      7.24182
  25.0         10.29000     10.41959
  50.0         13.24000     13.95031
  75.0         15.85000     17.48104
  90.0         20.50000     20.65880
  95.0         24.40000     22.56057
  99.0         30.30000     26.12796
```

b)

图 3-45　分布检验结果——年中数据 period = 2

对年底数据的分布检验结果如图 3-44 所示。其含义说明如下：

其中第一部分为检验拟合分布的结果。首先指明拟合的是正态分布，均值为 13.60556，标准差为 5.170595。接着有三种经验分布的检验结果：

Kolmogorov 统计量的值为 0.16896730，相应的 p 值 $<0.01<0.05=\alpha$；

Cramer 统计量的值为 0.12102934，相应的 p 值 $<0.057>0.05=\alpha$；

Anderson 统计量的值为 0.74264214，相应的 p 值 $<0.048<0.05=\alpha$。

三种检验基本上都认为变量 price 的分布与正态分布有差异，因此拒绝变量 price 为正态分布的假设。

第二部分是列举了不同的分位数，有样本的分位数和拟合的分布的分位数。便于比较在不同部位样本数据与拟合分布的符合程度。

对年中数据的分布检验结果如图 3-45 所示。结果表明：均值为 13.95031，标准差为 5.234664；三种经验分布的检验结果为：

Kolmogorov 统计量的值为 0.16896730，相应的 p 值 $=0.135>0.05=\alpha$；

Cramer 统计量的值为 0.12102934，相应的 p 值 $<0.087>0.05=\alpha$；

Anderson 统计量的值为 0.74264214，相应的 p 值 $<0.078>0.05=\alpha$。

三种检验基本上都认为变量 price 的分布与正态分布无显著差异，因此不能拒绝变量 price 为正态分布的假设。

综上，应拒绝年底数据中变量 price 的分布为正态分布的假设，而不能拒绝年中数据中变量 price 的分布为正态分布的假设。

3.5.4 使用 UNIVARIATE 过程

在 PROC UNIVARIATE 语句中加上 NORMAL 选项可以进行正态性检验。

【例 3-18】 检验例 3-1 药材仓库中的 1000 箱药材的重量是否服从正态分布。

使用如下 UNIVARIATE 过程：

```
proc univariate data = Mylib.yczl normal;
   var weight;
run;
```

结果（部分）如图 3-46 所示。

```
                    Tests for Normality

Test                  --Statistic---     -----p Value------

Shapiro-Wilk          W      0.957617    Pr < W       0.6188
Kolmogorov-Smirnov    D      0.151213    Pr > D      >0.1500
Cramer-von Mises      W-Sq   0.055579    Pr > W-Sq   >0.2500
Anderson-Darling      A-Sq   0.319038    Pr > A-Sq   >0.2500
```

图 3-46 分布检验结果

这里给出了 weight 变量的四种正态性检验结果，其中 Shapiro-Wilk 检验是首选的。可以看到 p 值很大，所以在 0.05 水平下不能拒绝原假设，即认为 weight 服从正态分布。

3.6 习题

1. 已知某种灯泡的寿命服从正态分布，现从一批灯泡中抽取 16 只，测得其寿命如下：

（单位：h）

1510	1450	1480	1460	1520	1480	1490	1460
1480	1510	1530	1470	1500	1520	1510	1470

求该灯泡平均使用寿命 90%、95%及 99%的置信区间，并指出置信区间长度与置信水平的关系。

2．为估计两种方法组装产品所需时间的差异，分别对两种不同的组装方法各随机安排 12 个工人，每个工人组装一件产品所需时间如下表：

（单位：min）

方 法 一	方 法 二	方 法 一	方 法 二
28.3	27.6	36.0	31.7
30.1	22.2	37.2	26.0
29.0	31.0	38.5	32.0
37.6	33.8	34.4	31.2
32.1	20.2	28.0	33.4
28.8	30.2	30.0	26.5

假定两种方法组装产品所需的时间服从正态分布，且方差相等。试以 95%的置信水平建立两种方法组装产品所需的时间差值的置信区间。

3．生产工序的方差是工序质量的一个重要度量。当方差较大时需要对工序进行改进以减小方差。下面是两部机器生产的袋茶重量的数据：

（单位：g）

机器 1			机器 2		
3.45	3.22	3.90	3.22	3.28	3.35
3.20	2.98	3.70	3.38	2.19	3.30
3.22	3.75	3.28	3.30	3.29	3.05
3.50	3.38	3.35	3.30	3.20	3.33
2.95	3.45	3.20	3.34	3.35	3.27
3.16	3.48	3.12	3.28	3.16	3.28
3.20	3.18	3.25	3.30	3.34	3.25

设两总体为正态总体，建立两个总体方差比 σ_1^2/σ_2^2 的 95%的置信区间。

4．下面是一组鸟巢高度的数据，试用分布拟合图、QQ 图和分布检验三种方法说明其是否服从正态分布。

（单位：m）

15	3.5	3.5	7	1	7	5.75	27	15	8	4.75	7.5	4.25	6.25	5.75	5	8.5
9	6.25	5.5	4	7.5	8.75	6.5	4	5.25	3	12	3.75	4.75	6.25	3.25	2.5	

5．糖厂用自动打包机打包，已知包重服从正态分布，每包标准重量是 100kg。每天开工后需要检验一次打包机工作是否正常。某日开工后测得 9 包重量如下：

（单位：kg）

99.3	98.7	100.5	101.2	98.3	99.7	99.5	102.1	100.5

试检验该日打包机工作是否正常？（$\alpha = 0.05$）

6．某种电子元件的寿命服从正态分布。现测得 16 只元件的寿命如下：

（单位：h）

159	280	101	212	224	379	179	264
222	362	168	250	149	260	485	170

问是否有理由认为元件的平均寿命显著地大于 225h？($\alpha = 0.05$)

7．有若干人参加了一个减肥活动，在一年后测量了他们的身体脂肪含量，结果（身体脂肪含量的百分数）如下：

男生组：	13.3	19	20	8	18	22	20	31	21	12	16	12	24
女生组：	22	26	16	12	21.7	23.2	21	28	30	23			

比较这些人中男性和女性的身体脂肪含量有无显著差异。

8．下表为某基础统计课程两次考试的学生成绩，两次考试考同样的知识。试比较这两次考试难易程度有无显著差异。

学　号	1	2	3	4	5	6	7	8	9	10
第一次	93	88	89	88	67	89	83	94	89	55
第二次	98	74	67	92	83	90	74	97	96	81
学　号	11	12	13	14	15	16	17	18	19	20
第一次	88	91	85	70	90	90	94	67	87	83
第二次	83	94	89	78	96	93	81	81	93	91

9．为了考察两种测量萘含量的液体层析方法：标准方法和高压方法的测量结果有无显著差异，取了 10 份试样，每份分为两半，一半用标准方法测量，一半用高压方法测量，每个试样的两个结果如下表，试检验这两种化验方法有无显著差异（$\alpha = 0.05$）：

（单位：h）

标准	14.7	14.0	12.9	16.2	10.2	12.4	12.0	14.8	11.8	9.7
高压	12.1	10.9	13.1	14.5	9.6	11.2	9.8	13.7	12.0	9.1

10．装配一个部件时可以采用不同的方法，所关心的问题是哪一个方法的效率更高。劳动效率可以用平均装配时间反映。现从不同的装配方法中各抽取 12 件产品，记录下各自的装配时间如下：

（单位：min）

甲法	31	34	29	32	35	38	34	30	29	32	31	26
乙法	26	24	28	29	30	29	32	26	31	29	32	28

两总体为正态总体，且方差相同。问两种方法的装配时间有无显著不同？（$\alpha = 0.05$）

第 4 章　相关分析与回归分析

变量之间的关系可以分为函数关系和相关关系两类，函数关系表示变量间确定的对应关系，而相关关系则是变量间的某种非确定的依赖关系。寻找变量间相关关系的规律称为相关分析，而借助于相应的函数描述这种规律性，称为回归分析。

本章主要介绍利用 SAS 进行简单相关分析、回归分析的方法。

4.1　简单相关分析

相关分析就是对变量之间的相关关系进行描述与度量，简单相关分析通常指对两变量间相关关系的研究。

4.1.1　相关分析的基本概念

对于两个变量 X 和 Y，通过观察或试验我们可以得到若干组数据，记为$(x_i, y_i)(i = 1, 2, \cdots, n)$。相关分析所要解决的问题是，根据这些数据确定变量之间是否存在相关关系。如果存在的话，如何描述出它们之间的关系并对其关系强度进行测度?

通常的方法是考察变量的散点图和计算变量间的相关系数。

1. 散点图

散点图是描述变量之间关系的一种直观方法。我们用坐标的横轴代表自变量 X，纵轴代表因变量 Y，每组数据（x_i，y_i）在坐标系中用一个点表示，由这些点形成的散点图描述了两个变量之间的大致关系，从中可以直观地看出变量之间的关系形态及关系强度。图 4-1 就是不同形态的散点图。

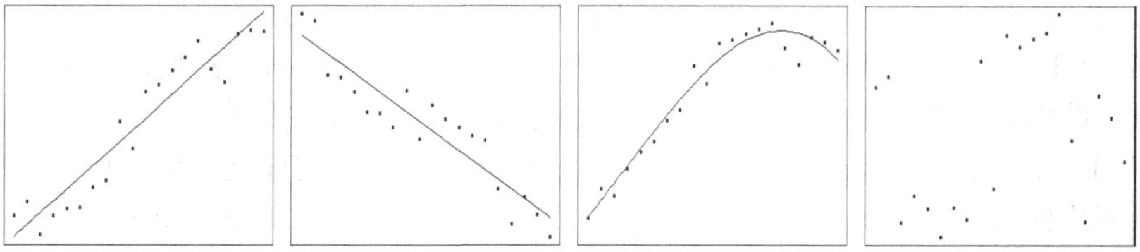

a)　　b)　　c)　　d)

图 4-1　不同形态的散点图

从散点图可以看出，相关关系的表现形态大体上可分为线性相关、非线性相关、完全相关和不相关等几种。就两个变量而言，如果变量之间的关系近似地表现为一条直线，则称为线性相关，如图 4-1a 和 4-1b 所示；如果变量之间的关系近似地表现为一条曲线，则称为非线性相关或曲线相关，如图 4-1c 所示；如果两个变量的观测点很分散，无任何规律，则表示变量之间没有相关关系，如图 4-ld 所示。

如果一个变量的取值完全依赖于另一个变量，各观测点落在一条曲线上，称为完全相关，这实际上就是函数关系。

在线性相关中，若两个变量的变动方向相同，一个变量的数值增加，另一个变量的数值也随之增加，或一个变量的数值减少，另一个变量的数值也随之减少，则称为正相关，如图4-1a所示；若两个变量的变动方向相反，一个变量的数值增加，另一个变量的数值随之减少，或一个变量的数值减少，另一个变量的数值随之增加，则称为负相关，如图4-1b所示。

2．相关系数

通过散点图可以判断两个变量之间有无相关关系，并对变量间的关系形态做出大致的描述，但散点图不能准确反映变量之间的关系密切程度。因此，为准确度量两个变量之间的关系密切程度，需要计算相关系数（correlation coefficient）。

相关系数是对变量之间关系密切程度的度量。若相关系数是根据总体全部数据计算的，称为总体相关系数，记为 ρ；总体相关系数的计算公式为：

$$\rho = \frac{COV(X,Y)}{\sqrt{D(X)}\sqrt{D(Y)}}$$

式中，$COV(X，Y)$为变量 X 和 Y 的协方差；$D(X)$和 $D(Y)$分别为 X 和 Y 的方差。

若相关系数是根据样本数据计算的，则称为样本相关系数（简称为相关系数），记为 r。样本相关系数的计算公式为：

$$r = \frac{\sum_{i=1}^{n}(x_i - \overline{x})(y_i - \overline{y})}{\sqrt{\left(\sum_{i=1}^{n}(x_i - \overline{x})^2\right)\left(\sum_{i=1}^{n}(y_i - \overline{y})^2\right)}}$$

一般情况下，总体相关系数 ρ 是未知的，我们通常是将样本相关系数 r 作为 ρ 的近似估计值。相关系数 r 有如下性质：

- 相关系数的取值范围：$-1 \leqslant r \leqslant 1$，若 $0 < r \leqslant 1$，表明 X 与 Y 之间存在正线性相关关系，若 $-1 \leqslant r < 0$，表明 X 与 Y 之间存在负线性相关关系。
- 若 $r = 1$，表明 X 与 Y 之间为完全正线性相关关系；若 $r = -1$，表明 X 与 Y 之间为完全负线性相关关系；若 $r = 0$，说明二者之间不存在线性相关关系。
- 当 $-1 < r < 1$ 时，为说明两个变量之间的线性关系的密切程度，通常将相关程度分为以下几种情况：当$|r| \geqslant 0.8$ 时，可视为高度相关；$0.5 \leqslant |r| < 0.8$ 时，可视为中度相关；$0.3 \leqslant |r| < 0.5$ 时，可视为低度相关；当$|r| < 0.3$ 时，说明两个变量之间的相关程度极弱，可视为不相关。但这种解释必须建立在对相关系数进行显著性检验的基础之上。

说明：

1）相关系数很大并不表示变量间有因果关系，也可能是两个变量同时受第三个变量的影响而使他们有很强的相关；

2）相关系数是说明线性联系程度的。相关系数接近于 0 的变量间可能存在非线性联系（可能是曲线关系）；

3）有时个别极端数据可能影响两变量的相关系数。

3．相关系数的显著性检验

相关系数的显著性检验也就是检验总体相关系数是否显著为 0，通常采用费歇尔（Fisher）提出的 t 分布检验，该检验可以用于小样本，也可以用于大样本。检验的具体步骤如下：

1）提出假设：假设样本是从一个不相关的总体中抽出的，即

$$H_0:\ \rho=0 \quad H_1:\ \rho\neq 0$$

2）由样本观测值计算检验统计量：

$$t=|r|\sqrt{\frac{n-2}{1-r^2}}\sim t(n-2)$$

的观测值 t_0 和衡量观测结果极端性的 p 值：

$$p=P\{|t|\geqslant|t_0|\}=2P\{t\geqslant|t_0|\}$$

3）进行决策：比较 p 和检验水平 α 作判断：$p<\alpha$，拒绝原假设 H_0；$p\geqslant\alpha$，不能拒绝原假设 H_0。

4．置信椭圆

为了用图形说明变量间的相关性，还可以生成置信椭圆，置信椭圆生成的假定是每一对变量是二维正态分布的。

可以生成两类置信椭圆：

- 均值置信椭圆：预测两变量均值的置信区域；
- 预测值置信椭圆：预测两变量分布个别观测值的置信区域。

关于预测值置信椭圆的两点说明：

1）作为置信曲线，表示数据以设定的百分率（置信水平）落入的椭圆区域；

2）作为相关性指标。若两个变量不相关，椭圆应该为圆；两个相关的变量有拉长的椭圆，可以用椭圆长短轴之比来衡量相关的程度。

4.1.2 用 INSIGHT 模块作相关分析

【例 4-1】 一家大型商业银行在多个地区设有分行，其业务主要是进行基础设施建设、国家重点项目建设、固定资产投资等项目的贷款。近年来，该银行的贷款额平稳增长，但不良贷款额也有较大比例的提高，这给银行业务的发展带来较大压力。为弄清楚不良贷款形成的原因，希望利用银行业务的有关数据做些定量分析，以便找出控制不良贷款的办法。表 4-1 就是该银行所属的 25 家分行 2002 年的有关业务数据。

表 4-1 某商业银行 2002 年的主要业务数据

分 行 编 号	不良贷款（亿元）$x1$	各项贷款余额（亿元）$x2$	本年累计应收贷款（亿元）$x3$	贷款项目个数（个）$x4$	本年固定资产投资额（亿元）$x5$
1	0.9	67.3	6.8	5	51.9
2	1.1	111.3	19.8	16	90.9
3	4.8	173.0	7.7	17	73.7
4	3.2	80.8	7.2	10	14.5
5	7.8	199.7	16.5	19	63.2
6	2.7	16.2	2.2	1	2.2

（续）

分行编号	不良贷款（亿元）x1	各项贷款余额（亿元）x2	本年累计应收贷款（亿元）x3	贷款项目个数（个）x4	本年固定资产投资额（亿元）x5
7	1.6	107.4	10.7	17	20.2
8	12.5	185.4	27.1	18	43.8
9	1.0	96.1	1.7	10	55.9
10	2.6	72.8	9.1	14	64.3
11	0.3	64.2	2.1	11	42.7
12	4.0	132.2	11.2	23	76.7
13	0.8	58.6	6.0	14	22.8
14	3.5	174.6	12.7	26	117.1
15	10.2	263.5	15.6	34	146.7
16	3.0	79.3	8.9	15	29.9
17	0.2	14.8	0.6	2	42.1
18	0.4	73.5	5.9	11	25.3
19	1.0	24.7	5.0	4	13.4
20	6.8	139.4	7.2	28	64.3
21	11.6	368.2	16.8	32	163.9
22	1.6	95.7	3.8	10	44.5
23	1.2	109.6	10.3	14	67.9
24	7.2	196.2	15.8	16	39.7
25	3.2	102.2	12.0	10	97.1

银行想知道，不良贷款是否与贷款余额、应收贷款、贷款项目的多少、固定资产投资等因素有关?如果有关系，它们之间是一种什么样的关系?关系强度如何?

	Y	x1	x2	x3	x4
1	0.9	67.3	6.8	5	51.9
2	1.1	111.3	19.8	16	90.9
3	4.8	173	7.7	17	73.7
4	3.2	80.8	7.2	10	14.5
5	7.8	199.7	16.5	19	63.2
6	2.7	16.2	2.2	1	2.2
7	1.6	107.4	10.7	17	20.2
8	12.5	185.4	27.1	18	43.8
9	1	96.1	1.7	10	55.9
10	2.6	72.8	9.1	14	64.3
11	0.3	64.2	2.1	11	42.7
12	4	132.2	11.2	23	76.7
13	0.8	58.6	6	14	22.8
14	3.5	174.6	12.7	26	117.1
15	10.2	263.5	15.6	34	146.7
16	3	79.3	8.9	15	29.9
17	0.2	14.8	0.6	2	42.1
18	0.4	73.5	5.9	11	25.3
19	1	24.7	5	4	13.4
20	6.8	139.4	7.2	28	64.3
21	11.6	368.2	16.8	32	163.9
22	1.6	95.7	3.8	10	44.5
23	1.2	109.6	10.3	14	67.9
24	7.2	196.2	15.8	16	39.7
25	3.2	102.2	12	10	97.1

图 4-2　数据集 Mylib.bldk

设表 4-1 中数据已经存放在数据集 Mylib.bldk 中。

1．制作散点图

首先制作变量之间的散点图，以便判断变量之间的相关性。步骤如下：

1）在 INSIGHT 模块中，打开数据集 Mylib.bldk（见图 4-2）；

2）选择菜单 Analyze（分析）→Scatter Plot (Y X)（散点图）；

3）在打开的 Scatter Plot (Y X)对话框中选定 Y 变量：Y；选定 X 变量：x_1、x_2、x_3、x_4，如图 4-3 所示；

4）单击 OK 按钮，得到变量的分析结果，如图 4-4 所示。

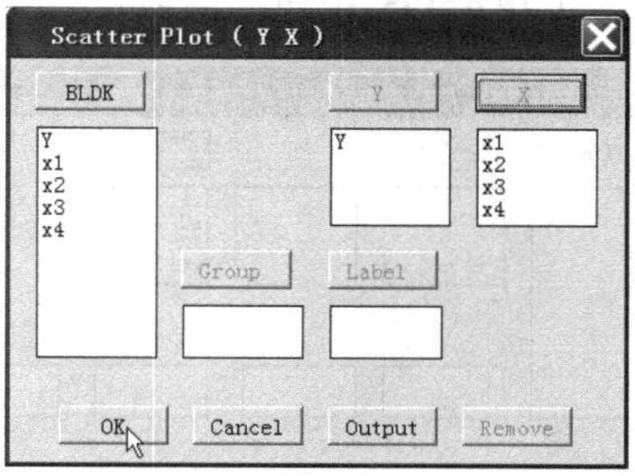

图 4-3 “Scatter Plot(Y X)”对话框

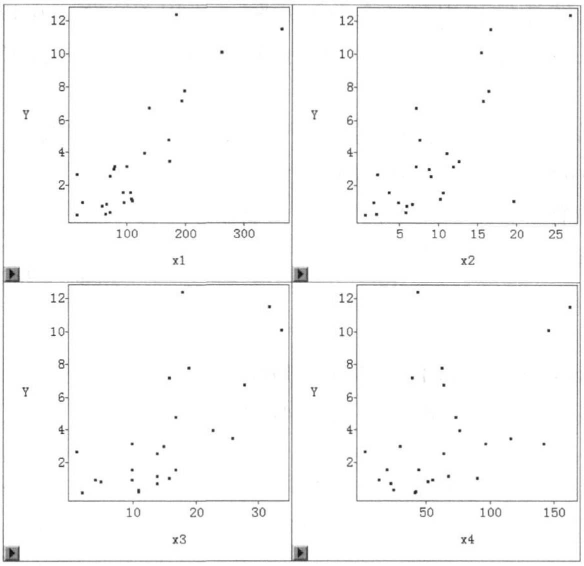

图 4-4 不良贷款与贷款余额、应收贷款、贷款项目多少、固定资产投资额之间的散点图

从各散点图中可以看出，不良贷款（Y）与贷款余额（x_1）、应收贷款（x_2）、贷款项目多少（x_3）、固定资产投资额（x_4）之间都具有一定的线性关系。但从各散点的分布情况看，与贷款余额（x_1）的线性关系比较密切，而与固定资产投资额（x_4）之间的关系最不密切。

2．相关系数计算

通过散点图可以直观地判断两个变量之间有无相关关系，并对变量间的关系形态做出大致的描述。为了定量地描述变量间的线性相关程度，就需要计算它们之间的相关系数。步骤如下：

1）在 INSIGHT 模块中，打开数据集 Mylib.bldk；

2）选择菜单 Analyze（分析）→Multivariate (Y X)（多变量）；

3）在打开的 Multivariate (Y X)对话框中选定 Y 变量：Y；选定 X 变量：x_1、x_2、x_3、x_4，如图 4-5a 所示；

4）单击 OK 按钮，得到分析结果（见图 4-5b）。

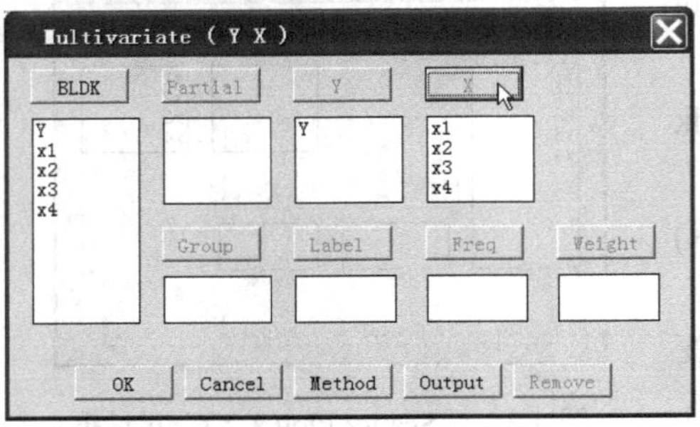

a)

Y : x1 x2 x3 x4

Univariate Statistics

Variable	N	Mean	Std Dev	Minimum	Maximum
Y	25	3.7280	3.6093	0.2000	12.5000
x1	25	120.2680	80.3465	14.8000	368.2000
x2	25	9.7080	6.3348	0.6000	27.1000
x3	25	15.0800	8.5631	1.0000	34.0000
x4	25	58.9880	40.1725	2.2000	163.9000

Correlation Matrix

	x1	x2	x3	x4
Y	0.8436	0.7315	0.7003	0.5185

b)

图 4-5　计算相关系数

结果显示各变量的统计量和相关（系数）矩阵，从相关矩阵中可以看出，在不良贷款 Y 与其他几个变量的关系中，与贷款余额（x_1）的相关系数最大，而与固定资产投资额（x_4）的相关系数最小。

5）为了检验各总体变量的相关系数是否为零，选择菜单：Tables→CORR p-values，得到相关系数为零的原假设的 p 值，如图 4-6 所示。

基于这些 p 值，拒绝原假设，即不良贷款与其他几个变量之间均存在着显著的正相关关系。

p-values of the Correlations

	x1	x2	x3	x4
Y	<.0001	<.0001	<.0001	0.0079

图 4-6　相关系数原假设的 p 值

3．置信椭圆

继续上述步骤。

1）选择菜单：Curves→Scatter Plot Cont Ellipse→Prediction：95％，得到不良贷款与其他几个变量的散点图及预测值的置信椭圆，如图 4-7 所示。

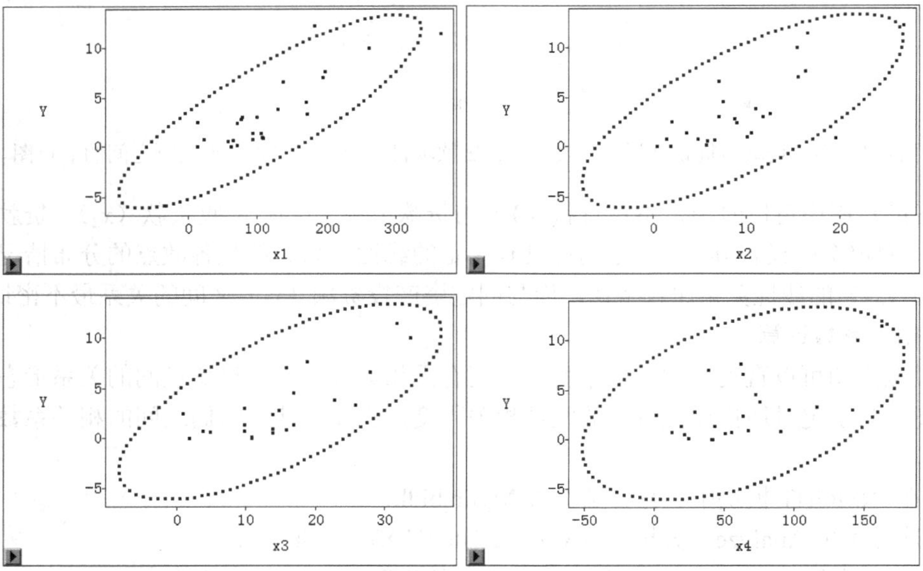

图 4-7　不良贷款与其他几个变量的散点图及置信椭圆

变量 Y 和 x_1 间散点图上的这个椭圆被拉得很长，表明变量 Y 和 x_1 之间有很强的相关性。

4.1.3 用“分析家”作相关分析

商业中心的经营好坏受多方面影响，如商业中心周边的交通状况、人流状况、消费者的消费水平、商品的丰富程度等许多因素。对商业中心的竞争力评价需要综合考虑这些因素。但是这些因素之中哪些因素对商业中心的经营状况影响强、哪些影响弱、哪些根本没有影响，这些问题只能通过定量的方法得到答案。

【例 4-2】 通常用来评价商业中心经营好坏的一个综合指标是单位面积的营业额，它是单位时间内（通常为一年）的营业额与经营面积的比值。对单位面积营业额的影响因素的指标有单位小时车流量、日人流量、居民年平均消费额、消费者对商场的环境、设施及商品的丰富程度的满意度评分。这几个指标中车流量和人流量是通过同时对几个商业中心进行实地观测而得到的。而居民年平均消费额、消费者对商场的环境、设施及商品的丰富程度的满意度评分是通过随机采访顾客而得到的平均值数据。表 4-2 为从某市随机抽取的 20 个商业中心有关指标的数据，试据此说明变量间的相关程度。

表 4-2　商业中心经营状况指标与数据

商业中心编号	单位面积年营业额（万元/m^2）Y	每小时机动车流量（万辆）x1	日人流量（万人）x2	居民年消费额（万元）x3	对商场环境满意度 x4	对商场设施满意度 x5	对商场商品丰富程度满意度 x6
1	2.5	0.51	3.90	1.94	7	9	6
2	3.2	0.26	4.24	2.86	7	4	6
3	2.5	0.72	4.54	1.63	8	8	7
4	3.4	1.23	6.98	1.92	6	10	10
5	1.8	0.69	4.21	0.71	8	4	7
6	0.9	0.36	2.91	0.62	5	6	5
7	1.7	0.13	1.43	1.88	4	9	2
8	2.6	0.58	4.14	1.99	7	10	6
9	2.1	0.81	4.66	0.96	8	5	7
10	1.9	0.37	2.15	1.87	4	9	3
11	3.4	1.26	6.47	2.10	10	10	10
12	3.9	0.12	5.33	3.47	5	6	7
13	1.0	0.23	2.53	0.56	5	2	4
14	1.7	0.56	3.78	0.77	7	4	6
15	2.6	1.04	5.53	1.30	10	7	9
16	2.7	1.18	5.98	1.28	8	7	9
17	1.4	0.61	1.27	1.48	6	7	1
18	3.2	1.05	5.77	2.16	7	10	9
19	2.9	1.06	5.71	1.74	6	9	9
20	2.5	0.58	4.11	1.85	7	9	6

设表 4-2 数据已保存在数据集 Mylib.jyzk 中。

1. 相关分析的设置

在“分析家”中作相关分析的步骤如下：

1）在“分析家”中打开数据集 Mylib.jyzk；

2）选择主菜单 Statistics（统计）→Descriptive（描述性统计）→Correlations（相关），打开 Correlations 对话框，选择变量列表中的所有变量，单击“Correlate”按钮，选定分析变量，如图 4-8a 所示；

3）单击 Plots 按钮，打开 Correlations：Plots 对话框。选中 Scatter plots（散点图）和 Add confidence ellipses（添加置信椭圆）复选框，如图 4-8b 所示；

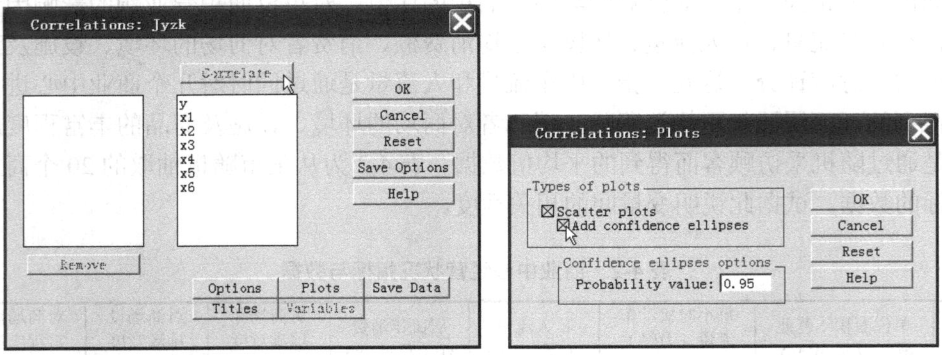

图 4-8　设置分析变量及内容

4）两次单击 OK 按钮，得到结果。

2. 结果分析

显示结果首先给出各个变量的描述性统计量，包括观测总数、各变量的均值及标准差等。然后给出变量的相关系数矩阵（分析变量中任两者之间的相关系数），以及原假设为 H_0：Rho = 0（即 H_0：$\rho = 0$）的检验结果（仅给出 p 值），如图 4-9 所示。

Pearson Correlation Coefficients, N = 20
Prob > |r| under H0: Rho=0

	y	x1	x2	x3	x4	x5	x6
y 单位面积年营业额(万元／平方米)	1.00000	0.41271 0.0705	0.79048 <.0001	0.79456 <.0001	0.34124 0.1409	0.45020 0.0464	0.69749 0.0006
x1 每小时机动车流量(万辆)	0.41271 0.0705	1.00000	0.75098 0.0001	-0.12891 0.5881	0.66424 0.0014	0.42419 0.0623	0.77430 <.0001
x2 日人流量(万人)	0.79048 <.0001	0.75098 0.0001	1.00000	0.27277 0.2446	0.59411 0.0057	0.27943 0.2328	0.98310 <.0001
x3 居民年消费额(万元)	0.79456 <.0001	-0.12891 0.5881	0.27277 0.2446	1.00000	-0.11192 0.6385	0.42579 0.0612	0.14392 0.5450
x4 对商场环境满意度	0.34124 0.1409	0.66424 0.0014	0.59411 0.0057	-0.11192 0.6385	1.00000	0.04156 0.8619	0.64274 0.0022
x5 对商场设施满意度	0.45020 0.0464	0.42419 0.0623	0.27943 0.2328	0.42579 0.0612	0.04156 0.8619	1.00000	0.24311 0.3017
x6 对商场商品丰富程度满意度	0.69749 0.0006	0.77430 <.0001	0.98310 <.0001	0.14392 0.5450	0.64274 0.0022	0.24311 0.3017	1.00000

图 4-9　相关系数矩阵及假设检验结果

从相关系数的取值来看，单位面积营业额（Y）与居民年消费额（x_3）、日人流量（x_2）接近高度相关；单位面积营业额（Y）与每小时机动车流量（x_1）、对商场环境的满意度（x_4）、对商场设施的满意度（x_5）为低度相关；单位面积营业额（Y）与商场商品丰富程度满意度（x_6）则属于中度相关。

从相关系数的假设检验结果来看，单位面积营业额（Y）与居民年消费额（x_3）、日人流量（x_2）、商场商品的丰富程度满意度（x_6）、对商场设施的满意度（x_5）的相关系数显著不为 0（$p < \alpha = 0.05$）；另一方面，不能拒绝单位面积营业额（Y）与每小时机动车流量（x_1）、对商场环境的满意度（x_4）相关系数为 0 的假设。

3．置信椭圆

在分析家窗口的项目管理器中依次双击 Scatter Plots 下的 Confidence ellipse：Y×X1～Confidence ellipse：Y×X6 项，得到各变量与单位面积营业额的散点图，如图 4-10 所示。

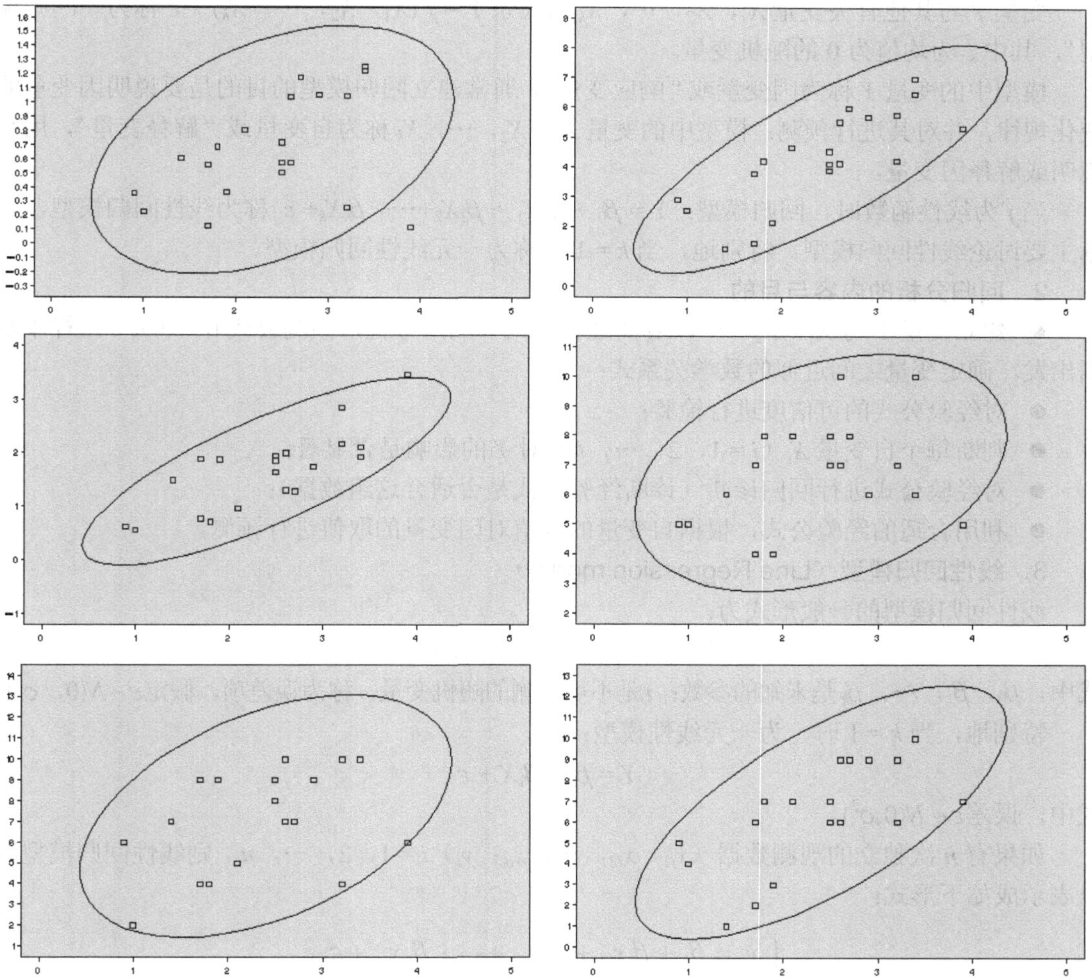

图 4-10　Y 与 x1、x2、x3、x4、x5、x6 的散点图及置信椭圆

从图 4-10 可以看出单位面积营业额指标（Y）与各指标均呈正相关关系。根据散点的分散程度可以看出居民年消费额（x_3）与单位面积营业额的相关关系较强，置信椭圆较扁长；而顾客对商场设施的满意度（x_4）与单位面积营业额的相关程度较小，置信椭圆接近于圆。

4.2 回归分析

相关分析研究变量间的关联的形式和程度，在相关性的讨论中两个变量的地位是同等的，所使用的测度工具是相关系数。而回归分析则侧重考察变量之间的数量伴随关系，并通过一定的数学表达式将这种数量关系描述出来，可用于解决预测和控制等实际问题。

4.2.1 回归分析的基本概念

1．回归模型

变量 Y 与其他有关变量 X_1，X_2，…，X_k 的关系 $Y = f(X_1, X_2, \cdots, X_k) + \varepsilon$ 称为"回归模型"，其中 ε 为均值为 0 的随机变量。

模型中的变量 Y 称为因变量或"响应变量"，通常建立回归模型的目的是要说明因变量的变化规律，并对其进行预测；模型中的变量 X_1，X_2，…，X_k 称为自变量或"解释变量"，用来说明或解释因变量。

当 f 为线性函数时，回归模型：$Y = \beta_0 + \beta_1X_1 + \beta_2X_2 + \cdots + \beta_kX_k + \varepsilon$ 称为线性回归模型，本章主要讨论线性回归模型。特别地，当 $k = 1$ 时称为一元线性回归模型。

2．回归分析的内容与目的

- 建立变量 Y 与 X_1，X_2，…，X_k 的经验公式（回归方程，预测公式），即从一组样本数据出发，确定变量之间近似的数学关系式；
- 对经验公式的可信度进行检验；
- 判断每个自变量 X_i（$i = 1, 2, \cdots, k$）对 Y 的影响是否显著；
- 对经验公式进行回归诊断（诊断经验公式是否适合这组数据）；
- 利用合适的经验公式，根据自变量的取值对因变量的取值进行预测。

3．线性回归模型（Line Regression model）

线性回归模型的一般形式为：

$$Y = \beta_0 + \beta_1X_1 + \cdots + \beta_kX_k + \varepsilon$$

式中，β_0，β_1，…，β_k 是未知的参数；ε是不可观测的随机变量，称为误差项，假定$\varepsilon \sim N(0, \sigma^2)$。

特别地，当 $k = 1$ 时，为一元线性模型：

$$Y = \beta_0 + \beta_1X + \varepsilon$$

式中，误差$\varepsilon \sim N(0, \sigma^2)$。

如果有 n 次独立的观测数据（x_{i1}，x_{i2}，…，x_{ik}；y_i）$i = 1, 2, \cdots, n$，则线性回归模型可以表示成如下形式：

$$\begin{cases} y_1 = \beta_0 + \beta_1x_{11} + \beta_2x_{12} + \cdots + \beta_kx_{1k} + \varepsilon_1 \\ y_2 = \beta_0 + \beta_1x_{21} + \beta_2x_{22} + \cdots + \beta_kx_{2k} + \varepsilon_2 \\ \cdots \\ y_n = \beta_0 + \beta_1x_{n1} + \beta_2x_{n2} + \cdots + \beta_kx_{nk} + \varepsilon_n \end{cases}$$

式中，ε_1，ε_2，…，ε_n 相互独立且服从 $N(0, \sigma^2)$分布。

上式可以简写成如下矩阵形式：

$$\boldsymbol{Y}=\boldsymbol{X\beta}+\boldsymbol{\varepsilon}$$

式中

$$\boldsymbol{Y}=\begin{bmatrix} y_1 \\ y_2 \\ \vdots \\ y_n \end{bmatrix}，\quad \boldsymbol{X}=\begin{bmatrix} 1 & x_{11} & \cdots & x_{1k} \\ 1 & x_{21} & \cdots & x_{2k} \\ \vdots & \vdots & \ddots & \vdots \\ 1 & x_{n1} & \cdots & x_{nk} \end{bmatrix}，\quad \boldsymbol{\beta}=\begin{bmatrix} \beta_0 \\ \beta_1 \\ \vdots \\ \beta_k \end{bmatrix}，\quad \boldsymbol{\varepsilon}=\begin{bmatrix} \varepsilon_1 \\ \varepsilon_2 \\ \vdots \\ \varepsilon_n \end{bmatrix}$$

4．参数$\boldsymbol{\beta}$与σ^2的估计

若 $\boldsymbol{X}$ 的秩 $\mathrm{rank}(\boldsymbol{X})=k+1 \leqslant n$，参数$\boldsymbol{\beta}$的最小二乘估计为

$$\hat{\boldsymbol{\beta}}=(\boldsymbol{X}'\boldsymbol{X})^{-1}\boldsymbol{X}'\boldsymbol{Y}$$

可以证明，$\hat{\boldsymbol{\beta}}$ 为$\boldsymbol{\beta}$的无偏估计。

当给出$\boldsymbol{\beta}$的估计 $\hat{\boldsymbol{\beta}}=(\hat{\beta}_0, \hat{\beta}_1, \cdots, \hat{\beta}_k)'$ 后，将其代入回归模型并略去误差项，得到的方程 $\hat{Y}=\hat{\beta}_0+\hat{\beta}_1X_1+\cdots+\hat{\beta}_kX_k$ 称为回归方程。利用回归方程可由自变量 X_1，…，X_k 的观测值求出因变量 Y 的估计值（预测值）。

特别地，一元回归方程参数的最小二乘估计为：

$$\hat{\beta}_1=\frac{\sum_{i=1}^{n}(x_i-\overline{x})(y_i-\overline{y})}{\sum_{i=1}^{n}(x_i-\overline{x})^2}，\quad \hat{\beta}_0=\overline{y}-\hat{\beta}_1\overline{x}$$

式中，$\overline{x}$ 和 $\overline{y}$ 分别为 X 和 Y 的样本均值。

预测值与实测值的关系是：

$$\hat{\boldsymbol{Y}}=\boldsymbol{X}(\boldsymbol{X}'\boldsymbol{X})^{-1}\boldsymbol{X}'\boldsymbol{Y}=\boldsymbol{HY}$$

式中，$\boldsymbol{H}=\boldsymbol{X}(\boldsymbol{X}'\boldsymbol{X})^{-1}\boldsymbol{X}'$。

称 $\hat{\boldsymbol{\varepsilon}}=\boldsymbol{Y}-\hat{\boldsymbol{Y}}=(\boldsymbol{I}-\boldsymbol{H})\boldsymbol{Y}$ 为残差向量，简称残差，其中 $\boldsymbol{I}$ 为 n 阶单位矩阵。

称 $SSE=\hat{\boldsymbol{\varepsilon}}'\hat{\boldsymbol{\varepsilon}}=\sum_{i=1}^{n}(y_i-\hat{y}_i)^2$ 为残差平方和。

若 $\mathrm{rank}(\boldsymbol{X})=k+1 \leqslant n$，均方残差（$MSE$）：$s^2=\dfrac{1}{n-k-1}SSE$ 即为误差 ε 的方差（也是实测值 Y 的方差）σ^2 的无偏估计，均方残差有时也称为均方误差。

5．有关统计量及回归方程的拟合优度

给定因变量 Y 与自变量 X_1，X_2，…，X_k 的 n 组观测值，就可以利用上述方法得到未知参数$\boldsymbol{\beta}$与σ^2 的估计，从而可以给出回归方程:

$$\hat{Y}=\hat{\beta}_0+\hat{\beta}_1X_1+\cdots+\hat{\beta}_kX_k$$

残差平方和（error sum of squares）：

$$SSE=\sum_{i=1}^{n}(y_i-\hat{y}_i)^2$$

反映了除去 Y 与 X_1，X_2，…，X_k 之间的线性关系以外的因素引起的数据 y_1，y_2，…，y_n 的波动。若 $SSE = 0$，则每个观测值可由线性关系精确拟合，SSE 越大，观测值与线性拟合值的偏差也越大。

模型平方和（model sum of squares）：

$$SSM = \sum_{i=1}^{n}(\hat{y}_i - \overline{y})^2$$

反映了拟合值与其平均值的总偏差，即由变量 X_1，X_2，…，X_k 的变化引起的 y_1，y_2，…，y_n 的波动。若 $SSM = 0$，则每个拟合值均相等，即 $\hat{y}_i$（$i = 1$，2，…，n）不随 X_1，X_2，…，X_k 的变化而变化，这实质上反映了 $\beta_1 = \cdots = \beta_k = 0$。

总变差平方和（total sum of squares）

$$SST = \sum_{i=1}^{n}(y_i - \overline{y})^2$$

反映了数据 y_1，y_2，…，y_n 波动性的大小。

可以证明 $SST = SSM + SSE$。因此，SSM 越大，说明由线性回归关系描述的 y_1，y_2，…，y_n 波动的比例就越大，即 Y 与 X_1，X_2，…，X_k 之间的线性关系越显著。

判定系数（determination coefficient）：

$$R^2 = \frac{SSM}{SST} = 1 - \frac{SSE}{SST}$$

可以解释为 y_1，y_2，…，y_n 的总变化量 SST 中被线性回归方程所描述的比例。R^2 越大，说明该回归方程描述因变量总变化量的比例越大，从而拟合的误差平方和 SSE 就越小，即拟合效果越好。可见 R^2 反映了回归方程对数据的拟合程度，是衡量拟合优劣的一个很重要的统计量。

R 又被称为复（多重）相关系数。在一元回归模型中，可以证明 R 恰好是由（x_i，y_I）得到的 X 与 Y 的相关系数，即有：

$$R^2 = \frac{\sum_{i=1}^{n}(\hat{y}_i - \overline{y})^2}{\sum_{i=1}^{n}(y_i - \overline{y})^2} = \left[\frac{\sum_{i=1}^{n}(x_i - \overline{x})(y_i - \overline{y})}{\sqrt{\sum_{i=1}^{n}(x_i - \overline{x})^2}\sqrt{\sum_{i=1}^{n}(y_i - \overline{y})^2}}\right]^2 = r^2$$

对于多元回归的情形，常用修正 R^2（AdjR^2）来代替 R^2，其定义为：

$$\text{Adj}R^2 = 1 - \frac{SSE/(n-k-1)}{SST/(n-j)}$$

式中，若模型中包含截距 β_0，则 $j = 1$，否则 $j = 0$。

AdjR^2 与 R^2 类似，不同的是 AdjR^2 同时考虑了样本容量 n 和模型中参数个数 k 的影响，为避免增加自变量而高估 R^2，用样本容量 n 和模型中参数的个数 k 去修正 R^2，这使得 AdjR^2 永远小于 R^2，而且 AdjR^2 的值不会因自变量个数的增加而越来越接近 1，因此，多元回归分析中，我们通常用修正的判定系数 AdjR^2 来评价回归方程的拟合优度。

另一个常用的评价回归方程的方法是 Mallows 的 C_p 选择法。这个方法类似于 AdjR^2 法，C_p 统计量定义为：

$$C_p = \frac{SSE_p}{s^2} - (n - 2p)$$

其中 s^2 是全回归方程（包含所有 k 个自变量的回归方程）的 MSE（均方误差）；SSE_p 是包含常数项（如果存在的话）有 p 个参数的模型的残差平方和。如果画 C_p 对 p 的图形，Mallows 建议选择 C_p 最接近 p 的那个模型。

6．显著性检验

回归分析的主要目的是根据所建立的回归方程，用自变量 X_1，X_2，…，X_k 的值估计或预测因变量 Y 的值。建立了回归方程后，还不能马上进行估计和预测，因为该方程是根据样本数据得出的，它是否真实反映了 X_1，X_2，…，X_k 和 Y 之间的关系，需要检验后才能证实。

显著性检验主要包括两个方面的内容：一是回归方程的检验，二是回归系数的检验。

（1）回归方程的检验

检验因变量 Y 与自变量 X_1，X_2，…，X_k 之间线性关系是否显著，也称为模型的显著性检验，检验的假设为：

H_0：$\beta_1 = \cdots = \beta_k = 0$　H_1：β_1，…，β_k 不全为 0

检验统计量

$$F = \frac{SSM/k}{SSE/(n-k-1)}$$

可以证明，当 H_0 为真时，$F \sim F(k, n-k-1)$，这里 $F(k, n-k-1)$ 表示自由度为 k，$n-k-1$ 的 F 分布。

利用 SAS 进行回归分析时，在方差分析表中提供 SST 的分解值（Sum of Squares）、均方（Mean Square）、F 统计量的观察值 F_0（F Stat）和相应的 $p = P\{F \geqslant F_0\}$ 值等。若 p 值小于给定的显著水平 α，拒绝原假设 H_0，认为在给定的显著水平 α 下，Y 与自变量 X_1，X_2，…，X_k 之间线性回归关系是显著的，或称回归方程是显著的；否则不能拒绝 H_0，说明 Y 与自变量 X_1，X_2，…，X_k 之间线性回归关系不显著。

（2）回归系数的检验

回归方程显著并不意味着每个自变量 X_i 对 Y 的影响都显著，可能其中的某些自变量对 Y 的影响并不显著。为了从回归方程中剔除那些对 Y 的影响不显著的自变量，建立一个较为简单有效的回归方程，需要进一步对每个回归系数 β_i（$i = 1, 2, \cdots, k$）是否为 0 进行检验。检验的假设为：

$H_0^{(i)}$　$\beta_i = 0$　　$H_1^{(i)}$：$\beta_i \neq 0$　　$i = 1, 2, \cdots, k$

检验统计量为：

$$t_i = \frac{\hat{\beta}_i}{\sqrt{SSE/(n-k-1)}}$$

或

$$F_i = \frac{P_i}{SSE/(n-k-1)}$$

式中，$P_i = SSM - SSM(i)$，这里 $SSM(i)$为去掉 X_i 后剩余 $k-1$ 个自变量对 Y 的模型平方和（偏回归平方和）。

可以证明，当 $H_0^{(i)}$成立时，$t_i \sim t(n-k-1)$，$F_i \sim F(1, n-k-1)$。

特别地，一元线性回归系数检验的假设为：

H_0：$\beta_1 = 0$　H_1：$\beta_1 \neq 0$

检验统计量

$$t = \frac{\hat{\beta}_1}{\sqrt{SSE/(n-2)}} \sim t(n-2)$$

$$F = \frac{SSM}{SSE/(n-2)}$$

式中，F 统计量恰为回归方程检验中的 F 统计量。

在 SAS 的多元回归分析中，根据一组观测数据（x_{i1}，x_{i2}，…，x_{ik}，y_i），$i = 1, 2, \cdots, n$，计算统计量 t_i 和 F_i 的观察值 t_{i0} 和 F_{i0} 及相应的 $p_i = P\{|t_i| \geqslant |t_{i0}|\}$和 $p_i = P\{F_i \geqslant F_{i0}\}$值。若 p_i 值小于给定的显著水平α，拒绝原假设 $H_0^{(i)}$，认为在给定的显著水平α下，β_i 不为 0，即认为 X_i 对 Y 的作用是显著的；否则不能拒绝β_i 为 0，认为 X_i 对 Y 的作用不显著，这时常称β_i 未通过检验。

7．回归诊断

确定所选择的回归模型是否能够恰当地拟合所研究的数据称为回归诊断。

在拟合一个回归模型之前，并不能肯定这个模型适用于所给数据。诸如对回归函数的线性假设、误差的正态性和同方差性假设等，都有可能不适合于所给数据。因此，拟合一个模型之后，再进一步考察模型对所给数据的适用性，是将此模型应用于实际之前所必须的，而且也是十分重要的一个环节。

回归诊断与拟合回归模型的过程总是搅和在一起的。首先拟合模型，然后对该模型进行诊断，诊断的结果可能导致需要继续拟合第二个模型，然后再进行回归诊断，这个过程一直进行，直到求出拟合这组数据的最佳模型。

对回归模型进行回归诊断的方法有很多，最重要的方法是残差分析和共线诊断（对多元回归的情况）。

（1）残差分析

如果拟合的模型不能较好地反映数据的特点，就必须对模型作必要的修正或者对数据作某些处理。在这一方面，残差分析起着十分重要的作用。

残差 $\hat{\varepsilon}_i = y_i - \hat{y}_i$ (i=1，2，…，n)是 Y 的各观测值 y_i 与利用回归方程所得到的相应的拟合值 $\hat{y}_i$ 之差。因此，如果模型正确，则可将 $\hat{\varepsilon}_i$ 近似看做第 i 次的测量误差。而真正的测量误差 $\varepsilon_i = y_i - E(y_i)$ (i=1，2，…，n)是未知的。在回归分析中，通常假定ε_i(i=1，2，…，n)是独立同正态分布的随机变量，有零均值和常值方差σ^2。因此，若拟合的回归模型适合于所给数据，那么残差 $\hat{\varepsilon}_i$　(i=1，2，…，n)应该基本上反映未知误差ε_i(i=1，2，…，n)的这些特性。利用残差的特征反过来考察原模型的合理性就是残差分析的基本思想。

残差分析的目的是检验：

- 线性回归方程的可行性；

- 误差项的等方差假设；
- 误差项的独立性假设；
- 误差项正态分布的假设；
- 观测值中是否有异常值存在。

残差分析的检验大多可以利用第 3 章介绍的方法，如正态性检验可以通过频率检验、QQ 图检验等。还可以通过考察残差图对误差项的等方差性、独立性及对模型中是否应包含自变量的高次项等做出直观的检验。

1）残差正态性的频率检验：残差正态性的频率检验是一种很直观的检验方法。其基本思想是将残差落在某范围的频率与正态分布在该范围的概率（或称为理论频率）相比较，通过二者之间偏差的大小评估残差的正态性。

在回归模型中，若假定$\varepsilon_i \sim N(0,\ \sigma^2)$，则$\dfrac{\varepsilon_i}{\sigma} \sim N(0,1)\,(i=1,\ 2,\ \cdots,\ n)$。如果模型正确，则均方残差

$$MSE = \hat{\sigma}^2 = \frac{1}{n-k-1}\sum_{i=1}^{n}\hat{\varepsilon}_i^2 = \frac{1}{n-k-1}SSE$$

是σ^2的无偏估计。因此当 n 较大时，$\dfrac{\hat{\varepsilon}_i}{\sqrt{MSE}}$ $(i=1,\ 2,\ \cdots,\ n)$可近似认为是取自标准正态分布总体的样本。由于服从$N(0,\ 1)$分布的随机变量取值在$(-1,\ 1)$内的概率约为 0.68，在（-1.5，1.5）内的概率约为 0.87，在（-2，2）内的概率约为 0.95，因此理论上，点$\dfrac{\hat{\varepsilon}_i}{\sqrt{MSE}}$ $(i=1,\ 2,\ \cdots,\ n)$中有大约 68%应在（-1，1）内，87%应在（-1.5，1.5）内，95%应在（-2，2）内。如果残差在某些区间内的频率与上述理论频率有较大的偏差，则有理由怀疑$\hat{\varepsilon}_i$从而怀疑$\varepsilon_i(i=1,\ 2,\ \cdots,\ n)$的正态性假定的合理性。

用这种方法检验残差的正态性是十分方便的。在实际应用中，一般取二三个具有代表性的区间即可。

2）残差图分析：凡是以残差为纵坐标，而以观测值y_I、预测值$\hat{y}_i$、自变量$X_j\,(j=1,\ 2,\ \cdots,\ k)$或序号、观测时间等为横坐标的散点图，均称为残差图。

如果线性回归模型的假定成立，$\hat{\varepsilon}_1$，$\hat{\varepsilon}_2$，…，$\hat{\varepsilon}_n$应相互独立且近似服从$N(0,\ 1)$，那么关于预测值的残差图中散点应随机地分布在（-2，$+2$）内。这样的残差图称为正常的残差图，如图 4-11a 所示。

图 4-11b 表明残差的方差随自变量的增大而增大，不是常数。图 4-11c 表明回归方程中应包含自变量的二次项。

（2）共线诊断

在多元回归模型中，若自变量之间存在线性关系或近似线性关系时，得到的参数估计是不稳定的，而且估计量的方差会很大。这种问题被称为共线性（collinearity）。

共线性诊断问题是要找出哪些变量间存在共线关系。检查共线性的方法很多，其中最简单的方法是计算模型中各对自变量之间的相关系数，并对各相关系数进行显著性检验。如果有一个或多个相关系数是显著非 0 的，就表示模型中所使用的自变量之间具有相关性，因而

存在着共线问题。

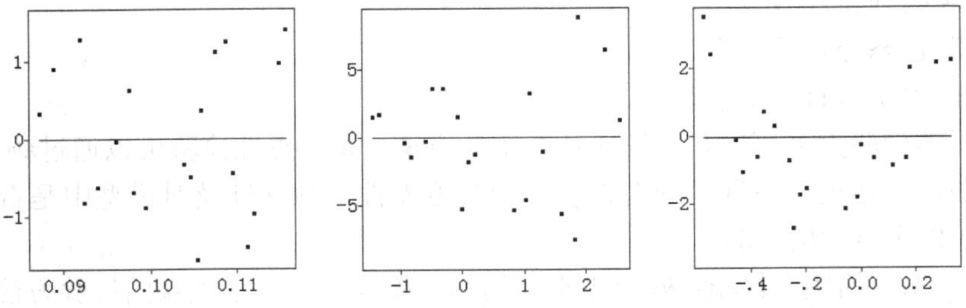

图 4-11　正常的残差、非等方差以及模型形式不合适时的残差

另外，如果出现下列情况，也暗示存在共线问题：

- 回归方程的 F 检验通过，而部分回归系数 β_i 的 t 检验未通过。
- 回归系数的正负号与预期的相反。
- 模型中增加或删除一个自变量对回归系数的估计值影响显著。

共线性严重程度的一种度量是方差膨胀因子（VIF）。记 $\boldsymbol{C}=(c_{ij})=(\boldsymbol{X'X})^{-1}$，$R(i)$为变量 X_i 对其余 $k-1$ 个自变量的线性回归模型的复相关系数。则有

$$c_{ii}=(1-R^2(i))^{-1} \qquad (i=1，2，\cdots，k)$$

可以证明，$Var(\hat{\beta}_i)=\sigma^2 c_{ii}$，即 c_{ii} 与 $\hat{\beta}_i$ 的方差仅差一个因子，或者说 c_{ii} 是 $Var(\hat{\beta}_i)$ 的一个因子，称 c_{ii} 为方差膨胀因子。并称

$$TOL(i)=(1-R^2(i))$$

为变量 X_i 的容差（Tolerance）。它和方差膨胀因子 $VIF(i)=c_{ii}$ 互为倒数，即

$$VIF(i)=1/TOL(i)$$

$R(i)$度量 X_i 与其余变量的相关程度，若自变量间共线性严重，$R(i)$就接近 1，这时，$TOL(i)$接近于 0，而 $VIF(i)$非常大。反之，若 $R(i)$接近 0，则 $VIF(i)$和 $TOL(i)$都趋近于 1。

一般地，若 $VIF(i)>10$，即可认为模型有很强的共线问题。

如果自变量之间具有高度的共线关系，则在参数（回归系数）检验中这些变量的显著性就可能被隐蔽起来，故应考虑剔除一些自变量，重新拟合回归方程。如果回归方程中必须保留所有变量，可以考虑采用岭回归、主成分回归等方法。

8．利用回归方程进行预测

利用回归方程对因变量的取值进行预测分为点预测和区间预测，点预测是根据回归方程代入自变量的值，得到对应因变量的预测值，而区间预测则是在点预测的基础上，返回给定显著水平下的因变量的预测区间。

（1）点预测

假设通过检验的“最优”回归方程为

$$\hat{Y}=\hat{\beta}_0+\hat{\beta}_1X_1+\cdots+\hat{\beta}_kX_k$$

当自变量的一组新观测值 $\boldsymbol{x}_0=(x_{01}，x_{02}，\cdots，x_{0k})$对应的因变量的预测值为

$$\hat{y}_0=\hat{\beta}_0+\hat{\beta}_1x_{01}+\cdots+\hat{\beta}_kx_{0k}$$

（2）区间预测

区间预测分为均值的预测区间和个体的预测区间。

若将 $\hat{y}_0$ 理解为 $E(y_0)$的预测值，则在给定的显著水平α下，$E(y_0)$的置信区间为

$$(\hat{y}_0 - t_{\alpha/2}s\sqrt{x_0(XX')^{-1}x_0'},\ \hat{y}_0 + t_{\alpha/2}s\sqrt{x_0(XX')^{-1}x_0'})$$

式中，$s=\sqrt{\sum_{i=1}^{n}(y_i-\hat{y}_i)^2/(n-k-1)}$；$n$ 为观测次数；k 为自变量个数。

若将 $\hat{y}_0$ 理解为个体值 y_0 的预测值，则在给定的显著水平α下，y_0 的置信区间为

$$(\hat{y}_0 - t_{\alpha/2}s\sqrt{1+x_0(XX')^{-1}x_0'},\ \hat{y}_0 + t_{\alpha/2}s\sqrt{1+x_0(XX')^{-1}x_0'})$$

4.2.2 用 INSIGHT 模块作回归分析

【例 4-3】 根据例 4-1 的数据集 Mylib.bldk，建立不良贷款的预测公式。

1．一元线性回归

建立不良贷款对贷款余额的回归方程。

（1）分析步骤

在 INSIGHT 模块中打开数据集 Mylib.bldk。

1）选择菜单 Analyze→Fit(Y X)（拟合），打开 Fit(Y X)对话框；

2）在 Fit(Y X)对话框中，选择变量 Y，单击 Y 按钮，将 Y 设为响应变量；选择变量 x_1，单击 X 按钮，将 x_1 设为自变量，如图 4-12 所示；

3）单击 OK 按钮，得到分析结果。

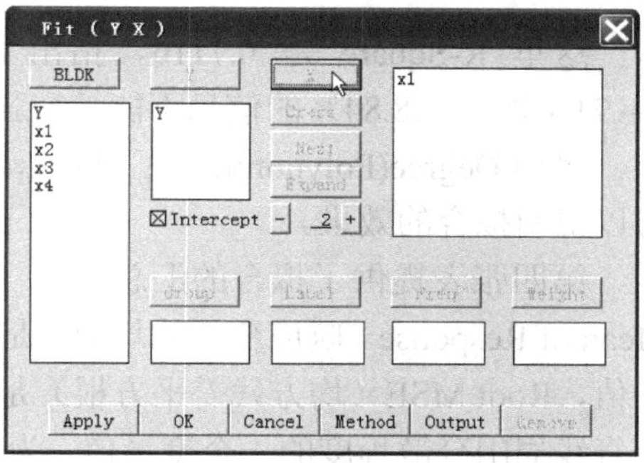

图 4-12 Fit(Y X)对话框

显示的结果分为若干张表：

第一张表提供关于拟合模型的一般信息，$Y = x_1$ 表示这个分析是以 Y 为响应变量，x_1 为自变量的线性模型；

Response Distribution（响应变量的分布）是正态分布，这是默认的分布，要使这一分析成立，残差项应该是近似正态分布的；

Link Function（关联函数）提供数据中响应变量和模型中的响应变量间的联系。在这个例子中，因为在模型拟合前不对响应变量进行任何变换，所以关联函数是恒等函数（Identity），如图 4-13a 所示。

第二张表给出回归方程：

$$\hat{Y} = -0.8295 + 0.0379x_1$$

方程表明回归直线截距的估计值为–0.8295，斜率的估计值为 0.0379，如图 4-13b 所示。回归系数 0.0379 表示贷款余额每增加 1 亿元，不良贷款平均增加 0.0379 亿元。

第三张表是带有回归直线的散点图，给出了回归的图形表示，如图 4-13c 所示。

Y	=	x1
Response Distribution:		Normal
Link Function:		Identity

a)

Model Equation					
Y	=	-	0.8295	+	0.0379 x1

b)

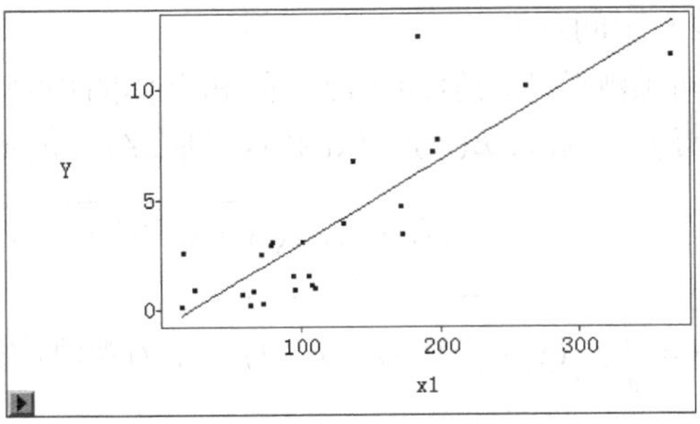

c)

图 4-13　回归方程与散点图

第四张表是参数回归拟合表（图 4-14）。其中判定系数 R-Square（R^2）为模型平方和占总平方和的比例，反映了回归方程能够解释的信息占总信息的比例。

Parametric Regression Fit								
		Model		Error				
Curve	Degree(Polynomial)	DF	Mean Square	DF	Mean Square	R-Square	F Stat	Pr > F
——	1	1	222.4860	23	3.9202	0.7116	56.75	<.0001

图 4-14　参数回归拟合表

这里 R-Square 是 0.7116，指出了贷款余额能够解释不良贷款 71.16%的信息。还有 1－71.16% ＝28.84%的信息不能被贷款余额解释，这些信息由其他变量和随机因素所解释。

移动 Degree(Polynomial)栏下的滚动条，可以做高次多项式拟合试验，其中 R-Square、F Stat 可以说明拟合的效果。

Summary of Fit			
Mean of Response	3.7280	R-Square	0.7116
Root MSE	1.9799	Adj R-Sq	0.6991

图 4-15　拟合的汇总度量

第四张表提供了拟合的汇总度量（图 4-15）：Mean of Response（响应变量的均值）是变量 Y 的平均值，Root MSE（均方残差平方根）是对各观测点在直线周围分散程度的一个度量值，为随机误差 ε 的标准差（也是实测值 Y 的标准差）σ的无偏估计。

Root MSE = 1.9799 表示根据贷款余额来估计不良贷款时，平均的估计误差为 1.9799 亿元。

第五张方差分析表（图 4-16）包含对回归方程的显著检验，表中内容解释如下：

Analysis of Variance					
Source	DF	Sum of Squares	Mean Square	F Stat	Pr > F
Model	1	222.4860	222.4860	56.75	<.0001
Error	23	90.1644	3.9202		
C Total	24	312.6504			

图 4-16　方差分析表

1）第一列 Source（来源）说明变差的来源，是 Model 的（可以用回归分析模型解释的），Error 的（不能用模型解释的），还是 Corrected Total（总和）。

2）第二列 DF 为自由度。通常自由度可想象为独立信息源的个数。

3）第三列 Sum of square（平方和），其大小代表了各变差来源作用的大小。第一行表示模型平方和；第二行表示残差平方和；第三行表示总变差平方和，为前两行的汇总。

4）第四列 Mean Square（均方），即平方和除以相应的自由度。

5）第五列是 F 统计量的值，其计算公式为模型均方除以残差均方。本例中 F 统计量的值：

$$F=\frac{MSM}{MSE}=\frac{222.4860}{3.9202}=56.75$$

6）第六列是 F 统计量的 p 值，用来检验模型的显著性，如果 p 值小于指定的检验水平 α，则拒绝原假设，认为模型显著有效。否则认为 Y 与自变量 x_1 之间的线性回归关系不显著。

对一元线性回归，第六张III型检验表提供与方差分析表一样的检验，如图 4-17 所示。

Type III Tests					
Source	DF	Sum of Squares	Mean Square	F Stat	Pr > F
x1	1	222.4860	222.4860	56.75	<.0001

图 4-17　III型检验表

第七张参数估计表给出了回归直线截距和斜率的估计值及其显著性检验等内容。在这个例子里，截距的 p 值 $>\alpha=0.05$，表示模型还有改进的余地，可以考虑拟合截距为 0 的回归直线。斜率的 t 检验 p 值 <0.0001，表明自变量贷款余额对因变量不良贷款有显著的线性关系，如图 4-18 所示。

Parameter Estimates							
Variable	DF	Estimate	Std Error	t Stat	Pr >|t|	Tolerance	Var Inflation
Intercept	1	-0.8295	0.7230	-1.15	0.2631	.	0
x1	1	0.0379	0.0050	7.53	<.0001	1.0000	1.0000

图 4-18　参数估计表

表中后两项 Tolerance（溶度）和 Var Inflation（方差膨胀因子）在多元回归分析中才有意义。

（2）回归诊断

在显示窗的底部有一个残差 R_Y 和预测值 P_Y 的散点图（见图 4-19a），这个图可以帮助验证模型的假定。从图中看出，数据点随机地散布在零线附近，表明模型中误差等方差、独立性的假设没有问题。

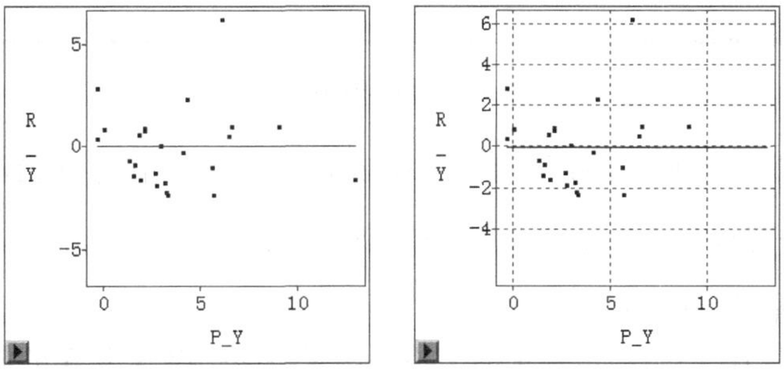

a)　　　　b)

图 4-19　残差和预测值的散点图

为了检验误差为正态分布的假定，回到数据窗口。可以看到残差 R_Y 和预测值 P_Y 已加到数据集之中，可以用 Distribution(Y)来验正残差的正态性。

1）选择菜单 Analyze（分析）→Distribution (Y)（分布），打开 Distribution (Y)对话框。

在数据表 BLDK 的变量列表中，选择 R_Y，然后单击 Y 按钮，R_Y 被选为分析变量；

2）单击 OK 按钮；

3）选择菜单 Curves→Test for Distribution；

4）在打开的 Test for Distribution 对话框中单击 OK 按钮即可。

在分析结果的 Test for Distribution（分布检验）表（图 4-20）中看到，p 值大于 0.05，不能拒绝原假设，表明可以接受误差正态性的假定。

Tests for Distribution					
Curve	Distribution	Mean/Theta	Sigma	Kolmogorov D	Pr > D
————	Normal	8.1712E-16	1.9383	0.1719	0.0553

图 4-20　分布检验表

（3）利用回归方程进行估计和预测

当回归模型中各参数都通过了显著性检验，模型整体的拟合效果也不错时，就可以用所建立的模型进行估计和预测了。即通过自变量 X 的取值来预测因变量 Y 的取值，例如，要估计贷款余额为 100 亿元时，所有分行不良贷款的平均值。

1）回到数据窗口，点击数据表的底部，增加一个新行；

2）在第一个空行中，在 x_1 列填入 100，并按〈Enter〉键（图 4-21）；

3）自动计算出 Y 的预测值并将结果显示在 P_Y 列之中，这样可以得到任意多个预测值。

YLIB.BLDK

7 / 26	Y (Int)	x1 (Int)	x2 (Int)	x3 (Int)	x4 (Int)	R_Y (Int)	P_Y (Int)
12	4	132.2	11.2	23	76.7	-0.1802	4.1802
13	0.8	58.6	6	14	22.8	-0.5911	1.3911
14	3.5	174.6	12.7	26	117.1	-2.2869	5.7869
15	10.2	263.5	15.6	34	146.7	1.0443	9.1557
16	3	79.3	8.9	15	29.9	0.8245	2.1755
17	0.2	14.8	0.6	2	42.1	0.4687	-0.2687
18	0.4	73.5	5.9	11	25.3	-1.5557	1.9557
19	1	24.7	5	4	13.4	0.8935	0.1065
20	6.8	139.4	7.2	28	64.3	2.3470	4.4530
21	11.6	368.2	16.8	32	163.9	-1.5233	13.1233
22	1.6	95.7	3.8	10	44.5	-1.1970	2.7970
23	1.2	109.6	10.3	14	67.9	-2.1237	3.3237
24	7.2	196.2	15.8	16	39.7	0.5946	6.6054
25	3.2	102.2	12	10	97.1	0.1567	3.0433
26	.	100	.	.	.	.	2.9600

图 4-21　利用回归方程进行估计和预测

图 4-21 表明，贷款余额为 100 亿元时，所有分行不良贷款的平均值约为 2.96 亿元。

注意：仅当拟合窗口打开时才可生成一个模型的预测值。

（4）拟合不含常数项的回归

上例所拟合的回归模型中，常数项的 t 检验结果不能拒绝等于 0 的假设，有必要进一步拟合常数项为零的回归模型。

要拟合常数项为零的回归模型，只需在上述步骤中的 Fit(Y X)对话框中取消 Intercept 复选项，如图 4-22 所示。

单击 OK 按钮后，得到的回归模型为：

$$\hat{Y} = 0.0331\,x_1$$

拟合汇总表显示判定系数 R-Square 为 0.8556，有所提高，如图 4-23 所示。

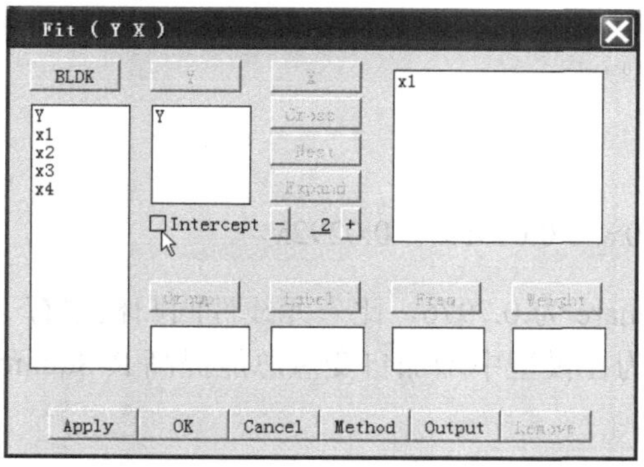

图 4-22　取消 Intercept 复选项

Summary of Fit			
Mean of Response	3.7280	R-Square	0.8556
Root MSE	1.9929	Adj R-Sq	0.8496

图 4-23　拟合汇总表

而且，回归方程的显著性检验以及 x_1 的显著性检验都已通过。

同上面一样，选择菜单 Curves→Test for Distribution 对残差进行正态性检验，结果如图 4-24 所示，因 p 值>0.15>0.05，应接受原假设，认为残差为正态性分布。

Tests for Distribution					
Curve	Distribution	Mean/Theta	Sigma	Kolmogorov D	Pr > D
————	Normal	-0.2488	1.9767	0.1191	>.15

图 4-24　分布检验

所以，模型 $\hat{Y}=0.0331\,x_1$ 是合适的，用其对不良贷款进行预测会更符合实际。

2．多元线性回归

用 Insight 拟合多元线性回归的做法与拟合一元线性回归的做法是类似的，只需要在选定回归自变量 X 时选择多个自变量即可。

【例 4-4】　引入数据集 Mylib.BLDK 中的所有四个自变量对不良贷款建立多元线性回归。

（1）分析步骤

在 INSIGHT 模块中打开数据集 Mylib.BLDK。

1）选择菜单 Analyze→Fit(Y X)（拟合），打开 Fit(Y X)对话框；

2）在 Fit(Y X)对话框中，选择变量 Y，单击 Y 按钮，将 Y 设为响应变量；选择变量 x_1、x_2、x_3、x_4，单击 X 按钮，将 x_1、x_2、x_3、x_4 设为自变量，如图 4-25 所示；

3）单击 OK 按钮，得到分析结果。

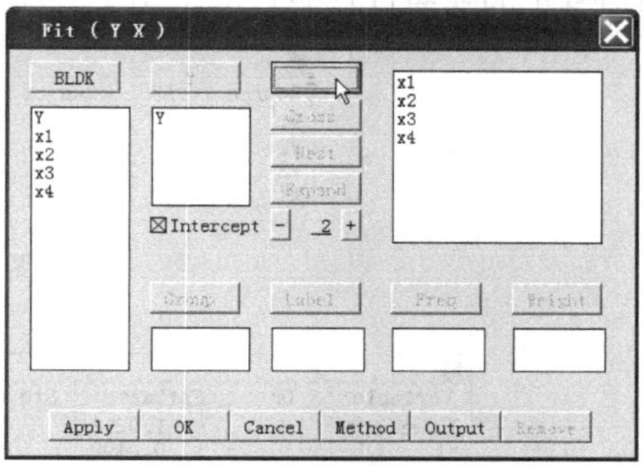

图 4-25　“Fit(Y X)”对话框

在显示的结果中可以看到，多元回归分析的输出类似于一元线性回归的输出，同样分为七张表：

第一张表提供关于拟合模型的一般信息。

第二张表给出模型方程（即回归方程），如图 4-26 所示。

Model Equation											
Y	=	-	1.0216	+	0.0400	x1	+	0.1480	x2	+	0.0145 x3
		-	0.0292 x4								

图 4-26 模型方程

可知回归方程为：

$$\hat{Y} = -1.0216 + 0.0400x_1 + 0.1480x_2 + 0.0145x_3 - 0.0292x_4$$

第三张模型拟合汇总表（图 4-27）表明 R-Square 为 0.7976，比一元线性回归模型有一定提高，但不足以说明模型优于一元回归模型，因为在模型中增加自变量总能提高 R-Square。

Summary of Fit			
Mean of Response	3.7280	R-Square	0.7976
Root MSE	1.7788	Adj R-Sq	0.7571

图 4-27 拟合的汇总统计量

Adj R-Sq（修正 R^2）考虑了加入模型的变量数，在比较不同多元模型时用 Adj R-Sq 更合适。如在这里它为 0.7571，而在简单模型中为 0.6991，表明这一模型比一元线性模型更多地说明变量 Y 的变化。

第四张方差分析表中（图 4-28），看到 p 值<0.0001，拒绝原假设并可作出至少有一个回归系数不为零的结论，说明所建模型的线性关系是显著的。

Analysis of Variance

Source	DF	Sum of Squares	Mean Square	F Stat	Pr > F
Model	4	249.3712	62.3428	19.70	<.0001
Error	20	63.2792	3.1640		
C Total	24	312.6504			

图 4-28 方差分析表

III 型检验表（图 4-29）与参数估计表（图 4-30）给出各个自变量的回归系数为零的假设检验，各自变量的回归系数的 F 检验与 t 检验在这里是一致的。其中参数估计表（图 4-30）包括截距的显著性检验，还给出了容差（Tolerance）和方差膨胀因子（VIF）。

Type III Tests

Source	DF	Sum of Squares	Mean Square	F Stat	Pr > F
x1	1	46.5936	46.5936	14.73	0.0010
x2	1	11.1677	11.1677	3.53	0.0749
x3	1	0.0969	0.0969	0.03	0.8629
x4	1	11.8682	11.8682	3.75	0.0670

图 4-29 III型检验表

Parameter Estimates

Variable	DF	Estimate	Std Error	t Stat	Pr >|t|	Tolerance	Var Inflation
Intercept	1	-1.0216	0.7824	-1.31	0.2064	.	0
x1	1	0.0400	0.0104	3.84	0.0010	0.1876	5.3308
x2	1	0.1480	0.0788	1.88	0.0749	0.5291	1.8899
x3	1	0.0145	0.0830	0.17	0.8629	0.2608	3.8348
x4	1	-0.0292	0.0151	-1.94	0.0670	0.3596	2.7812

图 4-30 参数估计表

两表中自变量 x_2、x_3、x_4 的回归系数假设检验的 p 值较大，说明这些自变量对 Y 的影响不显著，这种情况可能是这些变量对预测 Y 值作用不大，也可能是由于这些变量之间的高度相关性所引起的共线问题。如果自变量之间具有高度的共线关系，则它们所提供的预测信息就是重复的，在参数（回归系数）检验中这些变量的显著性就可能被隐蔽起来，故应考虑剔除一些自变量，重新拟合回归方程。（本例中 x_1 的方差膨胀系数较大，说明 x_1 与其余自变量有一定的线性关系）

（2）剔除自变量

从模型中剔除变量时，必须逐个剔除，并在剔除每个变量后，注意观察所引起的其他变量的 p 值变化。检验的显著水平并不依赖于独立变量在模型中排列的次序，但它依赖于哪些变量进入了模型。

在上面的例子中首先考虑剔除变量 x_3，对此只需在刚才已打开的拟合窗口的任一处选中变量 x_3，如图 4-31 所示，再在主菜单中选择 Edit→Delete，所有的结果就会修改为不含 x_3 的拟合结果。

Type III Tests

Source	DF	Sum of Squares	Mean Square	F Stat	Pr > F
x1	1	46.5936	46.5936	14.73	0.0010
x2	1	11.1677	11.1677	3.53	0.0749
x3	1	0.0969	0.0969	0.03	0.8629
x4	1	11.8682	11.8682	3.75	0.0670

Parameter Estimates

Variable	DF	Estimate	Std Error	t Stat	Pr >|t|	Tolerance	Var Inflation
Intercept	1	-1.0216	0.7824	-1.31	0.2064	.	0
x1	1	0.0400	0.0104	3.84	0.0010	0.1876	5.3308
x2	1	0.1480	0.0788	1.88	0.0749	0.5291	1.8899
x3	1	0.0145	0.0830	0.17	0.8629	0.2608	3.8348
x4	1	-0.0292	0.0151	-1.94	0.0670	0.3596	2.7812

图 4-31　选中剔除变量 x_3

类似地剔除作用不显著的自变量 x_2，得到拟合结果如图 4-32 所示。

Model Equation

Y = - 0.4434 + 0.0503 x1 - 0.0319 x4

Summary of Fit

Mean of Response	3.7280	R-Square	0.7610
Root MSE	1.8428	Adj R-Sq	0.7393

Analysis of Variance

Source	DF	Sum of Squares	Mean Square	F Stat	Pr > F
Model	2	237.9414	118.9707	35.03	<.0001
Error	22	74.7090	3.3959		
C Total	24	312.6504			

Type III Tests

Source	DF	Sum of Squares	Mean Square	F Stat	Pr > F
x1	1	153.8819	153.8819	45.31	<.0001
x4	1	15.4555	15.4555	4.55	0.0443

Parameter Estimates

Variable	DF	Estimate	Std Error	t Stat	Pr >|t|	Tolerance	Var Inflation
Intercept	1	-0.4434	0.6969	-0.64	0.5311	.	0
x1	1	0.0503	0.0075	6.73	<.0001	0.3921	2.5506
x4	1	-0.0319	0.0150	-2.13	0.0443	0.3921	2.5506

图 4-32　剔除最为不显著的变量 x_3、x_2 后

从图 4-32 所示的拟合结果可以看到，回归方程的显著性检验以及 x_1、x_4 的显著性检验都已通过。但是方程的判定系数 R^2 还不如前述一元回归方程 $\hat{Y}=0.0331\,x_1$ 的判定系数大。因此，考虑进一步优化模型，拟合不含常数项而仅含 x_1、x_4 的回归方程。

拟合结果如图 4-33 所示。

Model Equation					
Y	=	0.0489	x1	-	0.0344 x4

Summary of Fit			
Mean of Response	3.7280	R-Square	0.8847
Root MSE	1.8188	Adj R-Sq	0.8747

Analysis of Variance

Source	DF	Sum of Squares	Mean Square	F Stat	Pr > F
Model	2	584.0161	292.0080	88.27	<.0001
Error	23	76.0839	3.3080		
U Total	25	660.1000			

Type III Tests

Source	DF	Sum of Squares	Mean Square	F Stat	Pr > F
x1	1	159.9033	159.9033	48.34	<.0001
x4	1	19.2403	19.2403	5.82	0.0243

Parameter Estimates

Variable	DF	Estimate	Std Error	t Stat	Pr >|t|	Tolerance	Var Inflation
x1	1	0.0489	0.0070	6.95	<.0001	0.1295	7.7207
x4	1	-0.0344	0.0143	-2.41	0.0243	0.1295	7.7207

图 4-33　不含常数项，仅含 x_1、x_4 的回归方程

结果显示，回归方程为：

$$\hat{Y} = 0.0489x_1 - 0.0344x_4$$

结果还可以看到，回归方程的显著性检验以及 x_1、x_4 的显著性检验都已通过，方程的修正判定系数 Adj R^2 也比前述所有回归方程的 Adj R^2 大，因此采用该回归模型更为合适。

在拟合窗口中最后一个图是残差与预测值的散点图，与一元线性回归一样，点应该随机散布在零线附近，没有出现任何破坏模型假定的迹象。可以像以前一样，用 Distribution(Y) 检验残差分布的正态性。

4.2.3　用“分析家”作回归分析

“分析家”中包含三种回归：简单（一元）回归、线性回归和 Logistic 回归。其中“简单回归”可以实现一元线性回归、二次多项式回归和三次多项式回归；“线性回归”则可以实现多元线性回归。

【例 4-5】　根据例 4-2 中的数据集 Mylib.jyzk，建立单位面积营业额的预测公式。

在“分析家”中打开数据集 Mylib.jyzk。

1．一元线性回归

从相关分析中（例 4-2）可以看到，数据集 Mylib.jyzk 中，与变量 Y 有最强相关的变量为 x_2。为了预测 Y，以 x_2 为解释变量，即自变量，以 Y 为响应变量，即因变量，作线性回归。

（1）分析步骤

1）选择主菜单 Statistics（统计）→Regression（回归）→Linear（线性），打开 Linear Regression（线性回归）对话框；

2）选择变量列表中的变量 y，单击“Dependent”按钮，选定响应变量，选择变量列表中的变量 x_2，单击 Explanatory 按钮，选定解释变量，如图 4-34 所示。

这个对话框的 Model 按钮可以指定模型选择方法及具体选择方法的细节；Statistics 按钮可以要求输出与模型拟合优度和模型诊断有关的统计量；Predictions 按钮可以要求计算对数据集中各观测的预测值、残差值、预测界限，也可以指定一个包含模型自变量的数据集要求对其进行预测；“Plots”按钮可以要求画各种回归诊断图形，如残差图、杠杆图等；Save Data 按钮则可以把指定的结果保存到数据集中。

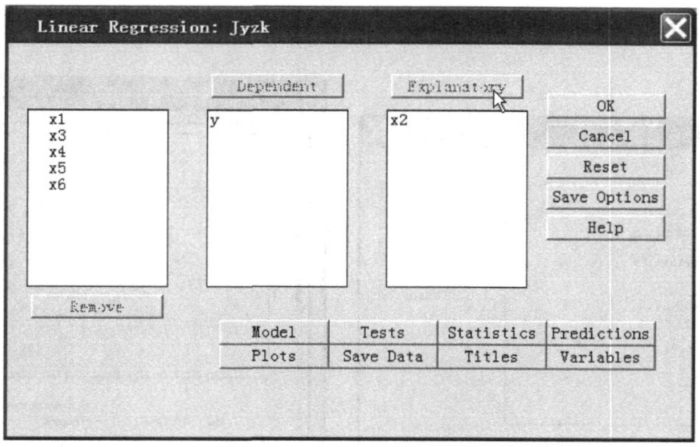

图 4-34　设置分析变量

3）单击 OK 按钮，得到分析结果，如图 4-35 所示。

The REG Procedure
Model: MODEL1
Dependent Variable: y 单位面积年营业额(万元 / 平方米)

Analysis of Variance

Source	DF	Sum of Squares	Mean Square	F Value	Pr > F
Model	1	8.04161	8.04161	29.98	<.0001
Error	18	4.82789	0.26822		
Corrected Total	19	12.86950			

Root MSE	0.51790	R-Square	0.6249
Dependent Mean	2.39500	Adj R-Sq	0.6040
Coeff Var	21.62405		

Parameter Estimates

Variable	Label	DF	Parameter Estimate	Standard Error	t Value	Pr > |t|
Intercept	Intercept	1	0.66431	0.33662	1.97	0.0640
x2	日人流量(万人)	1	0.40418	0.07381	5.48	<.0001

图 4-35　分析结果

在显示的输出结果中，第一部分为方差分析，对应于模型的 F 统计量的值为 29.98，其 p 值 $<0.0001<\alpha=0.05$，所以模型的作用是显著的。在汇总的信息中，显示了 R^2 和修正 R^2 分别为 0.6249 和 0.6040。

参数估计部分列举了回归方程中两个参数的值以及有关的显著性检验的结果。拟合的回归方程为：

$$\hat{y}=0.66431+0.40418x_2$$

t 检验的结果表明 x_2 的系数显著不为 0。

（2）制作散点图

对于拟合回归的数据，若要制作散点图，可在上述操作打开的 Linear Regression（线性回归）对话框中，单击 Plots 按钮。在打开的 Linear Regression：Plots 对话框中，选择 Predicted 选项卡，选中 Plot observed vs independent 复选框。

如需要在图上附加均值的置信限或预测值的置信限，可选择 Confidence limits 或 Prediction

limits，本例选择预测值的置信限（Prediction limits），如图 4-36a 所示。

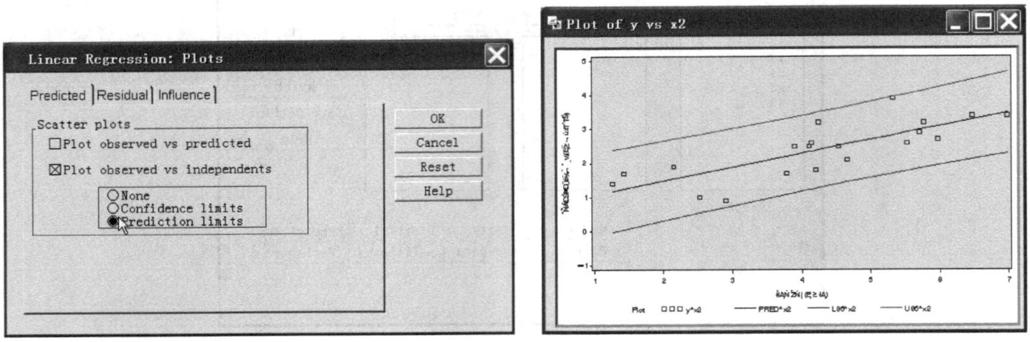

a)　　　　　　　　　　　　　　　　　　b)

图 4-36　*y* 与 *x*2 的散点图

两次单击 OK 按钮，得到分析结果，包含响应变量 *Y* 与解释变量 x_2 的散点图，如图 4-36b 所示。

（3）拟合不含常数项的回归

在上述例子中，回归方程中常数项的 *t* 检验结果不能拒绝等于 0 的假设，因此考虑拟合不含常数项的回归模型。

在 Linear Regression（线性回归）对话框中单击 Model 按钮，在打开的 Linear Regression: Model 对话框中选中 Do not include an intercept 复选框，如图 4-37 所示。

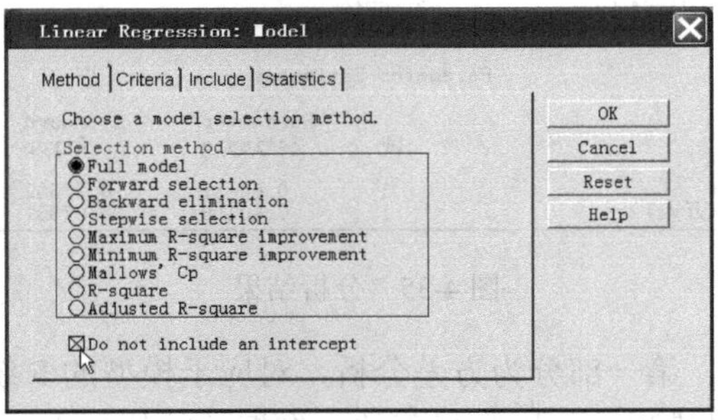

图 4-37　选择不含常数项的回归

两次单击 OK 按钮，得到分析结果，如图 4-38 所示。

在显示的输出结果中，第一部分为方差分析，对应于模型的 F 统计量的值为 393.81，其 *p* 值 $<0.0001<\alpha=0.05$，所以模型的作用是显著的。在汇总的信息中，显示了 R^2 和修正 R^2 分别为 0.9540 和 0.9516，远远高于含有常数项的回归模型。

参数估计部分表明 t 检验的结果 x_2 的系数显著不为 0，拟合的回归方程为：

$$\hat{y}=0.54096x_2$$

2．多元线性回归

【例 4-6】 引入数据集 Mylib.jyzk 中所有 6 个自变量对因变量单位面积营业额 *Y* 建立多元线性回归。

Dependent Variable: y 单位面积年营业额(万元/平方米)

NOTE: No intercept in model. R-Square is redefined.

Analysis of Variance

Source	DF	Sum of Squares	Mean Square	F Value	Pr > F
Model	1	121.71753	121.71753	393.81	<.0001
Error	19	5.87247	0.30908		
Uncorrected Total	20	127.59000			

Root MSE	0.55595	R-Square	0.9540
Dependent Mean	2.39500	Adj R-Sq	0.9516
Coeff Var	23.21283		

Parameter Estimates

Variable	Label	DF	Parameter Estimate	Standard Error	t Value	Pr > |t|
x2	日人流量(万人)	1	0.54096	0.02726	19.84	<.0001

图 4-38　不含常数项的回归结果

（1）分析步骤

1）选择主菜单 Statistics（统计）→Regression（回归）→Linear（线性），打开 Linear Regression（线性回归）对话框，如图 4-39 所示。

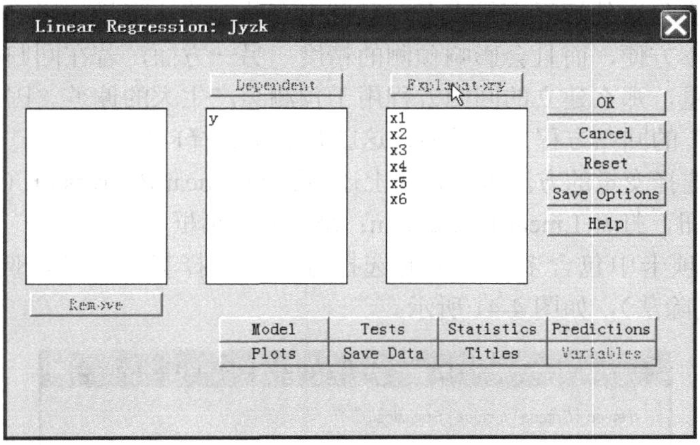

图 4-39　选择多元线性回归

2）选择变量列表中的变量 y，单击 Dependent 按钮，选定响应变量，选择变量列表中的变量 x_1、x_2、x_3、x_4、x_5、x_6，单击 Explanatory 按钮，选定解释变量，如图 4-39 所示。

3）单击 OK 按钮，得到分析结果如图 4-40 所示。

显示的分析结果包括回归的方差分析、拟合的汇总信息以及回归系数估计值与显著性检验。从汇总信息可以看出，用 6 个自变量拟合的线性回归，其 R^2 为 0.9920，修正 R^2 为 0.9883，比只用一个自变量的简单线性回归提高不少。方差分析中模型的作用也是显著的（F 统计量的值为 268.30，p 值<0.0001<0.05 = α）。

参数估计部分表明拟合的回归方程为：

$$y = -0.26044 + 0.16644x_1 + 0.33987x_2 + 0.73354x_3 + 0.03201x_4 - 0.00471x_5 - 0.04752x_6$$

参数显著性检验表明，进入回归的 6 个自变量，其作用在其他变量进入回归的前提下并不都是显著的。例如 x_1、x_4、x_5、x_6 的作用就不显著。

The REG Procedure
Model: MODEL1
Dependent Variable: y 单位面积年营业额(万元 / 平方米)

Analysis of Variance

Source	DF	Sum of Squares	Mean Square	F Value	Pr > F
Model	6	12.76640	2.12773	268.30	<.0001
Error	13	0.10310	0.00793		
Corrected Total	19	12.86950			

Root MSE	0.08905	R-Square	0.9920
Dependent Mean	2.39500	Adj R-Sq	0.9883
Coeff Var	3.71828		

Parameter Estimates

Variable	Label	DF	Parameter Estimate	Standard Error	t Value	Pr > |t|
Intercept	Intercept	1	-0.26044	0.12712	-2.05	0.0612
x1	每小时机动车流量(万辆)	1	0.16644	0.16490	1.01	0.3312
x2	日人流量(万人)	1	0.33987	0.12482	2.72	0.0174
x3	居民年消费额(万元)	1	0.73354	0.06775	10.83	<.0001
x4	对商场环境满意度	1	0.03201	0.01941	1.65	0.1231
x5	对商场设施满意度	1	-0.00471	0.01492	-0.32	0.7571
x6	对商场商品丰富程度满意度	1	-0.04752	0.07134	-0.67	0.5170

图 4-40　多元回归结果

（2）逐步回归

如果回归模型中包含的解释变量太多，且其中有些对响应变量的影响不大，显然这样的回归方程不仅使用不方便，而且会影响预测的精度；另一方面，若在回归模型中漏掉对响应变量影响显著的变量，那么建立的回归方程用于预测会产生大的偏差。因此适当选择变量用于建立一个“最优”的回归方程尤为重要，这就是变量选择问题。

“分析家”中选择变量的方法很多，在上述步骤的 Linear Regression（线性回归）对话框中，单击 Model 按钮，打开 Linear Regression：Model 对话框。

在 Method 选项卡中包含多种变量的选择方法，选择其中一种，例如选择 Backward elimination（逐步剔除法），如图 4-41 所示。

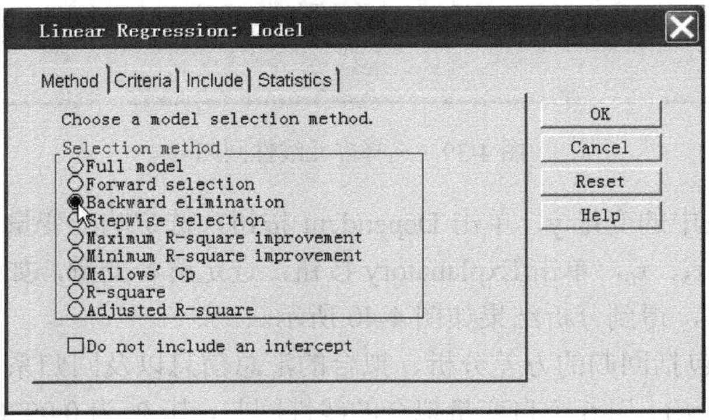

图 4-41　选择逐步剔除法

两次单击 OK 按钮，得到分析结果。

在显示的输出结果中，第 0 步记录了全部 6 个候选变量进入回归后的回归分析结果，其中参数的显著性检验表明，变量 x_5 最不显著；接着第 1 步是将变量 x_5 剔除后剩下的 5 个自变量进入回归后的回归分析结果。剔除的变量 x_5 是进入回归的各个变量中影响最小的一个，剔除 x_5 后 R^2 由 0.9920 减少为 0.9919，所以从预测的角度来看剔除这个变量的影响是很小的。

而 C(p)由 7.0000 减少为 5.0998，由于 C(p)综合了进入回归的变量个数和预测误差，在模型选择中总是希望它达到较小的值。

继续剔除进入回归的变量中最不显著的自变量 x_6，…，直到所有的参数显著不为 0。结果如图 4-42 所示。

```
                        Backward Elimination: Step 3

             Variable x1 Removed: R-Square = 0.9902 and C(p) = 3.8425

                                                         09:54 Friday, May 14, 2006

                              The REG Procedure
                               Model: MODEL1
               Dependent Variable: y 单位面积年营业额(万元 / 平方米)

                          Backward Elimination: Step 3

                            Analysis of Variance

                                       Sum of          Mean
Source                     DF         Squares        Square    F Value    Pr > F

Model                       3        12.74386       4.24795     540.98    <.0001
Error                      16         0.12564       0.00785
Corrected Total            19        12.86950

              Parameter    Standard
Variable       Estimate       Error   Type II SS  F Value  Pr > F

Intercept      -0.29721     0.10204      0.06662     8.48  0.0102
x2              0.29074     0.01734      2.20731   281.10  <.0001
x3              0.72315     0.03064      4.37441   557.09  <.0001
x4              0.03716     0.01607      0.04201     5.35  0.0344

                Bounds on condition number: 1.8851, 14.662
```

图 4-42　逐步剔除的结果

参数估计部分表明拟合的回归方程为：

$$y = -0.29721 + 0.29074x_2 + 0.72315x_3 + 0.03716x_4$$

模型的 R^2 为 0.9902，$C(p)$值较小（仅为 3.8425）；方差分析中模型的作用也是显著的（F 统计量的值为 540.98，p 值$<0.0001<0.05=\alpha$）。

4.2.4　使用 REG 过程作回归分析

SAS/STAT 中提供了几个回归分析过程，包括 REG（回归）、RSREG（二次响应面回归）、ORTHOREG（病态数据回归）、NLIN（非线性回归）、TRANSREG（变换回归）、CALIS（线性结构方程和路径分析）、GLM（一般线性模型）、GENMOD（广义线性模型）等。这里只介绍 REG 过程。

1．REG 过程的语法格式

REG 过程的基本用法为：

```
PROC REG DATA=<输入数据集> [<选项列表>];
    VAR <变量列表>;
    MODEL <因变量> = <自变量表>/<选项>;
    PRINT <选项列表>;
    PLOT <y 变量名*x 变量名> [=<符号>] [/<选项列表>];
RUN;
```

说明：

PROC REG 语句标志 REG 过程的开始，其后的选项条目较多，功能复杂，这里的选项所具有的功能将会影响到此过程中的所有 MODEL 语句。

MODEL 语句用以指定所要拟合的回归模型，其后的选项与 REG 语句的选项类似。

PLOT 语句用以对两个变量绘制散点图，表达式中位置在前（在乘号“*”之前）的变量作为散点图的 y 轴，位置在后的变量作为散点图的 x 轴。等号后的符号为散点图中表示点的图形符号，此项内容可省略，SAS 会用默认方式显示图形，但如需指定，符号要用单引号括起来。对于同一个模型可以指定多个 PLOT 语句。

PRINT 语句用于交互地显示 MODEL 语句中的有关选项，可以将拟合模型的有关统计量显示在结果中。

REG 过程是交互式过程，在使用 RUN 语句提交了若干个过程步语句后，可以继续写其他的 REG 过程步语句，并提交运行，直到提交 QUIT 语句或开始其他过程步或数据步才终止。

2．多元回归

【例 4-7】 使用 REG 过程对数据集 Mylib.jyzk 中所有 6 个自变量与因变量单位面积营业额 Y 建立多元线性回归。

调用如下的 REG 过程就可以在输出窗口产生图 4-43 所示的结果：

```
proc   reg   data = Mylib.jyzk;
   var   y   x1 − x6;
   model y = x1 − x6;
run;
```

注意编辑窗口的标题行显示“PROC REG Running”表示 REG 过程还在运行，没有终止。

```
                                The REG Procedure
                                  Model: MODEL1
                  Dependent Variable: y 单位面积年营业额(万元 / 平方米)

                              Analysis of Variance

                                        Sum of           Mean
      Source                   DF      Squares         Square    F Value    Pr > F

      Model                     6     12.76640        2.12773     268.30    <.0001
      Error                    13      0.10310        0.00793
      Corrected Total          19     12.86950

                  Root MSE              0.08905    R-Square     0.9920
                  Dependent Mean        2.39500    Adj R-Sq     0.9883
                  Coeff Var             3.71828

                              Parameter Estimates

                                                   Parameter       Standard
Variable     Label                          DF      Estimate          Error    t Value    Pr > |t|

Intercept    Intercept                       1      -0.26044        0.12712      -2.05      0.0612
x1           每小时机动车流量(万辆)          1       0.16644        0.16490       1.01      0.3312
x2           日人流量(万人)                  1       0.33987        0.12482       2.72      0.0174
x3           居民年消费额(万元)              1       0.73354        0.06775      10.83      <.0001
x4           对商场环境满意度                1       0.03201        0.01941       1.65      0.1231
x5           对商场设施满意度                1      -0.00471        0.01492      -0.32      0.7571
x6           对商场商品丰富程度满意度        1      -0.04752        0.07134      -0.67      0.5170
```

图 4-43　使用 REG 过程建立多元回归模型

这些结果与“分析家”得到的结果是一致的。

3．逐步回归

我们发现有些变量的作用不显著，所以使用 REG 提供的自动选择最优自变量子集的选项。

在 MODBL 语句中加上“SELECTION = 选择方法”的选项就可以自动挑选自变量，选择方法有 NONE（全用，这是默认），FORWARD（向前逐步引入法），BACKWARD（向后逐步剔除法），STEPWISE（逐步筛选法），MAXR（最大 R^2 增量法），MINR（最小 R^2 增量法），RSQUARE（R^2 选择法），ADJRSQ（修正 R^2 选择法），CP（Mallows 的 Cp 统计量法）。

例如，我们用如下程序：

```
model   y = x1 – x6 / selection=stepwise;
run;
```

可得到逐步筛选法的分析结果，如图 4-44～图 4-47 所示。

```
                                The REG Procedure
                                 Model: MODEL2
                  Dependent Variable: y 单位面积年营业额(万元 / 平方米)

                          Stepwise Selection: Step 1

            Variable x3 Entered: R-Square = 0.6313 and C(p) = 582.2809


                              Analysis of Variance

                                        Sum of         Mean
Source                        DF       Squares       Square    F Value    Pr > F

Model                          1       8.12490      8.12490      30.82    <.0001
Error                         18       4.74460      0.26359
Corrected Total               19      12.86950


                  Parameter     Standard
     Variable      Estimate        Error   Type II SS  F Value  Pr > F

     Intercept      0.92785      0.28812      2.73368    10.37  0.0047
     x3             0.88676      0.15972      8.12490    30.82  <.0001

                       Bounds on condition number: 1, 1
```

图 4-44　逐步筛选法第 1 步

```
                          Stepwise Selection: Step 2


            Variable x2 Entered: R-Square = 0.9870 and C(p) = 7.1393


                              Analysis of Variance

                                        Sum of         Mean
Source                        DF       Squares       Square    F Value    Pr > F

Model                          2      12.70186      6.35093     644.02    <.0001
Error                         17       0.16764      0.00986
Corrected Total               19      12.86950


                  Parameter     Standard
     Variable      Estimate        Error   Type II SS  F Value  Pr > F

     Intercept     -0.11708      0.07388      0.02477     2.51  0.1314
     x2             0.31694      0.01471      4.57696   464.13  <.0001
     x3             0.69806      0.03211      4.66025   472.58  <.0001

                 Bounds on condition number: 1.0804, 4.3215
```

图 4-45　逐步筛选法第 2 步

Stepwise Selection: Step 3

Variable x4 Entered: R-Square = 0.9902 and C(p) = 3.8425

Analysis of Variance

Source	DF	Sum of Squares	Mean Square	F Value	Pr > F
Model	3	12.74386	4.24795	540.98	<.0001
Error	16	0.12564	0.00785		
Corrected Total	19	12.86950			

Variable	Parameter Estimate	Standard Error	Type II SS	F Value	Pr > F
Intercept	-0.29721	0.10204	0.06662	8.48	0.0102
x2	0.29074	0.01734	2.20731	281.10	<.0001
x3	0.72315	0.03064	4.37441	557.09	<.0001
x4	0.03716	0.01607	0.04201	5.35	0.0344

Bounds on condition number: 1.8851, 14.662

图 4-46　逐步筛选法第 3 步

All variables left in the model are significant at the 0.1500 level.

No other variable met the 0.1500 significance level for entry into the model.

Summary of Stepwise Selection

Step	Variable Entered	Variable Removed	Label	Number Vars In	Partial R-Square	Model R-Square	C(p)
1	x3		居民年消费额(万元)	1	0.6313	0.6313	582.281
2	x2		日人流量(万人)	2	0.3556	0.9870	7.1393
3	x4		对商场环境满意度	3	0.0033	0.9902	3.8425

Summary of Stepwise Selection

Step	F Value	Pr > F
1	30.82	<.0001
2	464.13	<.0001
3	5.35	0.0344

图 4-47　最终结果模型

最后结果表明，只有变量 x_2、x_3、x_4 进入了模型，而其他变量则不能进入模型。

4．预测

REG 过程给出的默认结果比较少。用 PRINT 语句和 PLOT 语句可以显示额外的结果。为了显示模型的预测值（拟合值）和预测值的 95%置信区间，使用语句：

```
    print cli;
run;
```

得到图 4-48 所示的结果。

各列分别为观测序号（Obs），因变量的值（Dep Var），预测值（Predicted Value），预测值的期望值的标准误差（Std Error Mean Predict），预测值的 95%置信区间（95% CL Predict），残差（Residual，为因变量值减预测值）。在表后又给出了残差的总和（Sum of Residuals），残差平方和（Sum Of Squared Residuals），预测残差的平方和（Predicted Resid SS(Press)）。所谓预测残差，是指在计算第 i 号观测的残差时，从实际值中减去用扣除第 i 号观测后的样本得到的模型产生的预报值。

```
                          The REG Procedure
                            Model: MODEL3
             Dependent Variable: y 单位面积年营业额(万元 / 平方米)

                          Output Statistics

        Dep Var    Predicted      Std Error
Obs           y        Value   Mean Predict       95% CL Predict        Residual

  1      2.5000       2.4997         0.0253     2.3044      2.6950      0.000313
  2      3.2000       3.2638         0.0436     3.0544      3.4732       -0.0638
  3      2.5000       2.4987         0.0263     2.3028      2.6947      0.001256
  4      3.4000       3.3435         0.0560     3.1213      3.5658        0.0565
  5      1.8000       1.7375         0.0350     1.5355      1.9395        0.0625
  6      0.9000       1.1830         0.0432     0.9740      1.3920       -0.2830
  7      1.7000       1.6267         0.0454     1.4157      1.8377        0.0733
  8      2.6000       2.6056         0.0242     2.4109      2.8003     -0.005621
  9      2.1000       2.0491         0.0306     1.8504      2.2479        0.0509
 10      1.9000       1.8288         0.0403     1.6225      2.0351        0.0712
 11      3.4000       3.4741         0.0471     3.2613      3.6868       -0.0741
 12      3.9000       3.9475         0.0575     3.7236      4.1715       -0.0475
 13      1.0000       1.0291         0.0438     0.8196      1.2386       -0.0291
 14      1.7000       1.6187         0.0314     1.4194      1.8180        0.0813
 15      2.6000       2.6223         0.0450     2.4116      2.8330       -0.0223
 16      2.7000       2.6643         0.0338     2.4632      2.8654        0.0357
 17      1.4000       1.3652         0.0478     1.1518      1.5786        0.0348
 18      3.2000       3.2025         0.0297     3.0043      3.4006     -0.002457
 19      2.9000       2.8441         0.0383     2.6394      3.0488        0.0559
 20      2.5000       2.4957         0.0224     2.3019      2.6894      0.004342


                 Sum of Residuals                           0
                 Sum of Squared Residuals             0.12564
                 Predicted Residual SS (PRESS)        0.21806
```

图 4-48　预测值和 95%置信区间

用 print cli 列出的是预测值的置信区间，使用如下语句还可以列出模型均值的置信区间：

```
    print clm;
run;
```

在 PRINT 语句中可以指定的有 ACOV，ALL，CLI，CLM，COLLIN，COLLINOINT，COOKD，CORRB，COVB，DW，I，INFLUENCE，P，PARTIAL，PCORR1，PCORR2，R，SCORR1，SCORR2，SEQB，SPEC，SS1，SS2，STB，TOL，VIF，XPX 等。

5．散点图

对于自变量是一元的情况，可以在自变量和因变量的散点图上附加回归直线和均值置信界限。比如，

```
    plot y*x2/conf95;
run;
```

可以产生图 4-49 所示的结果，在图的上方列出了回归方程，右方还给出了观测个数、R^2、修正 R^2、根均方误差。

在 PLOT 语句中可以使用 PREDICTED、RESIDUAL.等特殊名字表示预测值、残差等计算出的变量，例如，在自变量为多元时无法作回归直线，常用的诊断图表为残差对预测值图，就可以用

```
    plot residual. * predicted.;
run;
```

绘制（见图 4-50）。

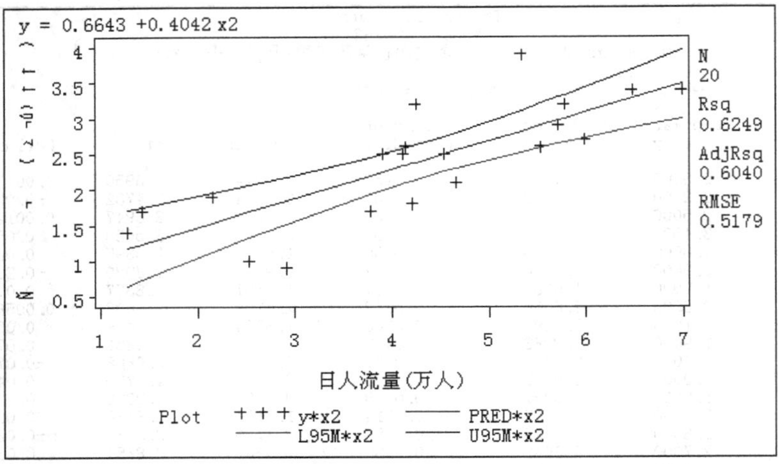

图 4-49　REG 过程绘图

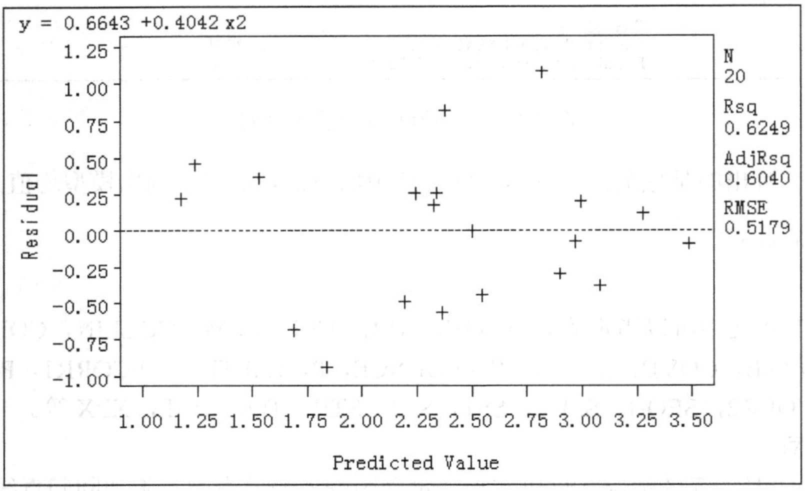

图 4-50　残差对预测值图

4.3　非线性回归

4.3.1　多项式回归

1．问题

【例 4-8】　某大型牙膏制造企业为了更好地拓展产品市场，有效地管理库存，公司董事会要求销售部门根据市场调查，找出公司生产的牙膏销售量与销售价格、广告投入等之间的关系，从而预测出在不同价格和广告费用下的销售量。为此，销售部的研究人员收集了过去 30 个销售周期（每个销售周期为 4 周）公司生产的牙膏的销售量、销售价格、投入的广告费用，以及同期其他厂家生产的同类牙膏的市场平均销售价格，见表 4-3。

表 4-3　牙膏销售量与销售价格、广告费用等数据

销售周期	公司销售价格/元	其他厂家平均价格/元	广告费用/百万元	价格差/元	销售量/百万支
1	3.85	3.80	5.50	–0.05	7.38
2	3.75	4.00	6.75	0.25	8.51
3	3.70	4.30	7.25	0.60	9.52
4	3.70	3.70	5.50	0	7.50
5	3.60	3.85	7.00	0.25	9.33
6	3.60	3.80	6.50	0.20	8.28
7	3.60	3.75	6.75	0.15	8.75
8	3.80	3.85	5.25	0.05	7.87
9	3.80	3.65	5.25	–0.15	7.10
10	3.85	4.00	6.00	0.15	8.00
11	3.90	4.10	6.50	0.20	7.89
12	3.90	4.00	6.25	0.10	8.15
13	3.70	4.10	7.00	0.40	9.10
14	3.75	4.20	6.90	0.45	8.86
15	3.75	4.10	6.80	0.35	8.90
16	3.80	4.10	6.80	0.30	8.87
17	3.70	4.20	7.10	0.50	9.26
18	3.80	4.30	7.00	0.50	9.00
19	3.70	4.10	6.80	0.40	8.75
20	3.80	3.75	6.50	–0.05	7.95
21	3.80	3.75	6.25	–0.05	7.65
22	3.75	3.65	6.00	–0.10	7.27
23	3.70	3.90	6.50	0.20	8.00
24	3.55	3.65	7.00	0.10	8.50
25	3.60	4.10	6.80	0.50	8.75
26	3.65	4.25	6.80	0.60	9.21
27	3.70	3.65	6.50	–0.05	8.27
28	3.75	3.75	5.75	0	7.67
29	3.80	3.85	5.80	0.05	7.93
30	3.70	4.25	6.80	0.55	9.26

其中价格差指其他厂家平均价格与公司销售价格之差。

表中数据已存放在数据表 Mylib.yagao 中，试根据这些数据建立一个数学模型，分析牙膏销售量与其他因素的关系，为制订价格策略和广告投入策略提供数量依据。

2．分析与假设

由于牙膏是生活必需品，对大多数顾客来说，在购买同类产品的牙膏时更多地会在意不同品牌之间的价格差异，而不是它们的价格本身。因此，在研究各个因素对销售量的影响时，用价格差代替公司销售价格和其他厂家平均价格更为合适。

记牙膏销售量为 y，其他厂家平均价格与公司销售价格之差（价格差）为 x_1，公司投入

的广告费用为 x_2，其他厂家平均价格和公司销售价格分别为 x_3 和 x_4，$x_1 = x_3 - x_4$。基于上面的分析，我们仅利用 x_1 和 x_2 来建立 y 的预测模型。

3．基本模型

为了大致地分析 y 与 x_1 和 x_2 的关系，首先利用表 4-3 的数据分别作出 y 对 x_1 和 x_2 的散点图，代码如下：

```
data yagao;
   set Mylib.yagao;
proc   gplot   data = yagao;
   plot y*x1=1 y*x2=2;
   symbol1 v=star i=rl cv=orange ci=blue w=1;
   symbol2 v=star i=rq cv=orange ci=blue w=1;
run;
```

执行结果如图 4-51 所示。

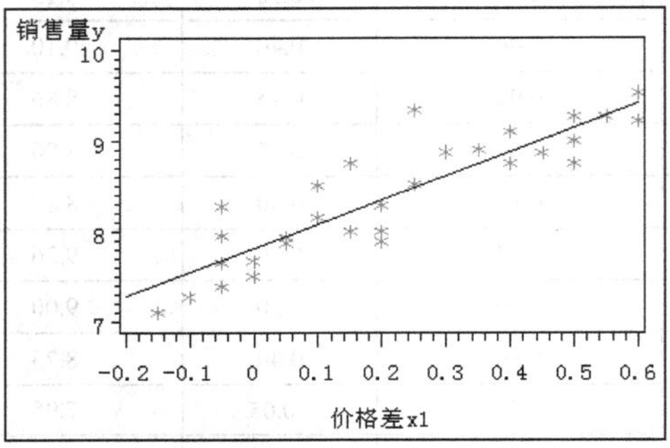

a)

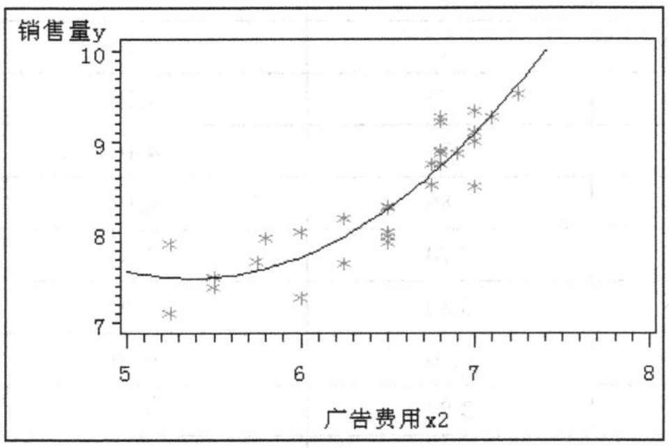

b)

图 4-51　y 对 $x1$ 和 $x2$ 的散点图

从图 4-51a 可以发现，随着 x_1 的增加，y 的值有比较明显的线性增长趋势，图中的直线是用线性模型

$$y = \beta_0 + \beta_1 x_1 + \varepsilon \tag{4-1}$$

拟合的（其中 ε 是随机误差）；而在图 4-51b 中，当 x_2 增大时，y 有向上弯曲增加的趋势，图中的曲线是用二次函数模型

$$y = \beta_0 + \beta_1 x_2 + \beta_2 x_2^2 + \varepsilon \tag{4-2}$$

拟合的。综合上面的分析，结合模型（4-1）和（4-2）建立如下的回归模型

$$y = \beta_0 + \beta_1 x_1 + \beta_2 x_2 + \beta_3 x_2^2 + \varepsilon \tag{4-3}$$

4．模型求解

使用如下过程代码：

```
data yagao;
   set Mylib.yagao;
```

```
    x2x2=x2*x2;
proc reg data = yagao;
    var   y   x1 x2 x2x2;
    model y = x1 x2 x2x2;
    print cli;
run;
```

代码执行结果分为三个部分，图 4-52 为前两个部分：方差分析和参数估计，图 4-53 为生成的输出结果。

```
                         The REG Procedure
                           Model: MODEL1
                  Dependent Variable: y 销售量y

                        Analysis of Variance

                                   Sum of          Mean
Source                  DF        Squares        Square    F Value    Pr > F

Model                    3       12.18532       4.06177      82.94    <.0001
Error                   26        1.27327       0.04897
Corrected Total         29       13.45859


            Root MSE              0.22130    R-Square     0.9054
            Dependent Mean        8.38267    Adj R-Sq     0.8945
            Coeff Var             2.63992


                        Parameter Estimates

                                  Parameter      Standard
Variable     Label          DF     Estimate         Error    t Value    Pr > |t|

Intercept    Intercept       1     17.32437       5.64146       3.07      0.0050
x1           价格差x1        1      1.30699       0.30361       4.30      0.0002
x2           广告费用x2      1     -3.69559       1.85027      -2.00      0.0564
x2x2                         1      0.34861       0.15118       2.31      0.0293
```

图 4-52　方差分析的结果

5. 结果分析

1）方差分析的结果显示，$R^2 = 0.9054$ 表明因变量 y（销售量）的 90.54%可由模型确定，F 值远远超过 F 检验的临界值，p 值<0.0001 远小于α，因而模型（4-3）从整体来看是可用的。

2）参数估计给出了模型（4-3）中β_0，β_1，β_2，β_3 的估计值，即 $\hat{\beta}_0 = 17.3244$，$\hat{\beta}_1 = 1.3070$，$\hat{\beta}_2 = -3.6956$，$\hat{\beta}_3 = 0.3486$。只有 $\hat{\beta}_2$ 的 t 检验 p 值 $=0.0564$，略高于 0.05 的水平。回归模型为：

$$\hat{y} = 17.3244 + 1.3070x_1 - 3.6956x_2 + 0.3486x_2^2 \tag{4-4}$$

3）统计输出显示了销售量 y 的观测值、预测值、标准差、预测值的 95%置信上限与 95%置信下限、残差，如图 4-53 所示。

6. 销售量预测

根据回归模型（4-4），只需知道该销售周期的价格差 x_1 和投入的广告费用 x_2，就可以计算预测值 $\hat{y}$，即可预测公司未来某个销售周期牙膏的销售量 y。

值得注意的是公司无法直接确定价格差 x_1，而只能制订公司该周期的牙膏售价 x_4，但是同期其他厂家的平均价格 x_3，一般可以通过分析和预测当时的市场情况及原材料的价格变化等估计出。模型中引入价格差 $x_1 = x_3 - x_4$ 作为回归变量，而非 x_3，x_4 的好处在于，公司可以更灵活地来预测产品的销售量（或市场需求量），因为 x_3 的值不是公司所能控制的。预测时只

要调整 x_4，达到设定的回归变量 x_1 的值，例如公司计划在未来的某个销售周期中，维持产品的价格差为 $x_1 = 0.2$ 元，并将投入 $x_2 = 6.5$ 百万元的广告费用，则该周期牙膏销售量的估计值为 $y = 17.3244 + 1.3070 \times 0.2 + (-3.6956) \times 6.5 + 0.3486 \times 6.5^2 = 8.2933$ 百万支。

The REG Procedure
Model: MODEL1
Dependent Variable: y 销售量y

Output Statistics

Obs	Dep Var y	Predicted Value	Std Error Mean Predict	95% CL Predict		Residual
1	7.3800	7.4788	0.0829	6.9930	7.9645	-0.0988
2	8.5100	8.5895	0.0487	8.1238	9.0553	-0.0795
3	9.5200	9.6395	0.1167	9.1252	10.1537	-0.1195
4	7.5000	7.5441	0.0838	7.0577	8.0305	-0.0441
5	9.3300	8.8640	0.0833	8.3779	9.3500	0.4660
6	8.2800	8.2933	0.0581	7.8230	8.7636	-0.0133
7	8.7500	8.4588	0.0626	7.9861	8.9315	0.2912
8	7.8700	7.5965	0.1285	7.0705	8.1225	0.2735
9	7.1000	7.3351	0.1312	6.8063	7.8639	-0.2351
10	8.0000	7.8969	0.0792	7.4138	8.3801	0.1031
11	7.8900	8.2933	0.0581	7.8230	8.7636	-0.4033
12	8.1500	7.9753	0.0667	7.5002	8.4504	0.1747
13	9.1000	9.0600	0.0649	8.5860	9.5341	0.0400
14	8.8600	9.0104	0.0588	8.5397	9.4811	-0.1504
15	8.9000	8.7716	0.0493	8.3056	9.2377	0.1284
16	8.8700	8.7063	0.0479	8.2409	9.1717	0.1637
17	9.2600	9.3127	0.0820	8.8276	9.7978	-0.0527
18	9.0000	9.1907	0.0685	8.7146	9.6669	-0.1907
19	8.7500	8.8370	0.0551	8.3682	9.3057	-0.0870
20	7.9500	7.9665	0.0878	7.4772	8.4559	-0.0165
21	7.6500	7.7792	0.0770	7.2976	8.2609	-0.1292
22	7.2700	7.5702	0.0759	7.0893	8.0511	-0.3002
23	8.0000	8.2933	0.0581	7.8230	8.7636	-0.2933
24	8.5000	8.6679	0.1176	8.1528	9.1830	-0.1679
25	8.7500	8.9677	0.0750	8.4874	9.4480	-0.2177
26	9.2100	9.0984	0.1002	8.5990	9.5978	0.1116
27	8.2700	7.9665	0.0878	7.4772	8.4559	0.3035
28	7.6700	7.6007	0.0678	7.1250	8.0765	0.0693
29	7.9300	7.6826	0.0701	7.2055	8.1598	0.2474
30	9.2600	9.0330	0.0872	8.5441	9.5220	0.2270

Sum of Residuals	0
Sum of Squared Residuals	1.27327
Predicted Residual SS (PRESS)	1.77360

图 4-53 统计输出表

回归模型的一个重要应用是，对于给定的回归变量的取值，可以以一定的置信度预测因变量的取值范围，即预测区间。例如当 $x_1 = 0.2$，$x_2 = 6.5$ 时可以算出牙膏销售量的置信度为 95%的预测区间为[7.8230，8.7636]，它表明在将来的某个销售周期中，如公司维持产品的价格差为 0.2 元，并投入 650 万元的广告费用，那么可以有 95%的把握保证牙膏的销售量在 7.832 到 8.7636 百万支之间。实际操作时，预测上限可以用来作为库存管理的目标值，即公司可以生产（或库存）8.7636 百万支牙膏来满足该销售周期顾客的需求；预测下限则可以用来较好地把握（或控制）公司的现金流，理由是公司对该周期销售 7.832 百万支牙膏十分自信，如果在该销售周期中公司将牙膏售价定为 3.70 元，且估计同期其他厂家的平均价格为 3.90 元，那么董事会可以有充分的依据知道公司的牙膏销售额应在 $7.832 \times 3.7 \approx 29$ 百万元以上。

7．模型改进

模型（4-3）中回归变量 x_1 和 x_2 对因变量 y 的影响是相互独立的，即牙膏销售量 y 的均值与广告费用 x_2 的二次关系由回归系数 β_2 和 β_3 确定，而不依赖于价格差 x_1，同样，y 的均值与 x_1 的线性关系由回归系数 β_1 确定，不依赖于 x_2。根据直觉和经验可以猜想，x_1 和 x_2 之间的交互作用会对 y 有影响，不妨简单地用 x_1，x_2 的乘积代表它们的交互作用，于是将模型（4-3）增加一项，得到

$$y = \beta_0 + \beta_1 x_1 + \beta_2 x_2 + \beta_3 x_2^2 + \beta_4 x_1 x_2 + \varepsilon \tag{4-5}$$

在这个模型中，y 的均值与 x_2 的二次关系为 $(\beta_2 + \beta_4 x_1)x_2 + \beta_3 x_2^2$，由系数 β_2，β_3 和 β_4 确定，并依赖于价格差 x_1。

使用如下过程代码：

```
data yagao;
   set Mylib.yagao;
   x2x2=x2*x2;
   x1x2=x1*x2;
proc   reg   data = yagao;
   var   y   x1 x2 x2x2 x1x2;
   model y = x1 x2 x2x2 x1x2;
   print cli;
run;
```

代码执行结果如图 4-54 所示。

```
                          The REG Procedure
                            Model: MODEL1
                    Dependent Variable: y 销售量y

                         Analysis of Variance

                                      Sum of          Mean
Source                   DF          Squares        Square    F Value    Pr > F

Model                     4         12.39419       3.09855      72.78    <.0001
Error                    25          1.06440       0.04258
Corrected Total          29         13.45859

             Root MSE                0.20634    R-Square     0.9209
             Dependent Mean          8.38267    Adj R-Sq     0.9083
             Coeff Var               2.46150

                         Parameter Estimates

                                   Parameter      Standard
Variable     Label          DF      Estimate         Error    t Value    Pr > |t|

Intercept    Intercept       1      29.11329       7.48321       3.89      0.0007
x1           价格差x1        1      11.13423       4.44585       2.50      0.0192
x2           广告费用x2      1      -7.60801       2.46911      -3.08      0.0050
x2x2                         1       0.67125       0.20270       3.31      0.0028
x1x2                         1      -1.47772       0.66716      -2.21      0.0361
```

图 4-54　方差分析的结果

与图 4-52 的结果相比，R^2 与 Adj–R^2 都有所提高，说明模型（4-5）比模型（4-3）有所改进。并且，所有参数 t 检验的 p 值均小于 0.05，为显著非零，所以有理由相信模型（4-5）比模型（4-3）更符合实际。模型（4-5）的回归方程为：

$$\hat{y} = 29.11329 + 11.13423x_1 - 7.60801x_2 + 0.67125x_2^2 - 1.47772x_1x_2 \tag{4-6}$$

用公式（4-6）对公司的牙膏销售量作预测。仍设在某个销售周期中，维持产品的价格差 $x_1 = 0.2$ 元，并将投入 $x_2 = 6.5$ 百万元的广告费用，则该周期牙膏销售量 y 的估计值为：

$$\hat{y} = 29.1133 + 11.1342 \times 0.2 - 7.6080 \times 6.5 + 0.6712 \times 6.5^2 -$$

$$1.4777 \times 0.2 \times 6.5 = 8.3272 \text{ 百万支}$$

置信度为 95%的预测区间为[7.8867，8.7678]，与模型（4-3）的结果相比，y 略有增加，而预测区间长度短一些。

8．进一步的讨论

在保持广告费用 $x_2 = 6.5$ 百万元不变的条件下，分别对模型（4-3）和（4-5）中牙膏销售量的均值 $\hat{y}$ 与价格差 x_1 的关系作图：

```
goptions ftext="宋体" htitle=1;
data yagao;
  set Mylib.yagao;
  y1=17.3244 + 1.3070*x1 –3.6956*6.5 + 0.3486*6.5*6.5;
  y2=29.1133 + 11.1342*x1 – 7.6080*6.5 + 0.6712*6.5*6.5 – 1.4777*x1*6.5;
proc   gplot   data = yagao;
  plot y1*x1;
  title '模型 3 中牙膏销售量的均值与价格差 x1 的关系';
  symbol v=star i=rq cv=orange ci=blue w=1;
proc   gplot   data = yagao;
  plot y2*x1;
  title '模型 5 中牙膏销售量的均值与价格差 x1 的关系';
  symbol v=star i=rq cv=orange ci=blue w=1;
run;
```

结果如图 4-55 所示。

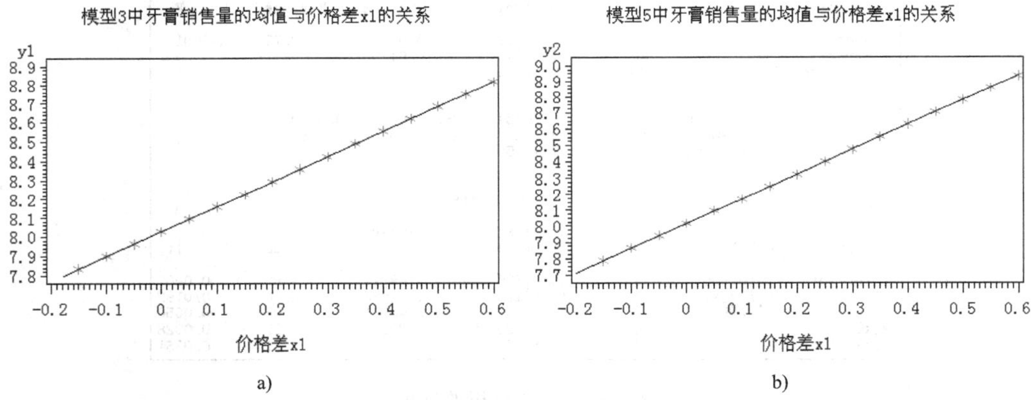

图 4-55　不同模型 $\hat{y}$ 与 x1 的关系

在保持价格差 $x_1 = 0.2$ 元不变的条件下，分别对模型（4-3）和（4-5）中牙膏销售量的均值 $\hat{y}$ 与广告费用 x_2 的关系作图：

```
goptions ftext="宋体" htitle=1;
data yagao;
  set Mylib.yagao;
  y1=17.3244 + 1.3070*0.2 –3.6956*x2 + 0.3486*x2*x2;
  y2=29.1133 + 11.1342*0.2 – 7.6080*x2 + 0.6712*x2*x2 – 1.4777*0.2*x2;
proc   gplot   data = yagao;
  plot y1*x2;
  title '模型 3 中牙膏销售量的均值与价格差 x2 的关系';
```

```
  symbol v=star i=rq cv=orange ci=blue w=1;
proc   gplot   data = yagao;
  plot y2*x2;
  title '模型 5 中牙膏销售量的均值与价格差 x2 的关系';
  symbol v=star i=rq cv=orange ci=blue w=1;
run;
```

执行结果如图 4-56 所示。

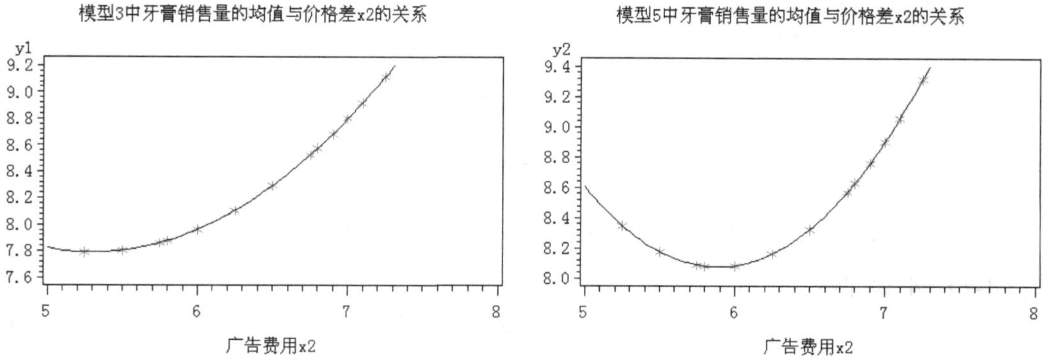

a)　　b)

图 4-56　不同模型 $\hat{y}$ 与 x2 的关系

可以看出，交互作用项 x_1x_2 加入模型，对 $\hat{y}$ 与 x_1 的关系稍有影响，而 $\hat{y}$ 与 x_2 的关系有较大变化，当 $x_2 < 6$ 时 $\hat{y}$ 出现下降，$x_2 > 6$ 以后 $\hat{y}$ 上升则快得多。为进一步了解 x_1 和 x_2 之间的交互作用，考察模型（4-5）的预测方程（4-6）。

如果取价格差 $x_1 = 0.1$ 元，代入方程（4-6）可得

$$\hat{y}\big|_{x_1=0.1} = 30.2267 - 7.7558x_2 + 0.6712x_2^2 \tag{4-7}$$

再取 $x_1 = 0.3$ 元，代入方程（4-6）得

$$\hat{y}\big|_{x_1=0.3} = 32.4535 - 8.0513x_2 + 0.6712x_2^2 \tag{4-8}$$

它们均为 x_2 的二次函数，作图：

```
goptions ftext="宋体" htitle=1;
  title '模型 5 中不同 x1 对牙膏销售量的影响';
data yagao;
  set Mylib.yagao;
  y1 = 30.2267−7.7558*x2+0.6712*x2*x2;
  y2 = 32.4535−8.0513*x2+0.6712*x2*x2;
proc   gplot   data = yagao;
  plot y1*x2 y2*x2/overlay;
  symbol v=star i=rq cv=orange ci=blue w=1;
  symbol2 v=star i=rq cv=orange ci=blue w=1;
run;
```

其图形如图 4-57 所示。

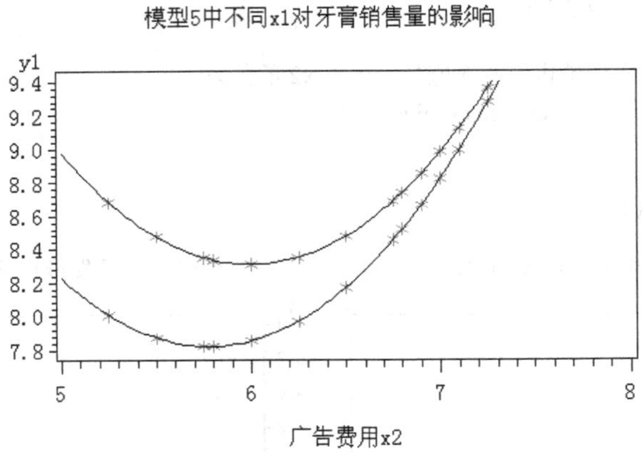

图 4-57　模型 5 中不同 $x1$ 对牙膏销售量的影响

（4-7）（4-8）两式之差：

$$\hat{y}\big|_{x_1=0.3} - \hat{y}\big|_{x_1=0.1} = 2.2268 - 0.2955x_2 \qquad (4\text{-}9)$$

由（4-9）式可得，当 $x_2<7.5357$ 时，总有 $\hat{y}\big|_{x_1=0.3} > \hat{y}\big|_{x_1=0.1}$，即若广告费用不超过大约 7.5 百万元，价格差定在 0.3 元时的销售量，比价格差定在 0.1 元的大，也就是说，这时的价格优势会使销售量增加。

由图 4-57 还可以发现，虽然广告投入的增加会使销售量增加（只要广告费用超过大约 6 百万元），但价格差较小时增加的速率要更大些。这些现象都是由于引入了交互作用项 x_1x_2 后产生的。价格差较大时，许多消费者是受价格的驱动来购买公司的产品，所以可以较少地依赖广告投入的增加来提高销售量。价格差较小时，则更需要靠广告来吸引更多的顾客.

另外，当公司牙膏的售价在市场中明显处于弱势时，x_1 和 x_2 之间的交互作用项不见得就是乘积项 x_1x_2 了，可能出现其他形式的组合。

4.3.2　可化为线性回归的一元非线性回归

现实世界中严格的线性模型并不多见，它们或多或少都带有某种程度的近似；在不少情况下，非线性模型可能更加符合实际，因此，非线性回归与线性回归同样重要。下面主要介绍可化为线性回归的一元非线性回归分析。

如果两个变量间存在线性关系，可以用前面所述的方法建立一元线性回归方程 $\hat{y} = \beta_0 + \beta_1\hat{x}$ 来描述，然而很多时候，变量的相关关系用直线来描述的效果并不好，因为他们之间存在着一种非线性的相关关系，这时常用的方法是通过变量变换，使新变量之间具有线性关系，从而利用一元线性回归对其进行分析。

在对数据进行分析时，常常先描出数据的散点图，判断两个变量间可能的函数关系，如果可由专业知识确定回归函数的形式，则尽可能利用专业知识。若不能由专业知识确定函数形式，则可将散点图与一些常见的函数关系图形进行比较，选择几个可能的函数形式，然后，使用统计方法在这些函数形式之间进行比较，最后确定合适的曲线回归方程。为此，必须了解常见曲线函数的图形。

表 4-4 给出了一些常见的可线性化的一元非线性模型，对线性化后的线性模型可以利用 SAS 的前述方法进行一元线性回归分析。

表 4-4　典型函数及线性化方法

函 数 名 称	函数表达式	线性化方法
双曲线函数	$1/y = a + b/x$	$u = 1/x \quad v = 1/y$
幂函数	$y = ax^b$	$u = \ln x \quad v = \ln y$
指数函数	$y = ae^{bx}$	$u = x \quad v = \ln y$
	$y = ae^{x/b}$	$u = 1/x \quad v = \ln y$
对数函数	$y = a + b\ln x$	$u = \ln x \quad v = y$
S 形函数	$y = \dfrac{1}{a + be^{-x}}$	$u = e^{-x} \quad v = 1/y$

下面通过一个具体实例说明一元非线性回归分析的方法：

【例 4-9】　炼钢厂考虑钢包的重量 y 与试验次数 x 的关系。

表 4-5　钢包的重量 y 与试验次数 x 的数据

序　号	x	y	序　号	x	y
1	2	106.42	8	11	110.59
2	3	108.20	9	14	110.60
3	4	109.58	10	15	110.90
4	5	109.50	11	16	110.76
5	7	110.00	12	18	111.00
6	8	109.93	13	19	111.20
7	10	110.49			

假定数据已存如数据集 Mylib.gbzl，下面分三步进行分析建立模型：

1．确定回归函数可能形式

为确定可能的函数形式，首先描出数据的散点图。步骤如下：

1）在 INSIGHT 模块中，打开数据集 Mylib.gbzl；

2）选择菜单 Analyze（分析）→Scatter Plot(Y X)（散点图）；

3）在打开的 Scatter Plot(Y X)对话框中选定 Y 变量：*Y*；选定 X 变量：*X*；

4）单击 OK 按钮，得到变量 *Y* 对 *X* 的散点图，如图 4-58 所示。

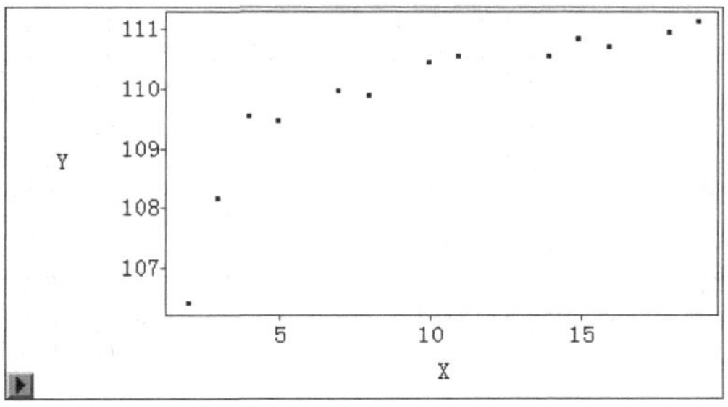

图 4-58　钢包质量与次数的试验散点图

散点图呈现出明显的向上且上凸的趋势，可能选择的函数关系有很多，例如可以给出如下三种曲线函数：

$$1/y=a+b/x\text{，}\quad y=a+b\ln x\text{，}\quad y=a+b\sqrt{x}$$

令 $u=1/x$、$v=1/y$、$w=\ln x$、$z=\sqrt{x}$，三种曲线函数又可以表示为：

$$v=a+bu\text{，}\ y=a+bw\text{，}\ y=a+bz$$

2. 变量变换

在 INSIGHT 模块中，打开数据集 Mylib.gbzl，选择主菜单 Edit（编辑）→Variables（变量）→Other（其他），打开 Edit Variables 对话框。如图 4-59 所示分别增加四个变量：$u=1/x$、$v=1/y$、$w=\ln x$ 和 $z=\sqrt{x}$ 后，得到数据集如图 4-60 所示。

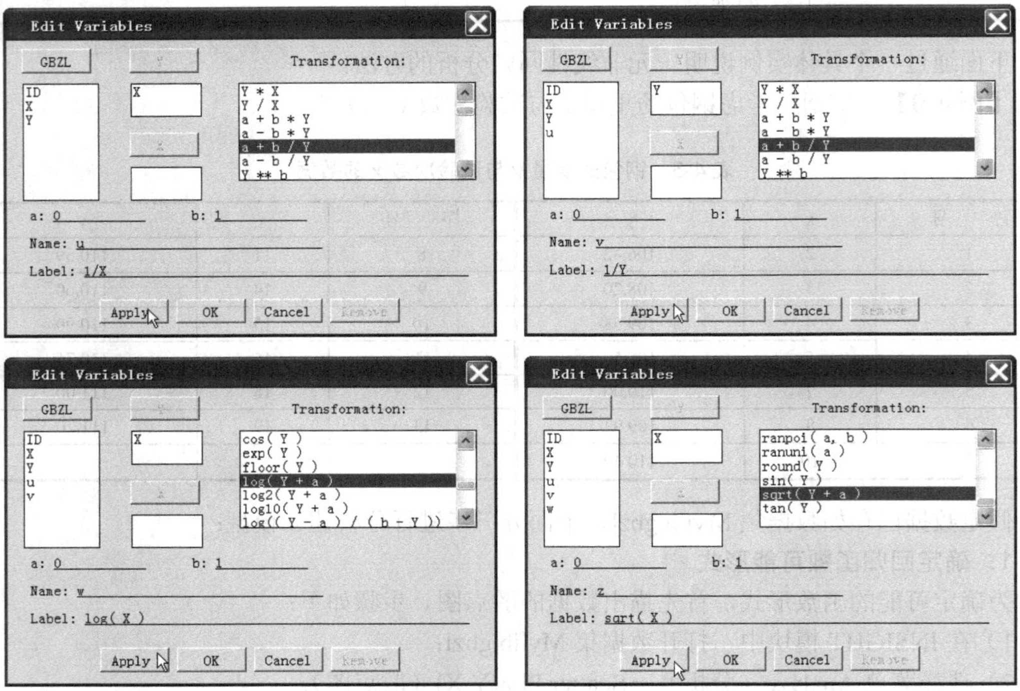

图 4-59　分别增加四个变量

7 / 13	Int ID	Int X	Int Y	Int u	Int v	Int w	Int z
1	1	2	106.42	0.5000	0.0094	0.6931	1.4142
2	2	3	108.20	0.3333	0.0092	1.0986	1.7321
3	3	4	109.58	0.2500	0.0091	1.3863	2.0000
4	4	5	109.50	0.2000	0.0091	1.6094	2.2361
5	5	7	110.00	0.1429	0.0091	1.9459	2.6458
6	6	8	109.93	0.1250	0.0091	2.0794	2.8284
7	7	10	110.49	0.1000	0.0091	2.3026	3.1623
8	8	11	110.59	0.0909	0.0090	2.3979	3.3166
9	9	14	110.60	0.0714	0.0090	2.6391	3.7417
10	10	15	110.90	0.0667	0.0090	2.7081	3.8730
11	11	16	110.76	0.0625	0.0090	2.7726	4.0000
12	12	18	111.00	0.0556	0.0090	2.8904	4.2426
13	13	19	111.20	0.0526	0.0090	2.9444	4.3589

图 4-60　新数据集

分别做 v 对 u、y 对 w 和 y 对 z 的散点图。

从散点图（见图 4-61）可以看出变换后的两变量的关系接近线性，可以考虑建立线性回归模型。

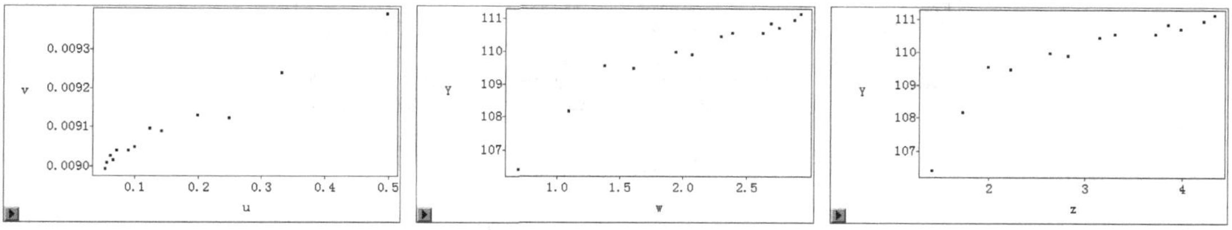

图 4-61　散点图

3．回归方程的比较

利用 4.2.2 节中介绍的 INSIGHT 的功能分别建立 v 和 u、y 和 w 及 y 和 z 线性回归方程为：

（1）$v = 0.0090 + 0.0008\,u$

模型的各项检验结果如图 4-62 所示。

Summary of Fit			
Mean of Response	0.0091	R-Square	0.9736
Root MSE	1.903E-05	Adj R-Sq	0.9712

Source	DF	Sum of Squares	Mean Square	F Stat	Pr > F
Model	1	1.469E-07	1.469E-07	405.44	<.0001
Error	11	3.98564E-9	3.6233E-10		
C Total	12	1.509E-07			

Analysis of Variance

Source	DF	Sum of Squares	Mean Square	F Stat	Pr > F
u	1	1.469E-07	1.469E-07	405.44	<.0001

Type III Tests

图 4-62　模型 1

（2）$y = 106.315 + 1.7140\,w$

模型的各项检验结果如图 4-63 所示。

Summary of Fit			
Mean of Response	109.9362	R-Square	0.8773
Root MSE	0.4864	Adj R-Sq	0.8662

Analysis of Variance

Source	DF	Sum of Squares	Mean Square	F Stat	Pr > F
Model	1	18.6083	18.6083	78.66	<.0001
Error	11	2.6022	0.2366		
C Total	12	21.2105			

Type III Tests

Source	DF	Sum of Squares	Mean Square	F Stat	Pr > F
L_X	1	18.6083	18.6083	78.66	<.0001

图 4-63　模型 2

（3）$y = 106.301 + 1.1947\,z$

模型的各项检验结果如图 4-64 所示。

从上面三个的结果看，三个线性模型均有效。其中第一个模型的判定系数 R^2 最大、剩余标准差最小，所以第一个方程拟合得最好，所以应选用线性回归方程 $v = 0.0090 + 0.0008\,u$，原数据的回归方程为：

Summary of Fit			
Mean of Response	109.9362	R-Square	0.7851
Root MSE	0.6437	Adj R-Sq	0.7656

Analysis of Variance					
Source	DF	Sum of Squares	Mean Square	F Stat	Pr > F
Model	1	16.6533	16.6533	40.20	<.0001
Error	11	4.5573	0.4143		
C Total	12	21.2105			

Type III Tests					
Source	DF	Sum of Squares	Mean Square	F Stat	Pr > F
z	1	16.6533	16.6533	40.20	<.0001

图 4-64　模型 3

$$\frac{1}{\hat{y}} = 0.0090 + 0.0008\frac{1}{\hat{x}}$$

即

$$\hat{y} = \frac{\hat{x}}{0.0090\hat{x} + 0.00081}$$

4.4　习题

1．以下给出了美国 14 个州一年内吸烟支数与患膀胱癌死亡的人数，以及吸烟支数与患肺癌死亡的人数的相关数据：

表 4-6　死亡人数

州	吸烟数（支/人）	膀胱癌（人/100 000）	肺癌（人/100 000）
加利福尼	2860	4.46	22.07
爱达荷	2010	3.08	13.58
伊利诺	2791	4.75	22.80
印第安纳	2618	4.09	20.30
伊阿华	2212	4.23	16.59
堪萨斯	2184	2.91	16.84
肯塔基	2344	2.86	17.71
马萨诸塞	2692	4.69	22.04
明尼苏达	2206	3.72	14.20
纽约	2914	5.30	25.02
阿拉斯加	3034	3.46	25.88
内瓦达	4240	6.54	23.03
犹他	1400	3.31	12.01
得克萨斯	2257	3.21	20.74

1）求患膀胱癌死亡人数（y）关于吸烟支数（x）的线性回归方程；

2）求患肺癌死亡人数（Z）关于吸烟支数（x）的线性回归方程，并取 a=0.05 检验假设

$$H_0: \beta_1 = 0 \qquad H_1: \beta_1 \neq 0$$

2．比萨斜塔是一项建筑奇迹。工程师关于塔的稳定性作了大量研究工作，塔的斜度的测量值随时间变化的关系提供了很多有用的信息，下表给出了1975～1987年的测量值。表中变量"斜度"表示塔上某一点的实际位置与假如塔为垂直时它所处位置之偏差再减去29000。数据是按十分之一毫秒记录的。

年份 x	1975	1976	1977	1978	1979	1980	1981	1982	1983	1984	1985	1986	1987
斜度 y/(1/10mm)	642	644	656	667	673	688	696	698	713	717	725	742	757

试写出 y（斜度）关于年份 x 的线性回归方程。

3．某研究人员需要分析我国固定资产投资状况的影响因素，选取可能的5个影响因素：国内生产总值、商品房屋销售额、财政支出、社会消费品零售总额、进出口总额，统计1987～2001共15年的各项指标如表4-7所示，试在0.05的显著性水平下进行多元回归分析，进行总体显著性检验并判断哪些因素对固定资产投资有着显著影响，给出回归方程。

表4-7　15年的统计数据　　（单位：亿元）

年度	固定投资总额	国内生产总值	商品房屋销售额	财政支出	社会消费品零售总额	进出口总额
1987	3791.7	11962.5	1100967	2262.18	5820	3084.2
1988	4753.8	14928.3	1472164	2491.21	7440	3821.8
1989	4410.4	16909.2	1637542	2823.78	8101.4	4155.9
1990	4517	18547.9	2018263	3083.59	8300.1	5560.1
1991	5594.5	21617.8	2378597	3386.62	9415.6	7225.8
1992	8080.1	26638.1	4265938	3742.2	10993.7	9119.6
1993	13072.3	34634.4	8637141	4642.3	12462.1	11271
1994	17042.1	46759.4	10184950	5792.62	16264.7	20381.9
1995	20019.26	58478.1	12577269	6823.72	20620	23499.9
1996	22913.55	67884.6	14271292	7937.55	24774.1	24133.8
1997	24941.11	74462.6	17994763	9233.56	27298.9	26967.2
1998	28406.17	78345.2	25133027	10798.18	29152.5	26857.7
1999	29854.71	82067.46	29878734	13187.67	31134.7	29896.3
2000	32917.73	89442.2	39354423	15886.5	34152.6	39274.2
2001	37213.49	95933.3	48627517	18902.58	37595.2	42193.3

4．某研究人员统计了房地产行业2003年主营业务收入和净利润的关系，从中随即抽取20家上市公司，统计后的主营业务收入和净利润如表4-8所示，试采用多项式回归方程给出净利润与主营业务收入的关系。

表4-8　20家公司的净利润和主营业务收入　　（单位：百万元）

股票代码	主营业务收入	净利润	股票代码	主营业务收入	净利润
000002	638.01	542.27	600383	150.98	165.55
000029	96.24	11.35	600533	48.05	70.50
000031	33.09	85.11	600603	0.85	2.57

（续）

股票代码	主营业务收入	净利润	股票代码	主营业务收入	净利润
000046	57.60	36.61	600638	51.66	63.70
000511	36.77	27.26	600639	61.07	127.13
000558	20.10	6.72	600641	64.54	33.59
000608	45.53	36.37	600648	35.50	25.01
600064	110.07	80.13	600663	226.55	664.02
600322	72.05	20.88	600675	188.60	175.31
600376	39.82	37.15	600736	81.32	108.68

5．为了考评教师的教学质量，教学研究部门设计了一个教学评估表，对学生进行一次问卷调查，要求学生对12位教师的15门课程（其中3位教师有两门课）按以下7项内容打分，分值为1～5分（5分最好，1分最差）：

x_1—课程内容组织的合理性；x_2—主要问题展开的逻辑性；x_3—回答学生问题的有效性；x_4—课下交流的有助性；x_5—教科书的帮助性；x_6—考试评分的公正性；y—对教师的总体评价。

收回问卷调查表后，得到了学生对12位教师、15门课程各项评分的平均值，见表4-9。

表4-9　12位教师、15门课程各项评分的平均值

教师编号	课程编号	x1	x2	x3	x4	x5	x6	y
1	201	4.46	4.42	4.23	4.10	4.56	4.37	4.11
2	224	4.11	3.82	3.29	3.60	3.99	3.82	3.38
3	301	3.58	3.31	3.24	3.76	4.39	3.75	3.17
4	301	4.42	4.37	4.34	4.40	3.63	4.27	4.39
5	301	4.62	4.47	4.53	4.67	4.63	4.57	4.69
6	309	3.18	3.82	3.92	3.62	3.50	4.14	3.25
7	311	2.47	2.79	3.58	3.50	2.84	3.84	2.84
8	311	4.29	3.92	4.05	3.76	2.76	4.11	3.95
9	312	4.41	4.36	4.27	4.75	4.59	4.11	4.18
10	312	4.59	4.34	4.24	4.39	2.64	4.38	4.44
11	333	4.55	4.45	4.43	4.57	4.45	4.40	4.47
12	424	4.67	4.64	4.52	4、39	3.48	4.21	4.61
13	351	3.71	3.41	3.39	4.18	4.06	4.06	3.17
14	411	4.28	4.45	4.10	4.07	3.76	4.43	4.15
15	424	4.24	4.38	4.35	4.48	4.15	4.50	4.33

教学研究部门认为，所列各项具体内容 x_1～x_6，不一定每项都对教师总体评价 y 有显著影响，并且各项内容之间也可能存在很强的相关性，他们希望得到一个总体评价与各项具体内容之间的模型，这个模型应尽量简单、有效，并且由此能给教师一些合理的建议，以提高总体评价。

6．为了检验X射线的杀菌作用，用200kV的X射线照射杀菌，每次照射6min，照射次

数为 x，照射后所剩细菌数为 y，表 4-10 是一组试验结果。

表 4-10 试验结果

x	y	x	y	x	y
1	783	8	154	15	28
2	621	9	129	16	20
3	433	10	103	17	16
4	431	11	72	18	12
5	287	12	50	19	9
6	251	13	43	20	7
7	175	14	31		

根据经验知道 y 关于 x 的曲线回归方程形如

$$\hat{y} = ae^{bx}$$

试给出具体的回归方程，并求其对应的决定系数 R^2 和均方误差 MSE。

7．我国从 1982～2001 年间的 20 年的财政收入（Y）和国内生产总值（x）如表 4-11 所示，试分别采用指数回归、对数回归、幂函数回归和多项式回归 4 种非线性回归方法，给出回归方程，并根据可决系数选择最佳回归方程。

表 4-11 1982～2001 年的国内生产总值和财政收入　（亿元）

年　度	国内生产总值	财 政 收 入	年　度	国内生产总值	财 政 收 入
1982	5294.7	1212.33	1992	26638.1	3483.37
1983	5934.5	1366.95	1993	34634.4	4348.95
1984	7171	1642.86	1994	46759.4	5218.1
1985	8964.4	2004.82	1995	58478.1	6242.2
1986	10202.2	2122.01	1996	67884.6	7407.99
1987	11962.5	2199.35	1997	74462.6	8651.14
1988	14928.3	2357.24	1998	78345.2	9875.95
1989	16909.2	2664.9	1999	82067.46	11444.08
1990	18547.9	2937.1	2000	89442.2	13395.23
1991	21617.8	3149.48	2001	95933.3	16386.04

第5章　方 差 分 析

方差分析（analysis of variance，ANOVA）是检验多个总体均值是否相等的一种统计方法。从形式上看，方差分析是比较多个均值是否相等，但本质上它所研究的是变量之间的关系。这与回归分析方法有许多相似之处，但又有本质区别，统计学中用方差分析来研究分类变量（因素）对数值型变量（指标）的影响。本章介绍如何利用 SAS 进行方差分析。

5.1　方差分析中的有关概念

方差分析的主要目的是研究某些因素对于指标有无显著的影响，对有显著影响的因素，一般希望找出最好水平。所采用的方法是通过检验各总体的均值是否相等，来判断分类型自变量对数值型因变量（响应变量）是否有显著影响。由于检验各总体的均值是否相等的方法是通过计算分析观测数据的变差而实现的，所以称之为方差分析。

当方差分析中只涉及一个分类型自变量时，称为单因素方差分析（one-way analysis of variance），当涉及两（多）个分类自变量时称为双（多）因素方差分析（two-way analysis of variance）。

5.1.1　单因素方差分析问题与模型

单因素方差分析用来检验以某一个分类变量得到的多个分类总体的均值是否相等。

1．数学模型

进行单因素方差分析时，需要得到如图 5-1 所示的数据结构。

观测值（j）	A 因素（i）			
	A_1	A_2	…	A_m
1	x_{11}	x_{21}	…	x_{m1}
2	x_{12}	x_{22}	…	x_{m2}
…	…	…	…	…
n_i	x_{1n_1}	x_{2n_2}	…	x_{mn_m}

图 5-1　单因素方差分析的数据结构

图中用 A 表示因素，因素的 m 个水平（总体）分别用 A_1，A_2，…，A_m 表示，每个水平对应一个总体。其中从不同水平中抽出的样本容量可以相同，也可以不同。若不同水平抽出的样本容量相同则称为均衡数据，否则称为非均衡数据。

设 x_{ij} 表示第 i 个总体的第 j 个观测值（$j = 1$，2，…，n_i，$i = 1$，2，…，m），希望由此对不同水平下总体的均值进行比较。对此，观察到的 x_{ij} 常用以下的模型表示：

$$x_{ij} = \mu_i + \varepsilon_{ij},\quad 1\leqslant j\leqslant n_i,\quad 1\leqslant i\leqslant m$$

其中，μ_i表示第i个总体的均值，ε_{ij}为随机误差，在方差分析中为了得到有效的检验法还常假定ε_{ij}满足以下条件：

- ε_{ij}为相互独立的；
- ε_{ij}都服从正态分布，且ε_{ij}的均值都为0，方差都相同。

2．方差分析的过程

为了方便起见，可将μ_i记为：

$$\mu_i = \mu + \nu_i$$

式中，$\mu = \frac{1}{m}\sum_{i=1}^{m}\mu_i$ 称为总均值；$\nu_i = \mu_i - \mu$，$i = 1$，2，…；m称为因素A的第i个水平的附加效应，这样比较不同水平下均值是否相同问题的检验假设：

$$H_0:\ \mu_1 = \mu_2 = \cdots = \mu_m,\ H_1:\ \mu_1,\ \mu_2,\ \cdots,\ \mu_m$$

不全相等，就可以表示为：

$$H_0:\ \nu_1 = \nu_2 = \cdots = \nu_m = 0,\ H_1:\ \nu_1,\ \nu_2,\ \cdots,\ \nu_m$$

不全为零。

在H_0成立的情况下，检验用统计量：

$$F = \frac{SSM_A/(m-1)}{SSE/(n-m)} \sim F(m-1, n-m)$$

式中

$$SSM_A = \sum_{i=1}^{m}\sum_{j=1}^{n_i}(\bar{x}_{i\cdot} - \bar{\bar{x}})^2$$

反映了每组数据均值和总平均的误差，称为组间（变差）平方和，或称为模型（变差）平方和；

$$SSE = \sum_{i=1}^{m}\sum_{j=1}^{n_i}(x_{ij} - \bar{x}_{i\cdot})^2$$

反映了组内数据和组内平均的随机误差，称为组内（变差）平方和或称为误差平方和。这里

$$\bar{x}_{i\cdot} = \frac{1}{n_i}\sum_{j=1}^{n_i}x_{ij}$$

称为组内平均；

$$\bar{\bar{x}} = \frac{1}{n}\sum_{i=1}^{m}\sum_{j=1}^{n_i}x_{ij}$$

称为总平均，$n = n_1 + n_2 + \cdots + n_m$。另外

$$SST = \sum_{i=1}^{m}\sum_{j=1}^{n_i}(x_{ij} - \bar{\bar{x}})^2$$

称为全部（变差）平方和。可以证明 $SST = SSM_A + SSE$。

当原假设成立时，各总体均值相等，各样本均值间的差异应该较小，因素 A 平方和也应较小，F 统计量取很大值应该是稀有的情形。所以对给定显著性水平 $\alpha \in (0, 1)$，若 $p = \mathrm{P}\{F \geqslant F_0\} < \alpha$，则拒绝原假设 H_0（F_0 为 F 统计量的观测值），可以认为所考虑的因素对响应变量有显著影响；否则不能拒绝 H_0，认为所考虑的因素对响应变量无显著影响。

3．方差分析表

通常将上述计算结果表示为表 5-1 所示的方差分析表。

表 5-1　单因素方差分析表

来源(Source)	自由度(DF)	平方和(Sun of Square)	平均平方和(Mean Square)	F 统计量(F value)	p 值 Pr > F
组间	$m-1$	SSM_A	$SSM_A/(m-1)$	MS_A/MSE	p
组内	$n-m$	SSE	$SSE/(n-m)$		
全部(C-tatol)	$n-1$	SSM_A+SSE			

其中，$MS_A = SSM_A/(m-1)$，$MSE = SSE/(n-m)$。利用方差分析表中的信息，就可以对因素各水平间的差异是否显著做出判断。

5.1.2　双因素方差分析问题与模型

在上面的单因素方差分析中，研究的是数据的均值受一个因素不同水平的影响。但在一些实际问题中，影响总体均值的因素不止一个，这些因素间可能还存在交互作用，这就要考虑两个或多个因素的问题。为简单起见，仅考虑两个因素的情况。

1．无交互作用的双因素方差分析

对于多因素问题，通常考虑有重复观测的情形，其数据结构如图 5-2 所示。

观测值		A 因素(i)				平均值
		A_1	A_2	…	A_l	
B 因素(j)	B_1	$x_{111}\cdots x_{11n}$	$x_{211}\cdots x_{21n}$	…	$x_{l11}\cdots x_{l1n}$	$\bar{x}_{1.}$
	B_2	$x_{121}\cdots x_{12n}$	$x_{221}\cdots x_{22n}$	…	$x_{l21}\cdots x_{l1n}$	$\bar{x}_{2.}$
	…	…	…	…	…	
	B_m	$x_{1m1}\cdots x_{1mn}$	$x_{2m1}\cdots x_{2mn}$	…	$x_{lm1}\cdots x_{lmn}$	$\bar{x}_{m.}$
平均值		$\bar{x}_{.1}$	$\bar{x}_{.2}$		$\bar{x}_{.l}$	$\bar{x}$

图 5-2　双因素方差分析的数据结构

若第一个因素 A 有 l 个水平，第二个因素 B 有 m 个水平。在因素 A 的第 i 个水平和因素 B 的第 j 个水平下进行了多次观测，记为 $\{x_{ijk}，1 \leqslant k \leqslant n\}$。

对 x_{ijk} 考虑以下模型：

$$x_{ijk} = \mu + \alpha_i + \tau_j + \varepsilon_{ijk}, \qquad 1 \leqslant i \leqslant l，1 \leqslant j \leqslant m，1 \leqslant k \leqslant n$$

式中，μ 表示平均的效应；α_i 和 τ_j 分别表示因素 A 的第 i 个水平和因素 B 的第 j 个水平的附加效应；ε_{ijk} 为随机误差，同样这里的随机误差也假定是独立的并且服从等方差的正态分布。

要说明因素 A 有无显著影响，就是要检验如下假设：

H_{0A}：$\alpha_1 = \alpha_2 = \cdots = \alpha_l$　　H_{1A}：α_1，α_2，…，α_l
不全相等；

要说明因素 B 有无显著影响，就是要检验如下假设：

H_{0B}：$\tau_1 = \tau_2 = \cdots = \tau_m$，　H_{1B}：τ_1，τ_2，…，τ_m
不全相等。

而模型无显著效果是指以上两个假设的原假设同时成立。

在 H_{0A}、H_{0B} 成立时，检验用统计量：

$$F_A = \frac{SSM_A/(l-1)}{SSE/(lmn-l-m+1)} \overset{H_{0A}\text{真}}{\sim} F(l-1,(lmn-l-m+1))$$

$$F_B = \frac{SSM_B/(m-1)}{SSE/(lmn-l-m+1)} \overset{H_{0B}\text{真}}{\sim} F(m-1,(lmn-l-m+1))$$

对于给定的显著性水平 α：

当值 $p = P\{F_A > F_{A0}\} < \alpha$ 时拒绝 H_{0A}；

当值 $p = P\{F_B > F_{B0}\} < \alpha$ 时拒绝 H_{0B}。

其中，F_{A0} 为 F_A 统计量的观测值；F_{B0} 为 F_B 统计量的观测值。

2. 有交互作用的多因素方差分析

对于有交互作用的观测$\{x_{ijk}\}$，采用以下的模型：

$$x_{ijk} = \mu + \alpha_i + \tau_j + \gamma_{ij} + \varepsilon_{ijk},\quad 1 \leqslant i \leqslant l,\ 1 \leqslant j \leqslant m,\ 1 \leqslant k \leqslant n$$

其中，μ表示平均的效应；α_i 和 τ_j 分别表示因素 A 的第 i 个水平和因素 B 的第 j 个水平的附加效应；γ_{ij} 表示因素 A 的第 i 个水平和因素 B 的第 j 个水平交互作用的附加效应；ε_{ijk} 为随机误差，这里也假定它是独立的并且服从等方差的正态分布。

注意，其中 n 必须大于 1，即为了检验交互作用，必须有重复观测。

要说明交互作用有无显著影响，就是要检验如下假设：

$H_{0(A*B)}$：$\gamma_{ij} = 0$（$1 \leqslant i \leqslant l$，$1 \leqslant j \leqslant m$），$H_{1(A*B)}$：$\gamma_{ij}$
不全为零（$1 \leqslant i \leqslant l$，$1 \leqslant j \leqslant m$）。

所以在多因素方差分析中，须在无交互作用所作检验的基础上，加上交互作用的检验。

构造 H_{0A}，H_{0B}，$H_{0(A*B)}$的检验统计量分别为

$$F_A = \frac{SSM_A/(l-1)}{SSE/lm(n-1)} \overset{H_{0A}\text{真}}{\sim} F(l-1,lm(n-1))$$

$$F_B = \frac{SSM_B/(m-1)}{SSE/lm(n-1)} \overset{H_{0B}\text{真}}{\sim} F(m-1,lm(n-1))$$

$$F_{(A*B)} = \frac{SSM_{(A*B)}/(l-1)(m-1)}{SSE/lm(n-1)} \overset{H_{0A*B}\text{真}}{\sim} F((l-1)(m-1),lm(n-1))$$

对于给定的显著性水平 α：

当值 $p = P\{F_A \geqslant F_{A0}\} < \alpha$ 时拒绝 H_{0A}，否则不能拒绝 H_{0A}；

当值 $p = P\{F_B \geqslant F_{B0}\} < \alpha$ 时拒绝 H_{0B}，否则不能拒绝 H_{0B}；

当值 $p = P\{F_{(A*B)} \geqslant F_{(A*B)0}\} < \alpha$ 时拒绝 $H_{0(A*B)}$，否则不能拒绝 $H_{0(A*B)}$。

3. 方差分析表

无交互作用的双因素方差分析表见表 5-2。

表 5-2 无交互作用的双因素方差分析表

来源(Source)	自由度(DF)	平方和(Sun of Square)	平均平方和(Mean Square)	F 统计量(F value)	p 值($Pr > F$)
因素 A	$l-1$	SSM_A	$SSM_A/(l-1)$	MS_A/MSE	p(A)
因素 B	$m-1$	SSM_B	$SSM_B/(m-1)$	MS_B/MSE	p(B)
随机误差	$lmn-l-m+1$	SSE	$SSE/(lmn-l-m+1)$		
全部	$lmn-1$	SSM_A+SSM_B+SSE			

其中，$MS_A = SSM_A/(l-1)$，$MS_B = SSM_B/(m-1)$，$MSE = SSE/(lmn-l-m+1)$。利用方差分析表中的信息，就可以对每个因素各水平间的差异是否显著做出判断。

有交互作用的双因素方差分析表见表 5-3。

表 5-3 有交互作用的双因素方差分析表

来源(Source)	自由度(DF)	平方和(Sun of Square)	平均平方和(Mean Square)	F 统计量(F value)	p 值($Pr > F$)
因素 A	$l-1$	SSM_A	$SSM_A/(l-1)$	MS_A/MSE	p_A
因素 B	$m-1$	SSM_B	$SSM_B/(m-1)$	MS_B/MSE	p_B
A*B	$(l-1)(m-1)$	$SSM_{(A*B)}$	$SSM_{(A*B)}/(l-1)(m-1)$	$MS_{(A*B)}/MSE$	$p_{(A*B)}$
随机误差	$lm(n-1)$	SSE	$SSE/lm(n-1)$		
全部	$lmn-1$	$SSM_A+SSM_B+SSM_{(A*B)}+SSE$			

其中，$MS_A = SSM_A/(l-1)$，$MS_B = SSM_B/(m-1)$，$MS_{(A*B)} = SSM_{(A*B)}/(l-1)(m-1)$，$MSE = SSE/lm(n-1)$。利用表中的信息，就可以对各个因素间交互作用是否显著和每个因素各水平间的差异是否显著做出判断。

5.1.3 方差分析中的基本假定

本章所讲方差分析指的是参数方差分析，对数据进行方差分析是建立在一些基本假定上，如果分析的数据不符合这些假定，得出的结果就不会正确，这时可改用方差分析的非参数方法，如用 NPAR1WAY（单因素非参数）过程进行 Wruskal_Wallisjian 检验。一般来说，在实验设计时就应该考虑到方差分析的假定条件。

方差分析中常用的基本假定是：

- 正态性：每个总体均服从正态分布，也就是说，对于每一个水平，其观测值是来自正态分布的简单随机样本。
- 方差齐性：各总体的方差相同。
- 独立性：从每一总体中抽取的样本是相互独立的。

在 SAS 中，正态性可用第 3 章介绍的方法来验证，也可通过本章介绍的“残差的正态性检验”来验证，方差齐性可以在方差分析的过程进行验证，而独立性可由试验的随机化确定。

5.2 单因素方差分析

5.2.1 用 INSIGHT 作单因素方差分析

INSIGHT 模块的单因素方差分析功能包含在回归分析的功能模块 Fit 中，分析的结果将得到类似回归分析的方差分析模型，通过方差分析表和方差分析模型可以判断分类自变量对数值因变量有无显著的影响。下面介绍在 INSIGHT 模块中作单因素方差分析的方法。

1．实例

【例 5-1】 消费者与产品生产者、销售者或服务的提供者之间经常发生纠纷。当发生纠纷后，消费者常常会向消费者协会投诉。为了对几个行业的服务质量进行评价，消费者协会在零售业、旅游业、航空公司、家电制造业分别抽取了不同的企业作为样本。每个行业各抽取 5 家企业，所抽取的这些企业在服务对象、服务内容、企业规模等方面基本上是相同的。然后统计出最近一年中消费者对总共 20 家企业投诉的次数，结果如表 5-4 所示。

表 5-4　消费者对 4 个行业的投诉次数

零 售 业	旅 游 业	航 空 公 司	家电制造业
57	68	31	44
66	39	49	51
49	29	21	65
40	45	34	77
44	56	40	58

通常，受到投诉的次数越多，说明服务的质量越差。消费者协会想知道这几个行业之间的服务质量是否有显著差异，即在方差分析中检验原假设：4 个行业被投诉次数的均值相等。

2．分析步骤

分析步骤如下：

1）将表 5-4 中的数据整理成图 5-3a 所示结构的数据集，存放在 Mylib.xfzts 中；

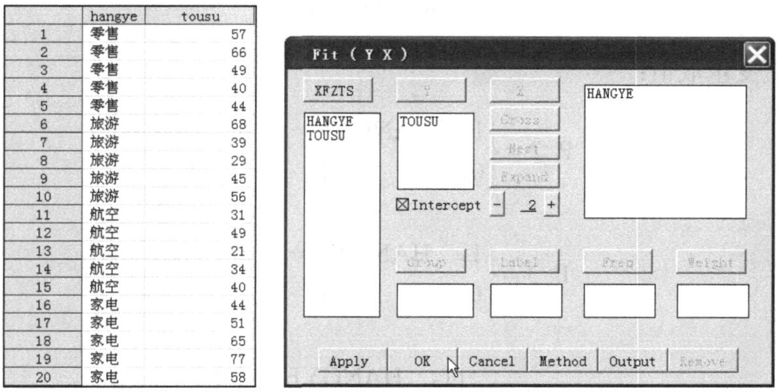

	hangye	tousu
1	零售	57
2	零售	66
3	零售	49
4	零售	40
5	零售	44
6	旅游	68
7	旅游	39
8	旅游	29
9	旅游	45
10	旅游	56
11	航空	31
12	航空	49
13	航空	21
14	航空	34
15	航空	40
16	家电	44
17	家电	51
18	家电	65
19	家电	77
20	家电	58

a)　　　　　　　　b)

图 5-3　数据集 xfzts 与分析变量的选择

2）在 INSIGHT 模块中打开数据集 Mylib.xfzts；

3）选择菜单 Analyze（分析）→Fit（拟合），在打开的 Fit(X Y)对话框中选择数值型变量作因变量，分类型变量作自变量：选择变量 tousu，单击 Y 按钮，选择变量 hangye，单击 X 按钮，分别将变量移到列表框中，如图 5-3b 所示；

4）单击 OK 按钮，得到分析结果。

3. 结果分析

在显示的分析结果中包含类似于回归分析结果的若干张表：

第一张表提供拟合模型的一般信息，如图 5-4 所示。

TOUSU =	HANGYE
Response Distribution:	Normal
Link Function:	Identity

图 5-4　拟合模型的一般信息

TOUSU = HANGYE 表示这个分析是以 TOUSU 为响应变量，HANGYE 为自变量的线性模型；

Response Distribution（响应变量的分布）是正态分布，这是默认的分布，要是这一假设成立，残差项应该是近似正态分布的；

Link Function（关联函数）提供数据中响应变量和模型中的响应变量间的联系。在这个列子中，因为在模型拟合前不对响应变量进行任何变换，所以关联函数是恒等函数。

第二张表为列名型变量信息，即 HANGYE 为列名型的，有 4 个水平；第三张表提供参数信息，并且约定，P_2、P_3、P_4、P_5 分别为航空、家电、零售和旅游 4 个行业的标识变量（也称哑变量）。如图 5-5 所示。

Nominal Variable Information

Level	HANGYE
1	航空
2	家电
3	零售
4	旅游

Parameter Information

Parameter	Variable	HANGYE
1	Intercept	
2	HANGYE	航空
3		家电
4		零售
5		旅游

图 5-5　列名型变量信息表与参数信息表

第四张表给出响应变量均值关于自变量不同水平的模型方程，如图 5-6 所示。

Model Equation

TOUSU	=	47.4000	-	12.4000 P_2	+	11.6000 P_3	+	3.8000 P_4

图 5-6　模型方程

其中，标识变量取值：

$$P\_2=\begin{cases}1, & HANGYE=\text{航空}\\0, & \text{其他}\end{cases},$$

$$P\_3=\begin{cases}1, & HANGYE=\text{家电}\\0, & \text{其他}\end{cases},$$

$$P\_4=\begin{cases}1, & HANGYE=\text{零售}\\0, & \text{其他}\end{cases},$$

第五张表（见图 5-7）给出模型拟合的汇总信息，其中：

Summary of Fit			
Mean of Response	48.1500	R-Square	0.3819
Root MSE	12.3288	Adj R-Sq	0.2660

图 5-7　拟合的汇总信息

1）Mean of Response（响应变量的均值）即变量 TOUSU 的均值；

2）Root MSE（均方残差平方根）为误差项（假定误差项有等方差）的标准差的估计值；

3）R-Square（R^2）是判定系数（coefficient of determination），阐明了自变量所能描述的变化（模型平方和）在全部变差平方和中的比例，它的值总在 0 和 1 之间，其值越大，说明自变量的信息对说明因变量信息的贡献越大，即分类变量取不同的值对因变量的影响越显著。

4）Aaj R-Sq（修正 R^2）类似于 R^2，但它随模型中的参数的个数而修正。

第六张为方差分析表，如图 5-8 所示，其中各项含义可参见表 5-1 的说明。

Source	DF	Sum of Squares	Mean Square	F Stat	Pr > F
Model	3	1502.5500	500.8500	3.30	0.0476
Error	16	2432.0000	152.0000		
C Total	19	3934.5500			

图 5-8　方差分析表

从方差分析表可以看出，p 值小于 0.05（显著水平），所以拒绝原假设，即不同行业的消费者投诉次数有显著差异。

第七张表提供 III 型检验，它是方差分析表的细化，给出了各因素的平方和及 F 统计量，因为本例是单因素的，所以这一行与图 5-8 的“Model”一行相同。如图 5-9 所示。

Source	DF	Sum of Squares	Mean Square	F Stat	Pr > F
HANGYE	3	1502.5500	500.8500	3.30	0.0476

图 5-9　III 型检验表

第八张为参数估计表（见图 5-10），其中有关于不同行业下投诉次数均值差异的估计和检验：

Variable	HANGYE	DF	Estimate	Std Error	t Stat	Pr >|t|	Tolerance	Var Inflation
Intercept		1	47.4000	5.5136	8.60	<.0001	.	0
HANGYE	航空	1	-12.4000	7.7974	-1.59	0.1313	0.6667	1.5000
	家电	1	11.6000	7.7974	1.49	0.1563	0.6667	1.5000
	零售	1	3.8000	7.7974	0.49	0.6326	0.6667	1.5000
	旅游	0	0	.	.	.	.	.

图 5-10　参数估计表

1）根据标识变量规定的方法，Intercept 后的估计 47.4 是对应于旅游业投诉次数的均值，其后的 t 检验是检验这一均值是否为 0。这里 p 值<0.0001<0.05 = α，故显著非 0。

2）航空后的估计−12.4 是航空业与旅游业投诉次数均值之差的估计值，其后的 t 检验也是检验这两个投诉次数均值之差是否为 0。

由于 p 值的绝对值为 0.1313 > 0.05，所以航空业与旅游业的被投诉次数没有显著差异的。其他分析类似。

3）表中还有 Tolerance（容差）和 Variance inflation factors（方差膨胀因素），在这类分析中无需考虑。

4．检验模型假定

在分析结果的最后有一个残差（Residual，响应变量值减预测值）和预测值的散点图（见图 5-11），这个图可以帮助校验模型的假定。从图中看出，残差有大体相同的散布，它表明等方差的假设没有问题。

为了验证残差为正态分布的假定，回到数据窗口。可以看到 R_TOUSU（残差）和 P_TOUSU（预测值）已加到数据集之中，下面用 Distribufion(Y)来验证残差的正态性。

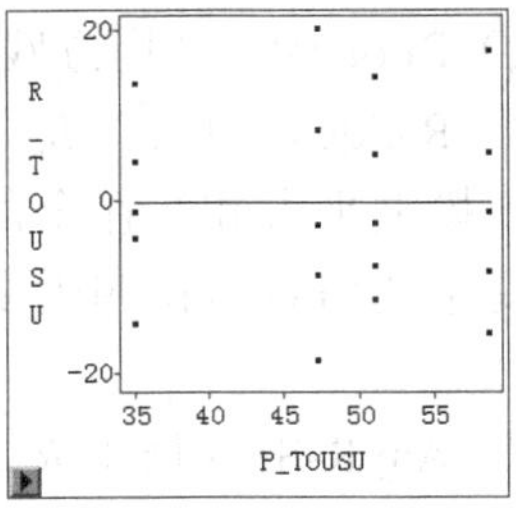

图 5-11　残差和预测值的散点图

1）选择菜单 Analyze→Distribution(Y)；

2）在打开的 Distribution(Y)对话框中选定分析变量：R_TOUSU；

3）单击 OK 按钮；

4）选择菜单 Curves→Test for Distribution；在打开的 Test for Distribution 对话框中直接单击 OK 按钮。

在检验结果的 Test for Distribution 表中看到，p 值大于 0.05，不能拒绝原假设，表明可以认为残差是正态分布的（见图 5-12）。

Tests for Distribution

Curve	Distribution	Mean/Theta	Sigma	Kolmogorov D	Pr > D
———	Normal	-2.132E-15	11.3137	0.1352	>.15

图 5-12　残差的正态性检验

5.2.2　用“分析家”作单因素方差分析

下面介绍在“分析家”中对例 5-1 作方差分析：

1．分析步骤

1）在“分析家”中，打开数据集 Mylib.xfzts；

2）选择菜单 Statistics（统计）→ANOVA（方差分析）→One-Way ANOVA（单因素方差分析），打开 One-Way ANOVA 对话框；

3）选中分类变量 HANGYE，单击 Independent 按钮，将其移到 Independent（自变量）框中；选中数值变量 TOUSU，单击按钮 Dependent，将其移到 Dependent（因变量）框中，如图 5-13 所示；

4）为了检验方差分析中关于方差齐性的假定，单击 Tests 按钮，打开 One-Way ANOVA：Tests 对话框，选中 Tests for equal variance 栏下的 levene's test 复选框（常用），如图 5-14a 所示，单击 OK 按钮返回；

5）单击 Plots 按钮，打开 One-Way ANOVA：Plots 对话框，可以选择图形类型，如选中 Types of plots 栏下的 Box-&-whisker plot 复选框，如图 5-14b 所示，单击 OK 按钮返回；再次单击 OK 按钮。

2．结果分析

在显示的结果中（见图 5-15），提供了自变量的各个水平和单因素方差分析表。

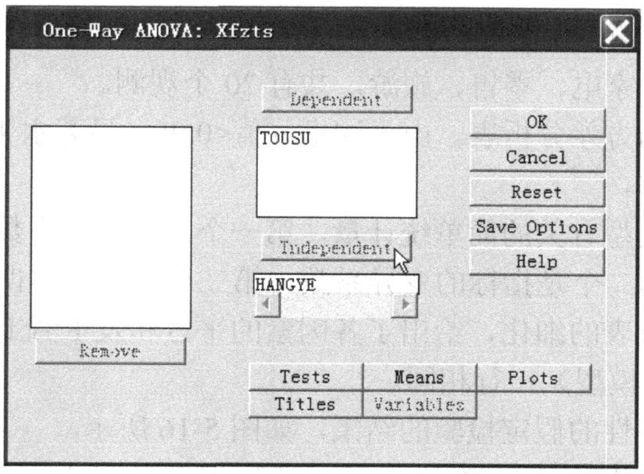

图 5-13　One-Way ANOVA 对话框

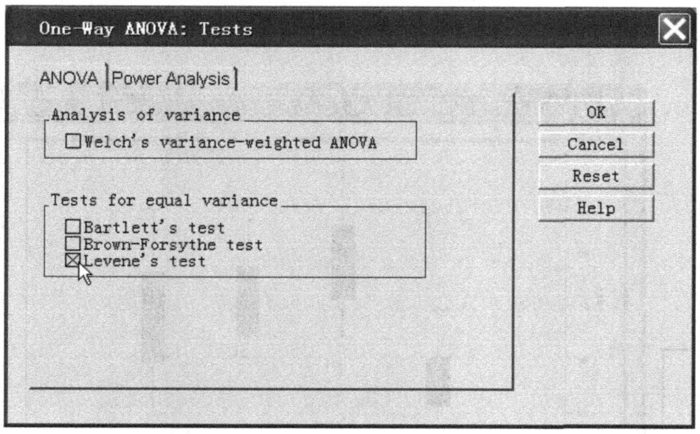

a)

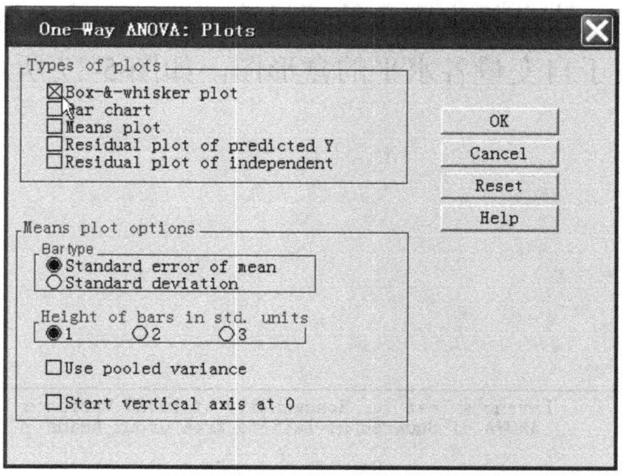

b)

图 5-14　Tests 和 Plots 对话框

```
              The ANOVA Procedure

            Class Level Information

Class          Levels     Values

HANGYE              4     航空 家电 零售 旅游


       Number of observations      20
```

```
                             The ANOVA Procedure

Dependent Variable: TOUSU    tousu

                                            Sum of
     Source                      DF        Squares     Mean Square    F Value    Pr > F

     Model                        3    1502.550000      500.850000       3.30    0.0476

     Error                       16    2432.000000      152.000000

     Corrected Total             19    3934.550000


                    R-Square     Coeff Var      Root MSE     TOUSU Mean

                    0.381886      25.60504      12.32883       48.15000


     Source                      DF       Anova SS     Mean Square    F Value    Pr > F

     HANGYE                       3    1502.550000      500.850000       3.30    0.0476
```

图 5-15　单因素方差分析的结果

结果分为 5 个部分，第一部分是因素水平的信息，可以看到只有一个因素 HANGYE，它的 4 个水平分别是航空、家电、零售、旅游，共有 20 个观测。

第二部分就是经典的方差分析表。由于这里 p 值<0.05（显著水平），所以模型是显著的，即因素对指标有显著影响。

第三部分是一些与模型有关的简单统计量，第一个是复相关系数平方 R^2，代表总变差中能被模型解释的比例，第二个是指标的变异系数，第三个是根均方误差，第四个是均值。

第四部分是方差分析表的细化，给出了各因素的平方和及 F 统计量，因为是单因素所以这一行与上面的 Model（模型）一行相同。

第五部分是对方差齐性的假定检验的结果，如图 5-16 所示。

结果表明使用 Levene's 检验法的 p 值=0.6357，所以不同水平下观测结果的方差无显著差异。

在分析家窗口的项目管理器中双击 Boxplot of TOUSY by HANGYE 选项，得到响应变量关于自变量各水平的盒形图，如图 5-17 所示。

Levene's Test for Homogeneity of TOUSU Variance
ANOVA of Squared Deviations from Group Means

Source	DF	Sum of Squares	Mean Square	F Value	Pr > F
HANGYE	3	31037.1	10345.7	0.58	0.6357
Error	16	284682	17792.6		

图 5-16　方差齐性的检验结果

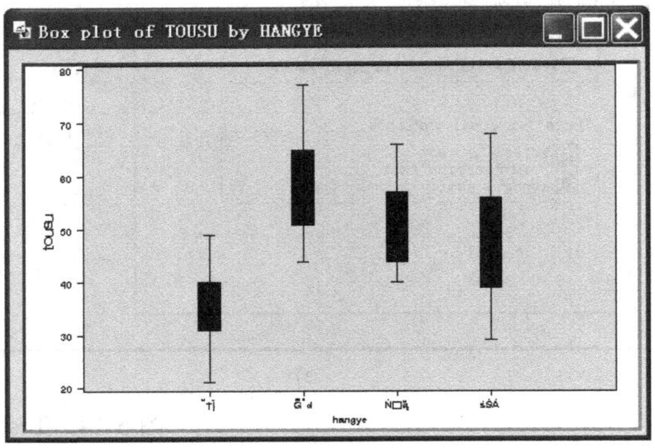

图 5-17　各水平的盒形图

图中从左到右依次为航空、家电、零售、旅游等水平的盒形图，可以从中对不同水平下均值的差异以及方差的差异有一个直观的了解。

5.2.3　用过程进行单因素方差分析

1．ANOVA 过程和 GLM 过程的简介

ANOVA 过程和 GLM 过程的主要功能都是进行方差分析。

对于单因素方差分析来说，ANOVA 过程既可以用于对均衡数据（各分组因素各水平的所有组合具有相同的样本量或观察值）的分析，也可用于对非均衡数据的分析，但多因素方差分析中非均衡数据不能使用 ANOVA 过程，只能使用 GLM 过程。ANOVA 过程比 GLM 过程的运行速度要快，要求的存储空间也要小一些。

GLM 过程执行以最小二乘法进行模型拟合的功能。此过程可以实现的统计学方法有回归分析、方差分析、协方差分析、多元方差分析以及偏相关分析。

通常，方差分析要求数据满足以下假定：

1）各水平的观测彼此独立的；

2）各水平的观测均为正态总体的样本；

3）各组方差相等。

在这些假定满足时，就可以用 ANOVA 过程来进行方差分析。

（1）ANOVA 过程

ANOVA 过程的一般格式包含许多选项，其中最为常用的为如下格式：

```
PROC ANOVA DATA = <数据集>;
    CLASS <自变量列表>;
    MODEL <因变量名> = <自变量表达式>[/<选项列表>];
    MEANS <自变量表达式>[/<选项>];
RUN;
```

其中 CLASS 语句用来指定样本分组的分类变量，CLASS 语句是必须的，而且必须位于 MODEL 语句之前。

MODEL 语句给出模型表达式，可以用来表示三种不同的效应模型：

1）主效应模型：y = a b c；

2）交互效应模型：y = a b c a*b a*c b*c a*b*c；

3）嵌套效应模型：y = a b c(a b)。

同一 MODEL 语句中三种效应可以混合使用。

MEANS 语句指定 ANOVA 过程计算自变量各水平下因变量的均值、标准差，并进行组间的多重比较。

（2）GLM 过程

GLM 过程对数据的分析处理均在一般线性模型的框架下进行，因变量可以是一个或多个连续型变量，自变量可为连续型也可为离散型。GLM 过程的一般格式也包含许多选项，其中最为常用的为如下格式：

```
PROC GLM DATA=<数据集> [ALPHA = <p>];
    CLASS <自变量列表>;
    MODEL <因变量名> = <自变量表达式>[/<选项列表>];
    MEANS <自变量表达式>[/<选项>];
RUN;
```

一般地，ANOVA 过程中涉及的所有语句都包含在 GLM 过程所涉及的语句中，其用法和功能也都是基本相同的。

2. 使用 ANOVA 过程作单因素方差分析

使用 ANOVA 过程对例 5-1 作方差分析的方法如下：

```
proc anova data = Mylib.xfzts;
   class hangye;
   model tousu = hangye;
run;
```

分析结果与“分析家”相同。

3. 使用 GLM 过程作单因素方差分析

使用 GLM 过程对例 5-1 作方差分析的方法如下：

```
proc GLM data = Mylib.xfzts;
   class hangye;
   model tousu = hangye;
run;
```

分析结果与“分析家”相同。

5.3 双因素方差分析

5.3.1 用 INSIGHT 作双因素方差分析

1. 不存在交互作用的双因素方差分析

【例 5-2】 为了提高一种橡胶的强度，考虑三种不同的促进剂（因素 A）、四种不同分量的氧化锌（因素 B）对强度的影响，对配方的每种组合重复试验两次，总共试验了 24 次，得到表 5-5 的结果。

表 5-5 橡胶配方试验数据

A：促进剂	B：氧化锌			
	1	2	3	4
1	31，33	34，36	35，36	39，38
2	33，34	36，37	37，39	38，41
3	35，37	37，38	39，40	42，44

要用方差分析将不同促进剂和不同份量氧化锌的影响区分开来，即进行以下检验：

H_{0A}：不同促进剂对强度无影响；

H_{1A}：不同促进剂对强度有显著影响；

H_{0B}：氧化锌的不同分量对强度无影响；

H_{1B}：氧化剂的不同分量对强度有显著影响。

（1）分析设置

分析设置的步骤如下：

1）将表 5-5 中的数据整理成图 5-18a 所示结构的数据集，存放在 Mylib.xjpf 中；

2）在 INSIGHT 模块中打开数据集 Mylib.xjpf。由于在 Insight 中，要求方差分析中的自变量必须是列名型的，故先把变量 a 和 b 的测量水平由区间型改为列名型；

3）选择菜单 Analyze（分析）→Fit（拟合），在打开的 Fit(X Y)对话框中选择数值型变量作因变量，分类型变量作自变量：选择变量 stren，单击 Y 按钮，选择变量 a 和 b，单击 X 按钮，分别将变量移到列表框中，如图 5-18b 所示；

4）单击 OK 按钮，得到分析结果。

	a	b	stren
1	1	1	31
2	1	1	33
3	1	2	34
4	1	2	36
5	1	3	35
6	1	3	36
7	1	4	39
8	1	4	38
9	2	1	33
10	2	1	34
11	2	2	36
12	2	2	37
13	2	3	37
14	2	3	39
15	2	4	38
16	2	4	41
17	3	1	35
18	3	1	37
19	3	2	37
20	3	2	38
21	3	3	39
22	3	3	40
23	3	4	42
24	3	4	44

a)

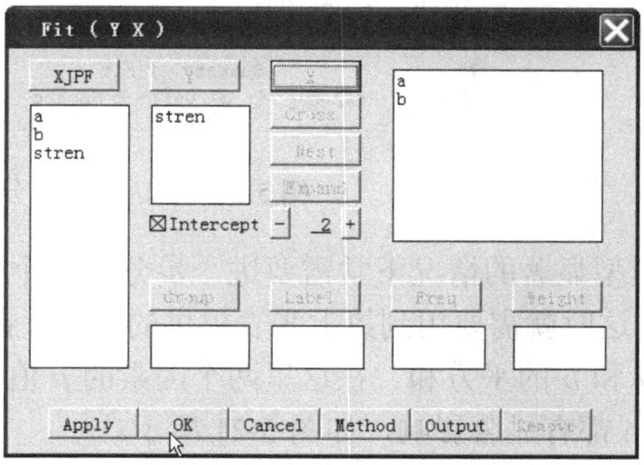

b)

图 5-18　数据集 xjpf 与分析变量的选择

（2）分析结果

分析结果中的表的含义与单因素方差分析相应的表的含义是类似的。

结果首先给出了因素（Class）的变量名和各水平值、观测数（见图 5-19）。然后是总的方差分析表，指明指标为变量 STREN，给出了模型、误差、总平方和，F 统计量值和 p 值。从 p 值可知模型是显著的。为了分析各因素作用的显著性，可根据后面的详细的方差分析表，它给出了模型中各作用（a、b）的平方和和检验的 F 统计量值及 p 值。可以看出，两个因素的主效应都是显著的。

1）第一张表提供了模型的一般信息；第二张表列举了作为分类变量的 a 和 b 的水平信息；第三张参数信息表给出了标识变量 P_i 的定义。

stren = a b	
Response Distribution:	Normal
Link Function:	Identity

Nominal Variable Information

Level	a	b
1	1	1
2	2	2
3	3	3
4		4

Parameter Information

Parameter	Variable	a	b
1	Intercept		
2	a	1	
3		2	
4		3	
5	b		1
6			2
7			3
8			4

图 5-19　多因素方差分析第一、二、三张表

其中，标识变量取值：

$$P\_2=\begin{cases}1, & a=1\\ 0, & \text{其他}\end{cases},\cdots,\text{其他类似}$$

$$P\_5=\begin{cases}1, & b=1\\ 0, & \text{其他}\end{cases},\cdots,\text{其他类似}$$

2）第四张表给出了方差分析模型，利用参数信息表中标识变量的定义可以推算出在各个因素不同水平下变量 stren 均值的信息；第五张拟合汇总表中给出变量 stren 的均值为 37.0417，判定系数 R^2 为 0.8945 等，如图 5-20 所示。

3）在第六张方差分析表中，检验模型显著性的 F 统计量为 30.53，相应的 p 值小于 0.05 =

α，所以拒绝 a 和 b 对分析变量 stren 无显著影响的假设，即影响是显著的。

Model Equation								
stren	=	42.2917	-	3.7500 P_2	-	2.1250 P_3	-	6.5000 P_5
	-	4.0000 P_6	-	2.6667 P_7				

Summary of Fit			
Mean of Response	37.0417	R-Square	0.8945
Root MSE	1.1118	Adj R-Sq	0.8652

图 5-20　多因素方差分析第四、五张表

在模型显著的情况下常需要进一步分析两个因素是否都有显著影响或者只有一个因素是显著的，这时就需要用到第七张表提供的信息。在 III 型检验表中，进一步将模型平方和分解为属于 a 和 b 的平方和。在这里两个因素的 p 值都小于 0.05，再次说明了这两个因素对分析变量 stren 都有显著影响，如图 5-21 所示。

Analysis of Variance					
Source	DF	Sum of Squares	Mean Square	F Stat	Pr > F
Model	5	188.7083	37.7417	30.53	<.0001
Error	18	22.2500	1.2361		
C Total	23	210.9583			

Type III Tests					
Source	DF	Sum of Squares	Mean Square	F Stat	Pr > F
a	2	56.5833	28.2917	22.89	<.0001
b	3	132.1250	44.0417	35.63	<.0001

图 5-21　多因素方差分析第六、七张表

4）第八张是模型的参数估计表（见图 5-22），参数估计表也是根据标识变量的定义，对参数或对各因素不同水平下的参数之差进行估计和检验。可以根据 t 统计量的 p 值来检验不同水平下均值是否有显著差异。

Parameter Estimates									
Variable	a	b	DF	Estimate	Std Error	t Stat	Pr >|t|	Tolerance	Var Inflation
Intercept			1	42.2917	0.5559	76.08	<.0001	.	0
a	1		1	-3.7500	0.5559	-6.75	<.0001	0.7500	1.3333
	2		1	-2.1250	0.5559	-3.82	0.0012	0.7500	1.3333
	3		0	0	.	.	.	.	.
b		1	1	-6.5000	0.6419	-10.13	<.0001	0.6667	1.5000
		2	1	-4.0000	0.6419	-6.23	<.0001	0.6667	1.5000
		3	1	-2.6667	0.6419	-4.15	0.0006	0.6667	1.5000
		4	0	0	.	.	.	.	.

图 5-22　多因素方差分析第八张表

模型方程提供了各个因素不同水平下变量 stren 均值的信息，利用参数信息表中标识变量 P_j 的定义可以推算出：

$$\text{stren的均值} = \begin{cases} 42.2917 - 3.75 - 6.5 & a = 1, b = 1 \\ 42.2917 - 2.125 - 6.5 & a = 2, b = 1 \\ 42.2917 - 6.5 & a = 3, b = 1 \\ \cdots & \cdots \\ 42.2917 & a = 3, b = 4 \end{cases}$$

参数估计表根据标识变量的定义，对参数或不同水平下参数之差进行估计和检验。如第一行是对 $a = 3$，$b = 4$ 水平下均值的估计和检验，第二行是 $a = 1$，$b = 4$ 水平下的均值与 $a = 3$，$b = 4$ 水平下均值之差的估计与检验。

结果表明两个因素的各水平下的均值都有显著差异。

5）考察模型假定：在显示窗的底部有一个残差和预测值的散点图（如图 5-23 所示），可以像单因素分析一样考察残差分布的正态性假定。

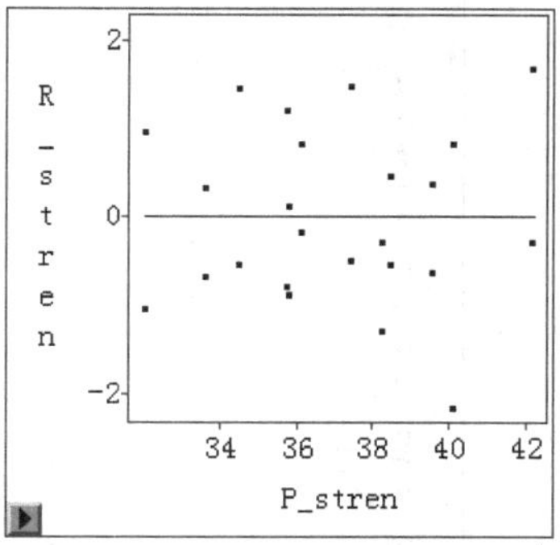

图 5-23 残差和预测值的散点图

2．存在交互作用的双因素方差分析

【例 5-3】 考虑合成纤维收缩率（因素 A）和总拉伸倍数（因素 B）对纤维弹性 y 的影响。收缩率取 4 个水平：$A_1=0$，$A_2=4$，$A_3=8$，$A_4=12$；因素 B 也取 4 个水平：$B_1=460$，$B_2=520$，$B_3=580$，$B_4=640$。在每个组合 A_iB_j 下重复做二次试验，弹性数据如表 5-6 所示。

表 5-6 合成纤维收缩率和总拉伸倍数对纤维弹性的影响

A：收缩率	B：拉伸倍数			
	460	520	580	640
0	71，73	72，73	75，73	77，75
4	73，75	76，74	78，77	74，74
8	76，73	79，77	74，75	74，73
12	75，73	73，72	70，71	69，69

考虑如下问题：

1）收缩率（因素 A）、拉伸倍数（因素 B）对弹性 y 有无显著性影响?

2）因素 A 和因素 B 是否有交互作用?

要用方差分析将不同收缩率和不同拉伸倍数的影响区分开来，即进行如下检验：

H_{0A}：不同收缩率对弹性无影响；

H_{1A}：不同收缩率对弹性有显著影响；

H_{0B}：不同拉伸倍数对弹性无影响；

H_{1B}：不同拉伸倍数对弹性有显著影响。

（1）分析设置

分析设置的步骤如下：

1）将表 5-6 中的数据整理成图 5-24a 所示结构的数据集，存放在 Mylib.xwtx 中。

2）在 INSIGHT 模块中打开数据集 Mylib.xwtx。由于在 Insight 中，要求方差分析中的自变量必须是列名型的，故先把变量 a 和 b 的测量水平由区间型改为列名型。

3）选择菜单 Analyze（分析）→Fit（拟合），在打开的 Fit(X Y)对话框中选择数值型变量作因变量，分类型变量作自变量。选择变量 y，单击 Y 按钮，选择变量 a 和 b，单击 X 按钮，分别将变量移到列表框中。

为了考虑变量 a 和 b 的交互作用，同时选上 a、b，然后单击 Cross 按钮，注意到在右框中多了 $a*b$ 一行，如图 5-24b 所示。

	a	b	y
1	0	460	71
2	0	460	73
3	0	520	72
4	0	520	73
5	0	580	75
6	0	580	73
7	0	640	77
8	0	640	75
9	4	460	73
10	4	460	75
11	4	520	76
12	4	520	74
13	4	580	78
14	4	580	77
15	4	640	74
16	4	640	74
17	8	460	76
18	8	460	73
19	8	520	79
20	8	520	77
21	8	580	74
22	8	580	75
23	8	640	74
24	8	640	73
25	12	460	75
26	12	460	73
27	12	520	73
28	12	520	72
29	12	580	70
30	12	580	71
31	12	640	69
32	12	640	69

a)

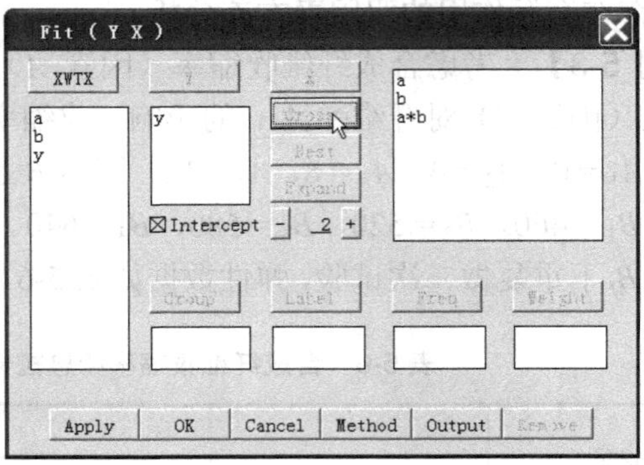

b)

图 5-24　数据集 xwtx 与分析变量的选择

4）单击 OK 按钮，得到分析结果。

（2）分析结果

在随即显示的分析结果中包括了类似的许多表：

1）在参数信息表中较无交互作用的情形多了表示两个因素各个水平组合下的标识变量，而在模型方程表中也就多了许多的参数，如图 5-25 所示。

y = a b a*b	
Response Distribution:	Normal
Link Function:	Identity

Nominal Variable Information

Level	a	b
1	0	460
2	4	520
3	8	580
4	12	640

Parameter Information

Parameter	Variable	a	b
1	Intercept		
2	a	0	
3		4	
4		8	
5		12	
6	b		460
7			520
8			580
9			640
10	a*b	0	460
11		0	520
12		0	580
13		0	640
14		4	460
15		4	520
16		4	580
17		4	640
18		8	460
19		8	520
20		8	580
21		8	640
22		12	460
23		12	520
24		12	580
25		12	640

Model Equation

y =	69.0000	+	7.0000 P_2	+	5.0000 P_3	+	4.5000 P_4
+	5.0000 P_6	+	3.5000 P_7	+	1.5000 P_8	−	9.0000 P_10
−	7.0000 P_11	−	3.5000 P_12	−	5.0000 P_14	−	2.5000 P_15
+	2.0000 P_16	−	4.0000 P_18	+	1.0000 P_19	−	0.5000 P_20

Summary of Fit

Mean of Response	73.8438	R-Square	0.8807
Root MSE	1.1592	Adj R-Sq	0.7689

图 5-25　多因素方差分析的前 5 张表

2）在方差分析表中，检验模型显著性的 F 统计量为 7.87，相应的 p 值为 0.0001<0.05，所以模型的效应是显著的，如图 5-26 所示。

Analysis of Variance					
Source	DF	Sum of Squares	Mean Square	F Stat	Pr > F
Model	15	158.7188	10.5813	7.87	<.0001
Error	16	21.5000	1.3438		
C Total	31	180.2188			

图 5-26　方差分析表

3）在 III 型检验表中，进一步将模型平方和分解为两个因素和它们的交互作用，从表中可以看出，检验 b 变量效应的 p 值=0.1363 > 0.05，所以从总体上看 b 变量的效应不显著；检验 a 变量效应的 p 值<0.0001<0.05，所以变量 a 的效应是显著的；检验两者交互作用的 p 值=0.0006<0.05，所以交互作用的影响也是显著的，如图 5-27 所示。

Type III Tests					
Source	DF	Sum of Squares	Mean Square	F Stat	Pr > F
a	3	70.5938	23.5313	17.51	<.0001
b	3	8.5938	2.8646	2.13	0.1363
a*b	9	79.5313	8.8368	6.58	0.0006

图 5-27　III 型检验表

4）在模型方程（见图 5-25）和参数估计表（见图 5-28）中也提供了双因素不同水平组合下因变量 y 均值的估计和比较的信息。因为这里是考虑存在交互作用的情形，所以较为复杂。

Parameter Estimates									
Variable	a	b	DF	Estimate	Std Error	t Stat	Pr >|t|	Tolerance	Var Inflation
Intercept			1	69.0000	0.8197	84.18	<.0001	.	0
a	0		1	7.0000	1.1592	6.04	<.0001	0.1667	6.0000
	4		1	5.0000	1.1592	4.31	0.0005	0.1667	6.0000
	8		1	4.5000	1.1592	3.88	0.0013	0.1667	6.0000
	12		0	0	.	.	.	.	.
b		460	1	5.0000	1.1592	4.31	0.0005	0.1667	6.0000
		520	1	3.5000	1.1592	3.02	0.0081	0.1667	6.0000
		580	1	1.5000	1.1592	1.29	0.2140	0.1667	6.0000
		640	0	0	.	.	.	.	.
a*b	0	460	1	-9.0000	1.6394	-5.49	<.0001	0.2667	3.7500
	0	520	1	-7.0000	1.6394	-4.27	0.0006	0.2667	3.7500
	0	580	1	-3.5000	1.6394	-2.13	0.0486	0.2667	3.7500
	0	640	0	0	.	.	.	.	.
	4	460	1	-5.0000	1.6394	-3.05	0.0076	0.2667	3.7500
	4	520	1	-2.5000	1.6394	-1.52	0.1468	0.2667	3.7500
	4	580	1	2.0000	1.6394	1.22	0.2401	0.2667	3.7500
	4	640	0	0	.	.	.	.	.
	8	460	1	-4.0000	1.6394	-2.44	0.0267	0.2667	3.7500
	8	520	1	1.0000	1.6394	0.61	0.5504	0.2667	3.7500
	8	580	1	-0.5000	1.6394	-0.30	0.7643	0.2667	3.7500
	8	640	0	0	.	.	.	.	.
	12	460	0	0	.	.	.	.	.
	12	520	0	0	.	.	.	.	.
	12	580	0	0	.	.	.	.	.
	12	640	0	0	.	.	.	.	.

图 5-28　参数估计表

5.3.2　用“分析家”作双因素方差分析

1．不存在交互作用的双因素方差分析

下面介绍在“分析家”中对例 5-2 作方差分析。分析步骤如下：

1）在“分析家”中，打开数据集 Mylib.xjpf。

2）选择菜单 Statistics（统计）→ANOVA（方差分析）→Factorial ANOVA（因素方差分

析），打开 Factorial ANOVA 对话框。

3）选中变量 *a*、*b*，单击 Independent（自变量）按钮，将其移到 Independent 框中。选中变量 stren，单击按钮 Dependent（因变量），将其移到 Dependent 框中，如图 5-29 所示。

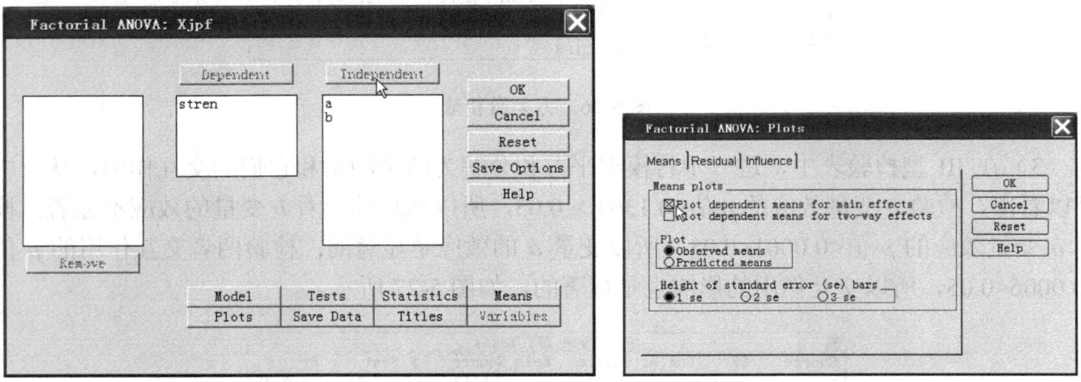

图 5-29　Factorial ANOVA 对话框

若要得到用图形表示的两个因素不同水平下均值和标准差的信息，可以单击 Plots 按钮，在打开的 Factorial ANOVA: Plots 对话框中，选中 Means plots 栏下的 Plots Dependent Means for Main Effects（作主效应响应均值图）。

4）两次单击 OK 按钮，得到分析结果，如图 5-30 所示。其中内容前面已讲，这里不再赘述。

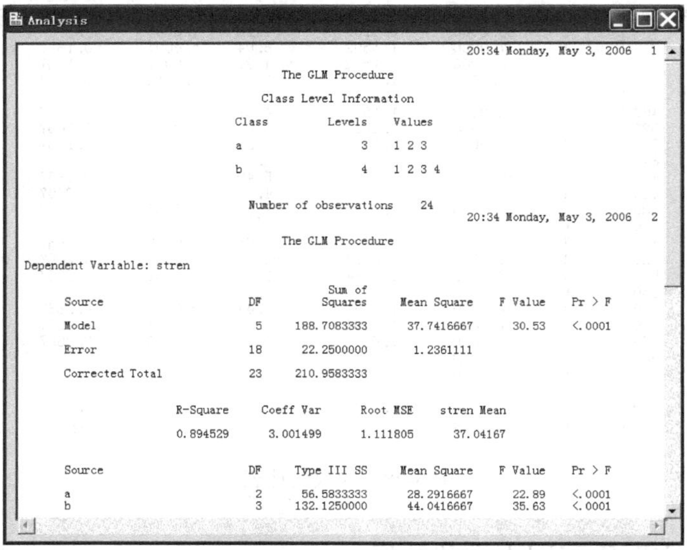

图 5-30　无交互作用的多因素方差分析

5）在分析家窗口的项目管理器中依次双击 Means Plots 下的两个选项，得到响应变量关于自变量 *a*、*b* 的均值图，如图 5-31 所示。

图中描述了变量 *a*、*b* 不同水平下的均值和标准差的图形，从中可以对不同水平下均值的差异有一个直观的了解。

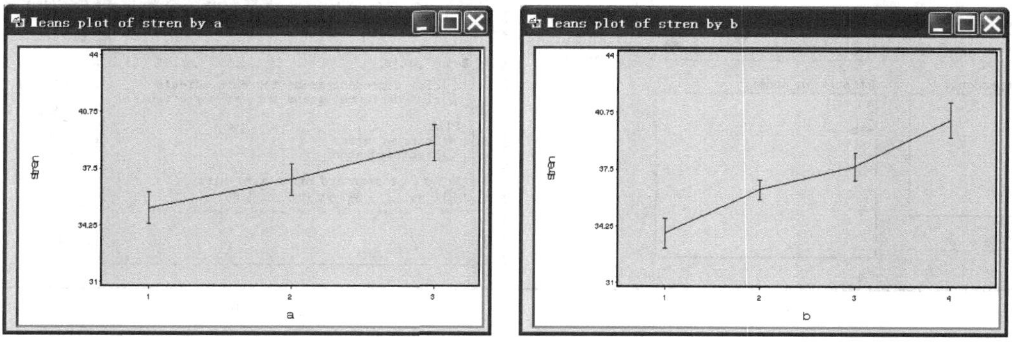

图 5-31　响应变量关于自变量 *a*、*b* 的均值图

2．存在交互作用的双因素方差分析

下面介绍在“分析家”中对例 5-3 合成纤维的试验数据作方差分析。分析步骤如下：

1）在“分析家”中，打开数据集 Mylib.xwtx。

2）选择菜单 Statistics（统计）→ANOVA（方差分析）→Factorial ANOVA（因素方差分析），打开 Factorial ANOVA 对话框。

3）选中变量 *a*、*b*，单击 Independent（自变量）按钮，将其移到 Independent 框中。选中变量 *y*，单击按钮 Dependent（因变量），将其移到 Dependent 框中，如图 5-32 所示。

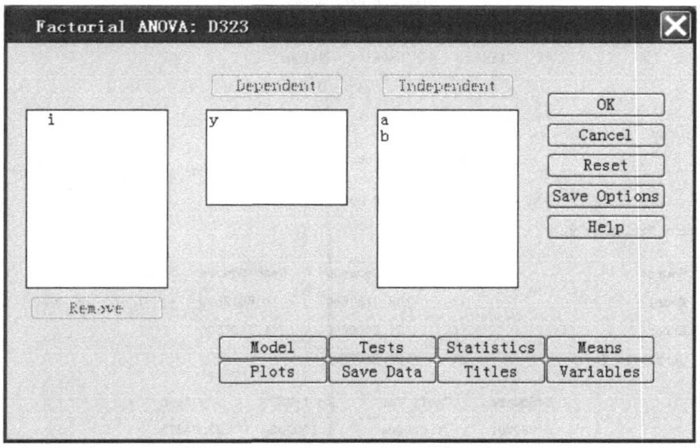

图 5-32　选择参数

4）考虑因素间的交互作用：单击 Model 按钮，打开 Factorial ANOVA Model 对话框。单击 Standard Models 按钮，在弹出的菜单中选择 Effects up to 2-wav interactions 项，表示交互作用的 *a***b* 加入了模型效应栏，如图 5-33a 所示，单击 OK 按钮返回；

5）绘制各因素不同水平下均值差异的连线图：单击 Plots 按钮，在打开的 Factorial ANOVA: Plots 对话框中，选中 Plot dependent means for two-way effects（双因素效应的因变量均值连线图）复选框；并选择 Height of standard error (se) bars 中的 2 se，附加上以均值为中心的二倍标准差为长度的竖线图，如图 5-33b 所示，单击 OK 返回。

类似地还可通过 Tests 按钮、Statistics 按钮、Means 按钮来设定用户希望计算的统计量。

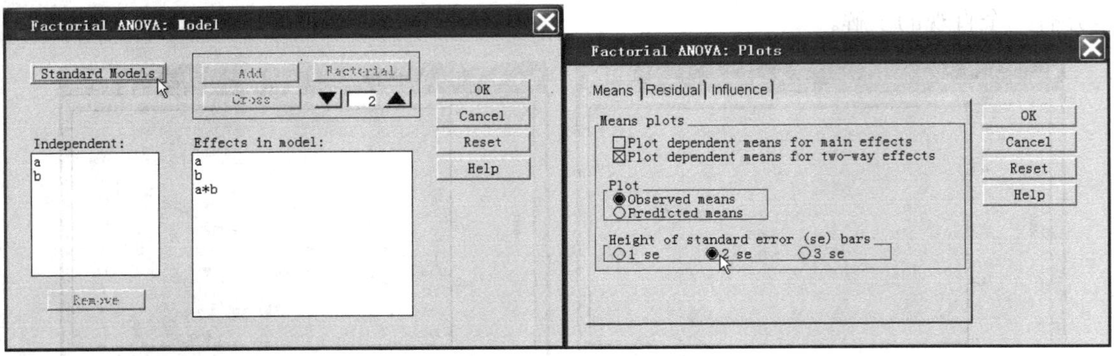

a)　　　　　　　　　　　　　　　　b)

图 5-33　选择模型与图形

两次单击 OK 按钮，系统按要求进行方差分析计算。方差分析的结果如图 5-34 所示。

显示的结果包含方差分析表和汇总信息。

输出的方差分析表给出双因素考虑交互作用的方差分析模型是显著的（F=7.87，p = 0.0001），最下面一张表给出两个因素和交互作用的检验结果。由最后一列 Pr > F 的三个 p 值可以看出因素 A 及因素 A 与 B 的交互作用（A*B）对指标 y 的影响是高度显著的，而因素 B 在α = 0.05 的水平上对指标 y 的影响是不显著（p = 0.1363 > 0.05）。

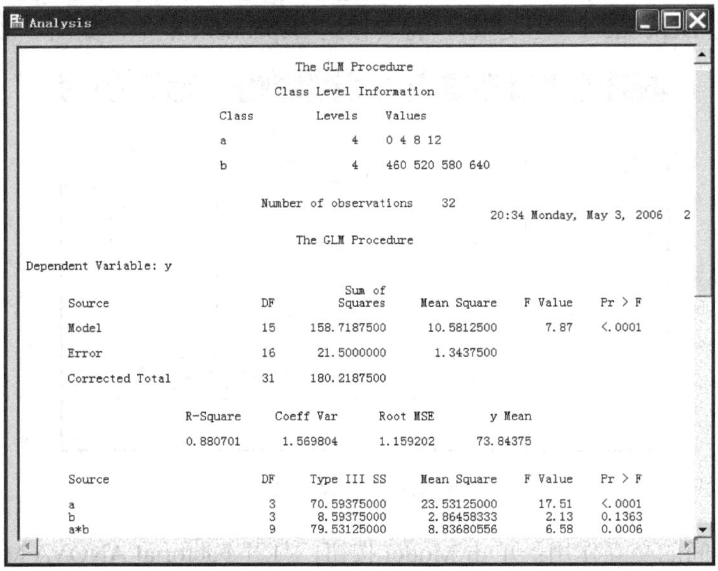

Analysis

The GLM Procedure

Class Level Information

Class	Levels	Values
a	4	0 4 8 12
b	4	460 520 580 640

Number of observations 32

20:34 Monday, May 3, 2006 2

The GLM Procedure

Dependent Variable: y

Source	DF	Sum of Squares	Mean Square	F Value	Pr > F
Model	15	158.7187500	10.5812500	7.87	<.0001
Error	16	21.5000000	1.3437500		
Corrected Total	31	180.2187500			

R-Square	Coeff Var	Root MSE	y Mean
0.880701	1.569804	1.159202	73.84375

Source	DF	Type III SS	Mean Square	F Value	Pr > F
a	3	70.59375000	23.53125000	17.51	<.0001
b	3	8.59375000	2.86458333	2.13	0.1363
a*b	9	79.53125000	8.83680556	6.58	0.0006

图 5-34　方差分析结果

在“分析家”窗口的项目管理器中双击选项 Means Plot of y by a and b，得到双因素不同水平下因变量均值差异的连线图，如图 5-35 所示。

如图所示，在因素 A 的四个水平位置上（收缩率为 0，4，8，12）有 4 条竖线，还有对应于因素 B 4 个水平的 4 条不同颜色的连线。每条连线与竖线的交点处，纵坐标是因变量 y 在因素 A 相应水平与因素 B 相应水平条件下均值。每条竖线上还标出因变量 y 的均值的二倍标准差的位置。由连线图可以得出以下结论：

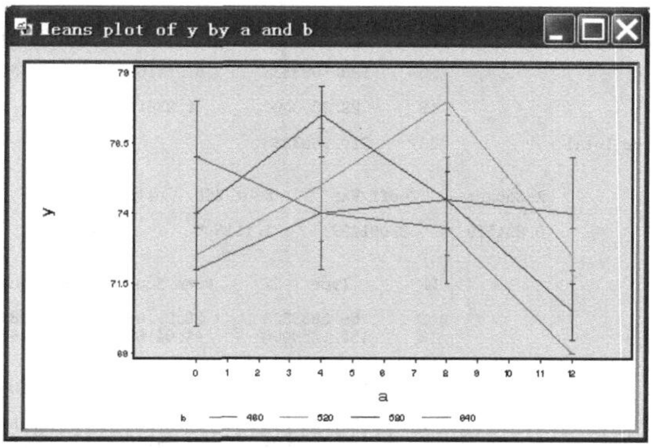

图 5-35　双因素不同水平下因变量均值差异的连线图

1）从因素 B（总拉伸倍数）的 B_1、B_2 和 B_3 这三个水平对应的连线可以看出：因变量 y（纤维弹性）随收缩率（因素 A）的增大先增加而后下降。这表明在总拉伸倍数取为 B_1，B_2 和 B_3 的情况下，为使弹性好，收缩率要选得适当。

2）由因素 B（总拉伸倍数）的 B_4 水平对应的连线可以看出：因变量 y（纤维弹性）随收缩率（因素 A）的增大而一直下降；这表明在总拉伸倍数取得太大时（640），收缩率越大弹性越不好。

3）从 B_4 的连线与其他三条连线的交叉可直观地看出因素 A 与因素 B 有交互作用。

4）直观地可以看出使纤维弹性达到最大的最佳生产条件是 A_3 和 B_2，其次是 A_2 和 B_3。

5.3.3　用 GLM 过程进行双因素方差分析

1．不考虑交互作用

过程 GLM 也可用于多因素方差分析，其用法与单因素方差分析是相同的，只需要在 class 语句和 model 语句中分别填入表示因素的多个自变量即可。以数据集 Mylib.xjpf 为例，为了比较变量 a 和 b 不同水平下因变量 stren 均值的差异，可使用以下程序：

```
proc glm data = Mylib.xjpf;
   class a b;
   model stren=a b;
run;
```

提交上述程序后得到与上一节使用“分析家”相似的结果，如图 5-36 所示。

有关的说明请参见上节的解释。

2．考虑交互作用

使用过程 GLM 进行多因素方差分析时，若要考虑交互作用，只需要在 model 语句中增加相应的交互作用项即可。以数据集 Mylib.xjpf 为例，为了比较变量 a 和 b 不同水平组合下变量 stren 均值的差异，可使用以下的程序：

```
proc glm data = Mylib.xjpf;
   class a b;
```

```
                              The GLM Procedure

Dependent Variable: stren

                                          Sum of
      Source                      DF     Squares     Mean Square    F Value    Pr > F

      Model                        5   188.7083333    37.7416667      30.53    <.0001

      Error                       18    22.2500000     1.2361111

      Corrected Total             23   210.9583333


                      R-Square     Coeff Var      Root MSE    stren Mean

                      0.894529      3.001499      1.111805      37.04167


      Source                      DF     Type I SS    Mean Square    F Value    Pr > F

      a                            2    56.5833333    28.2916667      22.89    <.0001
      b                            3   132.1250000    44.0416667      35.63    <.0001


      Source                      DF   Type III SS    Mean Square    F Value    Pr > F

      a                            2    56.5833333    28.2916667      22.89    <.0001
      b                            3   132.1250000    44.0416667      35.63    <.0001
```

图 5-36 使用 GLM 过程作多因素方差分析

```
    model stren=a b a*b;
run;
```

这里 model 语句中 *a*b* 就是指明要考虑交互作用。提交这一程序后的输出如图 5-37 所示。

```
                              The GLM Procedure

Dependent Variable: stren

                                          Sum of
      Source                      DF     Squares     Mean Square    F Value    Pr > F

      Model                       11   193.4583333    17.5871212      12.06    <.0001

      Error                       12    17.5000000     1.4583333

      Corrected Total             23   210.9583333


                      R-Square     Coeff Var      Root MSE    stren Mean

                      0.917045      3.260152      1.207615      37.04167


      Source                      DF     Type I SS    Mean Square    F Value    Pr > F

      a                            2    56.5833333    28.2916667      19.40    0.0002
      b                            3   132.1250000    44.0416667      30.20    <.0001
      a*b                          6     4.7500000     0.7916667       0.54    0.7665


      Source                      DF   Type III SS    Mean Square    F Value    Pr > F

      a                            2    56.5833333    28.2916667      19.40    0.0002
      b                            3   132.1250000    44.0416667      30.20    <.0001
      a*b                          6     4.7500000     0.7916667       0.54    0.7665
```

图 5-37 使用 GLM 过程作有交互作用的多因素方差分析

这一输出结果与使用“分析家”的输出也是相似的，有关的说明也可参见上节的解释。

5.4 均值估计与多重比较

5.4.1 概述

在方差分析中，不论是单因素或多因素的实验结果，都是检验关于参数的一个整体的假设。若原假设被拒绝，表明某个因素各个水平下的响应有显著差异或因素间存在交互影响，但并不了解某两个水平下响应是否有差异。所以在方差分析后，还常需要对各水平下响应变量的均值进行估计和比较。

5.4.2 用“分析家”进行均值比较

1. 对于单因素方差分析的均值比较

下面介绍在“分析家”中对例 5-1 作均值比较。

（1）分析设置

1）在“分析家”中，打开数据集 Mylib.xfzts。

2）选择菜单 Statistics（统计）→ANOVA（方差分析）→One-Way ANOVA（单因素方差分析），打开 One-Way ANOVA 对话框。

3）选中分类变量 HANGYE，单击 Independent 按钮，将其移到 Independent（自变量）框中；选中数值变量 TOUSU，单击按钮 Dependent，将其移到 Dependent（响应变量）框中，如图 5-38 所示。

4）单击 Means（均值）按钮，在打开的 One-Way ANOVA：Means 对话框中选中 Comparisons（比较）选项卡。

首先修改置信水平为 0.08；然后在 Comparison method 下拉列表中选择一种比较法，例如 Tukey's HSD，在 Main effects（主效应）栏中选择变量 HANGYE，单击“Add”按钮，加到主效应框中；再在 Comparison method 下拉列表中选择比较法 Dunnett's t-test，在 Main effects（主效应）栏中选择变量 HANGYE，单击 Add 按钮，加到主效应框中，最后在 Comparison method 下拉列表中选择比较法 Fisher's，在 Main effects（主效应）栏中选择变量 HANGYE，单击 Add 按钮，加到主效应框中，如图 5-38b 所示。

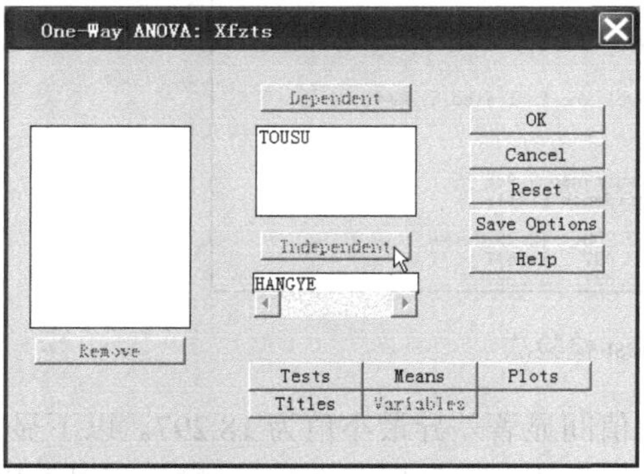

a)

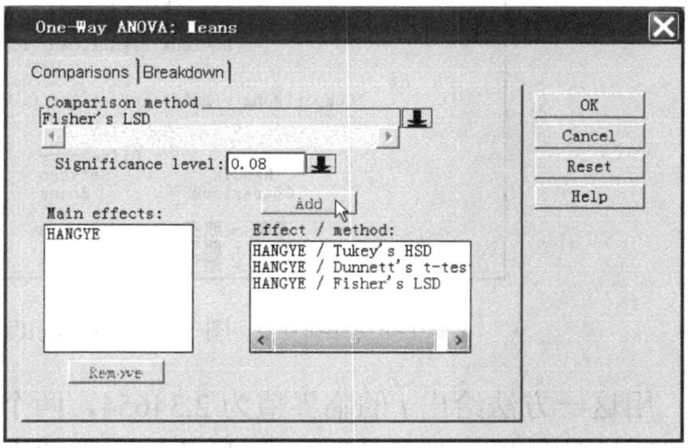

b)

图 5-38 One-Way ANOVA 对话框

5）两次单击 OK 按钮，得到分析结果。

在分析结果中的方差分析之后，就是关于均值比较的结果。

（2）分析结果

1）使用 Tukey's HSD 检验法的结果如图 5-39 所示。

它先提示这一检验法是控制整体的第一类错误的，但它的第二类错误一般比 REGWQ 方法要高。

```
                    Tukey's Studentized Range (HSD) Test for TOUSU

NOTE: This test controls the Type I experimentwise error rate, but it generally has a higher
                              Type II error rate than REGWQ

                   Alpha                                    0.08
                   Error Degrees of Freedom                   16
                   Error Mean Square                         152
                   Critical Value of Studentized Range   3.69309
                   Minimum Significant Difference         20.362

           Means with the same letter are not significantly different.

             Tukey Grouping           Mean       N    HANGYE

                        A           59.000       5    家电
                        A
                   B    A           51.200       5    零售
                   B    A
                   B    A           47.400       5    旅游
                   B
                   B                35.000       5    航空
```

图 5-39　Duncan's Multiple Range 检验法

然后指出根据所用的方法，两个均值间显著差异最小值为 20.362，即不同水平间均值之差超过 20.362，就表明这两个水平下的均值是有显著差异的。

最后，不同水平下响应变量的均值自大至小排成一列，无显著效应的水平在左侧用同一字母标出。例如，航空业与旅游业、零售业无显著差异，与家电制造业有显著差异，家电制造业与零售业、旅游业无显著差异等。

2）使用 Dunnett's t-test 检验法的结果，如图 5-40 所示。

```
                        Dunnett's t Tests for TOUSU

NOTE: This test controls the Type I experimentwise error for comparisons of all treatments
                                 against a control

                    Alpha                                 0.08
                    Error Degrees of Freedom                16
                    Error Mean Square                      152
                    Critical Value of Dunnett's t      2.34654
                    Minimum Significant Difference      18.297

           Comparisons significant at the 0.08 level are indicated by ***.

                                Difference
                  HANGYE         Between       Simultaneous 92%
                Comparison        Means       Confidence Limits

                家电 - 航空       24.000        5.703     42.297  ***
                零售 - 航空       16.200       -2.097     34.497
                旅游 - 航空       12.400       -5.897     30.697
```

图 5-40　Dunnett's t-test 检验法

用这一方法给出 *t* 的临界值为 2.34654，两个均值间显著差异最小值为 18.297。以下显示成组比较的结果，凡是达到 0.08 显著性水平的则在最右边一栏加标三个星号***。可以看出，家电制造业与航空业有显著差异，其他行业之间均无显著差异。

3）使用 Fisher 最小显著差异（LSD）检验法的结果，如图 5-41 所示。

用这一方法给出，的临界值为 1.86928，两个均值间显著差异最小值为 14.576。以下显示成组比较的结果，可以看出，航空业与旅游业无显著差异，与其他行业均有显著差异，其他行业之间均无显著差异。

2．对于多因素方差分析的均值比较

下面介绍在“分析家”中对例 5-3 合成纤维的试验数据作均值比较。

```
                         t Tests (LSD) for TOUSU

NOTE: This test controls the Type I comparisonwise error rate, not the experimentwise error
                                   rate

              Alpha                                0.08
              Error Degrees of Freedom               16
              Error Mean Square                     152
              Critical Value of t               1.86928
              Least Significant Difference       14.576

        Means with the same letter are not significantly different.

          t Grouping          Mean       N    HANGYE

                   A        59.000       5    家电
                   A
                   A        51.200       5    零售
                   A
              B    A        47.400       5    旅游
              B
              B             35.000       5    航空
```

图 5-41　Fisher 最小显著差异（LSD）检验法

（1）分析设置

分析设置步骤如下：

1）在“分析家”中，打开数据集 Mylib.xwtx。

2）选择菜单 Statistics（统计）→ANOVA（方差分析）→Factorial ANOVA（因素方差分析），打开 Factorial ANOVA 对话框。

3）选中变量 *a*、*b*，单击 Independent（自变量）按钮，将其移到 Independent 框中；选中变量 y，单击按钮 Dependent（因变量），将其移到 Dependent 框中。

4）考虑因素间的交互作用：单击 Model 按钮，打开 Factorial ANOVA Model 对话框。单击 Standard Models 按钮，在弹出的菜单中选择 Effects up to 2-wav interactions 项，表示交互作用的 *a*b* 加入了模型效应栏，单击 OK 按钮返回。

5）单击 Means（均值）按钮，在打开的 One-Way ANOVA：Means 对话框中选中 Comparisons（比较）选项卡。

在 Comparison method 下拉列表中选择比较法 Fisher's LSD，在 Main effects（主效应）栏中选择变量 *a*、*b*，单击 Add 按钮，加到主效应框中。再在 Comparison method 下拉列表中选择比较法 Tuck's HSD，在 Main effects（主效应）栏中选择变量 *a*，单击 Add 按钮，加到主效应框中，如图 5-42 所示。

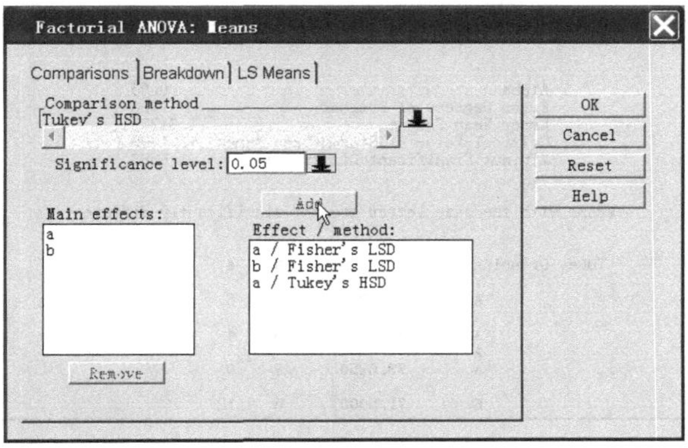

图 5-42　设置模型和均值参数

单击 OK，返回，再单击 OK 按钮得到分析结果。

（2）分析结果

在显示方差分析结果的后面，有关于均值比较的三张表，如图 5-43、5-44 所示。

```
                              The GLM Procedure

                              t Tests (LSD) for y

NOTE: This test controls the Type I comparisonwise error rate, not the experimentwise error
                                      rate


                   Alpha                               0.05
                   Error Degrees of Freedom              16
                   Error Mean Square                1.34375
                   Critical Value of t              2.11991
                   Least Significant Difference      1.2287


            Means with the same letter are not significantly different.


          t Grouping          Mean       N    a

                   A        75.1250      8    8
                   A
                   A        75.1250      8    4

                   B        73.6250      8    0

                   C        71.5000      8    12
```

```
                              The GLM Procedure

                              t Tests (LSD) for y

NOTE: This test controls the Type I comparisonwise error rate, not the experimentwise error
                                      rate


                   Alpha                               0.05
                   Error Degrees of Freedom              16
                   Error Mean Square                1.34375
                   Critical Value of t              2.11991
                   Least Significant Difference      1.2287


            Means with the same letter are not significantly different.


          t Grouping          Mean       N    b

                   A        74.5000      8    520
                   A
              B    A        74.1250      8    580
              B    A
              B    A        73.6250      8    460
              B
              B             73.1250      8    640
```

图 5-43　Fisher 最小显著差异检验

```
                              The GLM Procedure

                     Tukey's Studentized Range (HSD) Test for y

NOTE: This test controls the Type I experimentwise error rate, but it generally has a higher
                          Type II error rate than REGWQ


             Alpha                                        0.05
             Error Degrees of Freedom                       16
             Error Mean Square                         1.34375
             Critical Value of Studentized Range       4.04609
             Minimum Significant Difference             1.6583


            Means with the same letter are not significantly different.


       Tukey Grouping          Mean       N    a

                   A        75.1250      8    8
                   A
                   A        75.1250      8    4
                   A
                   A        73.6250      8    0

                   B        71.5000      8    12
```

图 5-44　Tucky 诚实显著差异检验

用 Fisher 最小显著差异检验的结果表明（见图 5-43），收缩率 4 和 8 之间无显著差异，而另两个收缩率有显著差异。拉伸倍数 520 和 640 之间有显著差异，其余无显著差异。

用 Tucky 诚实显著差异检验对收缩率的比较结果表明（见图 5-44），收缩率 12 与其他收缩率之间有显著差异。Tucky 诚实显著差异法与 Fisher 最小显著差异法的区别在于临界点，前者为 1.6583，后者为 1.2287。

5.5 习题

1. 企业在评价项目时，通常会比较各项目的收益率，如果项目的收益率大于基准收益率，则认为项目是可以盈利的，企业便对该项目进行投资。为此企业考察了近期在三个主营项目上的收益率情况，如表 5-7 所示。

表 5-7 三个主营项目的收益率

项目 1	项目 2	项目 3
5.73%	1.51%	8.95%
13.49%	13.27%	14.38%
0.22%	6.11%	12.95%
2.08%	3.68%	0.68%
0.49%	2.46%	3.29%
0.26%	4.28%	5.15%

用单因子方差分析检验这三个项目的收益率是否存在明显的差异。

2. 某房地产开发商为研究购房者的背景特征与购房者对房价的看法之间的关系，专门设计了调查问卷，获得了购房者的一些基本资料以及他们对房产价格的看法，其中一项要求受访购房者为房价的高低打分，从 1 到 100 分，如果觉得价格高则打分也高，表 5-8 是不同学历购房者对房价的打分情况。

表 5-8 不同学历购房者对房价的打分

初　中	高　中	大　专	本　科
1	4	57	51
6	34	75	65
51	17	73	99
60	10	35	40
21	3	68	24
48	22	48	20

请用单因子方差分析检验不同学历的购房者是否对房价有一致的看法。

3. 工厂订单的多少直接反映了工厂生产的产品的畅销程度，因此工厂订单数目的增减是经营者所关心的。经营者为了研究产品的外形设计及销售地区对月订单数目的影响，记录了一个月中不同外形设计的该类产品在不同地区的订单数据。

表 5-9　不同外形设计的产品在不同地区的订单数据

销 售 地 区	设计 1	设计 2	设计 3
地区 1	700	450	560
地区 2	597	357	420
地区 3	697	552	720
地区 4	543	302	515

试用双因子方差分析检验该产品的外形设计与销售地区是否对订单的数量有所影响。

4. 北京市房地产开发商想要了解本市商品房各类房型及户型在各地区的销售情况，搜集了房屋的销售量数据，如表 5-10 所示。

表 5-10　各种房型的销售套数

地　　区	月　　份	三 室 两 厅	两 室 两 厅	复 式 房 型	其　　他
朝阳区	1 月份	652	521	67	486
	2 月份	711	548	59	338
海淀区	1 月份	481	521	50	391
	2 月份	509	425	55	348
大兴区	1 月份	397	561	28	147
	2 月份	314	570	24	184
通州区	1 月份	157	138	8	96
	2 月份	164	194	5	57
其他	1 月份	217	449	5	147
	2 月份	145	492	8	108

试用有交互作用的双因子方差分析检验地区与房型之间是否存在交互作用。

5. 某家上市公司有若干下属子公司，公司主要经营三种业务。公司总裁为了解下属公司的经营状况，从下属公司中随机抽出了四家公司，并调查了每家公司在这三种主营业务上的连续两个季度的利润率，调查结果如表 5-11 所示。

表 5-11　四家子公司的主营业务利润率

主　　营	季　　度	公司 1	公司 2	公司 3	公司 4
主营业务 1	季度 1	10.35%	–2.89%	–5.04%	5.29%
	季度 2	4.47%	0.30%	2.61%	–3.44%
主营业务 2	季度 1	11.25%	4.85%	1.82%	9.76%
	季度 2	7.92%	5.12%	0.56%	1.93%
主营业务 3	季度 1	–6.55%	–9.06%	–9.67%	–2.81%
	季度 2	–4.32%	–3.48%	–12.43%	–4.08%

用双因子方差分析分析上表数据，并回答以下问题：

1）各子公司的利润率是否有显著的差异？

2）各主营业务的利润率是否有显著的差异?

3）不同子公司在各主营业务上的利润率是否有所差别?

6. 考察一个实验，它研究 4 种广告的效果：当地报纸广告（paper），当地广播广告（ratio），店内销售员（people），店内展示（display），该省共分为 144 个销售点，每种广告方式随机地在 36 个销售点实施。在每个销售点以千美元为单位计量其销售水平，见表 5-12。考察各种广告方式下其平均销售水平是否有显著差异。

表 5-12　各种广告方式下的销售水平

序号	店内展示	报纸广告	店内销售员	广播广告	序号	店内展示	报纸广告	店内销售员	广播广告
1	52	75	63	69	19	41	68	58	54
2	61	57	67	51	20	44	75	82	78
3	61	76	85	100	21	86	83	78	79
4	76	77	80	90	22	75	66	87	83
5	57	75	87	77	23	75	66	70	74
6	52	72	62	60	24	63	76	77	69
7	33	76	70	33	25	52	70	68	68
8	69	81	75	79	26	61	86	61	75
9	60	63	40	73	27	43	62	55	65
10	61	94	64	100	28	69	88	76	70
11	66	54	40	61	29	43	56	70	53
12	41	70	67	68	30	51	86	77	73
13	65	87	51	68	31	60	84	42	79
14	58	65	61	63	32	52	77	71	66
15	50	65	75	83	33	55	78	65	65
16	44	79	64	76	34	52	80	78	81
17	45	62	50	73	35	45	62	37	57
18	58	75	62	74	36	60	70	83	65

设表 5-12 中的数据已经存放在数据集 Mylib.ggxg 中。其中用变量 *AD* 表示广告类型——共有四个水平，*SALES* 表示以千美元记录的销售水平。

（1）描述性分析

1）对数据集中的变量 *AD* 和 *SALES* 生成直方图/柱状图，用这些直方图 / 柱状图分析数据，从这些图可有什么初步结论?

2）对变量 *SALES* 按广告类型生成并列盒型图，在数据集中是否有异常观测?有什么初步结论?

（2）进行方差分析

1）检验 4 种广告方式下销售均值相等的假设，原假设和备选假设是什么？

2）R^2 的值是什么？如何说明这一变量?

3）这一检验的 p 值是什么?预设 $\alpha = 0.01$，可得到什么结论?

4）查看残差-预测值散点图，从图上是否能看出违反假定的根据?

5）查看残差的分布并作正态性检验，残差是否为正态性分布?

6）以错误概率 $\alpha = 0.05$ 对所有广告方式进行两两比较，哪些类型的广告效果有显著的不同?

第 6 章　主成分分析与因子分析

现实中的统计对象经常用多个指标来表示，如人口普查，就可以有姓名、性别、出生年月日、籍贯、婚姻状况、民族、政治面貌、地区等；再如企业调查，可以有净资产、负债、盈利、职工人数、还贷情况等。多个指标（变量）可以分别进行分析，但是，我们往往希望综合使用这些指标，这时，有主成分分析、因子分析等方法可以把数据的维数降低，同时又尽量不损失数据中的信息。

6.1　主成分分析

主成分分析就是设法用一组互不相关的综合指标来代替原有指标，同时根据实际需要从中选取较少个数的综合指标来尽可能多地反映原有指标的信息。

6.1.1　主成分分析的概念与步骤

1．主成分分析基本思想

主成分分析是数学上对数据降维的一种方法。其基本思想是设法将原来众多的具有一定相关性的指标（如 p 个指标），重新组合成一组新的互不相关的综合指标来代替原来指标。通常数学上的处理就是将原来 p 个指标作线性组合，作为新的综合指标。但是这种线性组合，如果不加限制，则可以有很多，应该如何去选取呢？

如果将选取的第一个线性组合即第一个综合指标记为 F_1，自然希望 F_1 尽可能多地反映原来指标的信息，表达“信息”的最经典的方法就是用 F_1 的方差来表达，即 $Var(F_1)$越大，表示 F_1 包含的信息越多。因此在所有的线性组合中所选取的 F_1 应该是方差最大的，故称 F_1 为第一主成分。如果第一主成分不足以代表原来 p 个指标的信息，再考虑选取 F_2 即选第二个线性组合。为了有效地反映原有信息，F_1 已有的信息就不需要再出现在 F_2 中，用数学语言表达就是要求 $Cov(F_1，F_2)=0$。称 F_2 为第二主成分，依此类推可以构造出第三、第四、…、第 p 个主成分。

不难想象这些主成分之间不仅不相关，而且它们的方差依次递减。因此在实际工作中，可以挑选前几个最大主成分。虽然这样做会损失一部分信息，但是由于它使我们抓住了主要矛盾，并从原始数据中进一步提取了某些新的信息，因而在某些实际问题的研究中得益比损失大，这种既减少变量的数目，又抓住主要矛盾的做法有利于问题的分析和处理。

2．主成分分析的数学模型

设有 n 个样品（多元观测值），每个样品观测 p 项指标（变量）：X_1，X_2，…，X_p，得到原始数据资料阵：

$$\boldsymbol{X}=\begin{bmatrix} x_{11} & x_{12} & \cdots & x_{1p} \\ x_{21} & x_{22} & \cdots & x_{2p} \\ \vdots & \vdots & \ddots & \vdots \\ x_{n1} & x_{n2} & \cdots & x_{np} \end{bmatrix}=(\boldsymbol{X}_1,\boldsymbol{X}_2,\cdots,\boldsymbol{X}_p)$$

其中 $X_i=(x_{1i}, x_{2i}, \cdots, x_{ni})'$，$i=1, 2, \cdots, p$。

用数据矩阵 $\boldsymbol{X}$ 的 p 个列向量（即 p 个指标向量）X_1，$\boldsymbol{X}_2$，…，$\boldsymbol{X}_p$ 作线性组合，得到综合指标向量：

$$\begin{cases} \boldsymbol{F}_1=a_{11}X_1+a_{21}X_2+\cdots+a_{p1}X_p \\ \boldsymbol{F}_2=a_{12}X_1+a_{22}X_2+\cdots+a_{p2}X_p \\ \quad\cdots \\ \boldsymbol{F}_p=a_{1p}X_1+a_{2p}X_2+\cdots+a_{pp}X_p \end{cases}$$

简写成：

$$\boldsymbol{F}_i=a_{1i}X_1+a_{i2}X_2+\cdots+a_{pi}X_p \qquad i=1, 2, \cdots, p$$

为了加以限制，对组合系数 $\boldsymbol{a}_i'=(a_{1i}, a_{2i}, \cdots, a_{pi})$作如下要求：

$$a_{1i}^2+a_{2i}^2+\cdots+a_{pi}^2=1,\ i=1,\cdots,p$$

即：$\boldsymbol{a}_i$ 为单位向量：$\boldsymbol{a}_i'\boldsymbol{a}_i=1$，且由下列原则决定：

1）$\boldsymbol{F}_i$ 与 $\boldsymbol{F}_j$（$i\neq j, i, j=1, \cdots, p$）互不相关，即 $\mathrm{Cov}(\boldsymbol{F}_i, \boldsymbol{F}_j)=\boldsymbol{a}_i'\boldsymbol{\Sigma}\boldsymbol{a}_i=0$，其中 Σ 是 $\boldsymbol{X}$ 的协方差阵。

2）$\boldsymbol{F}_1$ 是 X_1，X_2，…，X_p 的一切线性组合（系数满足上述要求）中方差最大的，即

$$Var(\boldsymbol{F}_1)=\max_{c'c=1}Var\left(\sum_{i=1}^{p}c_iX_i\right)，\text{其中 } \boldsymbol{c}=(c_1, c_2, \cdots, c_p)'$$

$\boldsymbol{F}_2$ 是与 $\boldsymbol{F}_1$ 不相关的 X_1，X_2，…，X_p 一切线性组合中方差最大的，$\boldsymbol{F}_p$ 是与 $\boldsymbol{F}_1$，$\boldsymbol{F}_2$，…，$\boldsymbol{F}_{p-1}$ 都不相关的 X_1，X_2，…，X_p 的一切线性组合中方差最大的。

满足上述要求的综合指标向量 $\boldsymbol{F}_1$，$\boldsymbol{F}_2$，…，$\boldsymbol{F}_p$ 就是主成分，这 p 个主成分从原始指标所提供的信息总量中所提取的信息量依次递减，每一个主成分所提取的信息量用方差来度量，主成分方差的贡献就等于原指标相关系数矩阵相应的特征值 λ_i，每一个主成分的组合系数：

$$\boldsymbol{a}_i'=(a_{1i}, a_{2i}, \cdots, a_{pi})$$

就是相应特征值 λ_i 所对应的单位特征向量 $\boldsymbol{t}_i$。方差的贡献率为 $\alpha_i=\lambda_i/\sum_{i=1}^{p}\lambda_i$，$\alpha_i$ 越大，说明相应的主成分反映综合信息的能力越强。

3．主成分分析的步骤

（1）计算协方差矩阵

计算样品数据的协方差矩阵：$\boldsymbol{\Sigma}=(s_{ij})_{p\times p}$，其中

$$s_{ij}=\frac{1}{n-1}\sum_{k=1}^{n}(x_{ki}-\bar{x}_i)(x_{kj}-\bar{x}_j) \qquad i, j=1, 2, \cdots, p$$

（2）求出 $\boldsymbol{\Sigma}$ 的特征值及相应的特征向量

求出协方差矩阵 $\boldsymbol{\Sigma}$ 的特征值 $\lambda_1 \geqslant \lambda_2 \geqslant \cdots \lambda_p > 0$ 及相应的正交化单位特征向量：

$$\boldsymbol{a}_1 = \begin{pmatrix} a_{11} \\ a_{21} \\ \vdots \\ a_{p1} \end{pmatrix},\ \boldsymbol{a}_2 = \begin{pmatrix} a_{12} \\ a_{22} \\ \vdots \\ a_{p2} \end{pmatrix},\ \cdots,\ \boldsymbol{a}_p = \begin{pmatrix} a_{1p} \\ a_{2p} \\ \vdots \\ a_{pp} \end{pmatrix}$$

则 $\boldsymbol{X}$ 的第 i 个主成分为 $\boldsymbol{F}_i = a_i'X \quad i = 1，2，\cdots，p$。

（3）选择主成分

在已确定的全部 p 个主成分中合理选择 m 个来实现最终的评价分析。一般用方差贡献率 $\alpha_i = \lambda_i \Big/ \sum_{k=1}^{p} \lambda_k$ 来解释主成分 F_i 所反映的信息量的大小，m 的确定以累计贡献率 $G(m) = \sum_{i=1}^{m} \lambda_i \Big/ \sum_{k=1}^{p} \lambda_k$ 达到足够大（一般在 85%以上）为原则。

（4）计算主成分得分

计算 n 个样品在 m 个主成分上的得分：

$$\boldsymbol{F}_i = a_{1i}X_1 + a_{2i}X_2 + \cdots + a_{pi}X_p \qquad i = 1，2，\cdots，m$$

（5）标准化

实际应用时，指标的量纲往往不同，所以在主成分计算之前应先消除量纲的影响。消除数据的量纲有很多方法，常用方法是将原始数据标准化，即做如下数据变换：

$$x_{ij}^* = \frac{x_{ij} - \overline{x}_j}{s_j} \quad i = 1,2,\cdots,n;\ j = 1,2,\cdots,p$$

式中，$\overline{x}_j = \frac{1}{n}\sum_{i=1}^{n} x_{ij}$，$s_j^2 = \frac{1}{n-1}\sum_{i=1}^{n}(x_{ij} - \overline{x}_j)^2$，$j = 1，2，\cdots，p$。标准化后的矩阵记为 $\boldsymbol{X}^*$，其中每个列向量（标准化变量）的均值为 0，标准差为 1，数据无量纲。

标准化后变量的协方差矩阵（Covariance Matrix）$\boldsymbol{\Sigma} = (s_{ij})_{p\times p}$，即原变量的相关系数矩阵（Correlation Matrix）$\boldsymbol{R} = (r_{ij})_{p\times p}$：

$$s_{ij} = \frac{1}{n-1}\sum_{k=1}^{n} x_{ki}^* x_{kj}^* = \frac{1}{n-1}\sum_{k=1}^{n} \frac{x_{ki} - \overline{x}_i}{\sqrt{\frac{\sum_{t=1}^{n}(x_{ti} - \overline{x}_i)^2}{n-1}}} \frac{x_{kj} - \overline{x}_j}{\sqrt{\frac{\sum_{t=1}^{n}(x_{tj} - \overline{x}_j)^2}{n-1}}} = \frac{\sum_{k=1}^{n}(x_{ki} - \overline{x}_i)(x_{kj} - \overline{x}_j)}{\sqrt{\sum_{t=1}^{n}(x_{ti} - \overline{x}_i)^2}\sqrt{\sum_{t=1}^{n}(x_{tj} - \overline{x}_j)^2}} = r_{ij}$$

$$i，j = 1，2，\cdots，p$$

此时 n 个样品在 m 个主成分上的得分应为：

$$\boldsymbol{F}_j = a_{1j}X_1^* + a_{2j}X_2^* + \cdots + a_{pj}X_p^* \quad j = 1，2，\cdots，m$$

6.1.2 使用 INSIGHT 模块作主成分分析

【例 6-1】 全国 10 个沿海省市经济指标的主成分分析（数据见表 6-1）。

表 6-1 全国 10 个沿海省市经济综合指标

地区	GDP*x*1	人均 GDP*x*2	工业增加值 *x*3	第三产业增加值 *x*4	固定资产投资 *x*5	基本建设投资 *x*6	社会消费品零售总额 *x*7	海关出口总额 *x*8	地方财政收入 *x*9
辽宁	5458.2	13000	1376.2	2258.4	1315.9	529	2258.4	123.7	399.7
山东	10550	11643	3502.5	3851	2288.7	1070.7	3181.9	211.1	610.2
河北	6076.6	9047	1406.7	2092.6	1161.6	597.1	1968.3	45.9	302.3
天津	2022.6	22068	822.8	960	703.7	361.9	941.4	115.7	171.8
江苏	10636.3	14397	3536.3	3967.2	2320	1141.3	3215.8	384.7	643.7
上海	5408.8	40627	2196.2	2755.8	1970.2	779.3	2035.2	320.5	709
浙江	7670	16570	2356.5	3065	2296.6	1180.6	2877.5	294.2	566.9
福建	4682	13510	1047.1	1859	964.5	397.9	1663.3	173.7	272.9
广东	11769.7	15030	4224.6	4793.6	3022.9	1275.5	5013.6	1843.7	1201.6
广西	2455.4	5062	367	995.7	542.2	352.7	1025.5	15.1	186.7

假设表 6-1 中数据已经存放在数据集 Mylib.jjzb 中，试对各地区的经济发展水平进行主成分分析。

1. 使用 INSIGHT 模块做主成分分析的步骤

使用 INSIGHT 模块做主成分分析的步骤如下：

1）在 INSIGHT 模块中打开数据集 Mylib.jjzb，选择菜单 Analyze→Multivariate(Y X)（多元分析）命令，打开 Multivariate(Y X)对话框。

2）将做主成分分析的变量 x_1～x_9 选为 Y 变量，将变量 diqu 选为 Label 变量，如图 6-1a 所示。

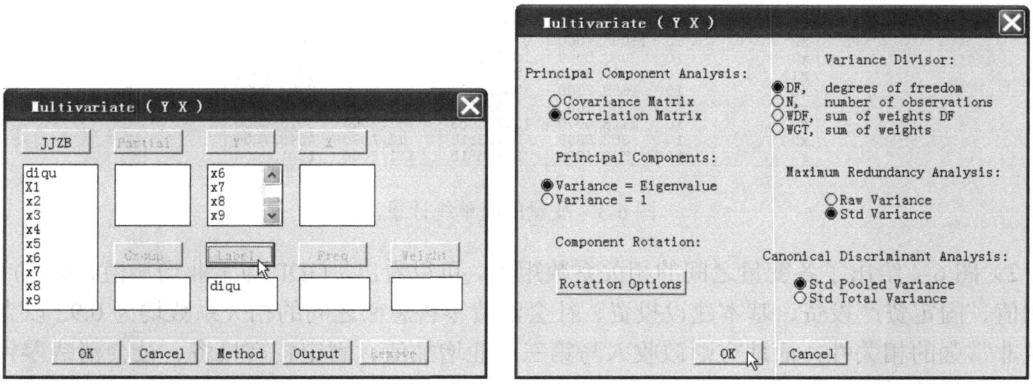

a) b)

图 6-1 多元分析对话框

3）单击 Method 按钮，在打开的对话框中可以选择计算协方差矩阵的特征值或计算相关系数矩阵的特征值。系统默认计算相关系数矩阵的特征值和特征向量，单击 OK 按钮返回。

4）单击 Output 按钮，在打开的对话框（见图 6-2a）中包括 Descriptive Statistics（描述性统计量）选项、Bivariate Plots（二变量图）选项以及各种多元分析的选项。选中 Principal Component Analysis（主成分分析）复选框，单击下面的 Principal Component Options（主成分选项）按钮，打开 Principal Component Options 对话框，选中 Eigenvectors（特征向量）复选框，取消 Correlations(Structure)（相关（结构））复选框，如图 6-2b 所示。

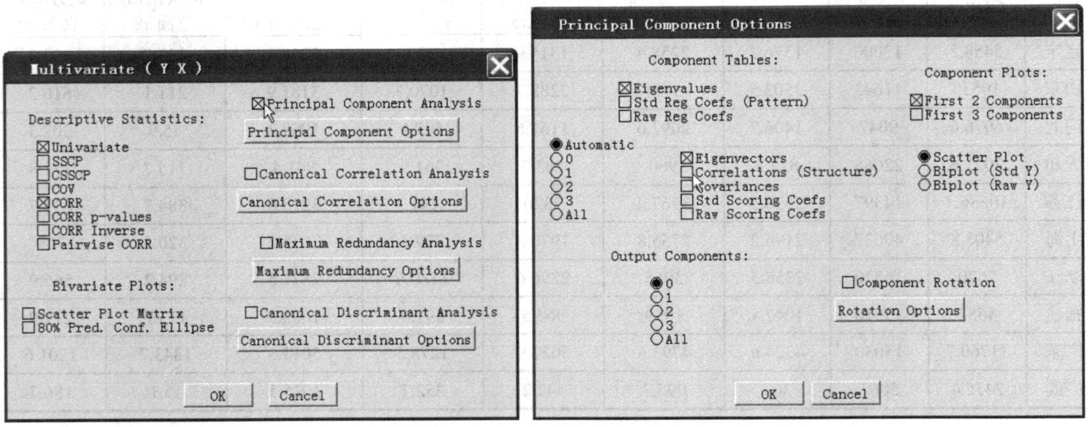

a)　　　　　　　　　　　　b)

图 6-2　主成分选项对话框

5）三次单击 OK 按钮，得到分析结果。

2. 主成分的结果分析

输出的数字分析结果有四个部分：简单统计量、相关系数矩阵、相关系数矩阵的特征值以及相关系数矩阵的特征向量。

1）图 6-3 给出了各变量的简单统计量。

Univariate Statistics

Variable	N	Mean	Std Dev	Minimum	Maximum
X1	10	6672.9600	3407.7904	2022.6000	11769.7000
x2	10	16095.4000	9713.8032	5062.0000	40627.0000
x3	10	2083.5900	1306.5613	367.0000	4224.6000
x4	10	2659.8300	1275.2963	960.0000	4793.6000
x5	10	1658.6300	830.2837	542.2000	3022.9000
x6	10	768.6000	368.1172	352.7000	1275.5000
x7	10	2418.0900	1212.5053	941.4000	5013.6000
x8	10	352.8300	537.2115	15.1000	1843.7000
x9	10	506.4800	312.5815	171.8000	1201.6000

图 6-3　变量的简单统计量

2）图 6-4 给出了各变量之间的相关系数矩阵。可以看出，GDP 与工业增加值、第三产业增加值、固定资产投资、基本建设投资、社会消费零售总额之间的相关系数均为 0.92 以上，呈现非常强的相关性；而地方财政收入与第三产业增加值、固定资产投资、社会消费零售总额之间的相关系数均为 0.91 以上，呈现非常强的相关性等。

3）图 6-5 给出了相关系数矩阵的特征值（Eigenvalue）、上下特征值之差（Difference）、各主成分的方差贡献率（Proportion）以及累积贡献率（Cumulative）。

相关系数矩阵的特征值即各主成分的方差，可以看出，第一主成分的方差贡献率为 80.11%，前两个主成分的累积贡献率已达 92.33%，因此，只需用前面两个主成分就可以概括这组数据。

Correlation Matrix

	X1	x2	x3	x4	x5	x6	x7	x8	x9
X1	1.0000	-0.0943	0.9665	0.9792	0.9230	0.9217	0.9411	0.6375	0.8256
x2	-0.0943	1.0000	0.1127	0.0742	0.2141	0.0935	-0.0428	0.0812	0.2731
x3	0.9665	0.1127	1.0000	0.9854	0.9632	0.9392	0.9352	0.7047	0.8980
x4	0.9792	0.0742	0.9854	1.0000	0.9729	0.9397	0.9623	0.7139	0.9134
x5	0.9230	0.2141	0.9632	0.9729	1.0000	0.9713	0.9371	0.7167	0.9345
x6	0.9217	0.0935	0.9392	0.9397	0.9713	1.0000	0.8971	0.6243	0.8480
x7	0.9411	-0.0428	0.9352	0.9623	0.9371	0.8971	1.0000	0.8363	0.9287
x8	0.6375	0.0812	0.7047	0.7139	0.7167	0.6243	0.8363	1.0000	0.8815
x9	0.8256	0.2731	0.8980	0.9134	0.9345	0.8480	0.9287	0.8815	1.0000

图 6-4 变量之间的相关系数矩阵

Eigenvalues (CORR)

Component	Eigenvalue	Difference	Proportion	Cumulative
1	7.210166	6.110822	0.8011	0.8011
2	1.099344	0.552212	0.1221	0.9233
3	0.547132	0.458131	0.0608	0.9841
4	0.089001	0.054260	0.0099	0.9940
5	0.034740	0.021083	0.0039	0.9978
6	0.013657	0.009265	0.0015	0.9993
7	0.004393	0.003190	0.0005	0.9998
8	0.001202	0.000837	0.0001	1.0000
9	0.000365	_	4.E-05	1.0000

图 6-5 相关系数矩阵的特征值

Eigenvectors (CORR)

	Component	
Variable	1	2
X1	0.353682	-0.212192
x2	0.040555	0.942778
x3	0.364148	-0.009845
x4	0.367584	-0.045377
x5	0.365917	0.095213
x6	0.352119	-0.023027
x7	0.364419	-0.135241
x8	0.297565	0.048047
x9	0.355405	0.183830

图 6-6 特征向量

4）图 6-6 给出了相关系数矩阵的两个最大特征值的特征向量，据此可以写出第一和第二主成分得分：

$$PCR1 = 0.35x_1^* + 0.04x_2^* + 0.36x_3^* + 0.37x_4^* + 0.37x_5^* + 0.35x_6^* + 0.36x_7^* + 0.30x_8^* + 0.36x_9^*$$

$$PCR2 = -0.21x_1^* + 0.94x_2^* - 0.01x_3^* - 0.05x_4^* + 0.10x_5^* - 0.02x_6^* - 0.14x_7^* + 0.05x_8^* + 0.18x_9^*$$

对于第一主成分而言，除了 x_2（人均 GDP）外，各变量所占比重均在 0.3 左右以上，因此第一主成分（Prin1）主要由 x_1、x_3～x_9 8 个变量解释；而第二主成分则主要由 x_2 这一个变量解释。

5）选择菜单 Edit（编辑）→Observations（观测）→Label in Plots 命令，在弹出的对话框中选中所有 diqu 变量值，单击 OK 按钮返回，显示结果中的散点图上出现地区名。

单击散点图左下角的箭头，在弹出的菜单中选择 Reference Lines 选项，画出参考线，如图 6-7 所示。

图中看出，上海在第二主成分 PCR2 的得分远远高于其他省市，而在第一主成分 PCR1 的得分则处于中间。广东、江苏、山东和浙江则在第一主成分的得分上位于前列。

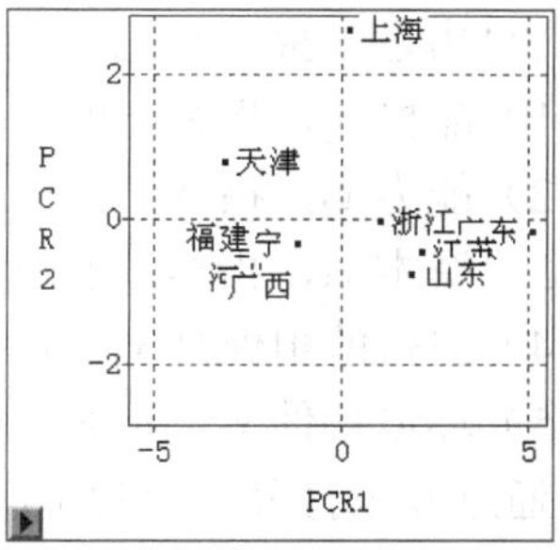

图 6-7 前两个主成分得分的散点图

6）回到 INSIGHT 的数据窗口，可以看到前两个主成分的得分情况，如图 6-8a 所示。

单击数据窗口左上角的箭头，在弹出的菜单中选择 Sort（排序）选项，在打开的对话框中选定排序变量 PCR1，并单击 Asc/Des 按钮将其设为降序（Des），如图 6-8 所示。

单击 OK 按钮返回，得到按第一主成分排序的结果，如图 6-9a 所示。同样方法可以得到按第二主成分排序的结果，如图 6-9b 所示。

从第一主成分排序情况来看，沿海 19 省市经济发展状况综合排名前 5 位的省市依次为：广东、江苏、山东、浙江、上海；从第二主成分排序情况来看，人均 GDP 排名前 5 位的省市依次是：上海、天津、浙江、广东、福建。

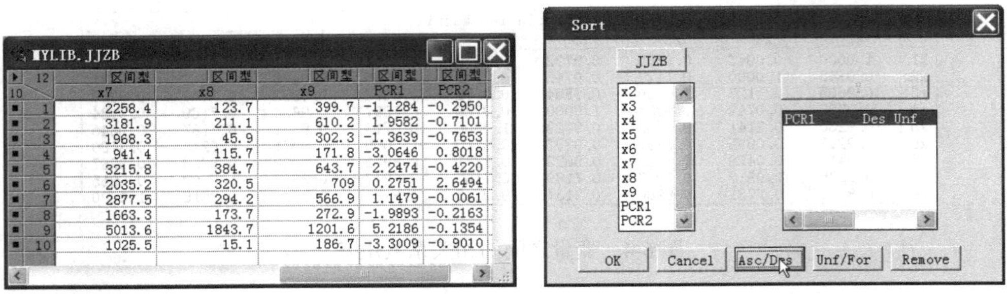

a) b)

图 6-8　选择排序变量

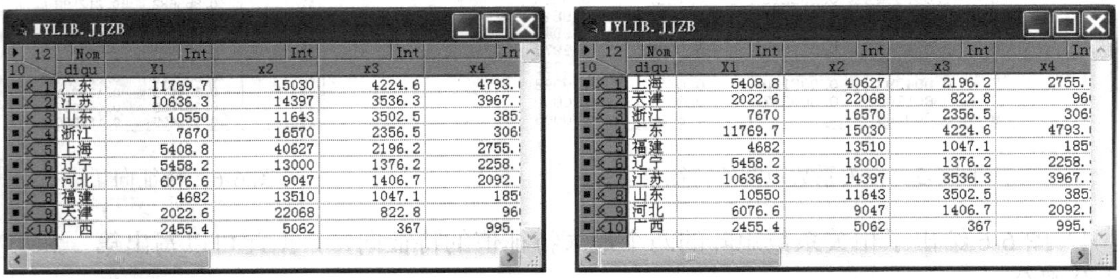

a) b)

图 6-9　按主成分排序

6.1.3　使用“分析家”作主成分分析

【例 6-2】　某企业为了了解其客户的信用程度，评价客户的信用等级，采用信用评估常用的 5C 方法，5C 的目的是说明顾客违约的可能性。

1）品格 x_1，指客户的信誉，履行偿还义务的可能性。

2）能力 x_2，指客户的偿还能力，即其流动资产的数量和质量以及流动负载的比率。

3）资本 x_3，指客户的财务势力和财务状况，表明客户可能偿还债务的背景。

4）附带的担保品 x_4，指借款人以容易出售的资产做抵押。

5）环境条件 x_5，指客户的外部因素，即指非客户本身能控制或操纵的因素。

通过专家打分，得到 10 个客户 5 项指标的得分如表 6-2 所示。

表 6-2　10 个客户 5 项指标的得分

客户编号	x1	x2	x3	x4	x5	客户编号	x1	x2	x3	x4	x5
1	76.5	81.5	76	75.8	71.7	6	85	79.2	80.3	84.4	76.5
2	70.6	73	67.6	68.1	78.5	7	94	94	87.5	89.5	92
3	90.7	87.3	91	81.5	80	8	84.6	66.9	68.8	64.8	66.4
4	77.5	73.6	70.9	69.8	74.8	9	57.7	60.4	57.4	60.8	65
5	85.6	68.5	70	62.2	76.5	10	70	69.2	71.7	64.9	68.9

假设表 6-2 中的数据已经存放在数据集 Mylib.xydj 中，试对各客户的信用等级进行评估。

1．使用“分析家”做主成分分析的步骤

使用“分析家”做主成分分析的步骤如下：

1）在“分析家”中打开数据集 Mylib.xydj。

2）选择菜单 Statistics（统计）→Multivariate（多元分析）→Principal Components（主成分分析）命令，打开 Principal Components 对话框。

3）在对话框中输入主成分分析的变量，如图 6-10a 所示。

4）单击 Statistics（统计）按钮，打开 Principal Components：Statistics 对话框。

该对话框中有以下选项：

- Correlations：通过相关矩阵计算主成分，默认选项。
- Covariances：要求通过协方差计算主成分（一般不选此项，除非已将数据标准化）。
- Uncorrected Correlations：用未修正的相关矩阵计算主成分。
- Uncorrected Covariances：用未修正的协方差阵计算主成分。

本例由于未经数据的标准化，故取默认项。在“# of components：”右边的框中指定主成分的个数，本例取 4，如图 6-10b 所示。单击 OK 按钮返回。

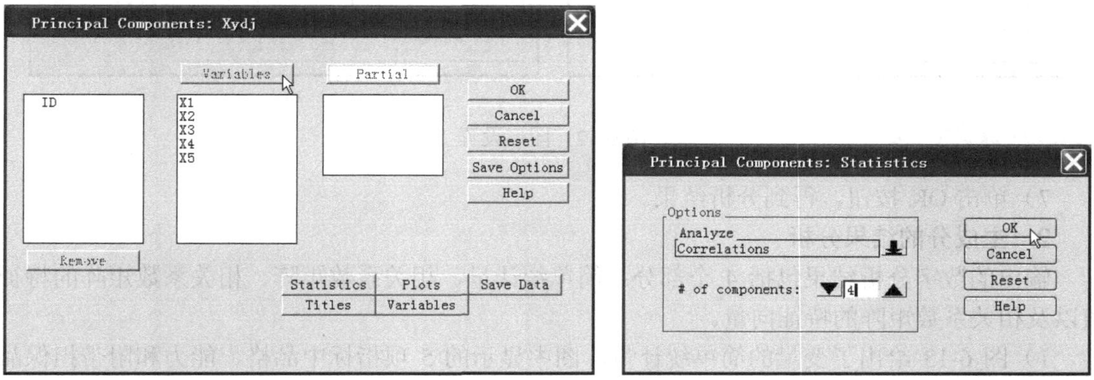

a)　　　　b)

图 6-10　设置分析变量及主成分的个数

5）单击 Save Data 按钮，打开 Principal Components：Save Data 对话框，在该对话框中可选择存储数据。对话框包括以下选项：

- Create and save scores data：选择此复选框，可存储所有原始数据和主成分得分。
- Use standardized scores：选择此复选框，存储的主成分得分是被标准化的得分。
- Create and save statistics data：选择此复选框后，可存储均值、标准偏差、观察值个数、相关系数、协方差系数、特征值及特征向量。

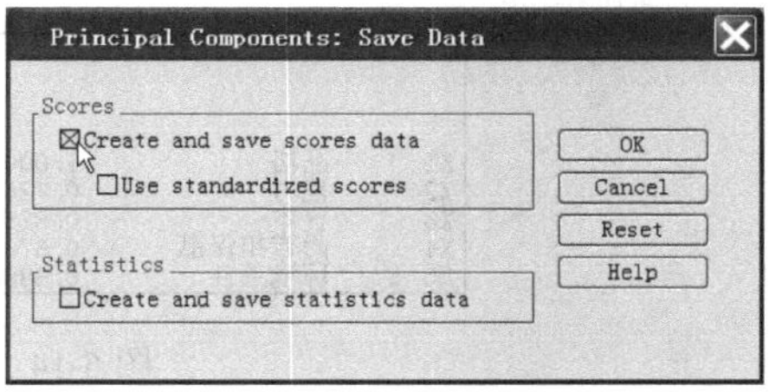

图 6-11　保存数据对话框

选中 Create and save scores data，如图 6-11 所示，单击 OK 按钮返回。

6）单击 Plots 按钮，打开 Principal Components：Plots 对话框，可以设置图形输出。

- 在 Scree Plot (碎石图)选项卡中（图 6-12a），选中 Create scree plot(建立碎石图)复选框。若选择 Positive eigenvalues 项，给出所有的非零特征值的图形；若选择 All eigenvalues 项，则给出所设置个数的特征值的碎石图。

- 在 Component Plot (成分图)选项卡中（图 6-12b），选中 Create component Plot(建立成分图)复选框。在 Type 下拉框中选择 Regular，只作主成分得分的散点图；选择 Enhanced，作增强型散点图，除了画出主成分得分图外，还画出载荷向量图，可用作变量的分类。

设置 Dimensions: 1 to k，可以得到第 1～*k* 主成分两两对应的散点图。

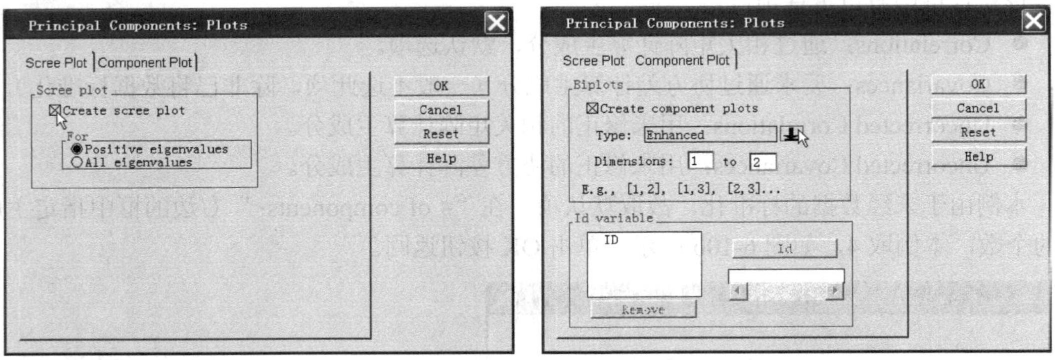

a) b)

图 6-12　图形设置

7）单击 OK 按钮，得到分析结果。

2．主成分的结果分析

输出的数字分析结果包括 4 个部分：简单统计量、相关系数矩阵、相关系数矩阵的特征值以及相关系数矩阵的特征向量。

1）图 6-13 给出了变量的简单统计量，图中显示的 5 项指标中品格、能力和附带担保品是最重要的，其标准差高出其他变量。

Simple Statistics

	X1	X2	X3	X4	X5
Mean	79.22000000	75.36000000	74.12000000	72.18000000	75.03000000
StD	10.98522240	10.17351682	9.94013190	10.04520892	7.83752370

图 6-13　变量的简单统计量

2）图 6-14 给出了各变量之间的相关系数矩阵。可以看出，能力与资本、附带担保品有着较强的相关性，表明客户的偿还能力与其财务实力、财务状况和抵押资产有着重要的关系。

Correlation Matrix

		X1	X2	X3	X4	X5
X1	品格	1.0000	0.7267	0.8253	0.6763	0.6856
X2	能力	0.7267	1.0000	0.9291	0.9384	0.8414
X3	资本	0.8253	0.9291	1.0000	0.8835	0.7335
X4	附带担保品	0.6763	0.9384	0.8835	1.0000	0.7626
X5	环境条件	0.6856	0.8414	0.7335	0.7626	1.0000

图 6-14　变量之间的相关系数矩阵

3）图 6-15 给出了相关系数矩阵的特征值（Eigenvalue）、上下特征值之差（Difference）、各主成分的方差贡献率（proportion）以及累积贡献率（Cumulative）。

相关系数矩阵的特征值即各主成分的方差，可以看出，第一主成分的方差贡献率为 84.22%，第二主成分的方差贡献率为 7.67%，第三主成分的方差贡献率为 5.95%。说明第一主成分已经具有足够多的方差贡献率，可以很好地概括这组数据。

Eigenvalues of the Correlation Matrix

	Eigenvalue	Difference	Proportion	Cumulative
1	4.21118503	3.82782549	0.8422	0.8422
2	0.38335954	0.08589503	0.0767	0.9189
3	0.29746451	0.21790505	0.0595	0.9784
4	0.07955946		0.0159	0.9943

a)

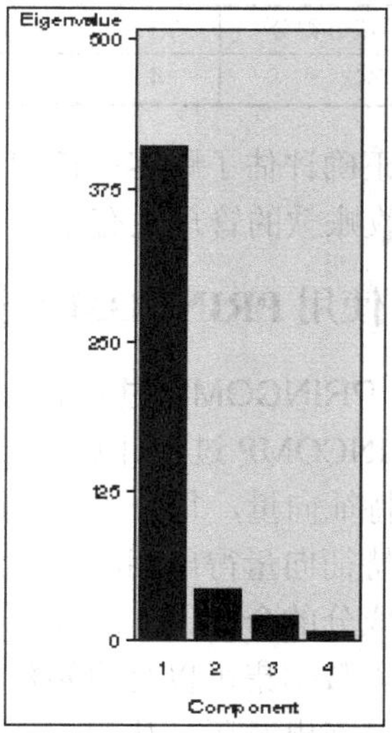

b)

图 6-15　相关系数矩阵的特征值

在“分析家”左边的管理窗口中双击 Scree plot 项，打开的 Scree plot 对话框（图 6-15b）显示了前 4 个特征值的“碎石图”，很直观地看到第一主成分远远大于其他特征值，说明第一主成分已经代表了绝大部分信息。

4）图 6-16 给出了相关系数矩阵的特征向量，由最大特征值所对应的特征向量可以写出第一主成分的表达式。

$$\text{Prin1} = 0.4135x_1^* + 0.4729x_2^* + 0.4656x_3^* + 0.4547x_4^* + 0.4265x_5^*$$

利用特征向量各分量的值可以对主成分进行解释，对于第一主成分而言，各变量所占比重大致相等，且均为正数，说明第一主成份是对所有指标的一个综合测度，作为综合的信用等级指标，可以用来排序。

Eigenvectors

		Prin1	Prin2	Prin3	Prin4
X1	品格	0.413490	0.834892	0.132341	0.290484
X2	能力	0.472893	-.277802	-.134356	-.277594
X3	资本	0.465599	0.143568	-.382387	-.596072
X4	附带担保品	0.454653	-.362100	-.365296	0.692462
X5	环境条件	0.426504	-.272129	0.827511	-.061288

图 6-16　相关系数矩阵的特征向量

5）在“分析家”窗口中，双击左边项目管理中的 Scores Table 项，打开 Scores Table 对话框。

选择菜单 File→Save as By SAS Name 命令，将其保存为数据表 Scores，然后在 VIEWTABLE 中打开该表。选择菜单 Data→Sort 命令，按主成分 Prin1 排序，结果如表 6-3 所示。

表 6-3 客户的信用等级

客户编号	1	2	3	4	5	6	7	8	9	10
第一主成分得分	3.17	−9.01	25.09	−4.36	−6.41	13.62	35.88	−10.34	−33.80	−13.83
名次	4	7	2	5	6	3	1	8	10	9

在正确评估了顾客的信用等级后，就能正确制定出对其的信用期、收账政策等，这对于加强应收账款的管理大有帮助。

6.1.4 使用 PRINCOMP 过程进行主成分分析

1. PRINCOMP 过程的功能简介

PRINCOMP 过程计算结果有：简单统计量，相关阵或协方差阵，从大到小排序的特征值和相应特征向量，每个主成分解释的方差比例，累计比例等。

由特征向量得出相应的主成分，用少数几个主成分代替原始变量，并计算主成分得分。

主成分的个数、主成分的名字以及主成分得分是否标准化均可由用户自己规定。

输入数据集可以是原始数据集、相关阵、协方差阵等。输入为原始数据时，还可以规定从协方差阵出发还是从相关阵出发进行分析，由协方差阵出发时方差大的变量在分析中起到更大的作用。

该过程还可生成两个输出数据集：一个包含原始数据及主成分得分，它可作为主成分回归和聚类分析的输入数据集；另一个包含有关统计量，类型为 TYPE = CORR 或 COV 的输出集，它也可作为其他过程的输入 SAS 集。

2. PRINCOMP 过程的格式

PRINCOMP 过程的常用格式如下：

```
PROC   PRINCOMP   <选项列表>;
  VAR   变量列表;
  [WEIGHT   变量列表;]
  [FREQ   变量列表;]
  [PARTIAL   变量列表;]
  [BY   变量列表;]
RUN;
```

其中：

1）PROC PRINCOMP 语句用来规定输入、输出和一些运行选项，其选项及功能见表 6-4。

表 6-4 PROC PRINCOMP 语句的选项

DATA =	输入数据集，可以是原始数据集，也可以是 TYPE = CORR 或 COV 的数据集
OUT =	输出包含原始数据和主成分得分的数据集
OUTSTAT =	统计量输出数据集
COVARIANCE | COV	要求从协方差阵出发计算主成分，默认为从相关阵出发计算
N =	要计算的主成分个数，默认时全部计算
STANDARD | STD	要求在 OUT = 的数据集中把主成分得分标准化为单位方差。默认时主成分得分的方差为相应特征值
PREFIX =	主成分名字的前缀，默认时为 PRIN1、PRIN2…

2）VAR 语句指定用于主成分分析的变量，变量必须为数值型（区间型）变量。默认使用 DATA= 输入数据集中所有数值型变量进行主成分分析。

3. 应用实例

【例 6-3】 对全国 30 个省市自治区经济发展基本情况的 8 项指标作主成分分析，原始数据如表 6-5 所示。

表 6-5 全国 30 个省市自治区经济发展基本情况

省　份	GDP$x1$	居民消费水平 $x2$	固定资产投资 $x3$	职工平均工资 $x4$	货物周转量 $x5$	居民消费价格指数 $x6$	商品零售价格指数 $x7$	工业总产值 $x8$
北京	1394.89	2505	519.01	8144	373.9	117.3	112.6	843.43
天津	920.11	2720	345.46	6501	342.8	115.2	110.6	582.51
河北	2849.52	1258	704.87	4839	2033.3	115.2	115.8	1234.85
山西	1092.48	1250	290.9	4721	717.3	116.9	115.6	697.25
内蒙	832.88	1387	250.23	4134	781.7	117.5	116.8	419.39
辽宁	2793.37	2397	387.99	4911	1371.1	116.1	114	1840.55
吉林	1129.2	1872	320.45	4430	497.4	115.2	114.2	762.47
黑龙江	2014.53	2334	435.73	4145	824.8	116.1	114.3	1240.37
上海	2462.57	5343	996.48	9279	207.4	118.7	113	1642.95
江苏	5155.25	1926	1434.95	5943	1025.5	115.8	114.3	2026.64
浙江	3524.79	2249	1006.39	6619	754.4	116.6	113.5	916.59
安徽	2003.58	1254	474	4609	908.3	114.8	112.7	824.14
福建	2160.52	2320	553.97	5857	609.3	115.2	114.4	433.67
江西	1205.11	1182	282.84	4211	411.7	116.9	115.9	571.84
山东	5002.34	1527	1229.55	5145	1196.6	117.6	114.2	2207.69
河南	3002.74	1034	670.35	4344	1574.4	116.5	114.9	1367.92
湖北	2391.42	1527	571.68	4685	849	120	116.6	1220.72
湖南	2195.7	1408	422.61	4797	1011.8	119	115.5	843.83
广东	5381.72	2699	1639.83	8250	656.5	114	111.6	1396.35
广西	1606.15	1314	382.59	5105	556	118.4	116.4	554.97
海南	364.17	1814	198.35	5340	232.1	113.5	111.3	64.33
四川	3534	1261	822.54	4645	902.3	118.5	117	1431.81
贵州	630.07	942	150.84	4475	301.1	121.4	117.2	324.72
云南	1206.68	1261	334	5149	310.4	121.3	118.1	716.65
西藏	55.98	1110	17.87	7382	4.2	117.3	114.9	5.57
陕西	1000.03	1208	300.27	4396	500.9	119	117	600.98
甘肃	553.35	1007	114.81	5493	507	119.8	116.5	468.79
青海	165.31	1445	47.76	5753	61.6	118	116.3	105.8
宁夏	169.75	1355	61.98	5079	121.8	117.1	115.3	114.4
新疆	834.57	1469	376.95	5348	339	119.7	116.7	428.76

（1）数据集

假定上述数据已经存放在数据集 Mylib.jjfz 中。

（2）执行主成分分析的 PRINCOMP 过程

对数据集 jjfz 执行主成分分析的 PRINCOMP 过程代码如下：

```
proc princomp data = Mylib.jjfz n = 4 out = w1 outstat = w2;
    var x1-x8;
proc print data = w1;
run;
```

执行 PRINCOMP 过程得到如下 5 方面的内容：简单统计量，相关阵或协方差阵，从大到小排序的特征值和每个主成分贡献率及累计贡献率，特征向量等。

执行 PRINT 过程则将 PRINCOMP 过程的输出数据集 w1 输出到屏幕。

（3）结果分析

图 6-17 给出了各变量之间的相关系数矩阵。可以看出，有较强相关性的变量依次为：GDP(x_1)与固定资产投资（x_3）之间的相关系数为 0.9506；GDP(x_1)与工业总产值（x_8）之间的相关系数为 0.8737；固定资产投资（x_3）与工业总产值（x_8）之间的相关系数为 0.7919；居民消费价格指数（x_6）与商品零售价格指数（x_7）之间的相关系数为 0.7628；货物周转量（x_5）与工业总产值（x_8）之间的相关系数为 0.6586。

Correlation Matrix

	x1	x2	x3	x4	x5	x6	x7	x8
x1	1.0000	0.2668	0.9506	0.1906	0.6172	-.2726	-.2636	0.8737
x2	0.2668	1.0000	0.4261	0.7181	-.1510	-.2351	-.5927	0.3631
x3	0.9506	0.4261	1.0000	0.3996	0.4306	-.2805	-.3591	0.7919
x4	0.1906	0.7181	0.3996	1.0000	-.3556	-.1350	-.5392	0.1044
x5	0.6172	-.1510	0.4306	-.3556	1.0000	-.2532	0.0217	0.6586
x6	-.2726	-.2351	-.2805	-.1350	-.2532	1.0000	0.7628	-.1252
x7	-.2636	-.5927	-.3591	-.5392	0.0217	0.7628	1.0000	-.1921
x8	0.8737	0.3631	0.7919	0.1044	0.6586	-.1252	-.1921	1.0000

图 6-17　相关系数矩阵

图 6-18 给出了相关系数矩阵的特征值、上下特征值之差、各主成分对方差的贡献率以及累积的贡献率。

Eigenvalues of the Correlation Matrix

	Eigenvalue	Difference	Proportion	Cumulative
1	3.75512808	1.55839208	0.4694	0.4694
2	2.19673600	0.98184422	0.2746	0.7440
3	1.21489177	0.81249198	0.1519	0.8958
4	0.40239979		0.0503	0.9461

图 6-18　相关系数矩阵的特征值和每个主成分贡献率及累计贡献率

相关系数矩阵的特征值即各主成分的方差，可以看出，第一主成分对方差的贡献率为 46.94%，第二主成分对方差的贡献率为 27.46%，第三主成分对方差的贡献率为 15.19%，之后的主成分的贡献率为 0.05。前三个主成分的累积贡献率为 89.58%，因此，对第四主成分以后的主成分完全可以忽略不计，用前三个主成分就可以很好地概括这组数据。

图 6-19 给出相关系数矩阵前四大特征值对应的特征向量，由此可以写出前三个主成分的表达式：

$$\text{Prin1} = 0.46x_1^* + 0.31x_2^* + 0.47x_3^* + 0.24x_4^* + 0.25x_5^* - 0.26x_6^* - 0.32x_7^* + 0.42x_8^*$$
$$\text{Prin2} = 0.26x_1^* - 0.40x_2^* + 0.11x_3^* - 0.49x_4^* + 0.50x_5^* + 0.17x_6^* + 0.40x_7^* + 0.29x_8^*$$
$$\text{Prin3} = 0.11x_1^* + 0.25x_2^* + 0.19x_3^* + 0.33x_4^* - 0.25x_5^* + 0.72x_6^* + 0.40x_7^* + 0.19x_8^*$$

Eigenvectors				
	Prin1	Prin2	Prin3	Prin4
x1	0.456650	0.258828	0.109669	-.320297
x2	0.313091	-.403601	0.246160	0.643963
x3	0.470475	0.108706	0.192322	-.426335
x4	0.240591	-.487408	0.333810	-.257934
x5	0.250709	0.498125	-.249714	0.333800
x6	-.262440	0.169963	0.722755	0.113077
x7	-.319734	0.401028	0.396976	-.042079
x8	0.424564	0.287908	0.191413	0.329318

图 6-19　原始变量对于各个主成分的因子载荷量

可见，第一主成分中 x_3、x_1、x_8 的系数最大；第二主成分中 x_5、x_7 具有较大的正系数，x_4、x_2 则具有较大的负系数；第三主成分中 x_6 的系数最大，远远超过其他指标的影响。因此，可以把第一主成分看成是由固定资产投资（x_3）、GDP（x_1）、工业总产值（x_8）所刻画的反映经济发展水平的综合指标；把第二主成分看成是由货物周转量（x_5）、职工平均工资（x_4）、居民消费水平（x_2）、商品零售价格指数（x_7）所刻画的与人民生活水平有关的综合指标；把第三主成分单独看成是居民消费价格指数（x_6）的影响指标。

最后输出的是数据集 w1，其中包含前 4 个主成分 Prin1～Prin4 的得分。

（4）主成分的散点图

为了更直观地解释主成分所代表的意义，画出数据集 w1 中变量 Prin1 和 Prin2 的散点图，即按第一主成分和第二主成分的得分作图，又称为载荷图，代码如下：

```
proc plot data=w1 vpct=80;
  plot prin1*prin2 $ diqu='*'/
    haxis= –3.5 to 3 by 0.5   HREF= –2,0,2
    vaxis= –3 to 4.5 by 1.5   VREF= –2,0,2;
run;
```

显示如图 6-20 所示。

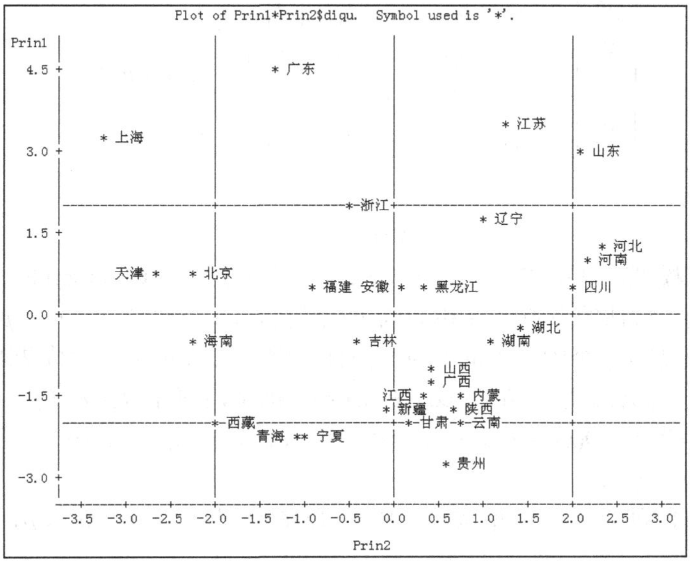

图 6-20　载荷图

广东、江苏、上海、山东的第一主成分取值较高，说明这些省市的经济发展水平较高，其次是浙江、辽宁、河北、河南、北京、天津等。

由于在第二主成分中职工平均工资与居民消费水平具有负的载荷量，因此处于右半图中的河北、河南、山东等地的职工平均工资与居民消费水平较低，商品零售价格指数较高；而左半图中上海、天津、海南、北京等地的职工平均工资与居民消费水平较高，商品零售价格指数较低。

6.2 因子分析

因子分析（Factor Analysis）是主成分分析的推广和发展，也是多元分析中一种数据简化的技术。它通过研究众多变量之间的内部依赖关系，探求观测数据中的基本结构，并用少数几个假想变量来表示其基本的数据结构。这几个假想变量能够反映原来众多变量的主要信息。原始的变量是可观测的显在变量，而假想变量是不可观测的潜在变量，称为因子。

简单地说，因子分析是研究如何以最少的信息丢失将众多原有变量浓缩成少数几个具有一定命名解释性的因子（因素），并根据原始变量与因子的关系以及因子得分进行分析、评价的多元统计分析方法。

6.2.1 因子分析的概念与步骤

因子分析的核心是用较少的因子反映原有变量的绝大部分信息。可以将这一思想用数学模型来表示。

1．因子分析模型

设 p 维可观测的随机向量 $\boldsymbol{X}=(X_1，\cdots，X_p)'$（假定 X_i 为标准化变量，即 $E(X_i)=0$，$Var(X_i)=1$，$i=1，2，\cdots，p$）表示为

$$\begin{bmatrix} X_1 \\ X_2 \\ \vdots \\ X_p \end{bmatrix}=\begin{bmatrix} a_{11} & a_{12} & \cdots & a_{1m} \\ a_{21} & a_{22} & \cdots & a_{2m} \\ \vdots & \vdots & \ddots & \vdots \\ a_{p1} & a_{p2} & \cdots & a_{pm} \end{bmatrix}\begin{bmatrix} F_1 \\ F_2 \\ \vdots \\ F_m \end{bmatrix}+\begin{bmatrix} \varepsilon_1 \\ \varepsilon_2 \\ \vdots \\ \varepsilon_p \end{bmatrix} \quad (m<p)$$

或

$$\boldsymbol{X}=\boldsymbol{AF}+\boldsymbol{\varepsilon}$$

上式称为因子模型，其中 F_1、F_2、$\cdots$、F_m 称为公共因子（Common Factor），简称因子，是不可观测的变量；待估的系数阵 $\boldsymbol{A}$ 称为因子载荷阵，a_{ij}（$i=1，2，\cdots，p$；$j=1，2，\cdots，m$）称为第 i 个变量在第 j 个因子上的载荷（简称为因子载荷）；$\boldsymbol{\varepsilon}$ 称为特殊因子，是不能被前 m 个公共因子包含的部分。并且满足：$\text{cov}(\boldsymbol{F}, \boldsymbol{\varepsilon})=0$，即 $\boldsymbol{F}$, $\boldsymbol{\varepsilon}$ 不相关；$D(\boldsymbol{F})=\boldsymbol{I}_m$，即 F_1、F_2、$\cdots$、F_m 互不相关，方差为 1；$D(\boldsymbol{\varepsilon})=diag(\sigma_1^2，\sigma_2^2，\cdots，\sigma_p^2)$，即 ε_1、ε_2、$\cdots$、ε_p 互不相关，方差不一定相等，$\varepsilon_i \sim N(0，\sigma_i^2)$。

因子分析的目的就是通过模型 $\boldsymbol{X}=\boldsymbol{AF}+\boldsymbol{\varepsilon}$ 以 $\boldsymbol{F}$ 代替 $\boldsymbol{X}$，由于 $m<p$，从而达到降维的愿望。

2．因子分析模型中的几个统计特征

（1）因子载荷 a_{ij} 的统计意义

由 $X_i = a_{i1}F_1 + \cdots + a_{im}F_m + \varepsilon_i$，两边同乘以 F_j，再求数学期望：

$$E(X_iF_j) = a_{i1}E(F_1F_j) + \cdots + a_{ij}E(F_jF_j) + \cdots + a_{im}E(F_mF_j) + E(\varepsilon_iF_j)$$

从而有

$$r_{ij} = E(X_iF_j) = a_{ij}$$

即载荷矩阵中第 i 行，第 j 列的元素 a_{ij} 是第 i 个变量与第 j 个公共因子的相关系数，反映了第 i 个变量与第 j 个公共因子的相关程度。$|a_{ij}| \leqslant 1$，绝对值越大，相关程度越高。在这种意义上公共因子解释了观测变量间的相关性。

（2）变量共同度的统计意义

因子载荷矩阵第 i 行的元素平方和：

$$h_i^2 = \sum_{j=1}^{m} a_{ij}^2$$

称为变量 X_i 的共同度（$i = 1, 2, \cdots, p$）。

对 $X_i = a_{i1}F_1 + \cdots + a_{im}F_m + \varepsilon_i$ 两边求方差：

$$Var(X_i) = Var\left(\sum_{t=1}^{m} a_{it}F_t + \varepsilon_i\right) = \sum_{t=1}^{m} a_{it}^2 Var(F_t) + Var(\varepsilon_i) = h_i^2 + \sigma_i^2$$

上式表明，X_i 的方差由两部分组成，第一部分是全部公共因子对变量 X_i 的总方差所做出的贡献，称为公因子方差；第二部分是由特定因子 ε_i 产生的方差，它仅与变量 X_i 有关，反映了变量 X_i 方差中不能由全部因子解释说明的部分，称为剩余方差。

显然，若 h_i^2 大，σ_i^2 必小。而 h_i^2 大就表明 X_i 对公因子的共同依赖程度大。设 $Var(X_i) = 1$，即所有的公共因子和特殊因子对变量 X_i 的贡献为 1。如果 h_i^2 非常靠近 1，则 σ_i^2 非常小，此时因子分析的效果好，从原变量空间到公共因子空间的转化性质好。可见 h_i^2 反映了变量 X_i 对公共因子 $\boldsymbol{F}$ 的依赖程度，故称 h_i^2 为变量 X_i 的共同度。

（3）公共因子 F_j 方差贡献的统计意义

因子载荷矩阵 $\boldsymbol{A}$ 中各列元素的平方和：

$$q_j^2 = \sum_{i=1}^{p} a_{ij}^2$$

称为公共因子 F_j 对 $\boldsymbol{X}$ 的贡献，是衡量 F_j 相对重要性的指标，q_j^2 越大表明 F_j 对 $\boldsymbol{X}$ 的贡献越大。

3．因子载荷矩阵的估计方法

给定 p 个相关变量 $X_1, \cdots, X_p$ 的观测数矩阵 $\boldsymbol{X}$，由 $\boldsymbol{X} = \boldsymbol{AF} + \boldsymbol{\varepsilon}$ 易推出

$$\boldsymbol{\Sigma} = \boldsymbol{AA}' + \boldsymbol{D}$$

式中，$\boldsymbol{\Sigma} = D(\boldsymbol{X})$ 为 $\boldsymbol{X}$ 的协方差阵；$\boldsymbol{A} = (a_{ij})$ 为 $p \times m$ 的因子载荷阵；$\boldsymbol{D} = diag(\sigma_1^2, \sigma_2^2, \cdots, \sigma_p^2)$ 为 p 阶对角阵。

由 p 个相关变量的观测数据可得到协差阵的估计，记为 $\boldsymbol{S}$。为了建立因子模型，首先要估计因子载荷 a_{ij} 和特殊方差 σ_i^2。常用的参数估计方法有以下三种：主成分法，主因子法和极

大似然法。

（1）主成分法

设样品协方差阵 $\boldsymbol{S}$ 的特征值为 $\lambda_1 \geqslant \lambda_2 \geqslant \cdots \geqslant \lambda_p \geqslant 0$，$\boldsymbol{u}_1$，$\boldsymbol{u}_2$，…，$\boldsymbol{u}_p$，为对应的标准化特征向量，当最后 $p-m$ 个特征值较小时，$\boldsymbol{S}$ 可近似地分解为：

$$\boldsymbol{S} \approx \boldsymbol{U}\begin{bmatrix} \lambda_1 & & & \\ & \lambda_2 & & \\ & & \ddots & \\ & & & \lambda_m \end{bmatrix}\boldsymbol{U}' + \boldsymbol{D}$$

$$= (\sqrt{\lambda_1}\boldsymbol{u}_1, \sqrt{\lambda_2}\boldsymbol{u}_2, \ldots, \sqrt{\lambda_m}\boldsymbol{u}_m)\begin{pmatrix} \sqrt{\lambda_1}\boldsymbol{u}_1' \\ \sqrt{\lambda_2}\boldsymbol{u}_2' \\ \vdots \\ \sqrt{\lambda_m}\boldsymbol{u}_m' \end{pmatrix} + \begin{bmatrix} \sigma_1^2 & & & \\ & \sigma_2^2 & & \\ & & \ddots & \\ & & & \sigma_p^2 \end{bmatrix}$$

$$= \boldsymbol{A}\boldsymbol{A}' + \boldsymbol{D}$$

式中，$\boldsymbol{A} = (\sqrt{\lambda_1}\boldsymbol{u}_1, \sqrt{\lambda_2}\boldsymbol{u}_2, \cdots, \sqrt{\lambda_m}\boldsymbol{u}_m) = (a_{ij})$ 为 $p \times m$ 阵，令 $\sigma_i^2 = s_{ii} - \sum_{k=1}^{m} a_{ik}^2$，即得因子模型的一个解。载荷阵 $\boldsymbol{A}$ 中的第 j 列和 $\boldsymbol{X}$ 的第 j 个主成分的系数相差一个倍数 $\sqrt{\lambda_j}$ （$j=1$，…，m），故这个解称为主成分解。

注：上式有一个假定，模型中的特殊因子是不重要的，因而从 $\boldsymbol{S}$ 的分解中忽略了特殊因子的方差。

（2）主因子法

主因子方法是对主成分方法的修正，设 $\boldsymbol{R} = \boldsymbol{A}\boldsymbol{A}' + \boldsymbol{D}$，则 $\boldsymbol{R}^* = \boldsymbol{R} - \boldsymbol{D} = \boldsymbol{A}\boldsymbol{A}'$称为约相关矩阵，若已知特殊因子方差的初始估计 $(\hat{\sigma}_i^*)^2$，也就是已知变量共同度的估计：

$$(h_i^*)^2 = 1 - (\hat{\sigma}_i^*)^2$$

则 $\boldsymbol{R}^*$对角线上的元素是 $(h_i^*)^2$，而不是 1。即

$$\boldsymbol{R}^* = \begin{pmatrix} (h_1^*)^2 & r_{12} & \cdots & r_{1p} \\ r_{21} & (h_2^*)^2 & \cdots & r_{2p} \\ \vdots & \vdots & \ddots & \vdots \\ r_{p1} & r_{p2} & \cdots & (h_p^*)^2 \end{pmatrix}$$

计算 $\boldsymbol{R}^*$的特征值和特征向量，取前 m 个正特征值 $\lambda_1^* \geqslant \lambda_2^* \geqslant \cdots \geqslant \lambda_p^* > 0$，相应的特征向量为 $\boldsymbol{u}_1^*$，$\boldsymbol{u}_2^*$，…，$\boldsymbol{u}_p^*$，则有近似分解式：

$$\boldsymbol{R}^* = \boldsymbol{A}\boldsymbol{A}'$$

式中，$\boldsymbol{A} = (\sqrt{\lambda_1^*}\boldsymbol{u}_1^*, \sqrt{\lambda_2^*}\boldsymbol{u}_2^*, \cdots, \sqrt{\lambda_m^*}\boldsymbol{u}_m^*)$，令 $(\hat{\sigma}_i^*)^2 = 1 - \sum_{k=1}^{m} a_{ik}^2$ （$i=1$，…，p），则 $\boldsymbol{A}$ 和 $\boldsymbol{D}$ 为因子模型的一个解，这个解称为主因子解。

在实际中特殊因子方差（或变量共同度）是未知的。以上得到的解是近似解。为了得到近似程度更好的解，常常采用迭代主因子法，即利用上面得到的 $\boldsymbol{D}^* = \mathrm{diag}(\hat{\sigma}_1^2, \cdots, \hat{\sigma}_p^2)$作为特殊因子方差的初始估计，重复上述步骤，直到解稳定为止。

变量共同度 h_i^2 常用的初始估计有以下几种方法：

- 取第 i 个变量与其他所有变量的多重相关系数的平方；
- 取第 i 个变量与其他变量相关系数绝对值的最大值；
- 取 1，它等价于主成分解。

（3）极大似然法

假定公共因子 $\boldsymbol{F}$ 和特殊因子 $\boldsymbol{\varepsilon}$ 服从正态分布，那么可得到因子载荷阵和特殊因子方差的极大似然估计，设 p 维观测向量 $X_{(1)}$，…，$X_{(n)}$为来自正态总体 $N_p(\mu, \Sigma)$的随机样品，则样品似然函数为 μ，Σ的函数 $L(\mu, \Sigma)$。

设 $\boldsymbol{\Sigma} = \boldsymbol{AA}' + \boldsymbol{D}$，取 $\mu = \overline{X}$，则似然函数为 $\boldsymbol{A}$，$\boldsymbol{D}$ 的函数：$\varphi(\boldsymbol{A}, \boldsymbol{D})$，求 $\boldsymbol{A}$，$\boldsymbol{D}$ 使φ达最大。为保证得到唯一解，可附加计算上方便的唯一性条件：$\boldsymbol{A}'\boldsymbol{D}^{-1}\boldsymbol{A} =$ 对角阵，用迭代方法可求得极大似然估计 $\boldsymbol{A}$ 和 $\boldsymbol{D}$。

4．因子旋转（正交变换）

所谓因子旋转就是将因子载荷矩阵 $\boldsymbol{A}$ 右乘一个正交矩阵 $\boldsymbol{T}$ 后得到一个新的矩阵 $\boldsymbol{A}^*$。它并不影响变量 X_i 的共同度 h_i^2，却会改变因子的方差贡献 q_j^2。因子旋转通过改变坐标轴，能够重新分配各个因子解释原始变量方差的比例，使因子更易于理解。

设 p 维可观测向量 $\boldsymbol{X}$ 满足因子模型：$\boldsymbol{X} = \boldsymbol{AF} + \varepsilon$。$\boldsymbol{T}$ 为正交阵，则因子模型可写为

$$\boldsymbol{X} = \boldsymbol{ATT}'\boldsymbol{F} + \varepsilon = \boldsymbol{A}^*\boldsymbol{F}^* + \varepsilon$$

式中，$\boldsymbol{A}^* = \boldsymbol{AT}$，$\boldsymbol{F}^* = \boldsymbol{T}'\boldsymbol{F}$。

易知，$\boldsymbol{\Sigma} = \boldsymbol{AA}' + \boldsymbol{D} = \boldsymbol{A}^*\boldsymbol{A}^{*\prime} + \boldsymbol{D}$（其中 $\boldsymbol{A}^* = \boldsymbol{AT}$）。这说明，若 $\boldsymbol{A}$，$\boldsymbol{D}$ 是一个因子解，任给正交阵 $\boldsymbol{T}$，$\boldsymbol{A}^* = \boldsymbol{AT}$，$\boldsymbol{D}$ 也是因子解。在这个意义下，因子解是不唯一的。

由于因子载荷阵是不唯一的，所以可对因子载荷阵进行旋转。目的是使因子载荷阵的结构简化，使载荷矩阵每列或行的元素平方值向 0 和 1 两极分化，这样的因子便于解释和命名。

有三种主要的正交旋转法：四次方最大法、方差最大法和等量最大法。这些旋转方法的目标是一致的，只是策略不同。

如果两种旋转模型导出不同的解释，这两种解释不能认为是矛盾的。倒不如说是看待相同事物的两种不同方法，是在公因子空间中的两个不同点。只取决于唯一的一种认为是正确旋转的任何结论都是不成立的。

在统计意义上，所有旋转都是一样的，即不能说一些旋转比另一些旋转好。因此，在不同的旋转方法之间进行的选择必须根据非统计观点，通常选择最容易解释的旋转模型。

5．因子得分

因子得分是因子分析的最终体现。在因子分析的实际应用中，当因子确定以后，便可计算各因子在每个样品上的具体数值，这些数值称为因子得分，形成的变量称为因子变量。于是，在以后的分析中就可以用因子变量代替原有变量进行数据建模，或利用因子变量对样品进行分类或评价等研究，进而实现降维和简化问题的目标。

计算因子得分的途径是用原有变量来描述因子，第 j 个因子在第 i 个样品上的值可表示

为：

$$F_{ji}=\beta_{j1}x_{i1}+\beta_{j2}x_{i2}+\cdots+\beta_{jp}x_{ip} \qquad (j=1, 2, \cdots, k)$$

式中，x_{i1}，x_{i2}，…，x_{ip} 分别是第 1，2，…，p 个原有变量在第 i 个样品上的取值；β_{j1}，β_{j2}，…，β_{jp} 分别是第 j 个因子和第 1，2，…，k 个原有变量间的因子值系数。可见，它是原有变量线性组合的结果（与因子分析的数学模型正好相反），因子得分可看作各变量值的加权（β_{j1}，β_{j2}，…，β_{jp}）总和，权数的大小表示了变量对因子的重要程度。于是有：

$$F_j=\beta_{j1}X_1+\beta_{j2}X_2+\cdots+\beta_{jp}X_p \qquad (j=1, 2, \cdots, k)$$

上式称为因子得分函数。由于因子个数 k 小于原有变量个数 p，故式中方程的个数少于变量的个数。因此，对因子值系数通常采用最小二乘意义下的回归法进行估计。可将上式看作是因子变量 F_j 对 p 个原有变量的线性回归方程（其中常数项为 0）。可以证明，式中回归系数的最小二乘估计满足：

$$B_j=A_j'\boldsymbol{R}^{-1}$$

式中，$B_j=(\beta_{j1}, \beta_{j2}, \cdots, \beta_{jp})$；$A_j'=(a_{1j}, a_{2j}, \cdots, a_{pj})$为第 1，2，…，$p$ 个变量在第 j 个因子上的因子载荷；$\boldsymbol{R}^{-1}$ 为原有变量的相关系数矩阵的逆矩阵。

根据上式可计算出因子变量 F_j 的因子值系数，再利用因子得分函数可计算出第 j 个因子在各个样品上的因子得分。

估计因子得分的方法还有 Banlette 法、Anderson-Ru-bin 法等。用不同的方法导出的因子得分一般是不相同的。

6.2.2 使用 INSIGHT 模块作因子分析

【例 6-4】 今有 20 个盐泉，盐泉的水化学特征系数值见表 6-6。试对盐泉水的化学分析数据作因子分析。

表 6-6 盐泉水化学特征系数的数据

序号	x_1（矿化度）	x_2(Br·10^3/Cl)	x_3(K·10^3/Σ盐)	x_4(K·10^3/Cl)	x_5(Na/K)	x_6(Mg·10^2/Cl)	x_7(Na/Cl)
1	11.835	0.480	14.360	25.210	25.21	0.810	0.98
2	45.596	0.526	13.850	24.040	26.01	0.910	0.96
3	3.525	0.086	24.400	49.300	11.30	6.820	0.85
4	3.681	0.370	13.570	25.120	26.00	0.820	1.01
5	48.287	0.386	14.500	25.900	23.32	2.180	0.93
6	17.956	0.280	9.750	17.050	37.20	0.464	0.98
7	7.370	0.506	13.600	34.280	10.69	8.800	0.56
8	4.223	0.340	3.800	7.100	88.20	1.110	0.97
9	6.442	0.190	4.700	9.100	73.20	0.740	1.03
10	16.234	0.390	3.100	5.400	121.50	0.420	1.00
11	10.585	0.420	2.400	4.700	135.60	0.870	0.98
12	23.535	0.230	2.600	4.600	141.80	0.310	1.02
13	5.398	0.120	2.800	6.200	111.20	1.140	1.07
14	283.149	0.148	1.763	2.968	215.86	0.140	0.98
15	316.604	0.317	1.453	2.432	263.41	0.249	0.98

（续）

序号	x_1（矿化度）	$x_2(Br\cdot10^3/Cl)$	$x_3(K\cdot10^3/\Sigma$盐$)$	$x_4(K\cdot10^3/Cl)$	$x_5(Na/K)$	$x_6(Mg\cdot10^2/Cl)$	$x_7(Na/Cl)$
16	307.310	0.173	1.627	2.729	235.70	0.214	0.99
17	322.515	0.312	1.382	2.320	282.21	0.024	1.00
18	254.580	0.297	0.899	1.476	410.30	0.239	0.93
19	304.092	0.283	0.789	1.357	438.36	0.193	1.01
20	202.446	0.042	0.741	1.266	309.77	0.290	0.99

利用因子分析法，可揭示观察数据中 7 个指标之间的相互关系，寻找潜在的影响因子，并用这些潜在因子对原指标之间的相关关系进行解释。假定表 6-6 的数据已经存入数据集 mylib.yq 中。

1．使用 INSIGHT 模块做因子分析的步骤

在 INSIGHT 模块中打开数据集 Mylib.yq。

（1）求相关系数阵及其特征值

选择菜单 Analyze→Multivariate(Y X)（多元分析），打开 Multivariate(Y X)对话框。将变量 x_1～x_7 选为 Y 变量，如图 6-21a 所示。

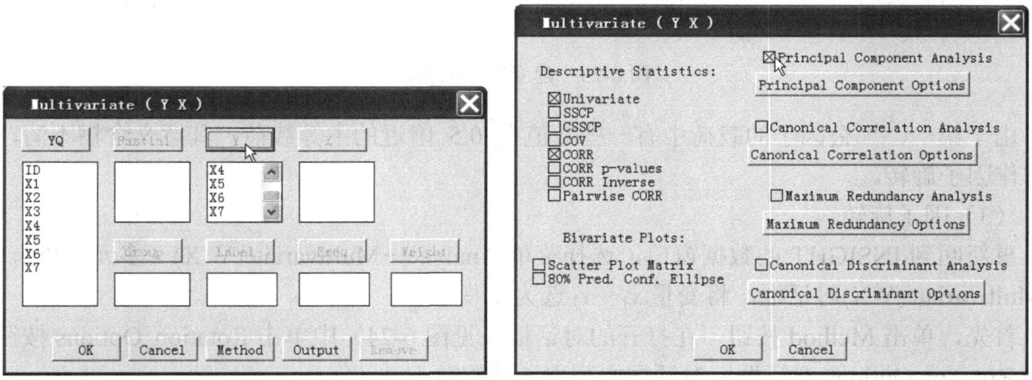

a)　　　　b)

图 6-21　多元分析对话框

单击 Output 按钮，在打开的对话框中包括 Descriptive Statistics（描述性统计量）选项、Bivariate Plots（二变量图）选项以及各种多元分析的选项。选中 Principal Component Analysis（主成分分析）复选框，如图 6-21b 所示。

单击下面的 Principal Component Options（主成分选项）按钮，打开 Principal Component Options 对话框，确认 Correlations(Structure)（相关(结构)）复选框被选中（默认状态），单击 OK 按钮返回。

两次单击 OK 按钮，得到因子分析结果。输出的数据分析结果包括 5 个部分：简单统计量、相关系数矩阵、相关系数矩阵的特征值以及默认的两个因子载荷阵等。

其中相关系数阵及其特征值等如图 6-22 所示。

结果显示，前三个特征值的方差贡献率依次为：0.6063、0.1788、0.1315。

（2）建立因子载荷阵

Correlation Matrix							
	X1	X2	X3	X4	X5	X6	X7
X1	1.0000	-0.2912	-0.5705	-0.5676	0.8513	-0.3886	0.1690
X2	-0.2912	1.0000	0.2725	0.2593	-0.3444	0.1386	-0.3445
X3	-0.5705	0.2725	1.0000	0.9869	-0.7485	0.6695	-0.4707
X4	-0.5676	0.2593	0.9869	1.0000	-0.7356	0.7779	-0.5855
X5	0.8513	-0.3444	-0.7485	-0.7356	1.0000	-0.4729	0.2793
X6	-0.3886	0.1386	0.6695	0.7779	-0.4729	1.0000	-0.8875
X7	0.1690	-0.3445	-0.4707	-0.5855	0.2793	-0.8875	1.0000

a)

Eigenvalues (CORR)				
Component	Eigenvalue	Difference	Proportion	Cumulative
1	4.244417	2.993086	0.6063	0.6063
2	1.251331	0.331151	0.1788	0.7851
3	0.920181	0.481766	0.1315	0.9166
4	0.438415	0.324826	0.0626	0.9792
5	0.113589	0.082206	0.0162	0.9954
6	0.031383	0.030700	0.0045	0.9999
7	0.000683	_	1.E-04	1.0000

b)

图 6-22　相关系数阵及其特征值

由于前三个特征值的累积贡献率已达 91.66%，故取前三个特征值建立因子载荷阵。

选择菜单 Tables→Principal Components（主成分），在弹出的 Principal Component Analysis 对话框中选择 3 个因子，及 Correlations(Structure)选项，单击 OK 按钮，得到因子载荷阵，如图 6-23 所示。

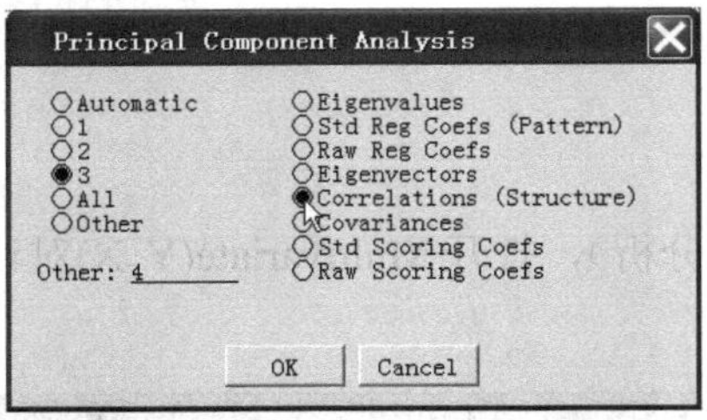

a)

Correlations (Structure)			
Variable	PCR1	PCR2	PCR3
X1	-0.7156	0.5645	0.0456
X2	0.4123	-0.1319	0.8928
X3	0.9096	-0.0643	-0.1722
X4	0.9449	0.0484	-0.1749
X5	-0.8346	0.4694	0.0477
X6	0.8256	0.4967	-0.1343
X7	-0.6812	-0.6646	-0.2012

b)

图 6-23　建立因子载荷阵

由于第一、二公因子的载荷中有一些数值在 0.5 附近的中等载荷，其意义含糊不清，故考虑作因子旋转。

（3）因子旋转

重新回到 INSIGHT 的数据窗口，选择菜单 Analyze→Multivariate(Y X)（多元分析），打开 Multivariate(Y X)对话框，将变量 x_1～x_7 选为 Y 变量。

首先，单击 Method 按钮，在打开的对话框（见图 6-24）中单击 Rotation Options 按钮，打开 Rotation Options 对话框，对话框中列出 5 种旋转方法：

- Equamax，均衡法；
- Orthomax，正交旋转法；
- Parsimax，正交 parsimax 旋转法；
- Quartimax，最大四分位法，可减少因子个数且简化变量；
- Varimax，最大方差法。

可以通过尝试，选择最佳方案。本例选择旋转方式为 Quartimax（最大四分位法），并修改 Components 的值为 3，如图 6-25 所示。

单击 OK 按钮返回。

然后，单击 Output 按钮，在打开的对话框中单击 Principal Component Analysis（主成分分析）复选框下面的 Principal Component Options（主成分选项）按钮，打开 Principal Component Options 对话框。

选中 Component Rotation（因子旋转）复选框（见图 6-26 左），单击 Rotation Options 按钮，打开 Rotation Options 对话框，增加选中 Output Component Scores 复选框和 Communality

Estimates 复选框，如图 6-26 右所示。单击 OK 按钮返回。

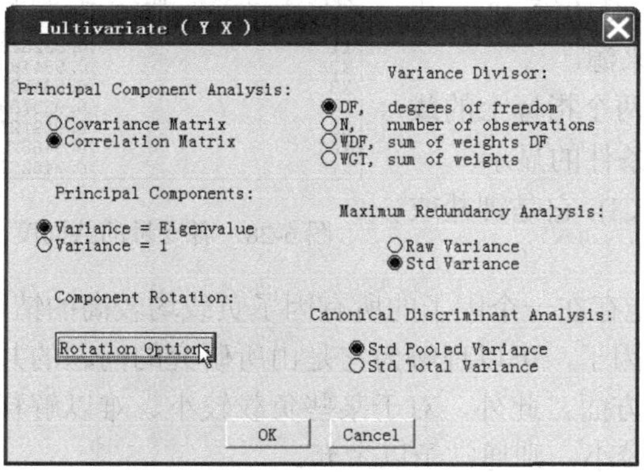

图 6-24　多元分析对话框

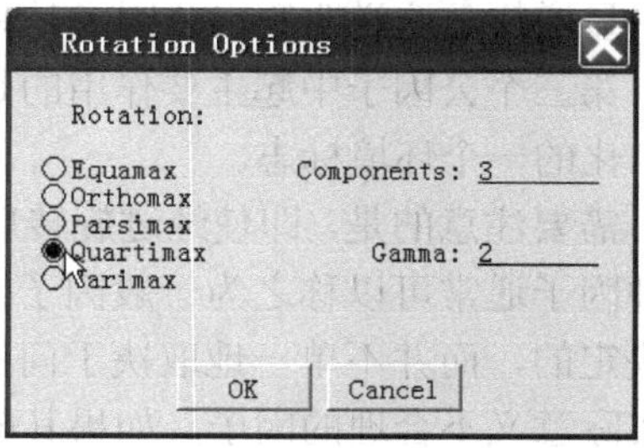

图 6-25　选择因子旋转方法

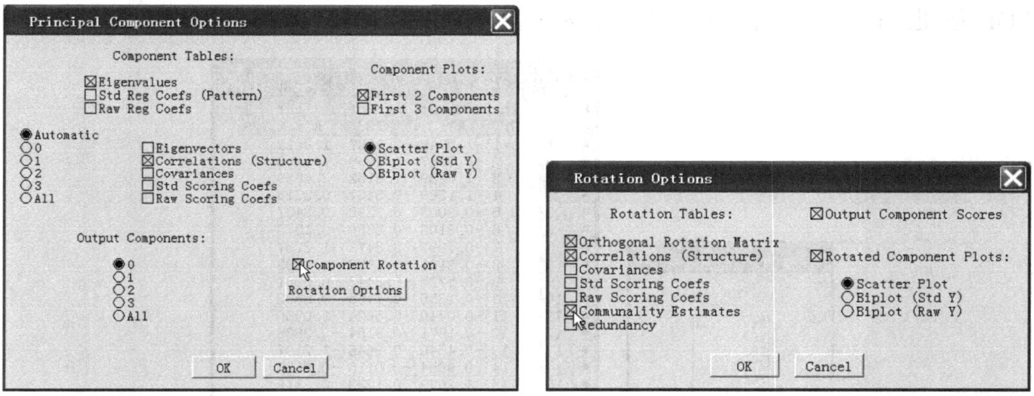

图 6-26　设置因子旋转

三次单击 OK 按钮，再次得到分析结果。

结果包括正交旋转矩阵（Orthogonal Rotation Matrix）（见图 6-27 左）、旋转后的因子载荷阵（Rotation Correlations (Structure)）（见图 6-27 右），以及各变量的共同度（见图 6-28）。

Orthogonal Rotation Matrix

Variable	RT1_1	RT2_1	RT3_1
PCR1_1	-0.732388	0.650297	0.201795
PCR2_1	0.642571	0.758139	-0.111025
PCR3_1	0.225187	-0.048354	0.973115

Rotation Correlations (Structure)

Variable	RT1_2	RT2_2	RT3_2
X1	0.901719	0.065714	-0.124191
X2	-0.243687	0.138684	0.951769
X3	-0.808309	0.454718	-0.031726
X4	-0.775658	0.567727	-0.042771
X5	0.946800	-0.079768	-0.127803
X6	-0.424562	0.872209	-0.072949
X7	0.152797	-0.936013	-0.216254

图 6-27　正交旋转矩阵以及旋转后的因子载荷阵（最大四分位法）

在数据集窗口还可以看到旋转前后的因子得分。

2．因子分析的结果分析

从旋转后的因子模型（即因子载荷阵）中可以看出，相对于旋转前的因子模型，第一个公因子在 x_1、x_5 上的载荷增加，而在 x_2、x_6、x_7 三个指标上的载荷明显减少。公因子一的载荷有正有负，正载荷主要是 x_5（Na/K 系数）和 x_1（矿化度），它们是钠盐形成的显示；负载荷主要是 x_3（$K \cdot 10^3/\Sigma$盐）和 x_4($K \cdot 10^3/Cl$)，它们表示了钾盐形成的必要物质来源。

第二个公因子在 x_6($Mg \cdot 10^2/Cl$)、x_7(Na/Cl)两个指标上的载荷明显增加，这说明第二公因子是钾盐形成的条件的显示。

第三个公因子中起主要作用的是 x_2($Br \cdot 10^3/Cl$)，它是钾盐或钾矿化的一个环境标志。

Rotation Communality Estimates

Variable	Estimates
X1	0.832839
X2	0.984480
X3	0.861139
X4	0.925789
X5	0.919127
X6	0.946322
X7	0.946232

图 6-28　各变量的共同度

需要注意的是，即使经过旋转后，仍有可能存在一个因子的所有因子负载均较高的情形。这种因子通常可以称之为一般因子或者基础性因子，可以理解为它是由所研究的问题的共性所决定的，而并不单一地取决于问题的某一个方面。此外，对于某些负载较小、难以解释或者实际意义不合理的因子，如果其解释的方差较小，则通常予以舍弃。

回到 INSIGHT 数据窗口，用鼠标单击左上角的三角箭头，在弹出的菜单中选择 Extract，打开 Extract 对话框，按下〈Ctrl〉键，用鼠标选定 ID、RT1、RT2 和 RT3，如图 6-28a 所示，单击 OK 按钮，得到只包含编号及旋转后因子得分的数据子集，如图 6-29b 所示。

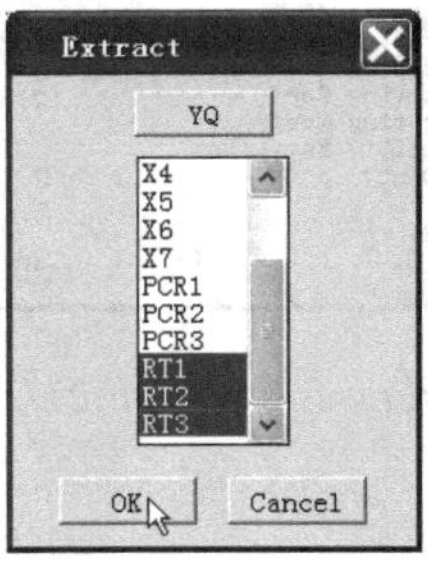

a)

YLIB.YQ1

4 / 20	Int ID	Int RT1	Int RT2	Int RT3
1	1	-1.0749	-0.3787	1.0412
2	2	-0.8847	-0.2098	1.4108
3	3	-1.6189	1.8152	-2.4539
4	4	-1.1589	-0.5437	0.2313
5	5	-0.9003	0.2298	0.3437
6	6	-0.8103	-0.5350	-0.1573
7	7	-0.2993	3.3473	1.2757
8	8	-0.3101	-0.4983	0.4793
9	9	-0.5725	-0.8443	-0.6981
10	10	-0.1855	-0.7405	0.8592
11	11	-0.0740	-0.5624	1.0956
12	12	-0.1671	-0.8154	-0.2838
13	13	-0.4540	-0.9646	-1.2197
14	14	0.9054	-0.0110	-0.8153
15	15	1.2079	0.1223	0.3716
16	16	1.0293	0.0248	-0.6630
17	17	1.2385	0.0161	0.3172
18	18	1.5592	0.4513	0.3277
19	19	1.6292	0.1772	0.0864
20	20	0.9413	-0.0806	-1.5487

b)

图 6-29　因子得分

利用数据窗口的排序功能，依次按三种公因子排序，结果如图 6-30 所示。

图 6-31 是根据样品的因子得分，取 RT1 和 RT2 两个因子轴作因子的得分图。

可见 20 个盐泉除第 3 号和 7 号外可分为三类：第一类为第 14～20 号盐泉，它们以第一因子轴上得分高，F2 上得分绝对值低为特征；第二类为第 8～13 号盐泉，它们以 F1 上得分绝对值小，F2 上得分为较大的负值为特征；第三类为第 1～6 号盐泉，它们以 F1 上得分为绞大负值为特征。这三类表示三种不同的盐泉。

6.2.3　使用 FACTOR 过程进行因子分析

1. FACTOR 过程简介

SAS 的 FACTOR 过程可以进行因子分析、分量分析和因子旋转。对因子模型可以使用正交旋转和斜交旋转，可以用回归法计算得分系数，同时把因子得分的估计存储在输出数据集中，用 FACTOR 过程计算的所有主要统计量也能存储在输出数据集中。

	ID	RT1_1	RT2_1	RT3_1
1	3	-1.6189	1.8152	-2.4539
2	4	-1.1589	-0.5437	0.2313
3	1	-1.0749	-0.3787	1.0412
4	5	-0.9003	0.2298	0.3437
5	2	-0.8847	-0.2098	1.4108
6	6	-0.8103	-0.5350	-0.1573
7	9	-0.5725	-0.8443	-0.6981
8	13	-0.4540	-0.9646	-1.2197
9	8	-0.3101	-0.4983	0.4793
10	7	-0.2993	3.3473	1.2757
11	10	-0.1855	-0.7405	0.8592
12	12	-0.1671	-0.8154	-0.2838
13	11	-0.0740	-0.5624	1.0956
14	14	0.9054	-0.0110	-0.8153
15	20	0.9413	-0.0806	-1.5487
16	16	1.0293	0.0248	-0.6630
17	15	1.2079	0.1223	0.3716
18	17	1.2385	0.0161	0.3172
19	18	1.5592	0.4513	0.3277
20	19	1.6292	0.1772	0.0864

	ID	RT1_1	RT2_1	RT3_1
1	13	-0.4540	-0.9646	-1.2197
2	9	-0.5725	-0.8443	-0.6981
3	12	-0.1671	-0.8154	-0.2838
4	10	-0.1855	-0.7405	0.8592
5	11	-0.0740	-0.5624	1.0956
6	4	-1.1589	-0.5437	0.2313
7	6	-0.8103	-0.5350	-0.1573
8	8	-0.3101	-0.4983	0.4793
9	1	-1.0749	-0.3787	1.0412
10	2	-0.8847	-0.2098	1.4108
11	20	0.9413	-0.0806	-1.5487
12	14	0.9054	-0.0110	-0.8153
13	17	1.2385	0.0161	0.3172
14	16	1.0293	0.0248	-0.6630
15	15	1.2079	0.1223	0.3716
16	19	1.6292	0.1772	0.0864
17	5	-0.9003	0.2298	0.3437
18	18	1.5592	0.4513	0.3277
19	3	-1.6189	1.8152	-2.4539
20	7	-0.2993	3.3473	1.2757

	ID	RT1_1	RT2_1	RT3_1
1	3	-1.6189	1.8152	-2.4539
2	20	0.9413	-0.0806	-1.5487
3	13	-0.4540	-0.9646	-1.2197
4	14	0.9054	-0.0110	-0.8153
5	9	-0.5725	-0.8443	-0.6981
6	16	1.0293	0.0248	-0.6630
7	12	-0.1671	-0.8154	-0.2838
8	6	-0.8103	-0.5350	-0.1573
9	19	1.6292	0.1772	0.0864
10	4	-1.1589	-0.5437	0.2313
11	17	1.2385	0.0161	0.3172
12	18	1.5592	0.4513	0.3277
13	5	-0.9003	0.2298	0.3437
14	15	1.2079	0.1223	0.3716
15	8	-0.3101	-0.4983	0.4793
16	10	-0.1855	-0.7405	0.8592
17	1	-1.0749	-0.3787	1.0412
18	11	-0.0740	-0.5624	1.0956
19	7	-0.2993	3.3473	1.2757
20	2	-0.8847	-0.2098	1.4108

图 6-30　按三种公因子排序结果

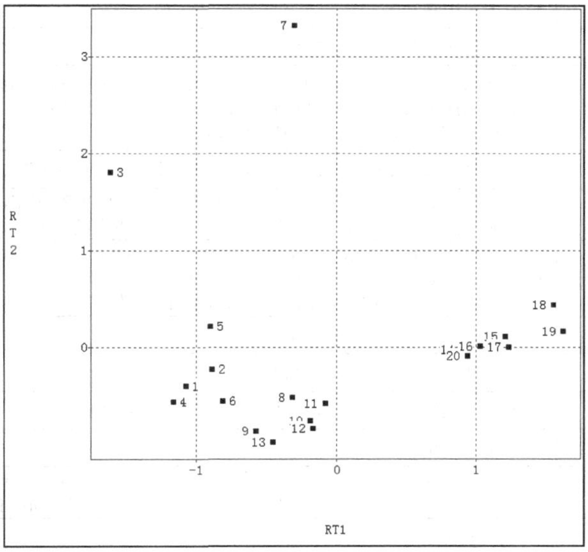

图 6-31　按前两个公因子作因子的得分图

FACTOR 过程用法很简单，主要使用如下语句：

```
PROC FACTOR DATA = <数据集> <选项>;
    VAR <原始变量>;
    [PRIORS <共性值列表>;]
    [PARTIAL <变量列表>;]
    [FREQ <变量>;]
    [WEIGHT <变量>;]
    [BY <变量列表>;]
RUN;
```

（1）PROC FACTOR 语句

PROC FACTOR 语句标志着 FACTOR 过程的开始，同时还可通过设置其他语句定义数据集、指定具体分析方法和过程等。可设置的选项及其功能见表 6-7。

表 6-7　PROC FACTOR 语句选项及其功能和用法

选　项	功能和用法
OUT=	指定输出数据集，其中包含输入数据集的数据、分析结果因子 1、因子 2、…及估计的因子得分。使用此选项时，要求所定义的输入数据集必须是多变量数据，而非相关阵或协方差阵。同时，还需用 NFACTORS=选项规定因子个数。如果使用了 PARTIAL 语句，OUT=语句无效
METHOD(M)=	指定因子提取的方法，默认的方法为 METHOD=PRINCIPAL。当输入数据的格式为 TYPE=FACTOR 时，系统默认值为 METHOD=PATTERN。可供选择的方法有：PRIN|P（主成分法）、PRINIT（主因子法）、ML|M（最大似然法）、ALPHA、IMAGE|I、PATTERN、SCORE、ULS|U
PRIORS=	指定计算共性方差初始估计值的方法，也可使用 PRIORS 语句指定一个数值
MINEIGEN(MIN)=	指定程序要保留的因子的最小特征值。如果指定了 MINEIGEN=，NFACTORS=和 PROPORTION=中的两个或两个以上的选项，那么，保留的因子数为满足所有条件的最小数目。该选项不能与 METHOD=PATFERN 或 METHOD=SCORE 联用。不允许使用负数，一般情况下默认值为 0
NFACTORS(NFACT、N)=	规定因子个数的上限。默认值是所有被分析变量的个数。
PROPORTION(PERCENT、P)=	指定公因子最少能解释的变量变异数的百分比。如果指定的数值大于 1，则程序认为是百分数，因而用 100 去除，PROPORTION=0.75 和 PERCENT=75 是等价的。该选项不能与 METHOD=PATYERN 或 METHOD=SCORE 联用
RCONVERGE=	为旋转循环指定收敛标准。当函数值的变化小于该标准值时，停止旋转
RITER=	指定因子旋转的最大次数。除了 PROMAX 和 PROCRUSTE，其他所有旋转方法均可使用 RITER=选项。默认值是 100 和变量数的 10 倍二者之间的最大值
ROTATE=	指定因子旋转的方法，默认值为 NONE。具体选项有：VARIMAX（正交方差最大旋转）、ORTHOMAX（最大正交旋转）、EQUAMAX（正交均方最大旋转）、QUARTIMAX（正交四次方最大旋转）、PARSIMAX（正交 parsimax 旋转）等
ALL	显示除图以外的所有分析结果
CORR	显示相关系数阵或偏相关系数阵
EIGENVECTORS	显示相关阵的特征向量，该相关阵的对角元素已经被共性方差替代
NOPRINT	不显示输出结果
NPLOT=	指定绘因子图的因子个数。默认值为所有因子的总数，最小值为 2。如果指定该选项为 *NPLOT=n*，则显示前 n 个重要因子的两两因子图，共产生 $n(n-1)/2$ 个因子图
PLOT	显示旋转后的因子图
PREPLOT	显示未经旋转的因子图
PRINT	显示输入因子模型、得分系数及其他统计量。此选项只与 METHOD=PATTERN 或 SCORE 联用
REORDER	重新排列因子系数阵的列，使那些在第一因子上载荷量最大的变量排在第一列，其他按从大到小的顺序排列，便于因子含义的解释。输出数据集中的变量顺序不变
RESIDUALS	显示残差相关阵及相应的偏相关阵
SCORE	显示因子得分系数
SCREE	图示特征值
SIMPLE	显示均数、标准差及观察个数
NOCORR	当设定 METHOD=PATTERN 时，规定输出数据选项 OUTSTAT=中不包含相关阵。当变量很多而因子数很少时，该选项可明显减少计算机负荷
NOBS=	指定观察个数。当输入数据是原始数据时，系统默认的值为数据中的观察数。该选项设置可改变系统的默认值。当输入数据为相关阵或协差阵时，可通过该语句或在指定输入数据集语句 DATA=中加 A_TYPE_=来定义观察个数

通常只需要 VAR 语句作为 PROC FACTOR 语句的附加选项，其余均可省略。

（2）VAR 语句

VAR 语句用来指定需要分析的数值变量。如果该句省略，那么在其他语句中未做特殊规定的所有数值变量都将被分析。

（3）PARTIAL 语句

如果想将因子分析建立在偏相关阵或协差阵的基础上，可用 PARTIAL 语句，以便程序将 PARTIAL 语句列出的变量的效果从整体分析中划分出来。

（4）PRIOR 语句

PRIOR 语句为每一个变量指定一个 0.0～1.0 的初始共性方差估计值。第一个数值对应于 VAR 语句中的第一个变量，第二个数值对应第二个变量，依次类推。给出的数值个数必须与变量个数相等。

可以用 PROC FACTOR 语句中的“PRIORS =”选项指定各种共性方差估计方法。

2. PROC SCORE 得分过程

FACTOR 过程的输出结果包括特征值情况、因子载荷、公因子解释比例等。为了计算因子得分，一般在 PROC FACTOR 语句中加一个 SCORE 选项和“OUTSTAT = 输出数据集”选项，然后用如下的得分过程计算公因子得分：

```
PROC SCORE DATA = <原始数据集>
     SCORE = <FACTOR 过程的输出数据集>
     OUT = <得分输出数据集>;
     VAR <用来计算得分的原始变量集合>;
RUN;
```

3. 实例分析

【例 6-5】 2004 年 31 个省市自治区经济发展基本情况的 8 项指标，原始数据如表 6-8 所示。

表 6-8 31 个省市自治区经济发展基本情况

地 区	GDP x_1	工业生产总值 x_2	固定资产投资 x_3	居民消费水平 x_4	货物周转量 x_5	居民消费价格指数 x_6	商品零售价格指数 x_7	职工平均工资 x_8
北京	4283.31	1290.16	2528.21	1354.23	537.7	100.952	99.249	29674
天津	2931.88	1436.73	1245.66	806.11	11223	102.255	100.83	21754
河北	8768.79	4086.43	3218.76	2619.18	4029.2	104.25	103.17	12925
山西	3042.41	1568.47	1443.88	1147.27	1417.7	104.14	103.06	12943
内蒙古	2712.08	1015.66	1787.95	1019.05	1311.9	102.937	102.7	13324
辽宁	6872.65	2832.99	2979.59	2344.99	2948	103.464	101.88	14921
吉林	2958.21	1142.08	1169.1	1389.86	595.9	104.091	103.51	12431
黑龙江	5303	2814.42	1430.82	1958.36	1097.1	103.841	102.83	12557
上海	7450.27	3492.89	3050.26	2476.19	10012	102.152	100.91	30085
江苏	15403.16	7714.4	6557.05	4581.5	2348.3	104.056	102.25	18202
浙江	11243	5381.4	5781.35	3216.42	2701.6	103.863	102.68	23506
安徽	4812.68	1735.99	1935.25	2296.38	1455.9	104.498	102.75	12928

（续）

地　区	GDP x_1	工业生产总值 x_2	固定资产投资 x_3	居民消费水平 x_4	货物周转量 x_5	居民消费价格指数 x_6	商品零售价格指数 x_7	职工平均工资 x_8
福建	6053.14	2532.68	1892.92	2078.72	1398.9	104.048	102.73	15603
江西	3495.94	1110.74	1713.2	1431.42	870.1	103.522	102.99	11860
山东	15490.73	7799.31	6970.62	4545.39	4752.5	103.642	102.85	14332
河南	8815.09	3862.18	3099.38	3422.11	2106.5	105.399	105.66	12114
湖北	6309.92	2593.88	2264.81	2814.42	1383.4	104.923	104.1	11855
湖南	5612.26	1781.14	2072.56	2301.57	1552.4	105.068	103.93	13928
广东	16039.46	8011.15	5870.02	5930.47	3847.7	102.97	102.92	22116
广西	3320.1	1044.83	1236.51	1395.28	998.4	104.395	103.93	13579
海南	769.36	119.68	317.05	294.74	236.1	104.405	103.37	12652
重庆	2665.39	927.51	1537.05	1128.05	517.6	103.674	101.37	14357
四川	6556.01	2165.22	2818.42	2943.58	837.3	104.888	103.75	14063
贵州	1591.9	574.62	865.23	750.57	610.9	103.982	103.19	12431
云南	2959.48	1053.36	1291.54	1303.68	650.8	106.019	104.73	14581
西藏	211.54	15.43	162.36	86.08	23.1	102.681	100.69	30873
陕西	2883.51	1064.81	1508.89	1075.63	963.5	103.053	102.48	13024
甘肃	1558.93	576.22	733.94	642.29	878.3	102.329	102.07	13623
青海	465.73	158.64	289.18	172.27	137.2	103.152	102.56	17229
宁夏	460.35	186.3	376.2	198.83	242.5	103.691	102.82	14620
新疆	2200.15	745	1147.15	663.52	727.8	102.712	100.75	14484

假定上述数据存放在数据集Mylib.jjfz中，试对经济发展基本情况的8项指标作因子分析。

（1）主成分解

```
PROC FACTOR DATA= Mylib.jjfz SIMPLE CORR;
  Var x1 – x8;
  TITLE '8 个经济指标的分析';
  TITLE2 '主成分解';
RUN;
```

结果给出 8 个变量的简单统计量，相关阵（略），相关阵的特征值、累计贡献（见图 6-32）。

前两个主成分解释了 84.60％的方差，按照默认选择因子个数的准则 MINEIGEN，取大于 1 的特征值，所以取两个因子。因子模型（factor pattern，或称因子载荷阵）为最重要的结果之一，如图 6-33 所示。

它们是用公因子表示原始变量的回归系数。第一公因子在所有 8 个变量上都有正的载荷，可见这个因子反映了经济发展规模的影响，但载荷有大有小。第二公因子在居民消费价格指数和零售商品价格指数上有大的正载荷，反映了价格指标的影响。

结果还给出了公因子解释能力的估计（见图 6-34）。

Variance Explained by Each Facor 给出了公因子对原始变量的解释能力（方差贡献）的量度，Final Communality Estimates：Total 是两个公因子对原始变量的解释能力的总和。

The FACTOR Procedure
Initial Factor Method: Principal Components

Prior Communality Estimates: ONE

Eigenvalues of the Correlation Matrix: Total = 8 Average = 1

	Eigenvalue	Difference	Proportion	Cumulative
1	4.10955746	1.45084642	0.5137	0.5137
2	2.65871104	2.00533053	0.3323	0.8460
3	0.65338050	0.27542299	0.0817	0.9277
4	0.37795751	0.26763841	0.0472	0.9750
5	0.11031910	0.05138562	0.0138	0.9887
6	0.05893348	0.03003356	0.0074	0.9961
7	0.02889993	0.02665895	0.0036	0.9997
8	0.00224098		0.0003	1.0000

2 factors will be retained by the MINEIGEN criterion.

图 6-32　相关阵的特征值、累计贡献

Factor Pattern

		Factor1	Factor2
x1	GDP	0.99387	0.04400
x2	工业生产总值	0.98696	0.00951
x3	固定资产投资	0.96943	-0.03423
x4	居民消费水平	0.96508	0.15455
x5	货物周转量	0.46313	-0.47830
x6	居民消费价格指数	0.09861	0.91957
x7	商品零售价格指数	0.12791	0.93156
x8	职工平均工资	0.18956	-0.83032

图 6-33　因子模型即因子载荷阵

Variance Explained by Each Factor

Factor1	Factor2
4.1095575	2.6587110

Final Communality Estimates: Total = 6.768268

x1	x2	x3	x4	x5	x6	x7	x8
0.98971609	0.97417783	0.94097277	0.95526626	0.44325906	0.85533165	0.88417149	0.72537336

图 6-34　各变量的共同度

最后一行给出了每个原始变量的共同度，由于变量 x_5 被两个因子解释的信息不够多，于是考虑选取三个公因子。

（2）选择公因子

在 FACTOR 语句中增加选项 $n = 3$，重做分析：

```
PROC FACTOR DATA= Mylib.jjfz n = 3;
  Var x1 – x8;
RUN;
```

主要结果显示如图 6-35 所示。

Factor Pattern

		Factor1	Factor2	Factor3
x1	GDP	0.99387	0.04400	-0.08466
x2	工业生产总值	0.98696	0.00951	-0.06946
x3	固定资产投资	0.96943	-0.03423	-0.14993
x4	居民消费水平	0.96508	0.15455	-0.07367
x5	货物周转量	0.46313	-0.47830	0.74334
x6	居民消费价格指数	0.09861	0.91957	0.14651
x7	商品零售价格指数	0.12791	0.93156	0.18581
x8	职工平均工资	0.18956	-0.83032	-0.07028

Variance Explained by Each Factor

Factor1	Factor2	Factor3
4.1095575	2.6587110	0.6533805

Final Communality Estimates: Total = 7.421649

x1	x2	x3	x4	x5	x6	x7	x8
0.99688405	0.97900296	0.96345245	0.96069396	0.99580922	0.87679654	0.91869666	0.73031314

图 6-35　取三个公因子时的因子载荷阵

三个公因子对原始变量的解释能力的总和为 7.421649，较前有所增加。而且每一个变量的共同度都比较大，所以可以认为三个公因子可以很好地解释原始变量中的信息。但是由因子载荷系数看出，三个因子的含义不易解释，于是考虑作因子旋转。

（3）因子旋转

为了得到更好的因子解释，在上面的 PROC FACTOR 语句中再加上一个 ROTATE = PROMAX 旋转选项，这样将在得到主成分解后再进行方差最大正交旋转（VARIMAX），并加了一个 REORDER 选项使输出时把受相同因子影响的原始变量放在一起：

```
PROC FACTOR DATA= Mylib.jjfz n = 3
     ROTATE = VARIMAX   REORDER;
   Var x1 – x8;
RUN;
```

方差最大旋转的旋转阵和旋转后的因子载荷阵如图 6-36 所示。

```
                         The FACTOR Procedure
                      Rotation Method: Varimax

                  Orthogonal Transformation Matrix

                         1              2              3

              1    0.97251        0.01270        0.23251
              2    0.05197        0.96148       -0.26992
              3   -0.22698        0.27459        0.93439

                       Rotated Factor Pattern

                              Factor1        Factor2        Factor3

x1     GDP                    0.98806        0.03168        0.14010
x2     工业生产总值            0.97609        0.00260        0.16200
x3     固定资产投资            0.97504       -0.06176        0.09454
x4     居民消费水平            0.96331        0.14063        0.11383
x7     商品零售价格指数        0.13063        0.94832       -0.04809
x6     居民消费价格指数        0.11043        0.92563       -0.08839
x8     职工平均工资            0.15715       -0.81523        0.20253
x5     货物周转量              0.25682       -0.24988        0.93135
```

图 6-36　旋转阵和旋转后的因子载荷阵

从结果可看出得到的因子比正交旋转前有了较大改进。第一因子在 GDP、工业生产总值、固定资产投资、居民消费水平这些指标上的载荷更加明确，因此第一因子可以被称为总量因子；第二因子在商品零售价格指数、居民消费价格指数和职工平均工资指标上的载荷也更加明确，第二因子可以被称为消费因子；第三因子在货物周转量指标上的载荷得到确立。

（4）因子得分

为了产生因子得分，需要在 FACTOR 过程中使用 SCORE 选项和“OUTSTAT=”选项输出得分系数数据集。例如，为了计算方差最大正交旋转的因子得分，并做因子得分散点图，可以用如下程序：

```
PROC FACTOR DATA=Mylib.jjfz n=3
     ROTATE=VARIMAX REORDER SCORE OUT=OUT;
RUN;
PROC PRINT DATA=Out;
   VAR diqu factor1 factor2 factor3;
RUN;
```

```
PROC PLOT DATA = Out;
  PLOT factor2*factor1 $diqu = '*'/href=0 vref=0;
RUN;
```

用回归法得到的因子得分系数如图 6-37 所示。

```
                    The FACTOR Procedure
                  Rotation Method: Varimax

            Scoring Coefficients Estimated by Regression


   Squared Multiple Correlations of the Variables with Each Factor

                   Factor1         Factor2         Factor3

                 1.0000000       1.0000000       1.0000000


                 Standardized Scoring Coefficients

                                   Factor1        Factor2        Factor3

x1     GDP                       0.2654677     -0.0165964     -0.0693131
x2     工业生产总值              0.25787696     -0.0227039     -0.0444639
x3     固定资产投资              0.28082917       -0.07239     -0.1560934
x4     居民消费水平              0.25699739     0.02791257     -0.0664475
x7     商品零售价格指数          -0.0160695     0.41536718     0.17838438
x6     居民消费价格指数          -0.0095853     0.39442295     0.12174128
x8     职工平均工资              0.05304429      -0.329224     -0.0054891
x5     货物周转量                -0.1579813     0.14085349     1.13779576
```

图 6-37　因子得分系数

由此可以写出三个因子得分函数：

$$F_1 = 0.2655x_1 + 0.2579x_2 + 0.2808x_3 + 0.2570x_4 - 0.0161x_7 - 0.0096x_6 + 0.0530x_8 - 0.1580x_5$$

$$F_2 = -0.01660x_1 - 0.0227x_2 - 0.0724x_3 + 0.0279x_4 + 0.4154x_7 + 0.3944x_6 - 0.3292x_8 + 0.1409x_5$$

$$F_3 = -0.0693x_1 - 0.0445x_2 - 0.1561x_3 - 0.0664x_4 + 0.1784x_7 + 0.1217x_6 - 0.0055x_8 + 1.1378x_5$$

将 31 个地区的观测值代入以上因子得分函数，即得各地区的因子得分，本例由 FACTOR 过程自动给出计算结果，如图 6-38 所示。

Obs	diqu	Factor1	Factor2	Factor3
1	北京	0.06161	-3.01739	-1.41696
2	天津	-1.06497	-0.92433	3.82335
3	河北	0.54194	0.61063	0.81115
4	山西	-0.47924	0.48069	-0.00324
5	内蒙古	-0.50733	-0.12258	-0.24627
6	辽宁	0.30348	-0.25045	0.15310
7	吉林	-0.49155	0.61285	-0.28654
8	黑龙江	-0.03058	0.29830	-0.30730
9	上海	0.18699	-1.57855	2.93222
10	江苏	2.40804	-0.31934	-0.64232
11	浙江	1.54184	-0.50636	-0.21054
12	安徽	-0.06748	0.51291	-0.11601
13	福建	0.08682	0.15925	-0.22040
14	江西	-0.38087	0.26021	-0.35917
15	山东	2.29285	0.06206	0.41883
16	河南	0.71576	1.80628	0.41685
17	湖北	0.24188	1.14723	-0.00579
18	湖南	-0.00749	1.04186	0.12850
19	广东	2.56826	-0.61219	-0.03852
20	广西	-0.49079	0.81093	-0.02755
21	海南	-1.05222	0.68303	-0.24807
22	重庆	-0.47117	-0.36254	-0.67524
23	四川	0.37662	0.84284	-0.35082
24	贵州	-0.80021	0.48206	-0.24651
25	云南	-0.51367	1.59118	0.12031
26	西藏	-0.92339	-1.91066	-0.89239
27	陕西	-0.50429	-0.13718	-0.39760
28	甘肃	-0.81824	-0.54819	-0.45795
29	青海	-1.02146	-0.32373	-0.53999
30	宁夏	-1.03989	0.12007	-0.40188
31	新疆	-0.66125	-0.90890	-0.71326

图 6-38　因子得分

根据前两个因子得分所作的因子得分图如图 6-39 所示。

第 4 象限中的北京、上海、广东、江苏等地区经济发展总量高，消费价格低，工资高；而第 2 象限中的云南、贵州、宁夏、海南等地区的经济发展总量低，消费价格高，工资低；第 1 象限中的河南、湖北、湖南等地区的经济发展总量高，消费价格高，工资低；第 3 象限中的西藏、天津、甘肃、青海等地区的经济发展总量低，消费价格低，工资高。

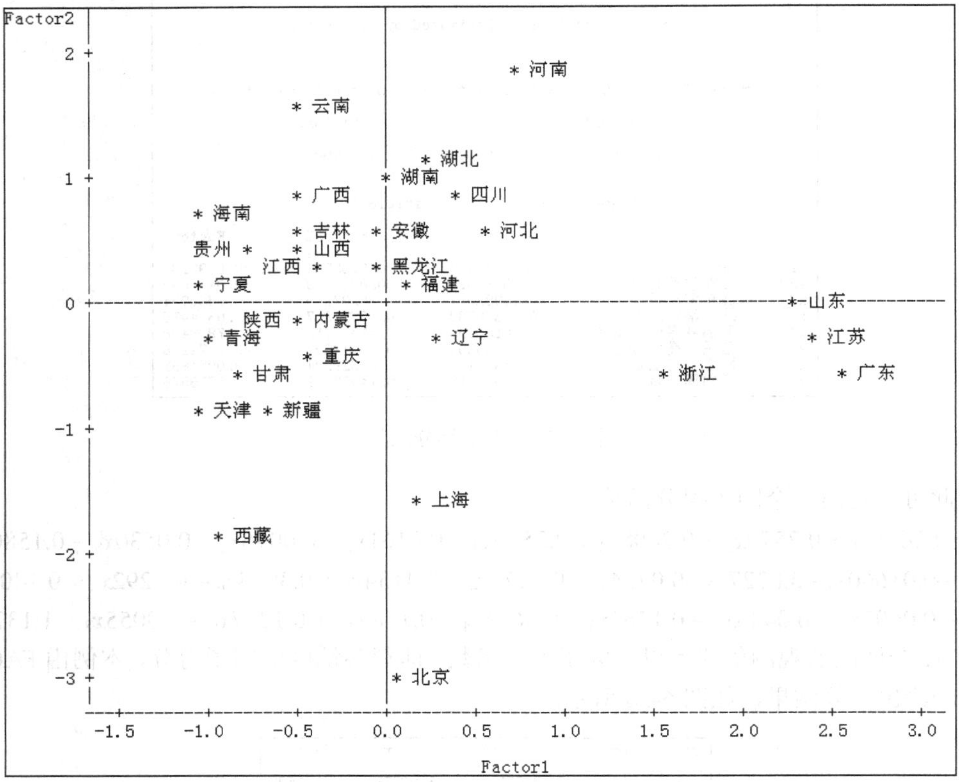

图 6-39　因子得分散点图

6.3　习题

1．试分别采用 INSIGHT、“分析家”和编程的方法，对表 6-9 中的数据进行主成分分析。

表 6-9　6 组对象中的三种健康指标

舒张压(xy)	145	135	120	110	120	130
年龄(age)	45	35	30	35	33	50
脉搏/次/s	70	78	65	60	78	80

2．测得某地区 16 岁男孩身高、坐高、体重、胸围、肩宽与骨盆宽等 6 个指标数据如表 6-10 所示，试采用 INSIGHT、“分析家”和编程的方法做主成分分析。

表 6-10　某地区 16 岁男孩身体形态学指标

编　号	身高/cm	坐高/cm	体重/kg	胸围/cm	肩宽/cm	骨盆宽/cm
1	165.13	88.76	51.60	78.31	35.39	25.96
2	164.83	89.87	53.32	83.04	37.24	26.52
3	164.58	88.15	51.38	80.49	36.05	26.27
4	164.56	87.02	51.18	81.63	36.14	26.84
5	164.46	86.84	54.25	81.21	35.67	26.74
6	164.13	87.18	50.14	81.88	36.88	26.13
7	164.64	87.00	49.85	78.99	35.45	26.00
8	163.64	86.89	50.85	82.09	35.54	26.01
9	163.45	86.99	52.28	79.04	35.78	25.51
10	163.00	88.11	50.48	80.37	36.43	26.87
11	162.40	86.58	47.46	79.38	35.50	24.65
12	162.18	86.95	52.18	82.50	36.85	26.43
13	162.04	86.71	48.93	78.00	35.59	25.07
14	161.86	87.35	49.03	79.69	35.68	25.22
15	160.78	84.92	47.99	77.76	35.49	25.64
16	160.77	85.35	48.70	81.63	35.58	26.92
17	160.69	86.18	48.94	81.89	35.47	26.81
18	160.44	86.05	47.05	78.88	35.13	25.71
19	160.27	86.41	51.51	79.84	35.66	26.02
20	159.05	85.08	48.95	80.87	35.46	25.85
21	168.25	85.14	49.31	79.32	36.02	25.59
22	158.18	84.50	46.93	79.83	34.74	25.26
23	157.98	84.49	47.60	79.04	35.11	25.66
24	157.61	84.57	43.39	78.45	35.20	26.15
25	157.23	83.90	46.90	78.59	34.73	25.57
26	157.05	84.55	46.54	78.61	35.20	25.96
27	153.13	81.63	43.40	77.42	33.82	24.62

3. 对 1973～1975 年我国部分省市男性死因数据，采用 INSIGHT、“分析家”和编程的方法做主成分分析。

表 6-11　1973～1975 年我国部分省市男性死因

省市名称(v)	脑血管病(v1)	心血管病(v2)	癌症(v3)	呼吸系病(v4)	动脉硬化性心脏病(v5)	伤亡事故(v6)	传染病(v7)
北京	136.97	109.48	76.32	74.52	55.23	46.47	24.651
天津	128.8	95.29	79.42	69.2	52.18	28.31	26.912
上海	104.03	74.3	140.66	71.76	22.5	48.16	11.903
河北	101.41	126.62	98.13	89.51	55.48	40.38	50.514
福建	58.76	61.74	91.09	81.58	21.08	61.92	38.045
辽宁	70.49	109.64	72.47	81.09	20.9	40.11	26.976

（续）

省市名称(v)	脑血管病(v1)	心血管病(v2)	癌症(v3)	呼吸系病(v4)	动脉硬化性心脏病(v5)	伤亡事故(v6)	传染病(v7)
四川	55.93	148.51	56.25	153.94		101.24	81.657
西藏	73.86	99.84	63.09	153.38		54.23	93.068

4．对题 6-2 中的数据作因子分析。

5．对题 6-3 中的数据作因子分析。

第 7 章　典型相关分析与对应分析

典型相关分析与对应分析都是应用降维思想的多元统计方法，典型相关分析对两组变量进行降维处理，而对应分析则是从变量及样品两个方面进行降维处理。

7.1　典型相关分析

研究两组变量 $X = (X_1、\cdots、X_p)$与 $Y = (Y_1、\cdots、Y_q)$之间的相关性，是许多实际问题的需要。例如，研究体型 $X = (x_1$-身高，x_2-体重，x_3-上臂围，x_4-胸围，x_5-坐高)与脉压 $Y = (y_1$-脉率，y_2-收缩压，y_3-舒张压)的关系；居民的生活环境与健康状况的关系；父母的体型与子女体型的关系；病人的各种临床症状与所患各种疾病之间的关系；原料的主要质量指标与其相应产品的主要质量指标之间的关系等。当 $p=q=1$ 时，就是两个变量之间的简单相关分析问题；当 $p>1$、$q=1$ 时，就是一个因变量与多个自变量之间的多元相关分析问题；当 p、q 均大于 1 时，就是研究两组多变量之间的相关性，称为典型相关（Canonical Correlation）分析。

7.1.1　典型相关分析的概念与步骤

1．典型相关分析的基本思想

典型相关分析采用主成分的思想浓缩信息，根据变量间的相关关系，寻找少数几对综合变量（实际观测变量的线性组合），用它们替代原始观测变量，从而将两组变量的关系集中到少数几对综合变量的关系上，通过对这些综合变量之间相关性的分析，回答两组原始变量间相关性的问题。除了要求所提取的综合变量所含的信息量尽可能大以外，提取时还要求第一对综合变量间的相关性最大，第二对次之，依次类推。这些综合变量被称为典型变量第一对典型变量间的相关系数则被称为第一典型相关系数。典型相关系数能简单、完整地描述两组变量间关系的指标。当两个变量组均只有一个变量时，典型相关系数即为简单相关系数；当其中的一组只有一个变量时，典型相关系数即为复相关系数。

2．典型相关系数与典型相关变量

设 $\boldsymbol{X} = (X_1，X_2，\cdots，X_p)'$，$\boldsymbol{Y} = (Y_1，Y_2，\cdots，Y_q)'$是两个随机向量。利用主成分思想寻找第 i 对典型相关变量$(U_i，V_i)$：

$$U_i = a_{i1}X_1 + a_{i2}X_2 + \cdots + a_{ip}X_p = \boldsymbol{a}_i'\boldsymbol{X}$$
$$V_i = b_{i1}Y_1 + b_{i2}Y_2 + \cdots + b_{iq}Y_q = \boldsymbol{b}_i'\boldsymbol{Y}$$

其中，$i = 1，2，\cdots，m = \min(p，q)$；称 $\boldsymbol{a}_i'$和 $\boldsymbol{b}_i'$为（第 i 对）典型变量系数或典型权重。

记第一对典型相关变量间的典型相关系数为：$CanR_1 = Corr(U_1，V_1)$（使 U_1 与 V_1 间最大相关）；第二对典型相关变量间的典型相关系数为：$CanR_2 = Corr(U_2，V_2)$（与 U_1、V_1 无关；使 U_2 与 V_2 间最大相关）；第 m 对典型相关变量间的典型相关系数为：$CanR_m = Corr(U_m，V_m)$（与 $U_1，V_1，\cdots，U_{m-1}，V_{m-1}$ 无关；U_m 与 V_m 间最大相关）。

3．典型相关变量的性质

各对典型相关变量所包括的相关信息互不交叉，且满足：

1）U_1，U_2，…，U_m 互不相关，V_1，V_2，…，V_m 互不相关，即其相关系数为

$$Corr(U_i,U_j)=\begin{cases}1, & i=j\\0, & i\neq j\end{cases}$$

2）同一对典型相关变量 U_i 和 V_i 之间的相关系数为 $CanR_i$，不同对的典型相关变量之间互不相关，即

$$Corr(U_i,V_j)=\begin{cases}CanR_i & i=j\\0 & i\neq j\end{cases}$$

3）U_i 和 V_i 的均值为 0，方差为 1（$i=1$，…，m）。

4）$1 \geqslant CanR_1 \geqslant CanR_2 \geqslant \cdots \geqslant CanR_m \geqslant 0$

4．典型相关系数的求解步骤

1）求 $\boldsymbol{X}$，$\boldsymbol{Y}$ 变量组的相关矩阵 $\boldsymbol{R}=\begin{bmatrix}R_{11} & R_{12}\\R_{21} & R_{22}\end{bmatrix}$；

2）求矩阵 $\boldsymbol{A}=(\boldsymbol{R}_{11})^{-1}\boldsymbol{R}_{12}(\boldsymbol{R}_{22})^{-1}\boldsymbol{R}_{21}$ 和 $\boldsymbol{B}=(\boldsymbol{R}_{22})^{-1}\boldsymbol{R}_{21}(\boldsymbol{R}_{11})^{-1}\boldsymbol{R}_{12}$，可以证明 $\boldsymbol{A}$、$\boldsymbol{B}$ 有相同的非零特征值；

3)求 $\boldsymbol{A}$ 或 $\boldsymbol{B}$ 的特征值 λ_i 与 $CanR_i$，$\boldsymbol{A}$ 或 $\boldsymbol{B}$ 的特征值即为典型相关系数的平方：$\lambda_i=(CanR_i)^2$，$i=1$，…，m。

4）求 $\boldsymbol{A}$、$\boldsymbol{B}$ 关于 λ_i 的特征向量。设 $\boldsymbol{a}_i$ 为 $\boldsymbol{A}$ 关于 λ_i 的特征向量，$\boldsymbol{b}_i$ 为 $\boldsymbol{B}$ 关于 λ_i 的特征向量，则 $\boldsymbol{a}_i'$ 和 $\boldsymbol{b}_i'$ 为（第 i 对）典型变量系数。即第 i 对典型相关变量（U_i，V_i）：

$$U_i=\boldsymbol{a}_i'\boldsymbol{X}^*=a_{i1}X_1^*+a_{i2}X_2^*+\cdots+a_{ip}X_p^*$$

$$V_i=\boldsymbol{b}_i'\boldsymbol{Y}^*=b_{i1}Y_1^*+b_{i2}Y_2^*+\cdots+b_{iq}Y_q^*$$

$i=1$，2，…，$m=\min(p, q)$；其中 $\boldsymbol{X}^*$，$\boldsymbol{Y}^*$ 为原变量组的标准化。

5．特征根

特征根（Eigenvalue）是方差分析和多元检验的基础，特征根与典型相关系数之间的数量关系为：

$$第i特征根=\frac{CanR_i^2}{1-CanR_i^2}$$

上式可以理解为第 i 对典型变量表示观测变量总方差作用的指标，它的值越大说明表示作用越大。

6．典型相关系数的标准误差

$$SE[CanR_i]=\frac{1-CanR_i^2}{\sqrt{n-1}}$$

上式为典型相关系数的渐近标准差。

7．典型相关系数的假设检验

典型相关系数的假设检验包括对全部总体典型相关系数的检验和对部分总体典型相关系数的检验。对数据的要求如下：

1）两个变量组均应服从多维正态分布：$(\boldsymbol{X}, \boldsymbol{Y}) \sim N_{p+q}(\mu, \sigma)$；

2）$n > p + q$。

（1）全部总体典型相关系数为 0

H_0：$CanR_i = 0$，$i = 1, \cdots, m$

H_1：至少有一个 $CanR_i \neq 0$

检验的似然比统计量为

$$\Lambda_1 = \prod_{i=1}^{m}(1 - r_i^2)$$

对于充分大的 n，当 H_0 成立时，统计量

$$Q_1 = -\left[n - \frac{1}{2}(p + q + 3)\right]\ln \Lambda_1$$

近似服从自由度为 pq 的 χ^2 分布。

（2）部分总体典型相关系数为 0

仅对较小的典型相关作检验：

H_0：$CanR_i = 0$，$i = s, \cdots, m$，$2 \leqslant s \leqslant m$

H_1：至少有一个 $CanR_i \neq 0$

其检验的统计量为

$$\Lambda_{k+1} = \prod_{i=k+1}^{m}(1 - r_i^2)$$

对于充分大的 n，当 H_0 成立时，统计量

$$Q_{k+1} = -\left[n - k - \frac{1}{2}(p + q + 3) + \sum_{i=1}^{k} r_i^{-2}\right]\ln \Lambda_{k+1}$$

近似服从自由度为 $(p - k)(q - k)$ 的 χ^2 分布。

求出典型变量对和典型相关系数后，把具有显著意义的典型相关系数所对应的典型变量对保留下来，并给予合理的解释，是典型相关分析作得好坏的关键。

7.1.2 用 INSIGHT 模块实现典型相关分析

1．实例

【例 7-1】 1985 年中国 28 省市城市男生（19～22 岁）的调查数据见表 7-1。其中 6 项形态指标：身高（cm）、坐高、体重（kg）、胸围、肩宽、盆骨宽，分别记为 x_1，x_2，…，x_6；5 项机能指标：脉搏（次/分）、收缩压（mmHg）、舒张压（变音）、舒张压（消音）、肺活量（mL），分别记为 y_1，y_2，…，y_5。

表 7-1　城市男生（19～22 岁）形态与机能调查数据

编号	身高 x1	坐高 x2	体重 x3	胸围 x4	肩宽 x5	盆骨宽 x6	脉搏 y1	收缩压 y2	舒张压 y3	舒张压 y4	肺活量 y5
1	173.28	93.62	60.1	86.72	38.97	27.51	75.3	117.4	74.6	61.8	4508
2	172.09	92.83	60.38	87.39	38.62	27.82	76.7	120.1	77.1	66.2	4469
3	171.46	92.78	59.74	85.59	38.83	27.46	75.8	121.8	75.2	65.4	4398
4	170.08	92.25	58.04	85.92	38.33	27.29	76.1	115.1	73.8	61.3	4068
5	170.61	92.36	59.67	87.46	38.38	27.14	72.9	119.4	77.5	67.1	4339
6	171.69	92.85	59.44	87.45	38.19	27.1	72.7	116.2	74.6	59.3	4393
7	171.46	92.93	58.7	87.06	38.58	27.36	76.5	117.9	75	68.3	4389
8	171.6	93.28	59.75	88.03	38.68	27.22	75.2	115.1	74.1	63.2	4306
9	171.6	92.26	60.5	87.63	38.79	26.63	74.7	117.4	78.3	68.3	4395
10	171.16	92.62	58.72	87.11	38.19	27.18	73.2	113.2	72.5	51	4462
11	170.04	92.17	56.95	88.08	38.24	27.65	77.8	116.9	76.9	65.6	4181
12	169.43	91.67	57.22	83.87	38.41	26.6	76.7	117.5	72.7	51.6	4097
13	168.57	91.4	55.96	83.02	38.74	26.97	77	117.9	71.6	52.4	4063
14	170.43	92.38	57.87	84.87	38.78	27.37	76	116.8	72.3	58	4334
15	169.88	91.89	56.87	86.34	38.37	27.19	74.2	115.4	73.1	60.4	4301
16	167.94	90.91	55.97	86.66	38.17	27.16	76.2	110.9	68.5	56.8	4141
17	168.82	91.3	56.07	85.87	37.61	26.67	77.2	113.8	71	57.5	3905
18	168.02	91.26	55.28	85.63	39.66	28.07	74.5	117.2	74	63.8	3943
19	167.87	90.96	55.79	84.92	38.2	26.53	74.3	112.3	69.3	50.2	4195
20	168.15	91.5	54.56	84.81	38.44	27.38	77.5	117.4	75.3	63.6	4039
21	168.99	91.52	55.11	86.23	38.3	27.14	77.7	113.3	72.1	52.8	4238

设表中数据已经存放在数据集 Mylib.xtyjn 中，试分析形态指标和机能指标这两组变量间的相关性。

2．分析设置

在 INSIGHT 模块中打开数据集 Mylib.xtyjn。

1）选择菜单 Analyze→Multivariate(Y X)（多元分析），打开 Multivariate(Y X)对话框。

2）将 6 项形态指标：身高 x_1、坐高 x_2、体重 x_3、胸围 x_4、肩宽 x_5、盆骨宽 x_6 选为 X 变量，将 5 项机能指标：脉搏 y_1、收缩压 y_2、舒张压（变音）y_3、舒张压（消音）y_4、肺活量 y_5 选为 Y 变量，如图 7-1a 所示。

3）单击 Output 按钮，在打开的对话框中包括 Descriptive Statistics（描述性统计量）选项、Bivariate Plots（二变量图）选项以及各种多元分析的选项。选中 Canonical Correlation Analysis（典型相关分析）复选框，单击下面的 Canonical Correlation Options（典型相关选项）按钮，打开 Canonical Correlation Options 对话框。

由于 11 个变量没有使用相同单位进行测量，因此考虑标准化的系数。选中 Std Scoring Coefs（标准得分系数）和 Redundancy(Std Variance)（冗余(标准方差)）复选框，如图 7-2 所示。

4）三次单击 OK 按钮，得到分析结果。

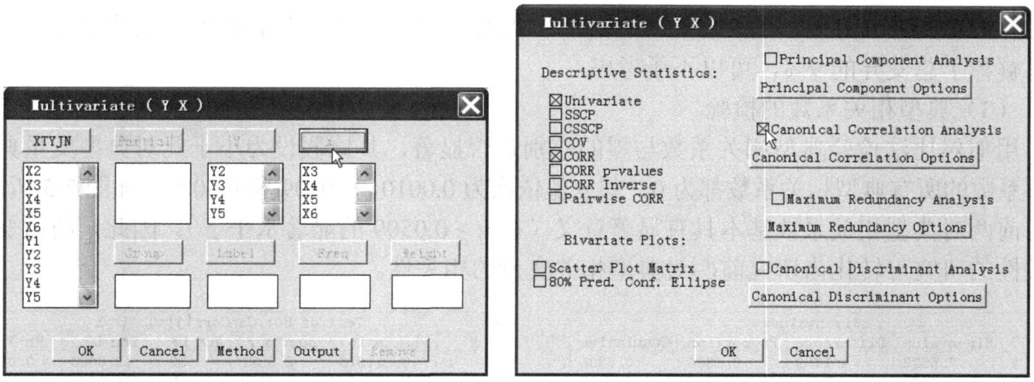

a) b)

图 7-1　多元分析对话框

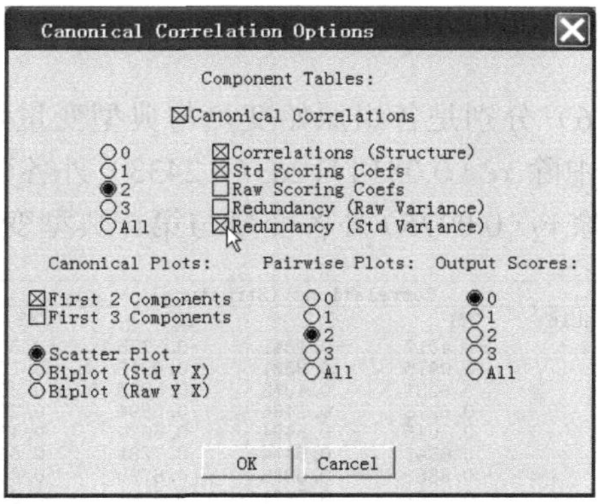

图 7-2　典型相关选项对话框

3. 结果分析

计算结果首先输出 11 个变量的均值、标准差（略）。其他主要计算结果如下：

（1）典型相关系数

第一典型相关系数为 0.939573，修正值为 0.908276，标准误差为 0.026207，典型相关系数的平方为 0.882797；第二典型相关系数为 0.877842，修正值为 0.842459，标准误差为 0.051294，典型相关系数的平方为 0.770606，如图 7-3 所示。

Correlation Matrix

	X1	X2	X3	X4	X5	X6
Y1	-0.2956	-0.2615	-0.4276	-0.3217	-0.1105	0.0958
Y2	0.4665	0.4724	0.4789	-0.0339	0.5119	0.3931
Y3	0.6050	0.5854	0.6004	0.5044	0.3317	0.3773
Y4	0.4686	0.4813	0.4914	0.5589	0.3653	0.5078
Y5	0.8433	0.7805	0.7971	0.5333	0.1327	0.1382

Canonical Correlations

	CanCorr	Adj. CanCorr	Approx Std. Error	CanRsq
1	0.939573	0.908276	0.026207	0.882797
2	0.877842	0.842459	0.051294	0.770606
3	0.672611	0.583238	0.122446	0.452406
4	0.423858	0.328036	0.183435	0.179655
5	0.091817	-0.146490	0.221722	0.008430

图 7-3　相关系数阵与典型相关系数

前两个典型相关系数比形态指标和机能指标两组间的任何一个相关系数都大。

（2）典型变量所解释的变异

第二部分是的 5 个特征根（Eigenvalues），包括：特征根、相邻两个特征根之差、特征根所占方差信息量的比例和累积方差信息量的比例。从中可以看出，前两对典型变量所能解释的变异占总变异（方差）的 91.18%，如图 7-4 所示。其他三个典型相关变量的作用很小，一共只解释了总变异的 9%，可以不予考虑。

（3）典型相关系数的检验

用似然比法检验典型相关系数与零的差别是否显著，其原假设为小于此对典型变量典型相关系数的所有典型相关系数都为 0，其 p 值依次为 0.0010，0.0509 和 0.5089，如图 7-5 所示，说明前两对典型相关系数基本具有显著意义（在 $\alpha > 0.0509$ 的显著水平下）。因此，两组变量相关性的研究可转化为研究前两对典型相关变量的相关性。

Eigenvalues				
	Eigenvalue	Difference	Proportion	Cumulative
1	7.5322	4.1729	0.6306	0.6306
2	3.3593	2.5331	0.2812	0.9118
3	0.8262	0.6072	0.0692	0.9810
4	0.2190	0.2105	0.0183	0.9993
5	0.0085	_	0.0007	1.0000

图 7-4　特征根

Test of H0: CanCorr[j]=0, j>=K					
K	L. Ratio	Approx F	Num DF	Den DF	Pr > F
1	0.011976	2.8321	30	42.0000	0.0010
2	0.102179	1.8515	20	37.4327	0.0509
3	0.445429	0.9546	12	32.0405	0.5089
4	0.813429	0.4713	6	26.0000	0.8232
5	0.991570	0.0595	2	14.0000	0.9425

图 7-5　检验典型相关系数与零的差别

（4）典型相关结构

典型相关结构（见图 7-6）分别是各组原始变量与典型变量两两之间的相关系数矩阵。从相关系数判断，形态指标中除 x_5（0.0514）、x_6（0.2433）外各变量与第一典型变量间的相关性都比较高，机能指标中除 y_2（0.0975）外各变量与第一典型变量间的相关性也都比较高。

Correlations (Structure)				
Variable	CY1	CY2	CX1	CX2
Y1	-0.4017	-0.1041	-0.3775	-0.0914
Y2	0.0975	0.8331	0.0916	0.7313
Y3	0.6231	0.4073	0.5855	0.3576
Y4	0.6273	0.2484	0.5894	0.2180
Y5	0.7045	0.5494	0.6620	0.4823
X1	0.6841	0.5474	0.7281	0.6236
X2	0.6388	0.5333	0.6799	0.6075
X3	0.6681	0.5431	0.7111	0.6187
X4	0.9045	-0.1633	0.9627	-0.1860
X5	0.0483	0.4391	0.0514	0.5003
X6	0.2286	0.2411	0.2433	0.2746

图 7-6　典型相关结构

x_5 与第二典型变量间的相关性比较高，y_2 与第二典型变量间的相关性比较高。

y_1 与前两个典型变量的相关系数为负值。

说明，第一对典型变量对肩宽 x_5 和收缩压 y_2 的解释作用不大。

另外，从形态指标组的变量和机能指标组的典型变量之间，以及机能指标组的变量和形态指标组的典型变量之间的相关系数可见，各组变量与前两对典型变量之间均有较强的相关性。

（5）标准化变量的典型相关变量的系数

输出结果中还给出标准化变量的典型变量系数，如图 7-7 所示。

来自机能指标的第一典型变量 $CY1$ 为（原始变量的右上角带“*”表示为标准化变量）：

$$CY1 = -0.071672y_1^* - 0.789642y_2^* + 0.567178y_3^* + 0.508332y_4^* + 0.533496y_5^*$$

$CY1$ 在 y_1^*（脉搏）上系数近似为 0，在 y_2^*（收缩压）上系数为负值，绝对值最大；在 y_3^*（舒张压变音）、y_4^*（舒张压消音）、y_5^*（肺活量）上系数为较大的正值。因此，$CY1$ 主要代表了舒张压变音、舒张压消音、肺活量等指标。

Std Canonical Y Coefficients		
Variable	CY1	CY2
Y1	-0.071672	-0.026533
Y2	-0.789642	1.213436
Y3	0.567178	-0.535038
Y4	0.508332	-0.186048
Y5	0.533496	0.455870

Std Canonical X Coefficients		
Variable	CX1	CX2
X1	0.428704	0.702696
X2	-0.096964	-0.399852
X3	-0.162101	0.843587
X4	0.937445	-0.990627
X5	0.234982	-0.068285
X6	-0.186959	0.483100

图 7-7　标准化变量的典型变量的系数

来自形态指标的第一典型变量 *CX*1 为：

$$CX1 = 0.4287x_1^* - 0.09696x_2^* - 0.16210x_3^* + 0.93745x_4^* + 0.23498x_5^* - 0.18696x_6^*$$

*CX*1 在 x_4（胸围）上系数最大，在 x_1（身高）上系数中等，在其余各变量坐高、体重、肩宽、盆骨宽上的系数较小。从系数值来看，*CX*1 主要代表了胸围、身高和肩宽等指标。

关于第二典型变量有：

$$CY2 = -0.026533y_1^* + 1.213436y_2^* - 0.535038y_3^* - 0.186048y_4^* + 0.455870y_5^*$$

$$CX2 = 0.70270x_1^* - 0.39985x_2^* + 0.84359x_3^* - 0.99063x_4^* - 0.06829x_5^* + 0.48310x_6^*$$

可见，*CY*2 代表了收缩压和肺活量等指标；*CX*2 代表了身高、体重、盆骨宽等指标。

（6）典型冗余分析

典型冗余分析（Canonical Redundancy Analysis）表明，两对典型变量仍不能全面预测配对的那组变量。来自形态指标的标准方差被对方两个典型变量（*CY*1、*CY*2）解释的累积方差比例为 55.86%，来自机能指标的标准方差被对方两个典型变量（*CX*1、*CX*2）解释的累积方差比例为 44.61%，如图 7-8 所示。

Std Variance (Y Variables)					
	Explained by CY's			Explained by CX's	
	Proportion	Cumulative	CanRsq	Proportion	Cumulative
1	0.2898	0.2898	0.882797	0.2558	0.2558
2	0.2469	0.5367	0.770606	0.1902	0.4461

Std Variance (X Variables)					
	Explained by CY's			Explained by CX's	
	Proportion	Cumulative	CanRsq	Proportion	Cumulative
1	0.3659	0.3659	0.882797	0.4144	0.4144
2	0.1928	0.5586	0.770606	0.2502	0.6646

图 7-8　典型冗余分析

7.1.3　用"分析家"实现典型相关分析

1．实例

【例 7-2】　某康复俱乐部对 20 名中年人测量了 3 项生理指标：体重（weight）、腰围（waist）、脉搏（pulse）和 3 项运动指标：引体向上（chins）、起坐次数（situps）、跳跃次数（jumps）。其数据列于表 7-2 中。

表 7-2　某康复俱乐部测量的生理指标和运动指标

编号	体重(weight)	腰围(waist)	脉搏(pulse)	引体向上(chins)	起坐次数(situps)	跳跃次数(jumps)
1	191	36	50	5	162	60
2	189	37	52	2	110	60
3	193	38	58	12	101	101
4	162	35	62	12	105	37
5	189	35	46	13	155	58
6	182	36	56	4	101	42
7	211	38	56	8	101	38

（续）

编号	体重(weight)	腰围(waist)	脉搏(pulse)	引体向上(chins)	起坐次数(situps)	跳跃次数(jumps)
8	167	34	60	6	125	40
9	176	31	74	15	200	40
10	154	33	56	17	251	250
11	169	34	50	17	120	38
12	166	33	52	13	210	115
13	154	34	64	14	215	105
14	247	46	50	1	50	50
15	193	36	46	6	70	31
16	202	37	62	12	210	120
17	176	37	54	4	60	25
18	157	32	52	11	230	80
19	156	33	54	15	225	73
20	138	33	68	2	110	43

设表中数据已经存放在数据集 Mylib.slzb 中，试分析生理指标和运动指标这两组变量间的相关性。

2．分析设置

1）在“分析家”中打开数据集 Mylib.slzb。

2）选择菜单 Statistics（统计）→Multivariate（多元分析）→Canonical Correlation（典型相关分析），打开 Canonical Correlation 对话框。

3）在对话框中将生理指标选为 Set1，运动指标选为 Set2，如图 7-9a 所示。

4）单击 Statistics（统计）按钮，打开 Canonical Correlation：Statistics 对话框。

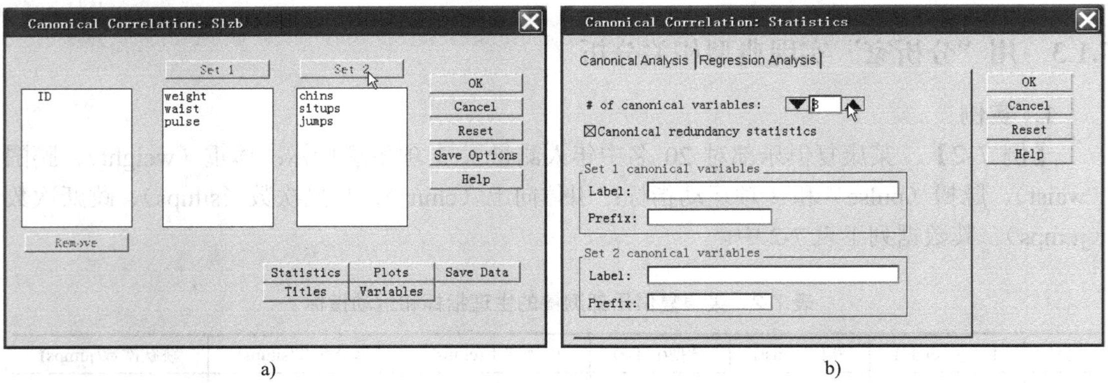

图 7-9　典型相关分析的设置

选中 Canonical redundancy statistics 复选框，并选择三个典型变量，如图 7-9b 所示。两次单击 OK 按钮，得到计算结果。

3．结果分析

（1）典型相关系数及显著性检验

第一部分的四列依次是：典型相关系数、修正的典型相关系数、近似的标准误以及典型相关系数的平方。从图 7-10 中可以看出，本例提取了三个典型相关系数，第一个典型相关系数 $CanR_1 = 0.795608$，其修正值为 0.754056，标准误为 0.084197，$CanR_1^2 = 0.632992$，第一典型相关系数表示的是第一对典型相关变量之间的相关性。第二个典型相关系数为 0.200556，第三个为 0.072570。

The CANCORR Procedure

Canonical Correlation Analysis

	Canonical Correlation	Adjusted Canonical Correlation	Approximate Standard Error	Squared Canonical Correlation
1	0.795608	0.754056	0.084197	0.632992
2	0.200556	-.076399	0.220188	0.040223
3	0.072570	.	0.228208	0.005266

图 7-10　典型相关系数

第二部分是特征根以及相应的统计量，如图 7-11 所示。

	Eigenvalues of Inv(E)*H = CanRsq/(1-CanRsq)				Test of H0: The canonical correlations in the current row and all that follow are zero				
	Eigenvalue	Difference	Proportion	Cumulative	Likelihood Ratio	Approximate F Value	Num DF	Den DF	Pr > F
1	1.7247	1.6828	0.9734	0.9734	0.35039053	2.05	9	34.223	0.0635
2	0.0419	0.0366	0.0237	0.9970	0.95472266	0.18	4	30	0.9491
3	0.0053		0.0030	1.0000	0.99473355	0.08	1	16	0.7748

图 7-11　特征根以及典型相关系数的检验

左边四列依次是：特征根、相邻两个特征根之差、特征根所占方差信息量的比例和累积方差信息量的比例。从中可以看出，第一对典型变量所能解释的变异已占总变异的 97.34%，其他两个典型相关变量的作用很小，一共只解释了总变异的 3%，可以不予考虑。

右边四列给出对典型相关系数的检验，原假设 $H_0(i)$：$CanR_s = 0$，$s = i$，…，3，即第 i 个及以后所有典型相关系数均为 0（$i = 1$，2，3）。具体采用似然比法，所求的似然比统计量近似服从 F 分布。

结果表明，第一行的 F 值为 2.05，p 值为 0.0635，在 0.07 的检验水平下，应拒绝原假设，认为第一相关系数以及比它小的两个相关系数不为 0；后两行检验的 p 值都远大于显著水平 0.05，故可以认为只有第一个典型相关系数不为 0。

第三部分输出的是用四种多元统计方法进行的所有典型相关系数均为 0 的 F 检验结果，如图 7-12 所示。四种方法中一般参照 Wilks' Lambda 检验的结果。本例中的 Wilks' Lambda 检验结果与前述完全一致，表明至少有一个典型相关系数在 $\alpha = 0.0635$ 的显著水平下非 0。

Multivariate Statistics and F Approximations

S=3　M=-0.5　N=6

Statistic	Value	F Value	Num DF	Den DF	Pr > F
Wilks' Lambda	0.35039053	2.05	9	34.223	0.0635
Pillai's Trace	0.67848151	1.56	9	48	0.1551
Hotelling-Lawley Trace	1.77194146	2.64	9	19.053	0.0357
Roy's Greatest Root	1.72473874	9.20	3	16	0.0009

NOTE: F Statistic for Roy's Greatest Root is an upper bound.

图 7-12　对典型相关系数均为 0 的 F 检验

（2）典型变量系数与典型结构

第四部分给出的是用原始变量表达的典型变量系数（典型权重），如图 7-13 所示。

Raw Canonical Coefficients for the VAR Variables

		V1	V2	V3
weight	体重	-0.031404688	-0.076319506	-0.007735047
waist	腰围	0.4932416756	0.3687229894	0.1580336471
pulse	脉搏	-0.008199315	-0.032051994	0.1457322421

Raw Canonical Coefficients for the WITH Variables

		W1	W2	W3
chins	引体向上	-0.066113986	-0.071041211	-0.245275347
situps	起坐次数	-0.016846231	0.0019737454	0.0197676373
jumps	跳跃次数	0.0139715689	0.0207141063	-0.008167472

图 7-13　原始变量表达的典型变量系数

因六个变量没有使用相同单位进行测量，因此考虑分析标准化后的系数。

第五部分给出的是用标准化变量（对原始变量标准化）表达的典型变量系数，如图 7-14 所示。利用典型变量系数可以给出典型变量和标准化变量间的换算公式。

Canonical Correlation Analysis

Standardized Canonical Coefficients for the VAR Variables

		V1	V2	V3
weight	体重	-0.7754	-1.8844	-0.1910
waist	腰围	1.5793	1.1806	0.5060
pulse	脉搏	-0.0591	-0.2311	1.0508

Standardized Canonical Coefficients for the WITH Variables

		W1	W2	W3
chins	引体向上	-0.3495	-0.3755	-1.2966
situps	起坐次数	-1.0540	0.1235	1.2368
jumps	跳跃次数	0.7164	1.0622	-0.4188

图 7-14　标准化变量的典型变量系数

来自生理指标的第一典型变量 *V*1 为（原始变量的右上角带“*”表示为标准化变量）：

$$V1 = -0.7754\, weight^* + 1.5793\, waist^* - 0.0591\, pulse^*$$

*V*1 近似地是 $waist^*$（腰围）和 $weight^*$（体重）的加权差，在 $waist^*$上的权重更大些。*V*1 在 $pulse^*$（脉搏）上系数近似为 0。

来自运动指标的第一典型变量 *W*1 为：

$$W1 = -0.3495\, chins^* - 1.0540\, situps^* + 0.7164\, jumps^*$$

*W*1 在 $situps^*$（起坐次数）上的系数最大。这一对典型变量主要是反映 $waist^*$（腰围）和 $situps^*$（起坐次数）的负相关关系。

其他两对典型变量也可以相仿地表示。

第六部分为典型结构，分别是各组原始变量与典型变量两两之间的相关系数矩阵，如图 7-15 所示。可以看出：在原始变量与本组的典型变量的相关关系（典型载荷）中，生理指标的第一典型变量 *V*1 与腰围 *waist* 的相关系数最大（0.9254），说明这个典型变量主要反映人的体形肥胖程度；运动指标的第一典型变量 *W*1 与起坐次数 *situps* 和引体向上次数 *chins* 有较大的负相关关系（–0.7276，–0.8177），说明这个典型变量主要反映人不适合运动的程度。

在原始变量与配对组的典型变量的相关关系（典型交叉载荷）的分析结果中，腰围 *waist* 与运动指标的第一典型变量 *W*1 的相关性较强，这也说明了腰围大（体形较胖）则运动能力差；起坐次数和引体向上与生理指标的第一典型变量 *V*1 呈一定的负相关系数，说明人的体形肥胖程度对这两种运动能力有负面影响。

Canonical Structure

Correlations Between the VAR Variables and Their Canonical Variables

		V1	V2	V3
weight	体重	0.6206	-0.7724	-0.1350
waist	腰围	0.9254	-0.3777	-0.0310
pulse	脉搏	-0.3328	0.0415	0.9421

Correlations Between the WITH Variables and Their Canonical Variables

		W1	W2	W3
chins	引体向上	-0.7276	0.2370	-0.6438
situps	起坐次数	-0.8177	0.5730	0.0544
jumps	跳跃次数	-0.1622	0.9586	-0.2339

Correlations Between the VAR Variables and the Canonical Variables of the WITH Variables

		W1	W2	W3
weight	体重	0.4938	-0.1549	-0.0098
waist	腰围	0.7363	-0.0757	-0.0022
pulse	脉搏	-0.2648	0.0083	0.0684

Correlations Between the WITH Variables and the Canonical Variables of the VAR Variables

		V1	V2	V3
chins	引体向上	-0.5789	0.0475	-0.0467
situps	起坐次数	-0.6506	0.1149	0.0040
jumps	跳跃次数	-0.1290	0.1923	-0.0170

图 7-15　典型结构

（3）典型冗余分析

Canonical Redundancy Analysis

Raw Variance of the VAR Variables Explained by

Canonical Variable Number	Their Own Canonical Variables: Proportion	Their Own Canonical Variables: Cumulative Proportion	Canonical R-Square	The Opposite Canonical Variables: Proportion	The Opposite Canonical Variables: Cumulative Proportion
1	0.3712	0.3712	0.6330	0.2349	0.2349
2	0.5436	0.9148	0.0402	0.0219	0.2568
3	0.0852	1.0000	0.0053	0.0004	0.2573

Raw Variance of the WITH Variables Explained by

Canonical Variable Number	Their Own Canonical Variables: Proportion	Their Own Canonical Variables: Cumulative Proportion	Canonical R-Square	The Opposite Canonical Variables: Proportion	The Opposite Canonical Variables: Cumulative Proportion
1	0.4111	0.4111	0.6330	0.2602	0.2602
2	0.5635	0.9746	0.0402	0.0227	0.2829
3	0.0254	1.0000	0.0053	0.0001	0.2830

图 7-16　原始变量方差被典型变量所解释的比例

第七部分给出典型冗余分析的结果，如图 7-16、7-17 所示。

图 7-16 是变量的原始方差通过它的典型变量和配对的典型变量所解释的方差比例，图 7-17 是变量的标准化方差通过它的典型变量和配对的典型变量所解释的方差比例。

由图 7-17 可以看出，生理指标通过它的第一个典型变量解释的共享方差的比例是 45.08%，而被对方第一个典型变量 *W*1 解释的方差比例为 28.54%，其比值 28.54% / 45.08% = 0.6330 恰为 $CanR^2$（Canonical R-Square，也是图 7-10 中的 Squared Canonical Correlation）。运动指标通过它的第一个典型变量解释的共享方差的比例是 40.81%，而被对方第一个典型变量 V1 解释的方差比例为 25.84%，其比值也是 0.6330。

Canonical Redundancy Analysis

Standardized Variance of the VAR Variables Explained by

Canonical Variable Number	Their Own Canonical Variables: Proportion	Their Own Canonical Variables: Cumulative Proportion	Canonical R-Square	The Opposite Canonical Variables: Proportion	The Opposite Canonical Variables: Cumulative Proportion
1	0.4508	0.4508	0.6330	0.2854	0.2854
2	0.2470	0.6978	0.0402	0.0099	0.2953
3	0.3022	1.0000	0.0053	0.0016	0.2969

Standardized Variance of the WITH Variables Explained by

Canonical Variable Number	Their Own Canonical Variables: Proportion	Their Own Canonical Variables: Cumulative Proportion	Canonical R-Square	The Opposite Canonical Variables: Proportion	The Opposite Canonical Variables: Cumulative Proportion
1	0.4081	0.4081	0.6330	0.2584	0.2584
2	0.4345	0.8426	0.0402	0.0175	0.2758
3	0.1574	1.0000	0.0053	0.0008	0.2767

图 7-17　原始变量的标准化方差被典型变量所解释的比例

图中还可以看出，三个典型变量解释配对变量组方差的累计比例分别为 29.69%和 27.67%，第二和第三典型变量实际上没有附加上什么东西。

第八部分给出各原始变量和配对组的典型变量间的复相关系数（Multiple Correlations）的平方（见图 7-18），即原始变量与典型变量的判定系数，如 *weight* 与第一典型变量 *W*1 的相关系数为 0.4938（见图 7-15），则其复相关系数平方为 $0.4938^2 = 0.2438$。

Canonical Redundancy Analysis

Squared Multiple Correlations Between the VAR Variables and the First M Canonical Variables of the WITH Variables

M		1	2	3
weight	体重	0.2438	0.2678	0.2679
waist	腰围	0.5421	0.5478	0.5478
pulse	脉搏	0.0701	0.0702	0.0749

Squared Multiple Correlations Between the WITH Variables and the First M Canonical Variables of the VAR Variables

M		1	2	3
chins	引体向上	0.3351	0.3374	0.3396
situps	起坐次数	0.4233	0.4365	0.4365
jumps	跳跃次数	0.0167	0.0536	0.0539

图 7-18　复相关系数平方

由复相关系数的平方可看出，生理指标的第一典型变量 *W*1 对 *chins*(0.3351)和 *situps*(0.4233)有一定解释能力，但对 *jumps*(0.0167)几乎没有解释能力。而来自运动指标的第一典型变量 *V*1 对 *waist*(0.5421)有相当好的解释能力，对 *weight*(0.2438)较差，而对 *pulse*(0.0701)几乎没有解释能力。其中，运动指标的第一典型变量对生理指标中的腰围指标解释能力最强，可以说明运动对体形影响较大，加强体育锻炼可以减肥。

7.1.4　用 CANCORR 过程实现典型相关分析

1．CANCORR 过程

在 SAS 中典型相关分析一般使用 CANCORR 过程实现，该过程可以进行如下几个方面的分析：

1）完成两组变量之间的典型相关分析；

2）检验典型相关系数以及所有较小的典型相关系数是否为 0 的假设；

3）计算标准化和未标准化的典型系数，典型变量和原始变量的相关分析以及冗余度的分析；

4）对两组变量进行回归分析。

CANCORR 过程的常用语法格式如下：

```
PROC CANCORR <选项列表>;
  WITH <变量列表>;
  VAR <变量列表>;
RUN;
```

其中 PROC CANCORR 语句、WITH 语句是每个过程中必不可少的，其余语句可视情况使用。下面分别介绍各语句的用法和功能。

1）PROC CANCORR 语句：标示典型相关分析开始，可以规定输入输出数据集，指定分析方法和控制输出结果的显示等。语句中可设置的常用选项及其功能见表 7-3。

表 7-3　常用选项及其功能

EDF=	指定误差的自由度。EDF 数为有效的观察值减 1
DATA=	指定输入数据集的名字，可以是原始数据集，或用 TYPE= CORR，COV，FACTOR，SSCP，UCORR，或者 UCOV 的数据集，如果省略则使用最新创建的数据集
OUT=	指定输出数据集的名字，输出包括原始数据及典型变量得分的数据集。当输入数据集的类型为 CORR，COV，FACTOR，SSCP，UCORR，或者 UCOV 时，就不能使用这个选项
OUTSTAT=	生成包含各种统计量的 SAS 数据集，包括典型相关系数和典型系数，以及要求的多元回归统计量
VNAME=	为来自 VAR 语句中分析变量指定标签，作为标签的字符要用单引号引起来
VPREFIX=	为来自 VAR 语句的典型变量指定前缀名，默认时典型变量命名为 V1，V2，V3 等
WNAME=	为来自 WITH 语句中的分析变量指定标签，作为标签的字符要用单引号引起来
WPREFIX=	为来自 WITH 语句中的典型变量指定前缀名，默认为 W1，W2，W3 等控制输出的选项
ALL	打印所有选择的输出
CORR	打印原始变量之间的相关系数
NCAN=	规定要输出典型变量的个数
NOPRINT	禁止所有的输出
REDUNDANCY	打印冗余度分析的结果
SHORT	除了典型相关和多元统计列表以外，禁止打印典型相关分析过程默认的输出
SIMPLE	打印均值、标准差等简单统计量

2）VAR 语句：列出要进行典型相关分析的第一组变量，变量必须是数值型的。如果 VAR 语句被忽略，所有未被其他语句提到的数值型变量都将被视为第一组变量。

3）WITH 语句：列出要进行典型相关分析的第二组变量，变量必须是数值型的。该语句是每一个 PROC CANCORR 语句中必不可少的。

2. 使用 CANCORR 过程

【例 7-3】　家庭特征与家庭消费之间的关系。为了了解家庭的特征与其消费模式之间的关系。调查了 70 个家庭的下面两组变量：

1）x_1：每年去餐馆就餐的频率，x_2：每年外出看电影的频率；

2）y_1：户主的年龄，y_2：家庭的年收入，y_3：户主受教育程度。

试分析两组变量之间的关系。假定变量的相关系数矩阵如表 7-4 所示。

表 7-4　原始变量的相关系数矩阵

	x1	x2	y1	y2	y3
X1	1.00	0.80	0.26	0.67	0.34
X2	0.80	1.00	0.33	0.59	0.34
Y1	0.26	0.33	1.00	0.37	0.21
Y2	0.67	0.59	0.37	1.00	0.35
Y3	0.34	0.34	0.21	0.35	1.00

如下代码是利用变量的相关系数矩阵作典型相关分析：

```
DATA jt(TYPE=CORR);
  INPUT NAME $ 1-2 (X1 X2 Y1-Y3) (6.);
  CARDS;
X1 1.00  0.80  0.26  0.67  0.34
X2 0.80  1.00  0.33  0.59  0.34
Y1 0.26  0.33  1.00  0.37  0.21
Y2 0.67  0.59  0.37  1.00  0.35
Y3 0.34  0.34  0.21  0.35  1.00
;
PROC CANCORR EDF=70 REDUNDANCY;
  VAR X1 X2;
  WITH Y1-Y3;
RUN;
```

说明：

1）在数据集名 jt 后用 TYPE = CORR 表明数据的类型为相关矩阵，而不是原始数据。

2）INPUT 语句中用“NAME $”读取左侧的变量名，“1-2”表示变量名的字符落在第 1、2 列上，“(X1 X2 Y1-Y4)”表示各列数据所对应的变量名，“(6.)”表示读取数据的宽度均为 6 列，其中相关系数占 4 位，其后的空格占 2 位。

3）选择项 EDF = $n-1$，为典型相关分析提供一个计算误差自由度的参考值，因为该过程中没有合适的选择项可以将原始数据的样本含量 n 准确地送入。如果忽略这一选择项，将以默认值 $n = 10000$ 作为样本含量参与有关计算和统计检验，显然不妥。

4）选项 REDUNDANCY 表示输出典型冗余分析的结果。

3．结果分析

（1）典型相关系数及显著性检验

第一部分（见图 7-19）的四列依次是：典型相关系数、修正的典型相关系数、近似的标准误以及典型决定系数（典型相关系数的平方）。从中可以看出，本例提取了两个典型相关系数，第一个典型相关系数 $CanR_1 = 0.687948$，其修正值为 0.673671，标准误为 0.062956，$CanR_1^2 = 0.473272$；第二个典型相关系数为 0.186865。

第二部分（见图 7-20）是特征根以及相应的统计量，左边四列依次是：特征根、相邻两个特征根之差、特征根所占方差信息量的比例和累积方差信息量的比例。从中可以看出，第一对典型变量所能解释的变异已占总变异的 96.13%，另一对典型相关变量的作用很小，只解释了总变异的 3.87%，可以不予考虑。

The CANCORR Procedure

Canonical Correlation Analysis

	Canonical Correlation	Adjusted Canonical Correlation	Approximate Standard Error	Squared Canonical Correlation
1	0.687948	0.673671	0.062956	0.473272
2	0.186865	0.154359	0.115349	0.034919

图 7-19　典型相关系数

	Eigenvalues of Inv(E)*H = CanRsq/(1-CanRsq)				Test of H0: The canonical correlations in the current row and all that follow are zero				
	Eigenvalue	Difference	Proportion	Cumulative	Likelihood Ratio	Approximate F Value	Num DF	Den DF	Pr > F
1	0.8985	0.8623	0.9613	0.9613	0.50833498	8.86	6	132	<.0001
2	0.0362		0.0387	1.0000	0.96508130	1.21	2	67	0.3040

图 7-20　特征值以及典型相关系数的检验

右边四列给出了对典型相关系数的检验，具体采用似然比法，所求的似然比统计量近似服从 F 分布。第一行检验的是第一相关系数以及比它小的两个相关系数是否为 0，第一行的 F 值 8.86，p 值<0.0001。后一行检验的 p 值远大于置信水平 0.05，故可以认为只有第一个典型相关系数有统计学意义。

第三部分（见图 7-21）输出的是按照多元分析的原理进行的所有典型相关系数是否为 0 的检验，四种方法中一般参照 Wilks' Lambda 检验的结果。本例中四种方法的检验结果与前述完全一致。

Multivariate Statistics and F Approximations

S=2　M=0　N=32

Statistic	Value	F Value	Num DF	Den DF	Pr > F
Wilks' Lambda	0.50833498	8.86	6	132	<.0001
Pillai's Trace	0.50819107	7.61	6	134	<.0001
Hotelling-Lawley Trace	0.93469657	10.21	6	86.245	<.0001
Roy's Greatest Root	0.89851444	20.07	3	67	<.0001

图 7-21　所有典型相关系数是否为 0 的检验

（2）典型变量系数与典型结构

第四部分（见图 7-22）给出的是用原始变量表达的典型变量系数。考虑标准化后的系数，即第五部分（见图 7-23）给出的典型变量和标准化变量（对原始变量标准化）间的换算公式。由于使用原始变量的相关系数矩阵作为输入数据，所以这两部分相同。

来自消费模式指标的第一典型变量 $V1$ 为（原始变量的右上角带“*”表示为标准化变量）：

$$V1 = 0.7689\, x_1^* + 0.2721\, x_2^*$$

$V1$ 是 x_1^*（每年去餐馆就餐的频率）和 x_2^*（每年外出看电影的频率）的加权和，在 x_1^* 上的权重更大些。

来自家庭特征指标的第一典型变量 $W1$ 为：

$$W1 = 0.0491\, y_1^* + 0.8975\, y_2^* + 0.1900\, y_3^*$$

Raw Canonical Coefficients for the VAR Variables

	V1	V2
X1	0.7689274349	-1.478691441
X2	0.2720729167	1.6443096137

Raw Canonical Coefficients for the WITH Variables

	W1	W2
Y1	0.0491271568	1.0002942201
Y2	0.8975113754	-0.583695044
Y3	0.1900410898	0.2955722513

图 7-22　原始变量表达的典型变量系数

Standardized Canonical Coefficients for the VAR Variables

	V1	V2
X1	0.7689	-1.4787
X2	0.2721	1.6443

Standardized Canonical Coefficients for the WITH Variables

	W1	W2
Y1	0.0491	1.0003
Y2	0.8975	-0.5837
Y3	0.1900	0.2956

图 7-23　标准化原始变量的典型变量系数

*W*1 在 y_2^*（家庭的年收入）上的系数最大。这一对典型变量主要是反映 x_1^*（每年去餐馆就餐的频率）和 y_2^*（家庭的年收入）的相关关系。

第六部分（图 7-24）为典型相关结构，分别是各组原始变量与典型变量两两之间的相关系数矩阵。可以看出：

Canonical Structure

Correlations Between the VAR Variables and Their Canonical Variables

	V1	V2
X1	0.9866	-0.1632
X2	0.8872	0.4614

Correlations Between the WITH Variables and Their Canonical Variables

	W1	W2
Y1	0.4211	0.8464
Y2	0.9822	-0.1101
Y3	0.5145	0.3013

Correlations Between the VAR Variables and the Canonical Variables of the WITH Variables

	W1	W2
X1	0.6787	-0.0305
X2	0.6104	0.0862

Correlations Between the WITH Variables and the Canonical Variables of the VAR Variables

	V1	V2
Y1	0.2897	0.1582
Y2	0.6757	-0.0206
Y3	0.3539	0.0563

图 7-24　典型相关结构

x_1 和 x_2 与第一典型变量 *V*1 的相关系数皆为正值，分别为 0.9866 和 0.8872，可以看出 *V*1 可以作为消费特性的指标。

家庭特征指标的所有变量与第一典型变量 *W*1 的相关系数分别为：0.4211，0.9822 和 0.5145，可见典型变量 *W*1 主要代表了家庭收入。

*V*1 和 *W*1 的典型相关系数为 0.6879（图 7-20），这就说明家庭的消费与一个家庭的收入之间的关系是很密切的。

第二对典型变量中 *V*2 与 x_2 的相关系数为 0.4614，可以看出 *V*2 可以作为文化消费特性的指标，第二对典型变量中 *W*2 与 y_1 和 y_3 之间的分别相关系数为 0.8464 和 0.3013，可见典型变量 *W*2 主要代表了家庭成员的年龄特征和教育程度，*V*2 和 *W*2 的相关系数为 0.1869，说明文化消费与年龄和受教育程度之间有一定关系。

（3）典型冗余分析

第七部分给出典型冗余分析的结果（见图 7-25、7-26），由于本例是对相关系数矩阵作分析，故两个结果相同。

Raw Variance of the VAR Variables Explained by

Canonical Variable Number	Their Own Canonical Variables Proportion	Cumulative Proportion	Canonical R-Square	The Opposite Canonical Variables Proportion	Cumulative Proportion
1	0.8803	0.8803	0.4733	0.4166	0.4166
2	0.1197	1.0000	0.0349	0.0042	0.4208

Raw Variance of the WITH Variables Explained by

Canonical Variable Number	Their Own Canonical Variables Proportion	Cumulative Proportion	Canonical R-Square	The Opposite Canonical Variables Proportion	Cumulative Proportion
1	0.4689	0.4689	0.4733	0.2219	0.2219
2	0.2731	0.7420	0.0349	0.0095	0.2315

图 7-25　原始变量方差被典型变量所解释的比例

Standardized Variance of the VAR Variables Explained by

Canonical Variable Number	Their Own Canonical Variables Proportion	Cumulative Proportion	Canonical R-Square	The Opposite Canonical Variables Proportion	Cumulative Proportion
1	0.8803	0.8803	0.4733	0.4166	0.4166
2	0.1197	1.0000	0.0349	0.0042	0.4208

Standardized Variance of the WITH Variables Explained by

Canonical Variable Number	Their Own Canonical Variables Proportion	Cumulative Proportion	Canonical R-Square	The Opposite Canonical Variables Proportion	Cumulative Proportion
1	0.4689	0.4689	0.4733	0.2219	0.2219
2	0.2731	0.7420	0.0349	0.0095	0.2315

图 7-26　原始变量的标准化方差被典型变量所解释的比例

消费指标通过它的第一个典型变量解释的共享方差的比例是 88.03%，而被对方第一个典型变量 $W1$ 解释的方差比例为 41.66%，其比值 41.66% / 88.03% = 0.4733 恰为 $CanR^2$（Canonical R-Square），通过它的第二个典型变量解释的共享方差的比例是 11.97%，被对方第二个典型变量 $W2$ 解释的方差比例为 0.42%，其比值为 0.0349。家庭特征指标通过它的第一个典型变量解释的共享方差的比例是 46.89%，而被对方第一个典型变量 $V1$ 解释的方差比例为 22.19%，通过它的第二个典型变量解释的共享方差的比例是 27.31%，而被对方第二个典型变量 $V2$ 解释的方差比例为 0.95%，

两对典型变量解释配对变量组方差的累计比例分别为 42.08%和 23.157%。

第八部分给出各原始变量和配对组的典型变量间的复相关系数（Multiple Correlations）的平方（见图 7-27），即原始变量与典型变量的判定系数，如 x_1 与第一典型变量 $W1$ 的相关系数为 0.6787（见图 7-24），则其判定系数为 $0.6787^2 = 0.4607$。

由复相关系数的平方可看出，消费指标的第一典型变量 $V1$ 对 y_2(0.4566)有一些预测能力，但对 y_1(0.0839)和 y_3(0.1253)有微弱的预测能力。而来自家庭特征指标的第一典型变量 $W1$ 对 x_1(0.4607)和 x_2(0.3725)有较好的预测能力。

```
Squared Multiple Correlations Between the VAR Variables and
  the First M Canonical Variables of the WITH Variables

                 M            1             2

                 X1      0.4607        0.4616
                 X2      0.3725        0.3800

  Squared Multiple Correlations Between the WITH Variables
  and the First M Canonical Variables of the VAR Variables

                 M            1             2

                 Y1      0.0839        0.1089
                 Y2      0.4566        0.4570
                 Y3      0.1253        0.1284
```

图 7-27 复相关系数平方

7.2 对应分析

主成分分析、因子分析等都是用于研究变量之间的相互关系。有时，在某些实际问题中，既要研究变量之间的关系，还要研究样品之间的关系、变量与样品之间的关系。对应分析（Correspondence Analysis）是在因子分析的基础上发展起来的一种多元统计方法，它同时得到变量与样品因子分析的结果——在同一因子平面上对变量与样品一起进行分类，从而表达出变量与样品两者之间的相互关系及内在联系。

7.2.1 对应分析的基本概念

1. 对应分析的方法概述

对应分析，也称相应分析，它是寻求样品（行）与变量（列）之间联系的低维图示法。此方法的关键是利用一种数据变换方法，使含有 n 个样品 m 个变量的原始数据矩阵

$$\boldsymbol{X}=\begin{bmatrix} x_{11} & x_{12} & \cdots & x_{1m} \\ x_{21} & x_{22} & \cdots & x_{2m} \\ \vdots & \vdots & \ddots & \vdots \\ x_{n1} & x_{n2} & \cdots & x_{nm} \end{bmatrix}$$

变成另一个矩阵

$$\boldsymbol{Z}=\begin{bmatrix} z_{11} & z_{12} & \cdots & z_{1m} \\ z_{21} & z_{22} & \cdots & z_{2m} \\ \vdots & \vdots & \ddots & \vdots \\ z_{n1} & z_{n2} & \cdots & z_{nm} \end{bmatrix},$$

并使 $\boldsymbol{S_R}=\boldsymbol{Z'Z}$（分析变量之间关系的协方差矩阵）与 $\boldsymbol{S_Q}=\boldsymbol{ZZ'}$（分析样品之间关系的协方差矩阵）具有相同的非零特征根，它们相应的特征向量之间也有密切的关系。

对协方差矩阵 $\boldsymbol{S_R}$、$\boldsymbol{S_Q}$ 进行因子分析，分别提取两个最重要的公因子 R_1、R_2 与 Q_1、Q_2。由于采取的是一种特殊变换方法，公因子 R_1 与 Q_1 在本质上是相同的，同理，R_2 与 Q_2 在本质上也是相同的，故可用 $dim1$ 作为 R_1、Q_1 的统一标志，用 $dim2$ 作为 R_2、Q_2 的统一标志。于是可将（R_1，Q_1）和（R_2，Q_2）两组数据点画在由（$dim2$，$dim2$）组成的同一个直角坐标系

中，这样便于考察变量与样品之间的相互关系。

2．对应分析的步骤

设原始数据矩阵 $\boldsymbol{X}=(x_{ij})_{nm}$，$i=1,2$，…，$n$（$n$ 为样品数）；$j=1$，2，…，m（m 为变量数）。

1）计算过渡矩阵 $\boldsymbol{Z}=(z_{ij})_{nm}$：

$$z_{ij}=\frac{x_{ij}-X_{i}.X._{j}/X..}{\sqrt{X_{i}.X._{j}}} \tag{7-1}$$

其中，$X_i.$为第 i 行的合计；$X._j$ 为第 j 列的合计；$X..$为全部数据的合计。

2）对 $\boldsymbol{S_R}=\boldsymbol{Z'Z}$ 作因子分析。

计算协差阵 $\boldsymbol{S_R}=\boldsymbol{Z'Z}$ 的特征值（又称为惯量）$\lambda_1 \geqslant \lambda_2 \geqslant \cdots \geqslant \lambda_m$，按其累积百分比 $\sum_{i=1}^{p}\lambda_i \Big/ \sum_{i=1}^{m}\lambda_i \geqslant 85\%$，取前 p 个特征值（主惯量），通常 p 取 2。并计算相应的单位特征向量 $\boldsymbol{u}_1$，$\boldsymbol{u}_2$，从而得到因子载荷阵：

$$\boldsymbol{F}=\begin{bmatrix} u_{11}\sqrt{\lambda_1} & u_{12}\sqrt{\lambda_2} \\ u_{21}\sqrt{\lambda_1} & u_{22}\sqrt{\lambda_2} \\ \vdots & \vdots \\ u_{m1}\sqrt{\lambda_1} & u_{m2}\sqrt{\lambda_2} \end{bmatrix}$$

在两因子轴平面上作变量点图。

3）对 $\boldsymbol{S_Q}=\boldsymbol{ZZ'}$作因子分析。

对上述两个特征值计算 $\boldsymbol{S_Q}$ 中相应的单位特征向量 $\boldsymbol{v}_1=\boldsymbol{Zu}_1$，$\boldsymbol{v}_2=\boldsymbol{Zu}_2$，从而得到因子载荷阵：

$$\boldsymbol{G}=\begin{bmatrix} v_{11}\sqrt{\lambda_1} & v_{12}\sqrt{\lambda_2} \\ v_{21}\sqrt{\lambda_1} & v_{22}\sqrt{\lambda_2} \\ \vdots & \vdots \\ v_{n1}\sqrt{\lambda_1} & v_{n2}\sqrt{\lambda_2} \end{bmatrix}$$

在上述因子平面上作样品点图。

说明：对应分析的提出最初是为了研究两个或多个属性变量之间的相关关系，即用于列联表（参见第 9 章）数据的分析。此时行变量的各个水平相当于各个样品，列变量的各个水平相当于不同的变量。

7.2.2 使用 CORRESP 过程实现对应分析

1．CORRESP 过程

CORRESP 过程可以进行简单和多重对应分析，把复杂的变量与样品之间的关系用二维或三维的图形表示出来。CORRESP 过程的语法格式如下：

```
PROC CORRESP <选项列表>;
  VAR <变量列表>;
  TABLES <行变量列表>, <列变量列表>;
  ID <变量>;
RUN;
```

其中的 PROC CORRESP 语句、TABLES 语句和 VAR 语句是必须使用的，除了这两个语句，其他语句都是可以选择的，下面分别介绍各语句的用法和功能。

（1）PROC CORRESP 语句

标示对应分析开始，可以规定输入输出数据集，指定分析方法和控制输出结果的显示等。语句中可设置的常用选项及其功能见表 7-5。

表 7-5　PROC CORRESP 语句选项列表及其功能

选　项	说　明
EDF =	指定误差的自由度。EDF 数为有效的观察值减 1
DATA =	指定输入数据集的名字，可以是原始数据集，或用 TYPE= CORR，COV，FACTOR，SSCP，UCORR，或者 UCOV 的数据集，如果省略则使用最新创建的数据集
OUTC =|OUT =	创造一个频数的输出数据集，几乎包含了这个过程所有的输出结果
OUTF =	创造一个频数的输出数据集，包含行列表的行列、频数以及期望值等
DIMENS =|DIM =	规定使用的维数或者坐标轴的个数，默认为 2，$r*c$ 的列联表其维数最大可以等于 r–1 和 c–1 中较小者
PROFILE=BOTH|COLUMN|NONE|ROW PRO = BOT|COL|NON|ROW	标准化行和列的坐标。默认为 both，即行和列都标准化，此时进行一个标准的对应分析。一般情况都取默认的选项
BINARY	指定了此选项，只需要在 tables 语句指定一个列表量，就自动用输入数据集的每一个观察值作为一行形成一个二维的表格
CROSS=BOTH|COLUMN|NONE|ROW CRO = BOT|COL|NON|ROW	规定行和列以及标签的表示方式，是与 tables 语句有关的选项。一般使用默认选项 none。选项 none 将导致每个行变量的每个水平变成一个行标签，每个列变量的每个水平变成一个列标签；选项 column 将导致每个行变量的每个水平变成一个行标签，列变量的水平的每种组合变成一个列标签；选项 row 将导致每个列变量的每个水平变成一个行标签，行变量的水平的每种组合变成一个行标签；选项 both 将导致行变量的水平的每种组合变成一个行标签，列变量的水平的每种组合变成一个列标签
ALL	输出所有的输出结果。该选项不影响 print=，不过用这些选项只能输出频数（没有百分数）
NOCOLUMN<=BOTH|DATA|PRINT> NOC <= BOT|DAT|PRI>	不输出列的坐标和统计量，并从输出的坐标数据集中去掉这些变量。选择 DATA 和 PRINT 分别表示从输出数据集或者 SAS Output 中去掉，BOTH 则是从两者中都去掉
NOPRINT	禁止所有的结果输出，注意该选项会同时禁止 ODS 系统的使用
NOROW <= BOTH|DATA|PRINT> NOR <= BOT|DAT|PRI>	不输出行的坐标和统计量，并从输出数据集中去掉这些变量。选择 DATA 和 PRINT 分别表示从输出数据集或者 SAS Output 中去掉，BOTH 则是从两者中都去掉
OBSERVED	输出行列表的实际频数和行列以及合计，如果没有这个选项或者 ALL 选项，则不输出行列表
PRINT = BOTH|FREQ|PERCENT	影响 OBSERVED 等选项，默认是 print = freq，即给出原始的频数，而选择 PRINT=percent 则是给出百分比，PRINT = both 则是两者都给出

CORRESP 过程可以接受的数据格式有两种：

- 原始的分类反应变量，有一个或者多个分类；
- 二维的数据表。

前一种格式的数据需要配合使用 TABLES 语句进行对应分析，后一种格式的数据要使用

VAR 语句。两种格式以后者为优。此外还可以直接利用 PROC FREQ 输出数据集。

（2）VAR 语句

输入数据为表格格式时使用，不能与 TABLES 同时使用。变量必须是数值型的。

（3）ID 语句

ID 语句只能与 VAR 语句一起使用，如果使用了 TABLES 或者 MCA 选项，就不能使用该语句。该语句只能规定一个字符变量。自动用 ID 语句的变量值作为输出表格列的标签，并且保存在输出数据集中。

（4）TABLES 语句

TABLES 语句用行变量和列变量构造一个列联表，行变量和列变量之间用逗号分隔。不可与 ID 和 VAR 语句同时使用。

2．对二维列联表数据的对应分析

【例 7-4】 表 7-6 调查了三个民族的血型分布资料，试作对应分析。

表 7-6　三个民族不同血型出现的频数

血　型	傣　族	佤　族	土　家　族
A	112	200	362
B	150	112	219
O	205	135	310
AB	40	73	69

假定上述数据已经存放在数据集 Mylib.xx 中。

（1）SAS 代码

对应分析的代码如下：

```
proc corresp data = Mylib.xx out = result;
   var DZ WZ TJZ;
   id Type;
run;
options ps = 40;
proc plot data=result;
   plot dim2*dim1="*"$Type/ box haxis=–0.2 to 0.3 by 0.1
   vaxis=–0.1 to 0.3 by 0.1    HREF=0 VREF=0;
run;
```

（2）输出结果及其解释

输出的结果中包括：惯量与卡方分解、样品（行）与变量（列）的坐标、坐标点的汇总统计量、坐标点局部惯量贡献等，由于行、列具有平等的地位，本例中的行（样品个数）较多，所以下面主要对变量的输出结果做出解释。

1）惯量与卡方分解。图 7-28 的第一列为 $\boldsymbol{Z}$ 的奇异值，最有用的是第 2 列（主惯量），即矩阵 $\boldsymbol{S_R} = \boldsymbol{Z'Z}$ 的特征值。原始数据有 4 行 3 列，这里提取两个特征值，即可完全解释数据的信息量。第一个特征值解释了信息量的 78.07%，第二个特征值解释了 21.93%，前两个特征值的累积贡献率已达 100%，以第一维度为主。

$$自由度 = (变量数-1)\times(样品数-1)=6$$

Inertia and Chi-Square Decomposition

Singular Value	Principal Inertia	Chi-Square	Percent	Cumulative Percent	16 32 48 64 80
0.16763	0.02810	55.8327	78.07	78.07	************************
0.08885	0.00789	15.6859	21.93	100.00	*******
Total	0.03599	71.5186	100.00		

Degrees of Freedom = 6

图 7-28　惯量与卡方分解

2）样品点坐标，如图 7-29 所示。相当于因子分析中的公因子载荷，表示“样品”在公因子 *Dim*1 和 *Dim*2 上的坐标。

其结果可表示为

$$血型\ A=-0.1918Dim1-0.0706Dim2$$
$$血型\ B=0.1283Dim1+0.0303Dim2$$
$$血型\ O=0.1582Dim1-0.0201Dim2$$
$$血型\ AB=-0.1941Dim1+0.2528Dim2$$

在以 *dim*1 与 *dim*2 作为横轴与纵轴的直角坐标系内，每个样品就是一个点，如血型 A 点的坐标为（– 0.1918，– 0.0706）。显然，血型 A 在第三象限内，血型 B 在第一象限内，血型 O 在第四象限内，血型 AB 在第二象限内。

3）样品点的汇总统计量，如图 7-30 所示。*Quality* 为每个变量上两个公因子贡献率（图 7-33 样品点的余弦平方值中各行数值）之和（%），若此值接近于 1，则表明对应的样品点所包含的信息由两个公因子就可很好地反映出来；*Mass* 为原始数据中各列数据之和占总合计的百分比（%）；*Inertia* 为每个样品对总特征值 0.03599 贡献的百分比（%），由此列数值可看出，A、O、AB 三种血型贡献的百分比比较接近。

4）样品点局部惯量贡献，如图 7-31 所示。这是每个样品点对公因子的贡献率（%），各列数值之和为 1。显然，A 型血对第一公因子贡献最大；AB 型血对第二公因子贡献最大。

Row Coordinates

	Dim1	Dim2
A	-0.1918	-0.0706
B	0.1283	0.0303
O	0.1582	-0.0201
AB	-0.1941	0.2528

图 7-29　样品点坐标

Summary Statistics for the Row Points

	Quality	Mass	Inertia
A	1.0000	0.3392	0.3934
B	1.0000	0.2421	0.1169
O	1.0000	0.3271	0.2312
AB	1.0000	0.0916	0.2584

图 7-30　样品点的汇总统计量

Partial Contributions to Inertia for the Row Points

	Dim1	Dim2
A	0.4439	0.2139
B	0.1418	0.0282
O	0.2915	0.0167
AB	0.1228	0.7412

图 7-31　样品点局部惯量贡献

5）对样品点惯量贡献最大的坐标标号，这是各样品的坐标对特征值贡献最多的标志，贡献少、中、多依次用 0、1、2 来表示，如图 7-32 所示。

6）样品点的余弦平方值，如图 7-33 所示。为每个样品点上两个公因子各自的贡献率，各行数值之和应近似为 1，因为用两个公因子已经表示所有的信息，故各行之和均为 1。由各行数值可看出：除了 AB 型之外，其他三个血型的信息主要由第一公因子给出，而 AB 型的信息则主要由第二公因子来反映。

以上 3）～6）是对样品的统计，下面 7）～9）是对变量的统计结果。

7）变量点坐标与变量点的汇总统计量如图 7-34 所示。

Indices of the Coordinates that Contribute Most to Inertia for the Row Points

	Dim1	Dim2	Best
A	1	1	1
B	1	0	1
O	1	0	1
AB	0	2	2

图 7-32　对样品点惯量贡献最大的坐标标号

Squared Cosines for the Row Points

	Dim1	Dim2
A	0.8808	0.1192
B	0.9471	0.0529
O	0.9842	0.0158
AB	0.3709	0.6291

图 7-33　样品点的余弦平方值

Column Coordinates

	Dim1	Dim2
傣族	0.2641	0.0587
佤族	-0.1926	0.1089
土家族	-0.0351	-0.0900

Summary Statistics for the Column Points

	Quality	Mass	Inertia
傣族	1.0000	0.2552	0.5189
佤族	1.0000	0.2617	0.3559
土家族	1.0000	0.4831	0.1253

图 7-34　变量点坐标与变量点的汇总统计量

在以 *dim*1 与 *dim*2 作为横轴与纵轴的直角坐标系内，每个变量也是一个点。傣族位于第一象限中，佤族位于第二象限中，土家族位于第三象限中。四个点（变量）中任何两点之间的欧氏距离如下：

两民族间	傣族—佤族	傣族—土家族	佤族—土家族
欧氏距离	0.459451	0.334114	0.253707

显然，佤族与土家族之间的距离最短，傣族与佤族之间的距离最长，说明这两个民族在血型的出现频率上具有较高的正相关关系。

8）变量点局部惯量贡献，如图 7-35 所示，图 7-35 上半部分是每个变量对公因子的贡献率（%），各列数值之和为 1。显然，傣族对第一公因子贡献最大；其他两个民族对第二公因子贡献较大。

9）变量点的余弦平方值，如图 7-36 所示。表示公因子对变量的贡献率。第一公因子主要影响傣族和佤族，分别贡献了 95.28%和 75.79，而第二公因子主要影响土家族，贡献率为 86.76%。

Partial Contributions to Inertia for the Column Points

	Dim1	Dim2
傣族	0.6333	0.1115
佤族	0.3455	0.3928
土家族	0.0212	0.4956

Indices of the Coordinates that Contribute Most to Inertia for the Column Points

	Dim1	Dim2	Best
傣族	1	0	1
佤族	2	2	2
土家族	0	2	2

图 7-35　变量点局部惯量贡献

Squared Cosines for the Column Points

	Dim1	Dim2
傣族	0.9528	0.0472
佤族	0.7579	0.2421
土家族	0.1324	0.8676

图 7-36　变量点的余弦平方值

（3）分析结果

A 型血对第一公因子贡献最大；AB 型血对第二公因子贡献最大。它们的点所对应的坐标（*dim*1，*dim*2）分别为：

A(– 0.1918，– 0.0706)，AB(– 0.1941，0.2528)；

每个分类在坐标系中分得很开。佤族和 AB 型血同在第二象限，而且两个点在 *Dim*1 上差别很小，说明两者有联系；而土家族和A型血同在第三象限，傣族和B型血同在第一象限，在*Dim*1上差别很小，如图7-37所示。

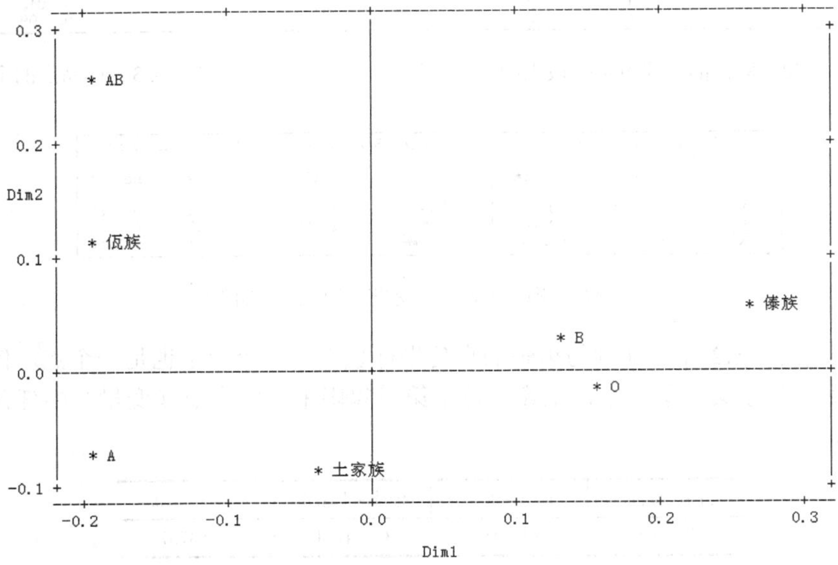

图7-37　*Dim*1与*Dim*2的散点图

说明：对应分析的输出结果有很多，最主要的是看第一部分中各个维度以及各个维度解释的百分比，样品点及变量点的坐标。

对图形的输出结果首先要看两个方向的区分情况，如三个民族在第一维度上分得很开，区分很好，而血型则在第二维度上区分较好。但由于第一维度携带了近80%的信息量，远大于第二维度，所以解释以第一维度为主。

还可以比较各个点在空间的分布情况，距离较近的点彼此有联系，散点间的距离越近，说明关联的倾向越明显。

3. 类别数较多的例子

【例 7-5】 疾病与人的基因密切有关，而不同民族各种基因出现的频率不尽相同。表7-7是某研究者收集到的资料，试分析各种基因频率与民族之间的关系。各民族下面的小数是36种基因出现的频率。

表7-7　民族各种基因出现的频率

基因型	藏族(Z)	尼泊尔(N)	印度(Y)	汉族(H)	基因型	藏族(Z)	尼泊尔(N)	印度(Y)	汉族(H)
A1	0.0308	0.0180	0.1190	0.0149	B38	0.0465	0.0470	0.0030	0.0015
A2	0.3333	0.1070	0.1480	0.3492	B39	0.0102	0.0000	0.0090	0.0176
A3	0.0204	0.0190	0.1010	0.0176	B46	0.0102	0.0090	0.0000	0.1813
A10	0.0409	0.0180	0.0390	0.0313	B48	0.0572	0.1500	0.0030	0.0108
A11	0.1354	0.4220	0.1260	0.2977	B50	0.0102	0.0180	0.0370	0.0000
A28	0.0000	0.0180	0.0830	0.0094	B53	0.0050	0.0000	0.0060	0.0000

（续）

基因型	藏族(Z)	尼泊尔(N)	印度(Y)	汉族(H)	基因型	藏族(Z)	尼泊尔(N)	印度(Y)	汉族(H)
A30	0.0413	0.0000	0.0000	0.0217	B54	0.0153	0.0000	0.0000	0.0176
A32	0.0000	0.0190	0.0390	0.0013	B58	0.0000	0.0670	0.0330	0.0139
A33	0.0000	0.0670	0.0830	0.0608	B60	0.0626	0.0280	0.0220	0.0723
B7	0.0000	0.0190	0.0800	0.0244	B61	0.0899	0.0000	0.0830	0.1080
B8	0.0102	0.0118	0.0450	0.0094	B70	0.0050	0.0000	0.0080	0.0000
B12	0.0102	0.0370	0.0660	0.0121	C1	0.0899	0.0370	0.0230	0.1716
B13	0.0102	0.0770	0.0060	0.0650	C2	0.0204	0.0000	0.0730	0.0397
B15	0.1923	0.2540	0.0960	0.1092	C3	0.1798	0.1070	0.0830	0.3269
B18	0.0050	0.0280	0.0220	0.0000	C5	0.0000	0.0090	0.0160	0.0054
B27	0.1067	0.0000	0.0260	0.0204	C6	0.0256	0.2450	0.0450	0.0081
B35	0.0626	0.0570	0.1480	0.0342	C7	0.1712	0.2180	0.1190	0.1152
B37	0.0102	0.0180	0.0090	0.0067	C8	0.0050	0.0000	0.0040	0.0027

（1）SAS 代码

设数据文件名为 mzjy，位于逻辑库 Mylib 中，对应分析的代码如下：

```
options nodate nonumber ps = 500;;
proc corresp data = Mylib.mzjy out = result;
   var z n y h;
   id jy;
run;
options ps = 50;
proc plot data=result;
   plot dim2*dim1="*"$jy/ box haxis=–1.1 to 1.1 by 0.2
   vaxis=–1.0 to 1.0 by 0.2    HREF=0 VREF=0;
   run;
```

（2）输出结果及其解释

输出的结果中包括：惯量与卡方分解、样品（行）与变量（列）的坐标、坐标点的汇总统计量、坐标点局部惯量贡献等，由于行、列具有平等的地位，本例中的行（样品个数）较多，所以下面主要对列变量的输出结果做出解释。

1）惯量与卡方分解，如图 7-38 所示。这里第一列为 $\boldsymbol{Z}$ 的奇异值，最有用的是第 2 列（主惯量），即矩阵 $\boldsymbol{S_R} = \boldsymbol{Z'Z}$ 的特征值。由于前两个特征值的累积贡献率已达 82.54%，所以只需取前两个特征值。将根据前两个较大的特征值分别算出与样品（基因型）、变量（民族）对应的特征向量。

2）变量点坐标，如图 7-39 所示。这是每个变量（指 Z、N、Y、H）在两个公因子上的载荷，其结果可表示为：

$$Z = -0.3316Dim1 + 0.0193Dim2$$
$$N = 0.4068Dim1 - 0.6030Dim2$$
$$Y = 0.5310Dim1 + 0.6257Dim2$$
$$H = -0.5604Dim1 + 0.0542Dim2$$

```
                    Inertia and Chi-Square Decomposition

Singular   Principal     Chi-                 Cumulative
  Value     Inertia     Square    Percent       Percent      9   18   27   36   45
                                                           ----+----+----+----+----+---
0.46920     0.22015    1.74338     44.56         44.56     *************************
0.43313     0.18760    1.48566     37.98         82.54     *********************
0.29367     0.08624    0.68298     17.46        100.00     **********

   Total    0.49399    3.91203    100.00

Degrees of Freedom = 105
```

图 7-38　惯量与卡方分解

Column Coordinates

	Dim1	Dim2
藏族(Z)	-0.3316	0.0193
尼泊尔(N)	0.4068	-0.6030
印度(Y)	0.5310	0.6257
汉族(H)	-0.5604	0.0542

图 7-39　变量点坐标

在以 *dim*1 与 *dim*2 作为横轴与纵轴的直角坐标系内，每个变量就是 1 个点，如 *Z*（藏族）点的坐标为（– 0.3316，0.0193）。显然，*Z*（藏族）、*H*（汉族）两个点在第二象限内；*N*（尼泊尔）点在第四象限内、*Y*（印度）点在第一象限内。

在以 *dim*1 与 *dim*2 作为横轴与纵轴的直角坐标系内，四个点（变量）中任何两点之间的欧氏距离如下：

两民族间	Z—N	Z—Y	Z—H	N—Y	N—H	Y—H
欧氏距离	0.9657	1.0544	0.2314	1.2350	1.1694	1.2319

显然，藏族与汉族之间的距离最短，说明这两个民族在多数基因的出现频率上具有较高的正相关关系。

3）变量坐标点的汇总统计量，如图 7-40 所示。*Quality* 为每个变量上两个公因子贡献率（即下文中变量坐标点的平方余弦值表中各行数值）之和（%），若此值接近于 1，则表明对应的变量所包含的信息由两个公因子就可很好地反映出来；*Mass* 为原始数据中各列数据之和占总合计的百分比（%）；*Inertia* 为每个变量对总特征值 0.49399 贡献的百分比（%），由此列数值可看出，后三个民族贡献的百分比比较接近。

4）变量坐标点局部惯量贡献，如图 7-41 所示。

Summary Statistics for the Column Points

	Quality	Mass	Inertia
藏族(Z)	0.3087	0.2290	0.1657
尼泊尔(N)	0.9940	0.2683	0.2891
印度(Y)	0.9969	0.2277	0.3114
汉族(H)	0.7548	0.2750	0.2338

图 7-40　变量坐标点的汇总统计量

Partial Contributions to Inertia for the Column Points

	Dim1	Dim2
藏族(Z)	0.1144	0.0005
尼泊尔(N)	0.2017	0.5201
印度(Y)	0.2916	0.4752
汉族(H)	0.3923	0.0043

图 7-41　变量坐标点局部惯量贡献

这是每个公因子上每个变量的贡献率（%），各列数值之和为 1。显然，汉族对第一公因子贡献最大；尼泊尔、印度这两个民族对第二公因子贡献最大。

5）对变量坐标点惯量贡献最大的坐标标号，如图 7-42 所示。这是各变量的坐标对特征值贡献最多的标志，贡献少、中、多依次用 0、1、2 来表示。

6）变量坐标点的平方余弦值，如图 7-43 所示。这是每个变量上两个公因子各自的贡献率，各行数值之和应近似为 1，因为只用了两个主要的公因子，与最小特征值 0.08624 对应的公因子的贡献未给出，故少了一些信息。由各行数值可看出：尼泊尔、印度这两个民族的信息几乎完全可由这两个公因子反映出来；而藏族的信息则不能很好地由这两个公因子来反映。

同理，可以解释关于样品（本例为基因型）的类似输出结果。因这部分结果所占篇幅太多（从略），下面仅给出扼要的说明（实际上是本例的专业结论）。

Indices of the Coordinates that Contribute Most to Inertia for the Column Points

	Dim1	Dim2	Best
藏族(Z)	0	0	1
尼泊尔(N)	2	2	2
印度(Y)	2	2	2
汉族(H)	1	0	1

图 7-42　贡献最大的坐标标号

Squared Cosines for the Column Points

	Dim1	Dim2
藏族(Z)	0.3076	0.0010
尼泊尔(N)	0.3109	0.6831
印度(Y)	0.4173	0.5795
汉族(H)	0.7478	0.0070

图 7-43　变量坐标点的平方余弦值

（3）分析结果

B_{46}对第一公因子贡献最大；B_{48}、C_6对第二公因子贡献最大。它们的点所对应的坐标（dim_1，dim_2）分别为：$B_{46}(-1.0770，0.0529)$、$B_{48}(0.3626，-0.9077)$、$C_6(0.7278，-0.8463)$。显然，B_{46}点落在第二象限内；B_{48}与C_6这两点落在第四象限内，且距离较近。再结合上面关于 Column Coordinates 部分的解释可知：藏族与汉族接近主要表现在B_{46}基因型上有较高的一致性（因为这 3 点都落在第二象限内，且距离较近）；而尼泊尔族与B_{48}、C_6两种基因有较高的一致性（因为这 3 点都落在第四象限内，且距离较近）。

由散点图（见图 7-44）可以看出三大类民族各自有着特征基因群，分别位于第一、第二和第四象限中。与汉族、藏族最接近的基因为C_3，与尼泊尔族最接近的基因为B_{48}，与印度族最接近的基因是B_8。

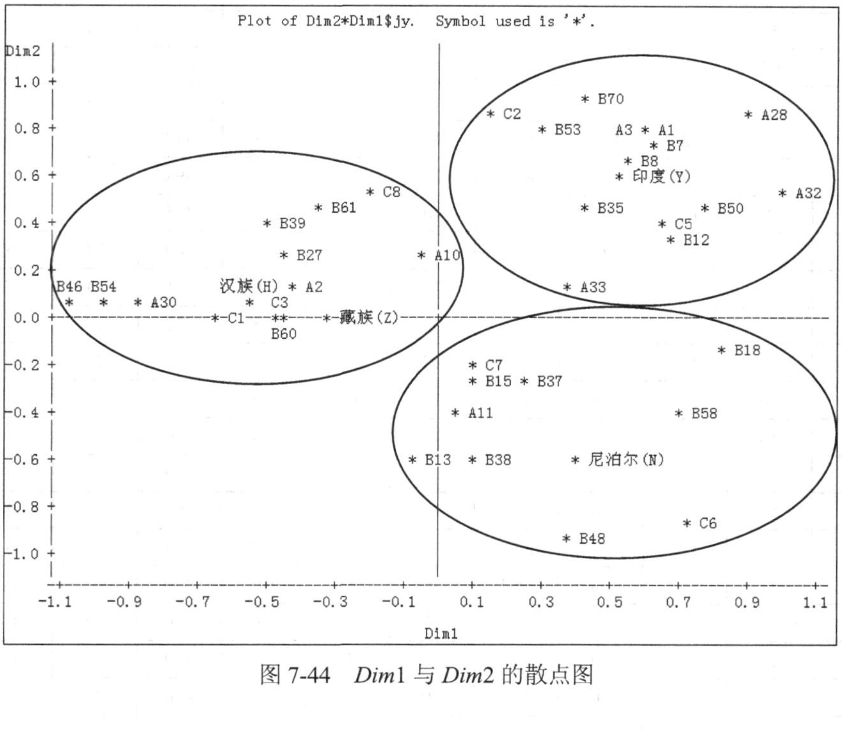

图 7-44　$Dim1$ 与 $Dim2$ 的散点图

7.3　习题

1．对某高中一年级男生 38 人进行体力测试及运动能力测试，如表 7-8 所示，试对两组指标作典型相关分析。

表 7-8 体力及运动能力测试数据表

序号	x1	x2	x3	x4	x5	x6	x7	y1	y2	y3	y4	y5
1	46	55	126	51	75	25	72	6.8	489	27	8	360
2	52	55	95	42	81.2	18	50	7.2	464	30	3	348
3	46	69	107	38	98	18	74	6.8	430	32	9	386
4	49	50	105	48	97.6	16	60	6.8	362	26	6	331
5	42	55	90	46	66.5	2	68	7.2	453	23	11	391
6	48	61	106	43	78	25	58	7	405	29	7	389
7	49	60	100	49	90.6	15	60	7	420	21	10	379
8	48	63	122	52	56.1	17	68	7.1	466	28	2	362
9	45	55	105	48	76	15	61	6.8	415	24	6	386
10	48	64	120	38	60.2	20	62	7.1	413	28	7	398
11	49	52	100	42	53.4	6	42	7.4	404	23	6	400
12	47	62	100	34	61.2	10	62	7.2	427	25	7	407
13	41	51	101	53	62.4	5	60	8	372	25	3	409
14	52	55	125	43	86.3	5	62	6.8	496	30	10	350
15	45	52	94	50	51.4	20	65	7.6	394	24	3	399
16	49	57	110	47	72.3	19	45	7	446	30	11	337
17	53	65	112	47	90.4	15	75	6.6	446	30	12	357
18	47	77	95	47	72.3	9	64	6.6	420	25	4	447
19	48	60	120	47	86.4	12	62	6.8	447	28	11	381
20	49	55	113	41	84.1	15	60	7	398	27	4	387
21	48	69	128	42	47.9	20	63	7.1	485	30	7	350
22	42	57	122	46	54.2	15	63	7.2	400	28	6	388
23	54	64	155	51	71，4	19	61	6.9	511	33	12	298
24	53	63	120	42	56.6	8	53	7.5	430	29	4	353
25	42	71	138	44	65.2	17	55	7	487	29	9	370
26	46	66	120	45	62.2	22	68	7.4	470	28	7	360
27	45	56	91	29	66.2	18	51	7.9	380	26	5	358
28	50	60	120	42	56.6	8	57	6.8	460	32	5	348
29	42	51	126	50	50	13	57	7.?	398	27	2	383
30	48	50	115	41	52.9	6	39	7.4	415	28	6	314
31	42	52	140	48	56.3	15	60	6.9	470	27	11	348
32	48	67	105	39	69.2	23	60	7.6	450	28	10	326
33	49	74	151	49	54.2	20	58	7.0	500	30	12	330
34	47	55	113	40	71.4	19	64	7.6	410	29	7	331
35	49	74	120	53	54.5	22	59	6.9	500	33	21	342
36	44	52	110	37	54.9	14	57	7.5	400	29	2	421
37	52	66	130	47	45.9	14	45	6.8	505	28	11	355
38	48	68	100	45	53.6	23	70	7.2	522	28	9	352

其中，体力测试指标为：x_1——反复横向跳（次），x_2——纵跳（cm），x_3——背力（kg），x_4——握力（kg），x_5——台阶试验（指数），x_6——立定体前屈（cm），x_7——俯卧上体后仰（cm）。

运动能力测试的指标为：y_1——50m 跑（s），y_2——跳远（cm），y_3——投球（m），y_4——引体向上（次），y_5——耐力跑（s）。

2．用典型相关分析研究我国农业投入与产出的关系（见表 7-9）。

农业产出水平选取如下三个指标作为“产出组”指标：农业总产出（亿元），用农林牧渔业总产值表示，记为 y_1；农业劳动生产率（元/人），用人均农林牧渔业总产值表示，记为 y_2；农业总产出增长速度（%），用农林牧渔业总产值的增长速度表示，记为 y_3。

农业投入水平选取如下 7 个指标作为“投入组”指标：农业劳动投入（人），用从业人数表示，记为 x_1；农业物质消耗（亿元），用农林牧渔业中间消耗价值表示，记为 x_2；农民受教育程度（年），用农民家庭的平均文化程度表示，记为 x_3；农业机械化程度（万 kw），用农业机械总动力表示，记为 x_4；农业电力化程度（亿 kw·h），用农村用电量表示，记为 x_5；农业土地投入（khm^2），用有效灌溉面积表示，记为 x_6；化肥施用量（10kt），用农林牧渔业化肥施用量表示，记为 x_7。

表 7-9　农业产出水平与投入指标数据

年 份	y1	y2	y3	x1	x2	x3	x4	x5	x6	x7
1980	1965	684.86	1.40	28692	606	4.31	14746	321	44888	1269
1981	2091	716.56	6.41	29181	636	4.56	15680	370	44874	1335
1982	2327	779.93	11.29	29836	704	4.82	16614	397	44177	1513
1983	2508	811.20	7.78	30917	751	5.09	18022	428	44644	1659
1984	2816	902.30	12.28	31209	832	5.36	19497	464	44453	1740
1985	2912	933.72	3.41	31187	891	5.61	20913	509	44036	1776
1986	3010	961.32	3.37	31311	923	5.71	22950	587	44226	1931
1987	3185	999.59	5.81	31863	999	5.82	24836	659	44403	1999
1988	3310	1026.40	3.92	32249	1069	5.93	26575	712	44376	2141
1989	3413	1027.20	3.11	33225	1103	6.05	28067	790	44917	2357
1990	3672	1076.30	7.59	34117	1192	6.21	28707	844	47403	2590
1991	3808	1089.40	3.70	34956	1269	6.58	29388	963	47822	2805
1992	4052	1164.50	6.41	34795	1411	6.65	30308	1107	48590	2930
1993	4368	1286.00	7.80	33966	1621	6.78	31816	1245	48646	3150
1994	4744	1421.00	8.61	33386	2888	6.88	33802	1474	48759	3318
1995	5261	1593.40	10.90	33018	2276	7.02	36118	1656	49281	3594
1996	5756	1749.00	9.41	32910	2619	7.28	38547	1813	50381	3828
1997	6135	1853.80	6.58	33095	2761	7.41	42016	1980	51238	3981
1998	6503	1956.80	6.00	33232	2926	7.55	45210	2042	52296	4086

3．用典型相关分析研究企业规模和效益的关系（见表 7-10）。

反映公司规模的变量指标取 5 个：主营业务收入（万元）x_1，净利润（万元）x_2，总资产（万元）x_3，主营业务利润（万元）x_4，投资收益（万元）x_5。其中 x_1、x_2、x_4、x_5 是盈利能力指标，x_3是公司的偿债能力指标。

反映公司效益的变量指标取 5 个：每股现金流量（元/股）y_1，每股收益（元/股）y_2，每股净资产（元/股）y_3，净资产收益率（%）y_4，净利润增长率（%）y_5。其中，每股收益 y_2 和净资产收益率 y_4 都是股东考察企业获利能力、评价企业优劣的重要指标，投资者可以通过对不同企业间的这两个指标的比较来判断自己投资的风险和收益情况，因此它们都是反映一个企业效益的重要指标。每股净资产 y_3 对于股票投资者关系重大，它是表示一股股票代表公司多少财产；现金流量 y_1，它的多少反映企业的变现能力、支付能力和偿债能力，通过它可以确定企业的收益质量；至于净利润增长率 y_5，它是评价企业发展能力的一个重要指标，通过这一指标直接反映上市公司的效益发展状况。

表 7-10　企业规模和效益指标数据

公司名称	主营业务收入 x1	净利润 x2	总资产 x3	主营业务利润 x4	投资收益 x5	每股现金流量 y1	每股收益 y2	每股净资产 y3	净资产收益率 y4	净利润增长率 y5
海洋生物	19898	153	87230	15624	–27.62	–0.710	0.400	1.540	26.110	98.06
美华电器	133902	553	252668	19761	100.97	0.140	0.013	3.330	0.400	–88.44
中南投资	13095	5692	80739	6646	903.67	0.253	0.196	1.800	10.880	–9.410
琼海王	943	–4127	42514	–766	1002.23	–0.020	–0.270	1.030	26.210	284.68
青城双星	55313	2977	95043	4839	993.82	0.400	0.225	3.258	6.920	–38.47
韶华股份	54740	12818	256757	19320	1699.43	0.460	0.330	4.400	7.460	19.69
新海万方	66509	5013	158299	8606	1449.95	–0.322	0.186	2.151	8.640	–41.11
东方科技	13791	4230	120898	8994	–13.31	–0.210	0.150	2.540	5.730	26.88
比优科技	10785	3384	41457	5698	–847.15	0.030	0.226	2.220	10.190	–4.59
百草药业	32196	3424	88633	8034	344.81	–0.020	0.120	1.890	6.490	9.20
泰山科技	145883	12226	252733	34298	145.54	0.400	0.382	3.710	10.300	9.01
四川美福	33830	6110	77679	9553	–76.20	0.218	0.275	2.834	9.700	–0.17
福建安农	46500	740	106554	8529	524.74	0.508	0.049	3.122	1.550	–81.37
草原兴盛	99433	6687	160219	12690	3.58	–0.044	0.236	3.320	7.120	–29.57
四川洪山	7748	1079	24565	2283	1719.86	–0.150	0.106	1.670	6.350	–73.34
钱发摩托	374928	13898	156148	39974	24.86	0.930	0.530	3.230	16.530	26.830
天津汽贸	453368	28085	722632	73879	147.59	0.096	0.194	2.541	7.620	–37.07
新疆天山	141249	8754	219024	23302	1794.17	0.717	0.386	4.780	8.070	38.71
东华科技	39411	5193	75340	7824	2699.82	0.200	0.260	2.000	12.940	44.77
东兴航空	1182176	2008	2698630	206289	5383.94	0.630	0.004	1.360	0.300	–90.35
兰花科技	30279	827	166329	3979	–71.94	0.369	0.022	2.229	1.000	–88.01
金华油业	70346	6050	97955	13636	1070.00	0.078	0.237	2.151	11.030	8.970
上海贝尔	776729	17216	146113	25965	3186.49	0.600	0.400	2.770	14.330	21.76
长江旋风	31894	4888	69203	9941	–480.00	0.090	0.200	1.790	11.180	–33.74
尼戈尔	143774	29065	244571	68238	4047.01	0.373	0.512	2.891	17.700	49.69
葵花味精	131042	17182	310171	35691	–454.83	0.148	0.286	2.412	11.870	1.93
金马实业	63840	8153	141353	15197	–0.03	–0.520	0.250	2.250	11.240	–12.17
西北药业	8312	3572	52836	6926	–81.00	0.168	0.290	3.270	8.910	8.00
昌和股份	23349	1568	74312	2104	1217.73	–0.050	0.090	2.500	3.480	63.74

（续）

公司名称	主营业务收入 x1	净利润 x2	总资产 x3	主营业务利润 x4	投资收益 x5	每股现金流量 y1	每股收益 y2	每股净资产 y3	净资产收益率 y4	净利润增长率 y5
升达股份	280583	12337	224951	29965	3033.11	0.230	0.406	2.930	13.840	18.16
飞鹿股份	55229	7667	164974	16644	9501.10	0.020	0.200	1.880	10.870	2.16
鞍化合成	18279	2245	99276	3923	3549.44	−0.038	0.097	1.420	6.830	−27.30
国泰实业	8326	2537	37894	3484	−198.51	−0.540	0.400	2.880	13.910	135.34
东盛实业	26482	242	129694	2861	−330.95	−0.010	0.010	1.770	0.400	−42.79
云盛科技	31104	5315	65955	11466	−133.74	0.062	0.284	1.564	18.190	85.71
天鹅科技	51697	6154	100109	12761	417.54	0.470	0.466	3.530	13.200	2549.62
长江创业	11687	2093	32765	1024	433.23	0.274	0.150	1.190	12.540	135.19
北大科技	460777	18484	353529	58233	6931.20	0.640	0.810	3.560	22.620	95.74

4．用对应分析研究我国部分省份的农村居民家庭人均消费支出结构。

选取 7 个变量：x_1——食品支出比重、x_2——衣着支出比重、x_3——居住支出比重、x_4——家庭设备及服务支出比重、x_5——医疗保健支出比重、x_6——交通和通信支出比重、x_7——文教娱乐、用品及服务支出比重。

样品为 10 个，即山西、内蒙古、辽宁、吉林、黑龙江、海南、四川、贵州、甘肃、青海。原始数据如表 7-11 所示。

表 7-11　各省农村居民家庭人均消费支出指标

地　　区	x_1	x_2	x_3	x_4	x_5	x_6	x_7
山西	0.58391	0.11148	0.092473	0.050073	0.038193	0.018803	0.079946
内蒙古	0.581218	0.081315	0.11238	0.042396	0.04328	0.040004	0.083339
辽宁	0.565036	0.100121	0.12397	0.041121	0.043429	0.031328	0.078919
吉林	0.530918	0.10536	0.116952	0.045064	0.043735	0.038508	0.095256
黑龙江	0.555201	0.0965	0.143498	0.037566	0.052111	0.026267	0.072829
海南	0.654952	0.047852	0.095238	0.047945	0.022134	0.018519	0.096844
四川	0.640012	0.06168	0.116677	0.048471	0.033529	0.017439	0.072043
贵州	0.725239	0.056362	0.073262	0.044388	0.016366	0.01572	0.057261
甘肃	0.67863	0.058043	0.088316	0.0381	0.039794	0.015167	0.067999
青海	0.665913	0.088508	0.096899	0.038191	0.039275	0.019243	0.033801

第 8 章　聚类分析与判别分析

聚类分析（Cluster Analysis）和判别分析（Discriminant Analysis）有相似的作用，都是起到分类的作用。但是，判别分析是已知研究对象分成若干类，并已取得一批已知类别的样品（观测数据）的基础上，根据某些准则对未知类型的样品进行判别分类。而聚类分析则是有了一批样品，不知道它们的分类，甚至连分成几类也不知道，希望用某种方法把样品进行合理的分类，使得同一类的样品比较接近，不同类的样品相差较多。

8.1　聚类分析

聚类分析实际上是要建立一种分类方法，它将样品或变量按照其性质上的亲疏、相似程度进行分类。

8.1.1　聚类分析的基本概念

设有 n 个样品（多元观测值），每个样品测得 m 项指标（变量），得到观测数据 x_{ij}（$i=1, \cdots, n$；$j=1, \cdots, m$），如表 8-1 所示。

表 8-1　观测数据

	X_1	X_2	…	X_m
$X_{(1)}$	x_{11}	x_{12}	…	x_{1m}
$X_{(2)}$	x_{21}	x_{22}	…	x_{2m}
…	…	…	…	…
$X_{(n)}$	x_{n1}	x_{n2}	…	x_{nm}

表 8-1 中数据又称为观测数据阵或简称为数据阵，其数学表示为：

$$\boldsymbol{X}=\begin{bmatrix} x_{11} & x_{12} & \cdots & x_{1m} \\ x_{21} & x_{22} & \cdots & x_{2m} \\ \vdots & \vdots & \ddots & \vdots \\ x_{n1} & x_{n2} & \cdots & x_{nm} \end{bmatrix}$$

式中，列向量 $\boldsymbol{X}_j=(x_{1j}, x_{2j}, \cdots, x_{nj})'$，表示第 j 项指标（$j=1, 2, \cdots, m$）；行向量 $\boldsymbol{X}_{(i)}=(x_{i1}, x_{i2}, \cdots, x_{in})$表示第 i 个样品。

1．两种聚类分析

根据分类对象的不同，聚类分析分为两种：

1）样品聚类：样品聚类是对样品（观测）进行的分类处理，又称为 Q 型分类，相当于对观测数矩阵按行分类。

2）变量聚类：变量聚类是对变量（指标）进行的分类处理，又称为 R 型分类，相当于对观测数矩阵按列分类。

两种聚类在形式上是对称的，处理方法也是相似的。

2. 聚类分析的方法

聚类方法大致可归纳如下：

（1）系统聚类法（谱系聚类）

先将 l 个元素（样品或变量）看成 l 类，然后将性质最接近（或相似程度最大）的两类合并为一个新类，得到 $l-1$ 类，再从中找出最接近的两类加以合并变成了 $l-2$ 类，如此下去，最后所有的元素全聚在一类之中。

（2）分解法（最优分割法）

其程序与系统聚类相反。首先所有的元素均在一类，然后按照某种最优准则将它分成两类、三类，如此下去，一直分裂到所需的 k 类为止。

（3）动态聚类法（逐步聚类法）

开始将 l 个元素粗糙地分成若干类，然后用某种最优准则进行调整，一次又一次地调整，直至不能调整为止。

（4）有序样品的聚类

n 个样品按某种因素（时间或年龄或地层深度等）排成次序，要求必须是次序相邻的样品才能聚在一类。

此外还有：有重叠聚类、模糊聚类、图论聚类等方法。

3. 聚类统计量

聚类分析实质上是寻找一种能客观反映元素之间亲疏关系的统计量，然后根据这种统计量把元素分成若干类。常用的聚类统计量有距离系数和相似系数两类。距离系数一般用于对样品分类，而相似系数一般用于对变量聚类。距离的定义很多，如马氏距离、明考斯基距离、兰氏距离、切比雪夫距离以及常见的欧氏距离：

$$d(x,y)=(x-y)'(x-y)=\sqrt{\sum_{i=1}^{n}(x_i-y_i)^2}$$

等。相似系数有相关系数、夹角余弦、列联系数等。

当然，采用不同的分类方法会得到不同的分类结果，有时即使是同一种聚类方法，因距离的定义方法不同也会得到不同的分类结果。对任何观测数据都没有唯一正确的分类方法。实际应用中，常采用不同的分类方法对数据进行分类，可以提出多种分类意见，由实际工作者决定所需要的分类数和分类情况。

本章介绍样品聚类和变量聚类及其 SAS 实现，其中聚类的方法主要介绍应用最广泛的系统聚类法。

8.1.2 系统聚类法的基本思想和步骤

由于变量聚类与样品聚类在方法上是对称的，所以下面以样品聚类为例介绍系统聚类法的基本思想和分析步骤。

1. 系统聚类法的基本思想

设有 n 个样品，每个样品测得 m 项指标（见表 8-1）。系统聚类方法的基本思想是：首先定义样品间的距离（或相似系数）和类与类之间的距离。一开始将 n 个样品各自自成一类，这时类间的距离与样品间的距离是等价的；然后将距离最近的两类合并，并计算新类与其他类的类间距离，再按最小距离准则并类。这样每次减少一类，直到所有的样品都并成一类为止。这个并类过程可以用谱系聚类图形象地表达出来。

2．系统聚类法的基本步骤

由以上系统聚类法的基本思想，即可得出它的基本步骤。

（1）数据变换

为了便于比较或消除量纲的影响，在作聚类之前首先要对数据进行变换。变换的方法有中心化变换、标准化变换、极差标准化变换、极差正规化变换、对数变换等。

最常用的标准化变换为：

$$x_{ij}^{*}=\frac{x_{ij}-\bar{x}_{j}}{s_{j}}\quad i=1,2,\cdots,n;\ j=1,2,\cdots,m$$

式中，$\bar{x}_{j}=\frac{1}{n}\sum_{i=1}^{n}x_{ij}$；$s_{j}^{2}=\frac{1}{n-1}\sum_{i=1}^{n}(x_{ij}-\bar{x}_{j})^{2}$；$j=1，2，\cdots，m$。变换后的数据，每个变量的样本均值为 0，标准差为 1，而且标准化变换后的数据$\{x_{ij}^{*}\}$与变量的量纲无关。

（2）计算 n 个样品两两间的距离

选择度量样品间距离的定义，计算 n 个样品两两间的距离，得到样品间的距离矩阵 $\boldsymbol{D}^{(0)}$。

（3）聚类过程

首先 n 个样品各自构成一类，类的个数 $k=n$：$G_i=\{X_{(i)}\}$（$i=1，\cdots，n$），此时类间的距离就是样品间的距离（即 $\boldsymbol{D}^{(1)}=\boldsymbol{D}^{(0)}$）。

令 $j=2，\cdots，n$，执行如下并类过程：

1）合并类间距离最小的两类为一新类（类间距离参见下文“系统聚类分析的方法”）。此时类的总个数 k 减少一类，即 $k=n-j+1$；

2）计算新类与其他类的距离，得到新的距离矩阵 $\boldsymbol{D}^{(j)}$）。

若合并后类的总个数 k 仍大于 1，重复 1）和 2）步，直到类的总个数为 1 时止。

（4）画谱系聚类图

谱系图能明确清晰地描述各个样本点在不同层次上聚合分类的情况。

（5）决定分类的个数及各类的成员

3．系统聚类分析的方法

设有原始数据资料阵，如表 8-1 所示。G 为在某一聚类水平上的类的个数，C_k 是当前（水平 G）的第 k 类，n_k 为 C_k 中的样品个数，D_{KL} 为第 G 水平的类 C_K 和类 C_L 之间的距离。

进行谱系聚类时，类间距离可以直接计算，也可以从上一聚类水平的距离递推得到。

根据类间距离的计算方法的不同，有 11 种不同的聚类方法：

（1）类平均法

类平均法（Average Linkage）用两类样品两两观测间距离的平均作为类间距离，即

$$D_{KL}=\frac{1}{n_K n_L}\sum_{i\in C_K}\sum_{j\in C_L}d(x_i,x_j)$$

类平均法是一种应用较广泛，聚类效果较好的方法。

（2）重心法

重心法（Centroid Method）用两个类重心（均值）之间的（平方）欧氏距离定义类间距离，即

$$D_{KL} = \| \bar{X}_K - \bar{X}_L \|^2$$

（3）最长距离法

最长距离法（Complete Method）用两类观测间最远一对观测的距离定义类间距离，即

$$D_{KL} = \max_{\substack{i \in C_K \\ j \in C_L}} d(x_i, x_j)$$

（4）最短距离法

最短距离法（Single Linkage）用两类观测间最近一对观测的距离定义类间距离，即

$$D_{KL} = \min_{\substack{i \in C_K \\ j \in C_L}} d(x_i, x_j)$$

（5）Ward 最小方差法（离差平方和法）

Ward 最小方差法（Ward's Mininum-Variance Method）也称 Ward 离差平方和法。类间距离定义为

$$D_{KL} = \| \bar{X}_K - \bar{X}_L \|^2 / (1/n_K + 1/n_L)$$

Ward 方法并类时总是使得并类导致的类内离差平方和增量最小。

其他的聚类方法还有最大似然法（EML）法、可变类平均法（Flexible-Beta Method）、McQuitty 相似分析法（McQuitty's Similarity Analysis）、中间距离法（Median Method）、两阶段密度估计法（Two -Stage Density Linkage）等。

类平均法和 Ward 最小方差法使用最广泛。

4．系统聚类类数的确定

系统聚类最终得到一个聚类树，可以把所有观测聚为一类。到底应该把观测分为几类是一个比较困难的问题，因为分类问题本身就是没有一定标准的，人们可以从不同角度给出不同的分类，在实际应用中常使用下面几种方法确定类的个数。

（1）由适当的阀值确定

选定某种聚类方法，按系统聚类的方法并类后，得到一张谱系聚类图，聚类图（又称谱系图）只反映样品间（或变量间）的亲疏关系，它本身并没有给出分类，需要给定一个临界相似尺度，用以分割谱系图而得到样品（或变量）的分类，如给定临界值（阀值）为 d，那么，当样品间或已并类间距离小于 d 时，认为这些样品和类的关系密切，应该归属一类。

（2）根据统计量确定分类个数

在 SAS 的 CLUSTER 过程中，提供一些统计量可以近似检验类个数如何选择更合适，用统计量决定类数的方法来自统计的方差分析思想，下面作一些介绍。

1）R^2 统计量：

$$R^2 = 1 - \frac{P_G}{T}$$

其中 P_G 为分类数为 G 个类时的总类内离差平方和，T 为所有样品或变量的总离差平方和。R^2 越大，说明分为 G 个类时每个类内的离差平方和都比较小，也就是分为 G 个类是合适的。但是，显然分类越多，每个类越小，R^2 越大，所以我们只能取 G 使得 R^2 足够大，但 G 本身比较小，而且 R^2 不再大幅度增加。

2）半偏 R^2 统计量：在把类 C_K 和类 C_L 合并为下一水平的类 C_M 时，定义半偏相关

$$\text{半偏}R^2 = \frac{B_{KL}}{T}$$

其中 $B_{KL}=W_M-(W_K+W_L)$ 为合并类引起的类内离差平方和的增量；W_t 为类 C_t 的类内离差平方和。半偏 R^2 用于评价一次合并的效果，其值是上一步 R^2 与该步 R^2 的差值。其值越大，说明上一次合并的效果越好。

3）伪 F 统计量：

$$\text{伪}\,F = \frac{(T-P_G)/(G-1)}{P_G/(n-G)}$$

伪 F 统计量评价分为 G 个类的效果。伪 F 统计量越大，表示分为 G 个类越合理。通常取伪 F 统计量较大而类数较小的聚类水平。

4）伪 t^2 统计量：

$$\text{伪}\,t^2 = B_{KL}/((W_K+W_L)/(n_K+n_L-2))$$

用此统计量评价合并类 C_K 和类 C_L 的效果，该值大说明合并的两个类 C_K 和 C_L 是很分开的，不应合并这两个类，而应该取合并前的水平。

8.1.3 用 CLUSTER 过程和 TREE 过程进行系统聚类

1. CLUSTER 过程

系统聚类 CLUSTER 过程的一般格式为：

```
PROC CLUSTER <选项列表>;
  VAR <聚类用变量>;
  COPY <复制变量>;
  ID <变量名>;
RUN;
```

其中：

1）PROC CLUSTER 语句为调用 CLUSTERS 过程的开始，其常用选项及功能见表 8-2。

表 8-2 PROC CLUSTER 语句的常用选项

选项名称	功能说明
METHOD =	是必选项，其选项决定使用的聚类方法，11 种方法的选项分别为：AVERAGE|AVE（类平均法）、WARD|WAR（Ward 最小方差法）、CENTROID|CER（重心法）、COMPLETE|COM（最长距离法）、SINGLE|SIN（最短距离法）、DENSITY|DEN（密度法）、WARDEML|EML（最大似然谱系聚类法）、FLEXIBLE|FLE（可变类平均法）、MCQUITTY|MCQ（相似分析法）、MEDIAN|MED（中间距离法）、TWOSTAGE|TWO（两阶段密度估计法），其中 DENSITY，TWOSTAGE 等方法还要额外指定密度估计方法（K=, R=或 HYBRID）
DATA =	指定输入数据集，可以是原始观测数据集，也可以是距离矩阵数据集

（续）

选项名称	功能说明
OUTTREE =	指定输出数据集，把聚类过程输出到指定数据集，可以用 TREE 过程绘图并实际分类
STANDARD	把变量标准化为均值 0，标准差 1
PSEUDO	要求计算伪 F 和伪 t^2 统计量
CCC	要求计算 *CCC* 统计量。*CCC* 统计量也是一种考察聚类效果的统计量，*CCC* 较大的聚类水平较好

2）VAR 语句指定用来聚类的数值型变量。默认情况下使用没有列在其他语句中的所有数值型变量。

3）COPY 语句把指定的变量复制到 OUTTREE = 的数据集中，以备后用。

4）ID 语句中指定的变量用于区分聚类过程中的输出及 OUTTREE 数据集中的观测。

2. TREE 过程

TREE 过程可以把 CLUSTER 过程产生的 OUTTREE = 数据集作为输入，画出聚类谱系图，并按照用户指定的聚类水平（类数）产生分类结果数据集。一般格式如下：

```
PROC TREE <选项列表>;
     COPY <复制变量>;
     ID   <变量>;
RUN;
```

其中：

1）PROC TREE 语句为调用 TREE 过程的开始，其常用选项及功能见表 8-3。

表 8-3　PROC TREE 语句的常用选项

选项名称	功能说明
DATA = 数据集	指定从 CLUSTER 过程生成的 OUTTREE 数据集作为输入
OUT = 数据集	指定包含最后分类结果（每一个观测属于哪一类，用一个 CLUSTER 变量区分）的输出数据集
NCLUSTERS	指定最后把样本观测分为多少个类
HORIZONTAL	横向画聚类谱系图

2）COPY 语句把输入数据集中的变量复制到输出数据集。

3）ID 语句用于指定在输出树状图中的识别对象，ID 变量可以是字符或数值变量。如果省略，TREE 过程将使用变量_NAME_。

3. 应用实例

【例 8-1】　表 8-4 是全国沿海 10 省市农民 2004 年支出情况的汇总资料，表中涉及生活消费支出情况的 8 个指标。

表 8-4　全国沿海 10 省市农民 2004 年支出情况

地区	食品	衣着	居住	家庭设备及服务	医疗保健	交通和通信	文教、娱乐及服务	其他商品及服务
天津	1017.72	181.21	508.06	108.51	177.10	230.41	376.87	42.23
河北	780.09	127.06	340.88	80.42	115.97	176.60	182.56	31.33
辽宁	962.00	154.97	290.08	72.58	145.19	186.77	217.95	43.42

（续）

地区	食　品	衣 着	居　住	家庭设备及服务	医疗保健	交通和通信	文教、娱乐及服务	其他商品及服务
上海	2191.15	279.73	1446.15	344.41	424.55	720.37	805.55	116.94
江苏	1317.88	163.53	467.62	141.43	163.16	293.07	373.39	72.47
浙江	1838.57	258.58	798.88	242.09	326.12	496.86	597.96	100.05
福建	1408.54	159.60	430.14	154.43	136.40	306.06	313.09	107.32
山东	1000.13	139.18	365.97	110.12	155.85	221.93	298.23	97.85
广东	1581.68	116.83	494.89	131.17	153.17	350.27	314.34	98.44
广西	1047.58	64.42	311.48	64.87	83.64	140.13	178.83	37.65

假定上述数据已经存放在数据集 Mylib.nm10，试利用汇总资料对 10 个地区进行分类。

（1）使用 CLUSTER 过程

为了进行系统聚类并产生帮助确定类数的统计量，使用如下代码：

```
proc cluster data = mylib.nm10 standard method = ward
     outtree = otree    pseudo;
     copy group;
run;
```

结果中首先给出了数据相关系数矩阵的特征值方面的信息，如图 8-1 所示。各列数据依次为特征值、与相邻特征值之差、占总方差的百分比、占总方差累计百分比。紧随特征值的两行给出的是样本均方根标准差以及样品间均方根距离。

```
                    The CLUSTER Procedure
          Ward's Minimum Variance Cluster Analysis

            Eigenvalues of the Correlation Matrix

       Eigenvalue    Difference    Proportion    Cumulative

  1    7.06066042    6.45256785        0.8826        0.8826
  2    0.60809257    0.39417985        0.0760        0.9586
  3    0.21391272    0.14701528        0.0267        0.9853
  4    0.06689744    0.04442688        0.0084        0.9937
  5    0.02247056    0.00368865        0.0028        0.9965
  6    0.01878191    0.01161049        0.0023        0.9989
  7    0.00717142    0.00515845        0.0009        0.9997
  8    0.00201297                      0.0003        1.0000


The data have been standardized to mean 0 and variance 1
Root-Mean-Square Total-Sample Standard Deviation =        1
Root-Mean-Square Distance Between Observations   =        4
```

图 8-1　协方差矩阵的特征值

结果的最后部分为聚类分析的完整过程（Cluster History），如图 8-2 所示，这是 Cluster 过程分析结果的最重要部分。

聚类分析过程包含的内容按列划分从左到右依次为：

1）“NCL”为类别数量，表示新类别形成后类别的总数。

2）“--Clusters Joined---”为合并的类别，指明这一步合并了哪两个类，有两列。其中 OBxxx 表示某一个原始样品，而 CLxxx 表示在某一个聚类水平上产生的类。例如，NCL 为 9 时合并的是 OB2（河北）和 OB3（辽宁），即 2 号样品和 3 号样品，NCL 为 1（最后一次合并）合并的是 CL2 和 CL3，即类水平为 2 时得到的类和类水平为 3 时得到的类，CL2 又是由 CL4 和

CL5 合并得到的，CL3 是由 OB4 和 OB6 合并得到的。

Cluster History

NCL	--Clusters Joined---		FREQ	SPRSQ	RSQ	PSF	PST2	Tie
9	OB2	OB3	2	0.0044	.996	28.3	.	
8	OB7	OB9	2	0.0060	.990	27.2	.	
7	OB1	OB5	2	0.0115	.978	22.3	.	
6	CL8	OB8	3	0.0171	.961	19.7	2.9	
5	CL9	OB10	3	0.0174	.944	20.9	4.0	
4	CL7	CL6	5	0.0398	.904	18.8	3.4	
3	OB4	OB6	2	0.0655	.838	18.1	.	
2	CL4	CL5	8	0.1174	.721	20.7	7.3	
1	CL2	CL3	10	0.7209	.000	.	20.7	

图 8-2　聚类过程

3）“FREQ”表示这次合并得到的类有多少个样品。

4）“SPRSQ”是半偏 R^2，“RSQ”是 R^2，“PSF”为伪 F 统计量，“PST2”为伪 t^2 统计量，“Tie”指示距离最小的候选类对是否有多对，本例全无。

（2）确定分类个数

1）R^2 统计量（列标题为 RSQ）用于评价每次合并成 NCL 个类时的聚类效果。R^2 越大说明 NCL 个类越分开，故聚类的效果好。R^2 的值总是在 0 和 1 之间，而且 R^2 的值总是随着分类个数 NCL 的减少而变小。通过查看 R^2 值的变化，可以确定 n 个样品分为几类最为合适。本例中，分为 3 个类之前（$NCL>3$）的并类过程中 R^2 的减少是逐渐的，改变不大；当分为 3 类时的 $R^2 = 0.838$，而下一次合并后分为两类时 R^2 下降较多（$R^2 = 0.721$）。这时通过分析 R^2 统计量可得出分为 3 个类是较合适的。

查看 R^2 变化的大小也可以由合并类时的半偏 R^2（列标题为 SPRSQ）得到。半偏 R^2 的值是上一步 R^2 与该步 R^2 的差值，故某步的半偏 R^2 值越大，说明上一步合并的效果好。本例中半偏 R^2 最大和次大分别为 $NCL = 1$ 和 2，说明根据半偏 R^2 准则分为 2 个类或 3 个类是较合适的。

2）伪 F 统计量（列标题为 PSF）用于评价分为 NCL 个类的聚类效果。伪 F 值越大表示这些观测样品可显著地分为 NCL 个类。本例中伪 F 最大和次大依次为 $NCL=2$ 和 5（局部），说明根据伪 F 准则分为 2 个类、5 个类是较合适的。

3）伪 t^2 统计量用以评价此步合并类的效果。由该统计量的定义知伪 t^2 值大表明上一次合并的两个类是很分开的，也就是上一次聚类的效果是好的。本例中伪 t^2 最大和次大分别为 $NCL = 1$ 和 2，说明根据伪 t^2 准则分为 2 个类或 3 个类是较合适的。

由此看出：R^2 准则支持分为 2 类和 3 类；伪 F 统计量支持分为 2 类和 5 类；伪 t^2 统计量支持分为 2 类和 3 类。综合分析认为，用 Ward 法 10 个地区分为 2 类或 3 类较合适。

使用如下代码画出谱系图（如图 8-3 所示）：

```
proc tree data = otree   horizontal;
  ID Group;
run;
```

从图中可见，分为 2 类的结果为：$G1 = \{$上海，浙江$\}$，$G2 = \{$天津，江苏，福建，广东，山东，河北，辽宁，广西$\}$。

分为 3 类的结果为：$G1 = \{$上海，浙江$\}$，$G2 = \{$天津，江苏，福建，广东，山东$\}$，$G3 =$

{河北，辽宁，广西}。

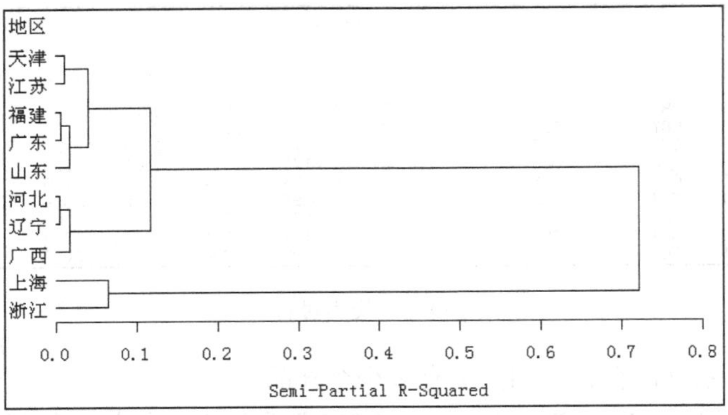

图 8-3　标准化数据的谱系聚类图

相仿地，可以使用类平均法、中间距离法、可变类平均法等方法。不同的聚类方法得到的聚类结果或多或少会有些差别，在实际应用中，应综合各种计算结果，提出合适的分类个数。

8.1.4　用 VARCLUS 过程进行变量聚类

变量聚类的目的主要是了解变量间及变量组合间的亲疏关系，对变量进行分类。根据分类结果及它们之间的关系，在每一类中选择有代表性的变量作为重要变量，以进一步作分析判断。

SAS 提供的 VARCLUS 过程是专门用于对变量进行分类的，它根据相关阵或协方差阵对变量进行分裂聚类或谱系聚类。类的选择原则根据主成分分析和因子分析的思想，使每一类的类分量（第一主成分或重心分量）所解释的方差为最大。

1. VARCLUS 过程

常用的 VARCLUS 语句格式为：

```
PROC VARCLUS <选项列表>;
  VAR   <变量列表>;
RUN;
```

其中：

1）PROC VARCLUS 语句为调用 VARCLUS 过程的开始，其常用选项及功能见表 8-5。

表 8-5　PROC VARCLUS 语句的常用选项

选项名称	功能说明
DATA=	指定输入数据集，除一般类型外，数据类型还可为 CORR，UCORR，COV，UCOV，FACTOR 以及 SSCP 等类型
OUTSTAT=	指定用于储存某些统计量的输出数据集，其中包括均值、标准差、相关系数、类得分系数以及类结构等
OUTTREE=	指定用于存储有关聚类树状结构方面信息的输出数据集，此数据集可用于 TREE 过程绘制聚类过程的树状图

（续）

选项名称	功能说明
MAXCLUSTERS=	指定聚类的最大数目，默认值为用于聚类分析的原始变量数
MINCLUSTERS=	指定聚类的最小数目
MAXEIGEN=	指定每个类别内第二特征值的上限，设定 centroid 选项时，该选项无效
PROPORTION=	指定类分量必须解释的方差比例或百分率，设定 centroid 选项时，其默认值为 0.75，否则默认值为 0
CENTROID	指定以重心分量作为聚类的类分量
COVARIANCE	用协方差矩阵而非相关矩阵进行分析
HIERARCHY	保留不同层级的聚类结果以保持聚类过程的树状结构
INITIAL=	指定用于初始化分类的方法，可设定为 group、input、random、seed 之一
MAXITER=	指定交替式最小二乘过程时迭代运算的最大次数，设定 centroid 选项时，默认值为 1，否则默认值为 10
MAXSEARCH=	指定搜索阶段迭代运算的最大次数，设定 centroid 选项时，默认值为 10，否则默认值为 0
MULTIPLEGROUP	执行多组成分分析的过程，设置此选项时输入数据集的类型必须为 CORR，UCORR，COX，UCOV，FACTOR，SSCP 其中之一，数据集中还必须包含_TYPE_=GROUP 的一条观测，用以标明各变量所属的类别
RANDOM=	指定伪随机数序列的起始值，须为正整数
CORR	结果中显示相关矩阵
NOPRINT	禁止输出任何分析结果
SHORT	禁止输出聚类结构、类得分系数以及类间相关系数矩阵等
SIMPLE	在结果中显示均值及标准差
SUMMARY	除最终的描述性统计量列表外，禁止其他所有分析结果的输出（默认输出的部分）
TRACE	列出迭代运算过程中每一个变量曾经归入的类别
NOINT	要求运算过程中不包含截距项，此时协方差矩阵和相关矩阵不进行针对均值的修正。设置此选项时，“outstat=”选项所指定的数据集的类型为 UCORR(TYPE=UCORR)
VARDEF=	指定方差及协方差的计算中用作分母的项，默认为自由度

2）VAR 语句指定要分类的变量，若省略 VAR 语句，则使用没有在其他语句中列出的所有数值型变量。

VARCLUS 过程对变量聚类的原理是使原始变量总方差中由类分量所解释的部分达到最大化，其中会用到对相关系数矩阵或协方差矩阵的分析。若用相关系数矩阵（默认）进行分析，则全部变量具有完全相同的重要性，对分析结果的影响相等，若用协方差矩阵进行分析（使用选项 COVARIANCE），则具有较大方差的变量会对分析结果有更大的影响。

2. VARCLUS 过程变量聚类的步骤

如果没有为 VARCLUS 过程提供初始分类的情况，VARCLUS 过程开始把所有变量看成一个类，然后它重复以下步骤：

1）首先挑选一个将被分裂的类。通常这个被选中的类的类分量所解释的方差百分比最小（选项 PRECENT=）或者同第二主成分有关的特征值为最大（选项 MAXETGH=）。

2）把选中的类分裂成两个类。首先计算前两个主成分，再进行斜交旋转，并把每个变量分配到旋转分量对应的类里，分配的原则是使变量与这个主成分的相关系数为最大。

3）变量重新归类。通过多次反复循环，变量被重新分配到这些类里，使得由这些类分量所解释的方差为最大。

当每一类满足用户规定的准则时，VARCLUS 过程停止。所谓准则，或者是每个类分量所解释的方差的百分比，或者是每一类的第二个特征值达到预设定的标准为止。如果没有规定准则，则当每个类只有一个特征值大于 1 时，VARCLUS 过程停止。

3．应用实例

为研究人脑老化的严重程度，有人测定了不同年龄的 60 名正常男性 10 项有关指标的数据，见表 8-6。各变量的含义如下：AGE 为年龄、TJ 为图片记忆、SG 为数字广度记忆、TS 为图形顺序记忆、XX 为心算位数、XS 为心算时间、CK 为规定时间内穿孔数、BJ 为步距、JJ 为步行时双下肢夹角、BS 步速。

表 8-6　研究人脑老化的数据

AGE	TJ	SG	TS	XX	XS	CK	BJ	JJ	BS
16	17	9	14	5.14	4	9	54	35.32	3.92
18	12	8	14	3.57	5	11	46	30.66	3.30
19	11	8	2	11.67	3	12	53	37.01	3.08
20	18	9	5	7.04	5	9	47	30.10	3.90
21	15	9	6	6.57	5	10	57	37.14	2.72
22	19	8	14	3.29	5	11	46	30.66	3.24
24	16	9	5	3.50	2	10	43	27.64	4.41
25	19	9	6	3.57	1	9	42	26.54	4.49
26	17	9	14	3.86	3	9	52	29.24	3.54
27	15	8	1	6.00	4	9	42	32.30	4.38
28	18	7	14	3.98	5	9	51	33.94	3.03
29	20	10	14	1.93	5	8	43	30.79	4.51
30	14	10	14	2.93	5	7	45	32.67	4.45
31	19	8	10	3.73	5	10	33	19.91	5.71
32	14	10	14	3.57	2	12	44	31.92	4.12
33	15	9	14	3.36	5	6	42	28.61	5.39
34	15	7	14	3.94	5	10	43	30.26	4.31
35	17	9	14	2.64	2	11	27	27.79	4.45
36	18	9	12	3.23	5	10	38	25.83	4.68
37	19	8	7	3.00	5	9	38	25.38	3.73
38	16	8	7	4.38	4	11	35	23.34	4.99
39	20	8	14	1.43	5	11	46	30.30	3.41
40	17	8	7	2.05	2	12	37	24.56	4.49
41	17	9	11	3.70	5	11	35	23.76	4.33
42	16	9	8	3.33	5	9	12	32.11	2.63
43	20	8	3	2.50	2	10	39	25.90	3.77
44	14	9	14	2.57	4	10	43	27.03	3.71
45	18	8	2	2.67	5	8	39	27.51	3.94
46	20	8	10	2.82	5	10	40	27.06	3.54
47	18	9	14	1.93	5	9	43	27.95	5.01
48	20	8	3	5.00	5	12	37	24.70	3.73

（续）

AGE	TJ	SG	TS	XX	XS	CK	BJ	JJ	BS
49	18	8	5	1.87	5	10	34	22.54	4.77
50	13	8	4	3.20	5	11	45	33.47	2.78
51	16	7	14	3.58	5	2	40	26.27	4.38
52	17	8	14	2.86	5	7	34	23.93	5.10
53	10	8	14	3.43	3	4	41	26.01	4.04
54	11	8	8	6.18	5	2	37	25.45	3.80
55	11	8	14	2.15	4	0	42	29.68	2.61
56	8	7	9	22.10	1	5	45	29.80	6.67
57	12	10	7	4.50	5	8	24	15.95	7.29
58	10	6	9	9.50	2	4	43	28.96	3.50
59	11	10	12	8.69	0	12	44	31.15	2.89
60	12	7	8	8.78	2	8	18	12.92	7.43
61	10	5	2	6.35	5	0	15	8.96	11.14
62	12	8	7	17.00	5	8	32	21.83	4.71
63	14	9	4	9.40	2	12	42	28.96	4.01
64	12	9	5	3.00	5	12	30	22.18	5.41
66	7	7	3	8.49	5	1	29	20.62	5.67
67	15	8	6	3.43	5	6	37	24.65	5.50
68	14	5	6	8.00	0	8	40	28.06	4.34
69	6	7	2	8.34	2	2	29	17.02	4.69
70	13	9	11	94	4	1	38	25.83	3.70
71	15	9	14	4.50	5	6	41	28.01	5.06
72	10	7	2	3.33	5	7	38	24.80	3.88
73	0	7	6	5.77	1	0	31	21.27	5.73
74	20	8	8	4.11	5	7	39	27.69	5.60
75	12	8	14	8.14	3	4	28	19.23	6.26
76	6	7	3	6.75	3	5	24	16.63	7.56
78	9	7	4	8.20	2	4	13	9.44	8.91
79	13	5	1	9.50	0	6	38	25.53	3.24

假定上述数据已经保存在逻辑库 Mylib.rnlh 中，试对这些指标作变量聚类分析。

（1）SAS 程序

输入如下程序：

```
OPTIONS PS=500;                 /*要求输出的结果中每页包括 500 行内容，
                                可避免不必要的 SAS 标题反复出现*/
PROC VARCLUS data = Mylib.rnlh;
  VAR age tj sg xx xs ts ck bj jj bs;
RUN;
```

说明：过程语句中没有任何选择项，默认的聚类方法为主成分聚类法。过程步最终会聚成多少类，将由默认的临界值来决定，即当每个类只有一个特征根大于 1 时，VARCLUS 过程停止。

（2）结果分析

1）第 1 步：如图 8-4 所示。这是用分解法思想进行斜交主成分聚类的第一步，把全部 10 个变量聚成一类，能解释的方差为 4.146566，占总方差 10 的 41.47%，第二特征值为 1.4695，并预告这一类将被分裂。

Oblique Principal Component Cluster Analysis

Observations	60	PROPORTION	0
Variables	10	MAXEIGEN	1

Clustering algorithm converged.

Cluster summary for 1 cluster

Cluster	Members	Cluster Variation	Variation Explained	Proportion Explained	Second Eigenvalue
1	10	10	4.146566	0.4147	1.4695

Total variation explained = 4.146566 Proportion = 0.4147

Cluster 1 will be split.

图 8-4　斜交主成分聚类第 1 步

2）第二步：将一类分裂成二类，分别含 3 个和 7 个变量，图 8-5 给出聚类概要。

Cluster summary for 2 clusters

Cluster	Members	Cluster Variation	Variation Explained	Proportion Explained	Second Eigenvalue
1	3	3	2.534097	0.8447	0.3352
2	7	7	2.869556	0.4099	1.1882

Total variation explained = 5.403654 Proportion = 0.5404

图 8-5　聚类概要

图中表明各类中的 Variation Explained（解释方差，即第一特征值）、Proportion Explained（解释方差占本类总方差的百分比）、Second Eigenvalue（类中的第二特征值）等。此时能解释的方差为 5.403654，占总方差 10 的 54.04%。

图 8-6 给出相关系数的平方。

		R-squared with			
Cluster	Variable	Own Cluster	Next Closest	1-R**2 Ratio	Variable Label
Cluster 1	BJ	0.8166	0.2121	0.2327	步距
	JJ	0.9162	0.2941	0.1187	下肢夹角
	BS	0.8013	0.1849	0.2438	步速
Cluster 2	AGE	0.6507	0.3298	0.5212	年龄
	TJ	0.6410	0.1417	0.4183	图片记忆
	SG	0.4728	0.1142	0.5952	数字广度记忆
	XX	0.1203	0.0005	0.8801	心算位数
	XS	0.2024	0.0040	0.8008	心算时间
	TS	0.2255	0.0965	0.8572	图形顺序记忆
	CK	0.5569	0.1771	0.5385	穿孔数

图 8-6　相关系数的平方

其中第 3 列 R-Squared With Own Cluster 是指每个变量与所属类分量之间相关系数的平方 R^2，如：变量 *BJ* 在第一类中，它与第一类分量（相当于主成分分析中的第一主成分）之间的

R^2 是 0.8166，同理可理解该列中的其他相关系数的含义。

第 4 列 R-squared with Next Closest 是指每个变量与相邻类的类分量之间的相关系数的平方 R^2，如：*BJ* 与第二类分量之间的相关系数平方 R^2 为 0.2121，该值越小，说明分类越合理。

第 5 列 R-squared with 1-R**2 Ratio 是由同一横行的数据求得：

$$1-\text{R**2Ratio}=\frac{1-(\text{R}-\text{squared with Own Cluster})}{1-(\text{R}-\text{squared with Next Closest})}$$

如：(1 − 0.8166)/(1 − 0.2121) = 0.2327，此值越小，表明分类越合理。从此列可看出，很多比值较大，说明这 10 个变量分成两类是不太合适的。

图 8-7 给出从标准化变量预测类分量的标准回归系数。

若设 *C*1、*C*2 分别为第一和第二类分量，则有：

$$C1=0.356608\,BJ+0.377719\,JJ-0.353237\,BS$$

$$\begin{aligned}C2=&-0.281106\,AGE+0.278996\,TJ+0.239620\,SG-0.120883\,XX\\&+0.1567777XS+165498TS+0.260054BS\end{aligned}$$

图 8-8 给出类结构。

Standardized Scoring Coefficients

Cluster		1	2
AGE	年龄	0.000000	-.281106
TJ	图片记忆	0.000000	0.278996
SG	数字广度记忆	0.000000	0.239620
XX	心算位数	0.000000	-.120883
XS	心算时间	0.000000	0.156777
TS	图形顺序记忆	0.000000	0.165498
CK	穿孔数	0.000000	0.260054
BJ	步距	0.356608	0.000000
JJ	下肢夹角	0.377719	0.000000
BS	步速	-.353237	0.000000

图 8-7　标准回归系数

Cluster Structure

Cluster		1	2
AGE	年龄	-.574313	-.806650
TJ	图片记忆	0.376486	0.800594
SG	数字广度记忆	0.337924	0.687602
XX	心算位数	-.022467	-.346880
XS	心算时间	0.063434	0.449879
TS	图形顺序记忆	0.310629	0.474907
CK	穿孔数	0.420791	0.746238
BJ	步距	0.903680	0.460536
JJ	下肢夹角	0.957176	0.542295
BS	步速	-.895138	-.429981

图 8-8　类结构

类结构相当于因子分析中的因子模型，即每个标准化变量可以表示成全部类分量的线性组合。如：$AGE=-0.574313C1-0.806650C2$。

类内相关（见图 8-9）就是类分量之间的相关系数矩阵。

Inter-Cluster Correlations

Cluster	1	2
1	1.00000	0.52095
2	0.52095	1.00000

Cluster 2 will be split.

图 8-9　类内相关

这里预告第二类将被分裂。

3）第三步：首先给出将二类分裂成三类时的聚类概要。3 个类分别含 3 个、4 个和 3 个变量，此时能解释的方差为 6.392112，占总方差 10 的 63.92%，如图 8-10 所示。

接着给出各变量与类间的相关系数平方（见图 8-11）、标准回归系数（见图 8-12）以及类分量之间的相关系数矩阵（见图 8-13）。

此时已达到默认的停止分裂的临界值（即每个类中只有一个特征值大于 1），停止分裂。

最后，给出整个聚类过程的汇总信息（见图 8-14）。

Cluster summary for 3 clusters					
Cluster	Members	Cluster Variation	Variation Explained	Proportion Explained	Second Eigenvalue
1	3	3	2.534097	0.8447	0.3352
2	4	4	2.282189	0.5705	0.8663
3	3	3	1.575826	0.5253	0.8317

Total variation explained = 6.392112 Proportion = 0.6392

图 8-10　聚类概要

Cluster	Variable	R-squared with Own Cluster	R-squared with Next Closest	1-R**2 Ratio	Variable Label
Cluster 1	BJ	0.8166	0.1984	0.2287	步距
	JJ	0.9162	0.2608	0.1134	下肢夹角
	BS	0.8013	0.1770	0.2415	步速
Cluster 2	AGE	0.6585	0.3298	0.5095	年龄
	TJ	0.6645	0.2068	0.4229	图片记忆
	XX	0.2351	0.0031	0.7672	心算位数
	CK	0.7240	0.1771	0.3354	穿孔数
Cluster 3	SG	0.6308	0.2062	0.4652	数字广度记忆
	XS	0.3648	0.0699	0.6829	心算时间
	TS	0.5802	0.0965	0.4646	图形顺序记忆

图 8-11　相关系数平方

Standardized Scoring Coefficients

Cluster		1	2	3
AGE	年龄	0.000000	-.355579	0.000000
TJ	图片记忆	0.000000	0.357196	0.000000
SG	数字广度记忆	0.000000	0.000000	0.503994
XX	心算位数	0.000000	-.212479	0.000000
XS	心算时间	0.000000	0.000000	0.383304
TS	图形顺序记忆	0.000000	0.000000	0.483380
CK	穿孔数	0.000000	0.372832	0.000000
BJ	步距	0.356608	0.000000	0.000000
JJ	下肢夹角	0.377719	0.000000	0.000000
BS	步速	-.353237	0.000000	0.000000

Cluster Structure

Cluster		1	2	3
AGE	年龄	-.574313	-.811498	-.472064
TJ	图片记忆	0.376486	0.815188	0.454704
SG	数字广度记忆	0.337924	0.454128	0.794207
XX	心算位数	-.022467	-.484917	-.055510
XS	心算时间	0.063434	0.264459	0.604020
TS	图形顺序记忆	0.310629	0.235663	0.761722
CK	穿孔数	0.420791	0.850872	0.273828
BJ	步距	0.903680	0.445438	0.301395
JJ	下肢夹角	0.957176	0.510686	0.378251
BS	步速	-.895138	-.420701	-.267313

图 8-12　标准回归系数

Inter-Cluster Correlations

Cluster	1	2	3
1	1.00000	0.50035	0.34478
2	0.50035	1.00000	0.44416
3	0.34478	0.44416	1.00000

No cluster meets the criterion for splitting.

图 8-13　类分量之间的相关系数阵

第①列表示分成一类、二类或三类时分别能解释的总方差量；第②列表示分成一类、二类或三类时分别能解释的方差占全部 10 个变量的总方差的百分比；第③列表示分成一类、二类或三类时由一个类成分能解释的方差占全部 10 个变量的总方差的最小百分比。

Number of Clusters	① Total Variation Explained by Clusters	② Proportion of Variation Explained by Clusters	③ Minimum Proportion Explained by a Cluster	④ Maximum Second Eigenvalue in a Cluster	⑤ Minimum R-squared for a Variable	⑥ Maximum 1-R**2 Ratio for a Variable
1	4.146566	0.4147	0.4147	1.469483	0.0411	
2	5.403654	0.5404	0.4099	1.188246	0.1203	0.8801
3	6.392112	0.6392	0.5253	0.866314	0.2351	0.7672

图 8-14　汇总信息

第④列为各类中最大的第二特征值；第⑤列为各类中一个变量与其所在类的类分量的最小相关系数的平方 R^2；第⑥列为各类中$(1-R^2)$own/$(1-R^2)$next 的最大比值。参见前面输出结果及其解释。

说明：如果设定分类的个数，或是设定其他停止分裂的准则，则每次分裂按第二特征值最大选择分裂的类。

（3）结论

结合专业知识发现：第一类中含 *BJ*（步距）、*JJ*（步行时双下肢夹角）、*BS*（步速）这三个与走步有关的变量；第二类中含 *TJ*（图片记忆）、*XX*（心算位数）、*AGE*（年龄）、*CK*（穿孔）这四个与视力、记忆和协调能力有关的变量；第三类中含 *SG*（数字广度记忆）、*XS*（心算时间）、*TS*（图形顺序记忆）这三个与记忆、计算有关的变量。

分类的结果将有助于研究者对影响人脑老化本质的认识，为进一步从事这方面的研究提供了一些线索。

说明：对于一批给定的数据，究竟应聚成几类合适，没有统一的规则。可先将数据聚成类，然后结合专业知识和各类能解释总方差的百分比来权衡。

8.2　判别分析

判别分析（Discriminant Analysis）是用于判断样品所属类型的一种统计分析方法。

在生产、科研和日常生活中经常会遇到需要根据观测到的资料对所研究的对象进行分类的问题。例如，在医学诊断中，需要根据就诊者的各项症状、体征及化验指标，作出就诊者是否患有某种疾病的诊断；在环境监测中，根据对某地区的环境污染的综合测定结果判断该地区属于哪一种污染类型；在气象预报中，根据已有的气象资料，判断明天是晴天还是阴天，是有雨还是无雨等。利用判别分析可以很好地解决这类问题。

8.2.1　判别分析的基本概念

判别分析用统计模型的语言可以这样描述：设有 k 个总体 G_1，G_2，…，G_k，其分布特征已知（已知分布函数 $F_1(x)$，$F_2(x)$，…，$F_n(x)$，或知道来自各个总体的训练样品），希望建立一个准则，对给定的任意一个样品，依据这个准则可以判断它来自哪个总体。当然，所建判别准则在某种意义上应该是最优的，使产生错判的事例最少。

按照不同的判别准则，判别分析的方法有：距离判别法、费歇（Fisher）判别法和贝叶斯（Bayes）判别法等。

1．距离判别法

距离判别的基本思想是：样品和哪个总体的距离最近，就判断它属于哪个总体。

（1）两总体情况

设有两个总体 G_1 和 G_2，若定义样品 x 到 G_1 和 G_2 的距离分别为 $d^2(x，G_1)$和 $d^2(x，G_2)$，则距离判别的判别规则是：

$$\begin{cases} 若 d^2(x,\ G_1) < d^2(x,\ G_2)，则 x \in G_1 \\ 若 d^2(x,\ G_2) < d^2(x,\ G_1)，则 x \in G_2 \\ 若 d^2(x,\ G_2) = d^2(x,\ G_1)，则 x 待判 \end{cases}$$

即未知所属总体的样品 x 离哪个总体较近，就判断 x 属于哪个总体。

当总体 G_1 和 G_2 为正态总体时，距离选用马氏距离，公式为：

$$d^2(x,G_1) = (x-\boldsymbol{\mu}_1)'\boldsymbol{\Sigma}_1^{-1}(x-\boldsymbol{\mu}_1)$$

$$d^2(x,G_2) = (x-\boldsymbol{\mu}_2)'\boldsymbol{\Sigma}_2^{-1}(x-\boldsymbol{\mu}_2)$$

式中，$\boldsymbol{\mu}_1$，$\boldsymbol{\mu}_2$，$\boldsymbol{\Sigma}_1$，$\boldsymbol{\Sigma}_2$ 分别为总体 G_1 和 G_2 的均值和协差矩阵。

当$\boldsymbol{\Sigma}_1 = \boldsymbol{\Sigma}_2 = \boldsymbol{\Sigma}$时，可以证明：

$$d^2(x，G_1) - d^2(x，G_2) = -2[x-(\boldsymbol{\mu}_1+\boldsymbol{\mu}_2)/2]'\boldsymbol{\Sigma}^{-1}(\boldsymbol{\mu}_1-\boldsymbol{\mu}_2)$$

令

$$\bar{\boldsymbol{\mu}} = (\boldsymbol{\mu}_1+\boldsymbol{\mu}_2)/2，\ W(x) = (x-\bar{\boldsymbol{\mu}})'\Sigma^{-1}(\boldsymbol{\mu}_1-\boldsymbol{\mu}_2)$$

于是判别规则可表示为

$$\begin{cases} 若 W(x) > 0, & 则\ x \in G_1 \\ 若 W(x) < 0, & 则\ x \in G_2 \\ 若 W(x) = 0, & 则\ x 待判 \end{cases}$$

称 $W(x)$为判别函数。由于它是 x 的线性函数，因此又称为线性判别函数。线性判别的应用最为广泛。

如果$\boldsymbol{\Sigma}_1$与$\boldsymbol{\Sigma}_2$不等，则判别函数 $W(x)$为：

$$W(x) = d^2(x，G_1) - d^2(x，G_2) = (x-\boldsymbol{\mu}_1)'\Sigma_1^{-1}(x-\boldsymbol{\mu}_1) - (x-\boldsymbol{\mu}_2)'\Sigma_2^{-1}(x-\boldsymbol{\mu}_2)$$

式中，$W(x)$是 x 的二次函数。

（2）多总体情况

设有 m 个总体：G_1，G_2，…，G_m（$m > 2$），它们的均值、协差矩阵分别为 $\boldsymbol{\mu}_i$，$\boldsymbol{\Sigma}_i$，($i = 1$，2，…，m)。对任意给定的样品 x，要判断它来自哪个总体。

多个总体的情况，按距离最近的准则对 x 进行判别归类时，首先计算样品 x 到 m 个总体的马氏距离 $d_i^2(x)$（$i = 1$，2，…，m），然后进行比较，把 x 判归距离最小的那个总体。

即若 $d_h^2(x)=\min\{d_i^2(x)\mid i=1，2，\cdots，m\}$，则 $x\in G_h$。

计算马氏距离 $d_i^2(x)$（$i=1，2，\cdots，m$）时，类似地可考虑$\boldsymbol{\Sigma}_1=\boldsymbol{\Sigma}_2=\cdots=\boldsymbol{\Sigma}_m$或$\boldsymbol{\Sigma}_i$不全相等的两种情况，并用样本统计量作为$\boldsymbol{\mu}_i$和$\boldsymbol{\Sigma}_i$的估计。

2．费歇尔判别（Fisher）

费歇尔判别的思想是通过投影将多维问题简化为一维问题来处理。选择一个适当的投影轴，使所有的样品点都投影到这个轴上得到一个投影值。对这个投影轴的方向的要求是：使每一类内的投影值所形成的类内离差尽可能小，而不同类间的投影值所形成的类间离差尽可能大。

下面以两个总体为例说明费歇尔判别的思想。

设有两个总体 G_1、G_2，其均值分别为$\boldsymbol{\mu}_1$和$\boldsymbol{\mu}_2$，协方差阵分别$\boldsymbol{\Sigma}_1$和$\boldsymbol{\Sigma}_2$，并假定$\boldsymbol{\Sigma}_1=\boldsymbol{\Sigma}_2=\boldsymbol{\Sigma}$，考虑线性组合：$y=\boldsymbol{L}'x$。通过寻求合适的$\boldsymbol{L}$向量，使得来自两个总体的数据间的距离较大，而来自同一个总体的数据间的差异较小。为达到此目的，可以证明，当选$\boldsymbol{L}=c\boldsymbol{\Sigma}^{-1}(\boldsymbol{\mu}_1-\boldsymbol{\mu}_2)$，其中 $c\neq 0$ 时，所得的投影即满足要求。从而称 $c=1$ 时的线性函数：

$$y=\boldsymbol{L}'x=(\boldsymbol{\mu}_1-\boldsymbol{\mu}_2)'\boldsymbol{\Sigma}^{-1}x$$

为费歇尔线性判别函数。其判别规则为：

$$\begin{cases}若y\geqslant m,\ 则x\in G_1\\ 若y<m,\ 则x\in G_2\end{cases}$$

其中，m 为两个总体均值在投影方向上的中点，即

$$m=\frac{\boldsymbol{L}'\boldsymbol{\mu}_1+\boldsymbol{L}'\boldsymbol{\mu}_2}{2}=\frac{1}{2}(\boldsymbol{\mu}_1-\boldsymbol{\mu}_2)'\Sigma^{-1}(\boldsymbol{\mu}_1+\boldsymbol{\mu}_2)$$

当$\boldsymbol{\mu}_1$、$\boldsymbol{\mu}_2$和$\boldsymbol{\Sigma}$未知时，可由总体 G_1 和 G_2 中分别抽出 n_1 和 n_2 个样品，计算相应的样本均值和协方差阵作为$\boldsymbol{\mu}_1$、$\boldsymbol{\mu}_2$和$\boldsymbol{\Sigma}$的估计。

3．贝叶斯判别（Bayes）

前面讨论的判别分析方法计算方便、结论明确、实用性强，不足之处是没有考虑两个总体各自出现的概率大小，以及判别之后造成的损失大小。贝叶斯判别是考虑到上述两个因素而提出的一种判别方法。

贝叶斯判别的思想是假定对所研究的对象已有一定的认识，常用先验概率分布来描述这种认识，当抽取一个样本后，用样本来修正先验概率分布，得到后验概率分布。各种统计推断都通过后验概率分布来进行

（1）贝叶斯判别法

设有 m 个总体 G_1，$\cdots$，G_m，假定它们各自的分布密度分别为 $f_1(x)$，$f_2(x)$，$\cdots$，$f_m(x)$，各自的先验概率（可以根据经验事先给出或估出）分别为 q_1，q_2，$\cdots$，q_m，显然

$$q_i\geqslant 0,\sum_{i=1}^{m}q_i=1$$

贝叶斯判别的方法是：当抽取了一个未知总体的样品 x，要判断它属于哪个总体时，可用贝叶斯公式计算 x 属于第 j 个总体的后验概率：

$$P(j \mid x)=\frac{q_j f_j(x)}{\sum_{i=1}^{m} q_i f_i(x)} \quad j=1,\cdots,m$$

当 $P(h \mid x)=\max_{1\leqslant j\leqslant m} P(j \mid x)$ 时，判断 x 属于第 h 个总体。或者计算按先验概率加权的误判平均损失：

$$h_j(x)=\sum_{i=1}^{m} q_i C(j \mid i) f_i(x), j=1,\cdots,m$$

然后再比较这 m 个误判平均损失的 $h_1(x)$，$h_2(x)$，…，$h_m(x)$的大小，选取其中最小的，就可以判定样品 x 来自该总体。

上式中 $C(j \mid i)$为假定本来属于 G_i 的样品被判为属于 G_j 时造成的损失。当然 $C(i \mid i)=0$，$C(j \mid i)\geqslant 0$（i，$j=1$，…，m）。

在实际问题中，错判的损失可以给出定性的分析，但很难用数值来表示，但应用贝叶斯判别的方法时，要求定量给出 $C(j \mid i)$，$C(j \mid i)$的赋值常用以下两种方法：

- 根据经验人为赋值；
- 假定各种错判的损失都相等。

（2）错判概率

当样品 $x\in G_i$，用判别法 D 判别时，把 x 判归 $G_j\,(i\neq j)$，出现错判。用 $P(j \mid i;\ D)$（或简记为 $P(j \mid i)$）表示实属 G_i 的样品错判为 G_j 的概率，错判概率的估计方法有下面几种：

- 利用训练样本作为检验集，即用判别方法对已知样品进行回判，统计错判的个数以及错判的比率，作为错判率的估计。此法得出的估计一般较低。
- 当训练样本的大小足够大时，可留出一些已知类别的样品不参加建立判别准则，而是作为检验集，并把错判的比率作为错判率的估计。此法当检验集较小时估计的方差大。
- 设一法（或称为交叉确认法），每次留出一个已知类别的样品，而用其他 $n-1$ 个样品建立判别准则，然后对留出的这一个已知类别的样品进行判别归类。对训练样本中 n 个样品逐个处理后把错判的比率作为错判率的估计。

以上三种估计方法的估计结果在 SAS 的 DISCRIM 过程中都可以得到。

（3）广义平方距离判别法

在正态总体的假定下，按贝叶斯判别的思想，在错判造成的损失认为相等的情况下得到的判别函数其实就是马氏距离判别在考虑先验概率及协方差阵是否相等情况下的推广，故在 SAS 的 DISCRIM 过程中称为广义平方距离判别法。

4．逐步判别

以上几节介绍的判别准则，都是根据已知观测值（即训练样本），建立判别函数，并由判别函数给出空间 $\boldsymbol{R}^m$ 的一个划分 D（即判别法）。建立在样本基础上的判别法则，其判别能力显然与样本是否来自不同的总体有关；也与所考察的 m 个变量（指标）是否能区分 k 个不同的总体（组）有关。

（1）各变量判别能力的检验

当检验 k 个类的均值向量是否全都相等（即检验 H_0：$\boldsymbol{\mu}_1=\boldsymbol{\mu}_2=\cdots=\boldsymbol{\mu}_k$）时，否定了这个假设 H_0（即表明各总体的均值向量有显著性差异），也并不能保证其各分量的均值有显著差异，若第 i 个分量间没有显著差异时，说明相应的变量 X_i 对判别分类不起作用，应该剔除。关于各变量判别能力的检验问题是筛选判别变量的理论基础，也是逐步判别的理论基础。

变量判别能力的度量通常采用删去该变量后考察判别能力的变化，即考察该变量对区分 k 个类是否能提供更多的附加信息，然后由附加信息构造 F 统计量进行检验。

利用 F 统计量对假设 $H_0(i)$（第 i 个变量在 k 个总体中的均值相等）作统计检验。若否定 $H_0(i)$，表示变量 X_i 对区分 k 个总体的判别能力是显著的（在显著水平 α 下）。否则，变量 X_i 对区分 k 个总体的判别能力不能提供附加信息，这个变量应剔除。

（2）逐步判别法的基本思想

前面我们讨论了用全部 m 个变量：X_1，X_2，…，X_m 来建立判别函数，用以对样品进行判别归类的几种方法。在这 m 个变量中，有的变量对区分 k 个总体的判别能力可能很强，有的可能很微弱。如果不加区别地把 m 个变量全部用来建立判别函数，则会极大地增加计算量，还可能因为变量间的相关性引起计算上的困难（病态或退化等）及计算精度的降低。另一方面由于一些对区分 k 个总体的判别能力很小的变量的引入，产生干扰，致使建立的判别函数不稳定，反而影响判别效果，因此自然提出一个变量的选择问题，即如何从 m 个变量中挑选出对区分 k 个总体有显著判别能力的变量，来建立判别函数，用以判别归类。

类似于回归分析，判别分析的变量选择也有向前法、后退法和逐步筛选法，这里仅介绍逐步筛选法。

逐步判别的基本思想和逐步回归是类似的。逐个引入变量，每次把一个判别能力最强的变量引入判别式，每引入一个新变量，对判别式中的老变量逐个进行检验，如其判别能力因新变量的引入而变得不显著，应把它从判别式中剔除。这种通过逐步筛选变量使得建立的判别函数中仅保留判别能力显著的变量的方法，就是逐步判别法。

（3）逐步判别法的基本步骤

1）逐步筛选变量：根据各变量对区分 k 个总体的判别能力的大小，按基本思想所介绍的过程来筛选变量。SAS 中的 STEPDISC 过程专用于筛选变量子集。该过程利用向前选入、向后剔除或逐步筛选的方法来选择区分 k 个总体的最佳变量子集。

2）判别归类：对已选出的变量子集，使用以上几节介绍的判别方法对样品进行判别归类。

8.2.2 SAS 中作判别分析的过程

上述判别分析中常用的两种方法：Fisher 判别法和 Bayes 判别法，对应于 SAS 中所谓的典型判别和参数判别，这些判别都可以用 DISCRIM 过程来完成。DISCRIM 过程所包含的非参数判别分析功能，在实际应用中具有相当重要的作用，因为很多情况下数据并不能满足参数判别所需的条件。

逐步判别法所使用的过程是 STEPDISC，它采用向前选择、向后剔除或逐步选择的方式以找到最好地揭示类间区别的定量变量的子集。

1. DISCRIM 过程简介

DISCRIM 过程根据一个分类变量和若干数值变量的数据计算出各种判别函数（判别准

则)，根据这个判别函数，再将该批数据或其他数据中的观测分别归入已知类别中去。

DISCRIM 过程用以获得判别准则的数据称为训练数据集（也称训练样本）。

如果假设每个组内样本的分布为多元正态分布，基于多元正态分布理论的参数法将导出一个线性或二次的判别函数；否则，将采用不基于任何分布的假定的非参数方法，来估计类别的密度从而实现分类的功能。此类非参数检验的方法包括核密度法（Kernel Method）和 K 最邻近法（K-Nearest-Neighbor-Method），其中核密度法又可因核的确定方法不同而分为多种不同的判别方法。

（1）DISCRIM 过程语法

DISCRIM 过程语句格式如下：

```
PROC DISCRIM  <选项列表>;
    CLASS  <变量>;
    BY  <变量列表>;
    ID  <变量>;
    PRIORS  <先验概率值>;
    TESTCLASS  <变量>;
    TESTID  <变量>;
    VAR  <变量列表>;
RUN;
```

其中 PROC DISCRIM 语句和 CLASS 语句是 DISCRIM 过程的必选语句，其他均为可选项。

（2）PROC DISCRIM 语句

PROC DISCRIM 语句为调用 DISCRIM 过程的开始，语句中可设置的选项及其功能见表 8-7。

表 8-7 PROC DISCRIM 语句中的常用选项

选　项	说　明
DATA=SAS 数据集	指定的要进行分析的输入数据集
TESTDATA = SAS 数据集	指定欲进行归类的观测组成的输入数据集（检测数据集）。该数据集中定量变量的名字必须与 DATA =的输入数据集相匹配
OUTSTAT = SAS 数据集	生成一个包含各种统计量的数据集，例如均值、标准差、相关及判别统计量等
OUT = SAS 数据集	生成一个包括输入数据、后验概率和每个观测重新被归入的类等的数据集
OUTCROSS = SAS 数据集	生成一个包括输入数据、后验概率和每个观测通过交叉确认被分入的类等的数据集
TESTOUT = SAS 数据集	生成一个包含检验数据集中的所有数据、后验概率和每个观测被归入的类等的数据集
METHOD = NORMAL | NPAR	确定导出分类准则的方法，当指定 METHOD = NORMAL 时，采用参数法；当指定 METHOD = NPAR 时，采用非参数的方法。默认值为 METHOD = NORMAL
POOL = NO | TEST | YES	确定是否用样本合并的协差阵进行广义平方距离的计算。当 POOL = YES 时，采用样本合并的协差阵得出线性判别函数；当 POOL = NO 时，采用各个组内的样本协差阵得出二次判别函数；当 POOL = TEST 时，要求对组内协差阵的齐次性进行似然比检验。如果齐次性条件得以满足，则使用合并协方差矩阵；否则使用各类内协方差矩阵。默认值为 POOL = YES
SLP = p	此功能在 PCOL = TEST 时才有效，用来指定进行各类协方差矩阵齐次性检验的显著水平，默认值为 0.1
K = *k*	指定 K 最邻近法中的 *k* 值，即 *x* 分入哪个类是基于与 *x* 最邻近的 *k* 个样品所得到的信息

（续）

选　项	说　明
R = r	指定核密度方法中核密度的核半径 r 值（K = 和 R = 不能同时设置）
KERNEL = BIWEIGHT | EPANECHNIKOV | NORMAL | TRIWEIGHT | UNIFORM	指定一个用于估计类别密度的核密度类型，默认值为 KERNEL = UNIFORM，此选项必须与 R = 同时设置
METRIC = DIACONAL | FULL | IDENTITY	指定用于计算平方距离所选用的矩阵类型，默认值为 METRIC = FULL。当指定 METHOD = NORMAL 时采用 METRIC = FULL
CANONICAL | CAN	要求 DISCRIM 进行典型判别分析
NCAN = number	指定要计算的典型变量的个数
THRESHOLD = 概率值	这个选项界定各个样品判为某个类别需要的后验概率的最低标准。若某个样品的后验概率低于此标准，则它会被分派到其他（other）类，这个选项的默认值为 0
LIST	输出各样品被分类后的结果，此选项只可以与原数据联用
LISTERR	输出错误归类的观测的分类结果，此选项只可以与原数据联用
TESTLIST	与“TESTDATA =”合用在输出结果中，列出在检验数据集进行分类的结果
TESTLISTERR	与“TESTDATA=”和“TESTCLASS=”合用，列出“TESTDATA=”数据集中错误分类的观测
CROSSLIST	输出交叉验证后的分类结果
CROSSLISTERR	输出交叉确认后被错判的类中的样品
CROSSVALIDATE	要求 DISCRIM 程序对 DATA=的输入数据集进行交叉确认分类
POSTERR	要求输出分类变量所造成的错误分类后验概率的估计值

（3）CLASS 语句

该语句在 PROC DISCRIM 中不可省略，分类变量的不同值决定判别分析的组。类水平由 CLASS 变量的格式化值决定，指定的变量可以是数值的或字符的。

（4）PRIORS 语句

指定各组中成员出现的先验概率。若觉得各类别可能出现的概率相等，则使用 PRIORS EQUAL 语句。若规定先验概率为各组样本出现的比例，则使用 PRIORS PROPORTIONAL（或 PRIORS PROP 语句）。若知道各个组的先验概率，则可以在此指令中列出各类别的概率。例如：在考试中，只有 10%的学生得 A，此外，30%的学生得 B，50%的学生得 C，10%的学生得 D，则用下式表示成绩分配：

```
priors a=0.1 b=0.3 c=0.5 d=0.1;
```

这样的方法也可以用在数值变量上（假设男=1，占 40%；女=2，占 60%），如：

```
priors 1=0.4 2=0.6;
```

注：概率的总和必须是 1。

（5）VAR 语句

列出所有判别分析可能用到的变量名称。若此语句省略，则数据集中未在其他语句中使用的全部数值型变量被作为 VAR 变量来使用。

2. STEPDISC 过程简介

针对具有一个分类变量和若干数值型变量（指标变量）的数据集，STEPDISC 过程执行逐步判别分析（Stepwise Discriminant Analysis）的过程，从指定的指标变量（VAR 变量）中筛选出一组变量，以用于随后的判别分析。逐步判别分析要求指标变量在各组内服从多元正态分布，并且具有相同的协方差矩阵。STEPDISC 过程选择变量的方法包括前进法（Forward Selection）、后退法（Backward Elimination）以及逐步法（Stepwise Selection）等。在使用 DISCRIM 过程进行判别分析之前，一般情况下均需先调用 STEPDISC 过程对指标变量进行筛选，以避免无关变量对判别分析结果的影响或指标变量过多导致判别结果的不稳定。

（1）STEPDISC 过程语法

STEPDISC 过程简化的格式如下：

```
PROC STEPDISC <选项列表>;
    CLASS <变量>;
    BY <变量列表>;
    VAR <变量列表>;
RUN;
```

其中 PROC STEPDISC 语句和 CLASS 语句为 STEPDISC 过程运行所必需的语句，其余语句均为可选项。

（2）PROC STEPDISC 语句

PROC STEPDISC 语句为调用 STEPDISC 过程的开始，语句中可设置的选项及其功能见表 8-8。

表 8-8　PROC STEPDISC 语句中的选项列表及其功能和用法

选　项	说　明
DATA= SAS 数据集	指定输入数据集，可为一般类型，也可为其他特殊类型（CORP，COV，CSSCP，SSCP）
METHOD=	指定选择变量的方法，可指定为 forward、backward、stepwise，分别对应前进法、后退法和逐步法
SLENTRY=	指定变量进入模型须达到的显著性水平，默认值为 0.15
SLSTAY=	指定模型内部变量继续留在模型中（不被剔除）须达到的显著性水平，默认值为 0.15
PR2ENTRY=	指定变量进入模型须达到的平方偏相关系数值，此值须小于等于 1
PR2STAY=	指定模型内部变量继续留在模型中须达到的平方偏相关系数值，此值须小于等于 1
INCLUDE=	指定一个非负整数 n，要求在模型中总是包含 var 变量中的前 n 个。此选项默认设置为 0
MAXSTEP=	指定选择变量操作的步数，默认值为 var 变量个数的两倍
START=	指定一个非负整数 n，要求在最初的模型中包含 var 变量中的前 n 个。如果设置 method=forward 或 method=stepwise，默认值为 0，否则为 Var 变量的个数
STOP=	指定一个非负整数 n，要求模型中含有 n 个变量时即停止变量选择过程。此选项仅在前进法或后退法中有效，前进法中默认值为 Var 变量的个数，后退法中默认值为 0
SINGULAR=	指定变量进入模型时的奇异性判断标准 $p(0<p<1)$。如果某一变量与模型中变量的多重相关的平方大于（$1-r$），该变量则被禁止进入模型，p 的默认值为 10^{-8}
BCORR	输出类间相关矩阵
PCORR	输出合并的类内相关矩阵
TCORR	输出全部样本的相关矩阵
WCORR	输出每一个类别的类内相关矩阵
BCOV	输出类间协方差矩阵
PCOV	输出合并的类内协方差矩阵
TCOV	输出全部样本的协方差矩阵
WCOV	输出每一个类别的类内协方差矩阵

（续）

选　项	说　明
ALL	激活全部的用于控制结果输出的选项
SIMPLE	输出全部样本和各类内的简单描述性统计量
STDMEAN	输出全部样本和各类内合并的标准化类平均数
SHORT	禁止输出选择变量的每一个步骤的有关信息

（3）CLASS 语句

CLASS 语句为 STEPDISC 过程所必需的语句，其语法与前述的 DISCRIM 过程的同名语句完全相同。

（4）VAR 语句

指定筛选变量的范围，需要考察的变量必须全部在 VAR 语句中指定，且须为数值型变量。如果忽略 VAR 语句，则数据集中未在其他语句中使用的全部数值型变量将被作为 VAR 变量来使用。

8.2.3　分析实例

【例 8-3】　中小企业的破产模型。为了研究中小企业的破产模型，选定 4 个经济指标：x_1 总负债率（现金收益/总负债）、x_2 收益性指标（纯收入/总财产）、x_3 短期支付能力（流动资产/流动负债）、x_4 生产效率性指标（流动资产/纯销售额）。

对 17 个破产企业（一类）和 21 个正常运行企业（二类）进行了调查，调查资料见表 8-9。

表 8-9　4 个经济指标的调查资料

总负债率	收益性指标	短期支付能力	生产效率指标	类别（Type）
−0.45	−0.41	1.09	0.45	1
−0.56	−0.31	1.51	0.16	1
0.06	0.02	1.01	0.40	1
−0.07	−0.09	1.45	0.26	1
−0.10	−0.09	1.45	0.26	1
−0.14	−0.07	0.71	0.28	1
−0.23	−0.30	0.22	0.18	1
0.07	0.02	1.31	0.25	1
0.01	0.00	2.15	0.70	1
−0.28	−0.23	1.19	0.66	1
0.15	0.05	1.88	0.27	1
0.37	0.11	1.99	0.38	1
−0.08	−0.08	1.51	0.42	1
0.05	0.03	1.68	0.95	1
0.01	0.00	1.26	0.60	1
0.12	0.011	1.14	0.17	1
−0.28	−0.27	1.27	0.51	1
0.51	0.10	2.49	0.54	2

（续）

总负债率	收益性指标	短期支付能力	生产效率指标	类别（Type）
0.08	0.02	2.01	0.53	2
0.38	0.11	3.27	0.55	2
0.19	0.05	2.25	0.33	2
0.32	0.07	4.24	0.63	2
0.31	0.05	4.45	0.69	2
0.12	0.05	2.52	0.69	2
–0.02	0.02	2.05	0.35	2
0.22	0.08	2.35	0.40	2
0.17	0.07	1.80	0.52	2
0.15	0.05	2.17	0.55	2
–0.10	–1.01	2.50	0.58	2
0.14	–0.03	0.46	0.26	2
0.14	0.07	2.61	0.52	2
–0.33	–0.09	3.01	0.47	2
0.48	0.09	1.24	0.18	2
0.56	0.11	4.29	0.45	2
0.20	0.08	1.99	0.30	2
0.47	0.14	2.92	0.45	2
0.17	0.04	2.45	0.14	2
0.58	0.04	5.06	0.13	2
0.04	0.01	1.50	0.71	*
–0.06	–0.06	1.37	0.40	*
0.07	–0.01	1.37	0.34	*
–0.13	–0.14	1.42	0.44	*
0.15	0.06	2.23	0.56	*
0.16	0.05	2.31	0.20	*
0.29	0.06	1.84	0.38	*
0.54	0.11	2.33	0.48	*

假定上述数据已经保存在逻辑库 Mylib.pcmx 中，试对这些指标作判别分析。

1．使用 DISCRIM 过程作距离判别

（1）SAS 程序

```
OPTIONS PS=500;
proc discrim data = Mylib.PCMX distance listerr;
  class Type;
  var x1–x4;
run;
```

说明：其中 distance 选项表示可根据类间距离来判断各类样品有无显著差异，从而说明判别归类问题有无意义。

（2）结果分析

DISCRIM 过程的分析结果首先给出观测（样品）个数、变量个数、分类个数以及自由度（见图 8-15）。

```
                         The DISCRIM Procedure

          Observations      38          DF Total                37
          Variables          4          DF Within Classes       36
          Classes            2          DF Between Classes       1

                         Class Level Information

           Variable                                                Prior
Type       Name          Frequency      Weight     Proportion   Probability

  1        _1                   17     17.0000       0.447368      0.500000
  2        _2                   21     21.0000       0.552632      0.500000

                    Pooled Covariance Matrix Information

                                   Natural Log of the
                    Covariance     Determinant of the
                    Matrix Rank     Covariance Matrix

                              4             -10.40696
```

图 8-15　汇总信息

Class Level Information 为各类别信息，依次为：分类变量水平值（Type）、哑变量名（Variable Name）、各类别观测数、各类别权重、各类别占总样本数的比例、各类别的先验概率（Prior Probability）。

其中先验概率的默认值为 0.5。

Pooled Covariance Matrix Information 为合并协方差矩阵信息，包括协方差矩阵的秩、协方差矩阵行列式的自然对数。

Squared Distance to Type（见图 8-16a）给出组间距离平方：组间的距离平方及其 F 检验值、F 检验的 p 值。

```
                 Squared Distance to Type

         From Type              1              2

                 1              0        3.17425
                 2        3.17425              0

F Statistics, NDF=4, DDF=33 for Squared Distance to Type

         From Type              1              2

                 1              0        6.83404
                 2        6.83404              0

Prob > Mahalanobis Distance for Squared Distance to Type

         From Type              1              2

                 1         1.0000         0.0004
                 2         0.0004         1.0000
```

a)

```
  Generalized Squared Distance to Type

From Type              1              2

        1              0        3.17425
        2        3.17425              0
```

b)

图 8-16　组间距离平方

结果表明：两组间的距离（马氏距离）平方为：3.17425，检验 H_0：$\mu_1=\mu_2$ 的 F 统计量为 6.83404，相应的 p 值为 0.0004 < 0.05，这说明两组企业的模型（破产）特征有显著差异，讨论判别归类问题是有意义的。

Generalized Squared Distance to Type（见图 8-16b）给出的广义组间距离平方与组间的马

氏距离平方相同。

Linear Discriminant Function for Type（见图 8-17）给出线性判别函数：

$$W_1(x) = -3.04357 - 3.11878\,x_1 - 0.44945\,x_2 + 1.58110\,x_3 + 9.05966\,x_4$$

$$W_2(x) = -6.05818 + 2.22679\,x_1 - 2.75270\,x_2 + 2.91289\,x_3 + 8.71392\,x_4$$

Posterior Probability of Membership in Type（见图 8-18）是由选项 Listerr 要求列出的回判结果：组中成员的后验概率，此部分为判别分类中被误判的样品及其有关信息。由于代码中忽略了 ID 语句，此处以观测号对样品进行标识。各列从左到右依次为观测号、原来所属的类别（From Type）、被归入的新类别（Classified into Type）以及各样品依据判别函数所得的归属各类别的后验概率（Posterior Probability of Membership），DISCRIM 过程依据此后验概率对每个样品进行判别归类。

Linear Discriminant Function for Type

Variable	Label	1	2
Constant		-3.04357	-6.05818
x1	总负债率	-3.11878	2.22679
x2	收益性指标	-0.44945	-2.75270
x3	短期支付能力	1.58110	2.91289
x4	生产效率指标	9.05966	8.71392

图 8-17　线性判别函数

Posterior Probability of Membership in Type

Obs	From Type	Classified into Type	1	2
11	1	2 *	0.4794	0.5206
12	1	2 *	0.2264	0.7736
19	2	1 *	0.5348	0.4652
25	2	1 *	0.6361	0.3639
27	2	1 *	0.5124	0.4876
30	2	1 *	0.8422	0.1578
32	2	1 *	0.6737	0.3263
39	.	1 *	0.7449	0.2551
40	.	1 *	0.8192	0.1808
41	.	1 *	0.7131	0.2869
42	.	1 *	0.8386	0.1614
43	.	2 *	0.3952	0.6048
44	.	2 *	0.3246	0.6754
45	.	2 *	0.3282	0.6718
46	.	2 *	0.0720	0.9280

* Misclassified observation

图 8-18　组中成员的后验概率

图 8-19 为已知类别的样品被判别函数归入各类别的频数和百分比。

图 8-20 为各类别的错误分类率（Error Count Estimates for type），可见第二类（Type = 2）的错分率较高，为 0.2381 = 5/21，各类别的总错分率为 0.1779 = 0.1176*0.5 + 0.2381*0.5。

Number of Observations and Percent Classified into Type

From Type	1	2	Total
.	4	4	8
	50.00	50.00	100.00
1	15	2	17
	88.24	11.76	100.00
2	5	16	21
	23.81	76.19	100.00
Total	24	22	46
	52.17	47.83	100.00
Priors	0.5	0.5	

图 8-19　观测归入各类别的频数和百分比

Error Count Estimates for Type

	1	2	Total
Rate	0.1176	0.2381	0.1779
Priors	0.5000	0.5000	

图 8-20　各类别的错误分类率

2. 使用 DISCRIM 过程作贝叶斯判别

（1）SAS 程序

```
proc discrim data = Mylib.PCMX crosslist;
  class Type;
```

```
    var x1–x4;
run;
```

说明：用贝叶斯判别法（广义平方距离判别法）建立判别准则，并对各样品进行判别归类。其中 crosslist 要求输出交叉验证后的分类结果。

（2）结果分析

除了给出一般的结果之外，还有如下输出。

1）交叉验证判别分类的样品及其有关的信息。各列从左至右依次为样品号、原来所属的类别（From Type）、被归入的新类别（Classified into Type）以及对各样品依据判别函数所得的归属各类别的后验概率（Posterior Probability of Membership），如图 8-21 所示。

Posterior Probability of Membership in Type

Obs	From Type	Classified into Type	1	2
1	1	1	0.9557	0.0443
2	1	1	0.9593	0.0407
3	1	1	0.8078	0.1922
4	1	1	0.7781	0.2219
5	1	1	0.8036	0.1964
6	1	1	0.9353	0.0647
7	1	1	0.9619	0.0381
8	1	1	0.7146	0.2854
9	1	1	0.5121	0.4879
10	1	1	0.9228	0.0772
11	1	2 *	0.4418	0.5582
12	1	2 *	0.1517	0.8483
13	1	1	0.7942	0.2058
14	1	2 *	0.4724	0.5276
15	1	1	0.7928	0.2072
16	1	1	0.7187	0.2813
17	1	1	0.9062	0.0938
18	2	2	0.0767	0.9233
19	2	1 *	0.5587	0.4413
20	2	2	0.0541	0.9459
21	2	2	0.3289	0.6711
22	2	2	0.0177	0.9823
23	2	2	0.0127	0.9873
24	2	2	0.3950	0.6050
25	2	1 *	0.6793	0.3207
26	2	2	0.2844	0.7156
27	2	1 *	0.5459	0.4541
28	2	2	0.4287	0.5713
29	2	1 *	0.9971	0.0029
30	2	1 *	0.9341	0.0659
31	2	2	0.3114	0.6886
32	2	1 *	0.9075	0.0925
33	2	2	0.4208	0.5792
34	2	2	0.0036	0.9964
35	2	2	0.4192	0.5808
36	2	2	0.0553	0.9447
37	2	2	0.3113	0.6887
38	2	2	0.0001	0.9999
39	.	1 *	0.7449	0.2551
40	.	1 *	0.8192	0.1808
41	.	1 *	0.7131	0.2869
42	.	1 *	0.8386	0.1614
43	.	2 *	0.3952	0.6048
44	.	2 *	0.3246	0.6754
45	.	2 *	0.3282	0.6718
46	.	2 *	0.0720	0.9280

* Misclassified observation

图 8-21　交叉验证判别分类的样品及其有关的信息

2）来自已知类别的样品被判别函数归入各类别的频数和百分比，以及各类别的错误分类率（Error Count Estimates for type），如图 8-22 所示。

与训练样本回代的判别分类结果相比，交叉验证的错分率明显增大，但交叉验证的分类结果更加真实和客观，在没有检验数据集时交叉验证的结果是评价判别函数判别效能的可靠指标。

Number of Observations and Percent Classified into Type

From Type	1	2	Total
.	4 50.00	4 50.00	8 100.00
1	14 82.35	3 17.65	17 100.00
2	6 28.57	15 71.43	21 100.00
Total	24 52.17	22 47.83	46 100.00
Priors	0.5	0.5	

Error Count Estimates for Type

	1	2	Total
Rate	0.1765	0.2857	0.2311
Priors	0.5000	0.5000	

图 8-22　样品被判别函数归入各类别的频数和百分比以及各类别的错分率

从本例结果来看，所建立判别函数的判别效能不太理想，错分率估计值达到 0.2311，这可能与数据不符合参数法判别分析的条件（各变量在各类别内服从多元正态分布）有关，应采用的判别分析方法为非参数法。

3．使用 DISCRIM 过程作非参数判别

（1）SAS 程序

修改上述代码如下：

```
proc discrim data = Mylib.PCMX Method = npar   k = 3   crosslisterr;
  class Type;
  var x1–x4;
run;
```

说明：Method = npar 指定采用非参数判别法，$k = 3$ 指定采用非参数判别法中的 K 最邻近法，且近邻个数为 3（可经过多次尝试，得到最佳的判别效果）。

（2）结果分析

因篇幅所限，此处仅给出交叉验证的分类结果（见图 8-23）。

Posterior Probability of Membership in Type

Obs	From Type	Classified into Type	1	2
9	1	2 *	0.0000	1.0000
11	1	2 *	0.3962	0.6038
12	1	2 *	0.0000	1.0000
15	1	2 *	0.3962	0.6038
25	2	1 *	1.0000	0.0000
29	2	1 *	0.7018	0.2982
30	2	1 *	1.0000	0.0000
39	.	1 *	0.5526	0.4474
40	.	1 *	1.0000	0.0000
41	.	1 *	1.0000	0.0000
42	.	1 *	1.0000	0.0000
43	.	2 *	0.0000	1.0000
44	.	2 *	0.2917	0.7083
45	.	2 *	0.2917	0.7083
46	.	2 *	0.2917	0.7083

* Misclassified observation

Number of Observations and Percent Classified into Type

From Type	1	2	Total
.	4 50.00	4 50.00	8 100.00
1	13 76.47	4 23.53	17 100.00
2	3 14.29	18 85.71	21 100.00
Total	20 43.48	26 56.52	46 100.00
Priors	0.5	0.5	

Error Count Estimates for Type

	1	2	Total
Rate	0.2353	0.1429	0.1891
Priors	0.5000	0.5000	

图 8-23　交叉验证的分类结果

从结果可见非参数方法的判别效果比参数法大大提高，错分率估计值为 0.1891。

4．综合实例分析

一般情况下，在对数据进行判别分析之前，首先需要对指标变量进行筛选，选出那些与类别变量关系较为密切的变量作为判别分析的指标变量，而将那些与类别变量关系不密切或根本无关的变量剔除出分析过程，以避免无关变量对判别分析结果的影响或指标变量过多导致判别分类结果的不稳定。因此，多数情况下，SAS 中一个完整的判别分析过程是通过依次调用 STEPDISC 过程和 DISCRIM 过程（或 CANDISC 过程）来完成的。下面我们就通过实例来演示 SAS 中判别分析的完整过程。

【例 8-4】 为了明确诊断小儿肺炎的三种类型，某研究单位测得 32 名结核性、13 名化脓性和 18 名细菌性肺炎患儿的 7 项生理、生化指标，见表 8-10。试建立判别函数并进行判别归类。

表 8-10　63 例小儿肺炎 7 项生理、生化指标及其肺炎类型

*x*1	*x*2	*x*3	*x*4	*x*5	*x*6	*x*7	类型	*x*1	*x*2	*x*3	*x*4	*x*5	*x*6	*x*7	类型
3.0	0	0	1	2	7.0	0.683	1	84.0	1	0	1	1	48.0	1.700	2
7.0	0	0	0	0	46.0	2.857	1	30.0	1	2	0	1	21.0	1.840	2
3.0	1	0	0	1	8,0	0.667	1	96.0	0	0	0	1	30.0	11.333	2
8.0	1	0	0	1	50.0	4.500	1	132.0	1	0	0	1	75.5	5.571	2
14.0	0	0	1	1	91.5	2.150	1	96.0	0	0	0	1	48.0	7.000	2
13.0	1	0	1	1	15.0	8.500	1	96.0	1	2	0	0	73.0	4.556	2
24.0	1	0	1	2	12.0	7.600	1	120.0	1	0	0	1	41.0	4.111	2
4.0	1	0	1	2	7.0	1.625	1	60.0	0	0	0	2	77.5	1.429	2
2.0	0	0	1	1	20.0	9.250	1	144.0	0	0	0	0	43.0	0.500	2
6.0	0	0	1	1	42.0	6.071	1	18.0	1	0	0	0	60.0	1.727	2
10.0	0	0	1	1	18.0	0.278	1	24.0	1	2	0	0	22.5	3.100	2
1.3	1	0	1	0	30.0	19.500	1	48.0	0	0	1	1	65.0	2.100	2
24.0	1	0	1	1	12.0	9.500	1	84.0	0	0	0	1	74.0	4.375	2
0.3	1	0	0	1	10.0	6.750	1	108.0	0	0	0	0	6.0	17.200	3
2.0	0	0	0	0	29.0	0.306	1	3.0	1	0	0	0	68.0	3.500	3
7.5	0	2	1	0	18.0	3.111	1	36.0	1	0	0	0	70.0	10.667	3
8.0	0	0	1	1	32.0	0.167	1	3.0	1	0	0	1	25.0	2.222	3
34.0	0	1	1	1	4.0	4.333	1	12.0	1	0	0	0	23.0	4.167	3
8.0	0	0	0	0	32.0	1.400	1	24.0	1	0	0	1	78.0	3.417	3
7.0	1	1	1	1	20.0	8.600	1	36.0	0	0	0	0	43.0	10.533	3
3.0	1	0	0	2	51.0	13.000	1	24.0	1	0	0	0	53.0	24.000	3
10.0	1	2	0	0	81.0	42.000	1	12.0	1	1	0	0	78.0	13.667	3
5.0	1	0	0	1	30.0	3.000	1	120.0	0	0	0	0	25.0	5.667	3
42.0	1	0	1	2	15.5	0.102	1	72.0	1	0	0	0	39.0	46.000	3
4.0	1	2	1	2	45.0	2.200	1	84.0	0	0	0	0	15.0	12.000	3
1.0	1	0	0	2	50.5	1.579	1	21.0	1	0	1	1	74.0	9.667	3
1.5	1	0	0	1	10.5	0.733	1	18.0	1	0	0	0	84.0	12.667	3

（续）

x1	x2	x3	x4	x5	x6	x7	类型	x1	x2	x3	x4	x5	x6	x7	类型
6.0	0	0	0	0	14.0	16.000	1	12.0	1	2	0	0	37.5	3.857	3
14.0	1	0	1	1	5.0	0.563	1	120.0	1	0	0	0	50.0	27.000	3
7.0	1	2	1	1	17.5	0.933	1	19.0	1	0	0	0	70.0	10.000	3
10.0	0	0	1	1	75.0	1.067	1	18.0	1	0	0	0	89.0	5.857	3
4.0	1	0	0	0	7.0	4.571	1								

此例中数据包含一个分类变量“肺炎类型”和 7 个指标变量 $x_1 \sim x_7$，符合判别分析对数据结构的要求。首先我们需要从 $x_1 \sim x_7$ 中进行变量筛选，以使判别模型的效能达到最佳，然后建立判别函数（或判别准则）对样品进行判别归类，并对建立的判别函数进行评价，此处因样本量较小，且无其他数据作为检验数据集，我们利用训练样本回代和交叉验证方法对判别函数进行评价。

将表 8-10 中的数据存为数据集 Mylib.fylx，然后编写 SAS 程序如下（分为变量筛选和判别分析两个部分）。

（1）变量筛选 SAS 程序

```
Proc stepdisc slentry = 0.1 slstay = 0.1;
  class type;
  var x1 – x7;
RUN;
```

PROC STEPDISC 语句中，选项“slentry = 0.1”和“slstay = 0.1”设定变量进入模型和变量留在模型中的显著性水平均为 0.1，CLASS 语句指定变量 type 为类别标志的变量，VAR 语句指定从变量 $x_1 \sim x_7$ 中选择构建判别模型的指标变量。此处未设置“method =”选项，STEPDISC 过程将以默认的变量选择方法（即逐步法）进行变量筛选。

将以上程序提交运行，结果如下。逐步判别分析在默认情况下的输出结果篇幅较大，其中包含了变量筛选的每一个步骤的分析结果。为全面了解逐步判别分析过程，此处将输出结果全部列出，并对每一部分进行简要说明。

首先给出的是有关数据集的结构情况和逐步判别分析的参数设置情况，如图 8-24 所示。

```
                        The STEPDISC Procedure

           The Method for Selecting Variables is STEPWISE

Observations         63        Variable(s) in the Analysis        7
Class Levels          3        Variable(s) will be Included       0
                               Significance Level to Enter      0.1
                               Significance Level to Stay       0.1


                       Class Level Information

               Variable
    type       Name          Frequency       Weight     Proportion

       1       _1                   32      32.0000       0.507937
       2       _2                   13      13.0000       0.206349
       3       _3                   18      18.0000       0.285714
```

图 8-24　参数设置与类水平信息

数据结构：样品数 63，指标变量数 7，分类变量水平数 3。参数设置：变量筛选方法为逐步法，变量进入模型和变量留在模型中的显著性水平均为 0.1。

标题为 Class Level Information 的结果列表列出与各类别有关的信息，各列从左到右依次为分类变量水平值（type）、哑变量名（Variable Name，STEPDISC 过程运行时以此哑变量进行运算）、各类别样品数（Frequency）、各类别权重（Weight）以及各类别占总样品数的比例（Proportion）。

图 8-25 给出了变量筛选第一步的结果。

```
                         The STEPDISC Procedure
                      Stepwise Selection: Step 1

                    Statistics for Entry, DF = 2, 60

        Variable    Label    R-Square    F Value    Pr > F     Tolerance

        X1          X1         0.4830      28.03    <.0001        1.0000
        X2          X2         0.0372       1.16    0.3212        1.0000
        X3          X3         0.0227       0.70    0.5023        1.0000
        X4          X4         0.2767      11.48    <.0001        1.0000
        X5          X5         0.2560      10.32    0.0001        1.0000
        X6          X6         0.2106       8.00    0.0008        1.0000
        X7          X7         0.1418       4.96    0.0102        1.0000

                       Variable X1 will be entered.

                   Variable(s) that have been Entered

                                  X1


                        Multivariate Statistics

Statistic                                 Value    F Value    Num DF    Den DF    Pr > F

Wilks' Lambda                          0.516989      28.03         2        60    <.0001
Pillai's Trace                         0.483011      28.03         2        60    <.0001
Average Squared Canonical Correlation  0.241506
```

图 8-25　变量筛选第一步

首先对模型外的变量进行协方差分析（此处因为模型中尚无已选入的变量，协方差分析即为方差分析），标题为“Statistics for Entry，DF：2，60 (F 检验的自由度为：2，60)”的部分即为分析的结果。从结果中的 F 值（F Value）一栏，可判断 x_1 与分类变量的关系最为密切，相应的 p 值也最小并达到变量进入模型的标准（$p < 0.10$）。从复相关系数（R Square）也可以做出同样的判断。因此，变量 x_1 被选入判别模型。

Multivariate statistics 为对现有模型判别效能大小进行估计的统计量（本质上为对判别模型的多元方差分析），包括 Wilks'λ值和 Pillai's 值等。

图 8-26 为变量筛选第 2 步到第 7 步的结果。基本内容和第 1 步没有太多的区别。

第 2 步中首先对模型内的变量分别进行协方差分析（此处模型内仅有一个变量，所作分析为方差分析），标题为“Statistics for Removal，DF = 2，60”的部分即为分析结果。结果可见 x_1 的 R^2 为 0.483，F 值为 28.03，$p < 0.0001$，符合留在模型中的标准。

然后再对模型外剩余的 6 个变量进行协方差分析，标题为“Statistics for Entry，DF = 2，59”的部分即为分析的结果。从 F 值一栏，可判断 x_5 与分类变量的关系最为密切，相应的 p 值也最小并达到变量进入模型的标准（$p < 0.10$）。变量 x_5 被选入判别模型。

标题为 Multivariate statistics 的部分为对新模型判别效能大小进行估计的统计量，可见与第 1 步所建立的模型相比，Wilks'λ值和 Pillai's 值均有所变化，判别效能增加。

变量筛选第 3 步到第 6 步，STEPDISC 过程分别对模型中和模型外的变量进行相应的分析，判断其是否符合剔除或进入的标准，以此进行变量的剔除和选入。此过程中变量 x_6，x_7，x_2，x_3 被分别选入模型，没有变量被剔除。

```
                          The STEPDISC Procedure
                       Stepwise Selection: Step 2

                   Statistics for Removal, DF = 2, 60

           Variable    Label    R-Square    F Value    Pr > F

           X1          X1         0.4830      28.03    <.0001

                      No variables can be removed.


                   Statistics for Entry, DF = 2, 59

                          Partial
    Variable    Label    R-Square    F Value    Pr > F     Tolerance

    X2          X2         0.0737       2.35    0.1046        0.9602
    X3          X3         0.0556       1.74    0.1847        0.9875
    X4          X4         0.2145       8.05    0.0008        0.9204
    X5          X5         0.2386       9.24    0.0003        0.9769
    X6          X6         0.2254       8.59    0.0005        0.9768
    X7          X7         0.1756       6.28    0.0034        0.9742

                      Variable X5 will be entered.

                   Variable(s) that have been Entered

                                 X1 X5


                         Multivariate Statistics

Statistic                                 Value    F Value    Num DF    Den DF    Pr > F

Wilks' Lambda                          0.393632      17.52         4       118    <.0001
Pillai's Trace                         0.712033      16.59         4       120    <.0001
Average Squared Canonical Correlation  0.356017
```

…

```
                          The STEPDISC Procedure
                       Stepwise Selection: Step 7

                   Statistics for Removal, DF = 2, 55

                                  Partial
            Variable    Label    R-Square    F Value    Pr > F

            X1          X1         0.5638      35.55    <.0001
            X2          X2         0.1020       3.12    0.0518
            X3          X3         0.0977       2.98    0.0591
            X5          X5         0.2288       8.16    0.0008
            X6          X6         0.2229       7.89    0.0010
            X7          X7         0.1516       4.91    0.0109

                      No variables can be removed.

                   Statistics for Entry, DF = 2, 54

                          Partial
    Variable    Label    R-Square    F Value    Pr > F     Tolerance

    X4          X4         0.0702       2.04    0.1401        0.6484

                      No variables can be entered.

                      No further steps are possible.
```

图 8-26 变量筛选第 2 步至第 7 步

变量筛选第 7 步，从协方差分析结果中可见 x_1，x_2，x_3，x_5，x_6，x_7 均符合留在模型中的标准，因此没有变量被从模型中剔除。对模型外剩余的一个变量 x_4 进行协方差分析，判断 x_4 与分类变量的关系不够密切，相应的 p 值达不到进入模型的标准，变量 x_4 不能选入判别模型。

此时模型中没有变量可剔除，模型外也没有变量可进入，变量选择过程停止。

结果的最后部分（标题为“Stepwise Selection Summary”的结果列表）是对变量选择过程和结果的汇总，如图 8-27 所示。

各列从左到右依次为步骤序号（Step），模型中所含变量数（Number ln），每一步所选入模型的变量（Entered），每一步从模型中剔除的变量（Removed），所考查变量的偏相关系数（平方 Partial R-Square），对所考查变量进行协方差分析的 F 值（F Value）及相应 p 值（$Pr > F$），每一步完成后模型的 Wilks'λ值（Wilks'Lambda）及相应的 p 值（$Pr < Lambda$），典形相

关系数的均值（Average Squared Canonical Correlation）及相应的 p 值（$Pr > ASCC$）。

Stepwise Selection Summary

Step	Number In	Entered	Removed	Label	Partial R-Square	F Value	Pr > F	Wilks' Lambda	Pr < Lambda	Average Squared Canonical Correlation	Pr > ASCC
1	1	X1		X1	0.4830	28.03	<.0001	0.51698871	<.0001	0.24150565	<.0001
2	2	X5		X5	0.2386	9.24	0.0003	0.39363204	<.0001	0.35601669	<.0001
3	3	X6		X6	0.2087	7.65	0.0011	0.31149721	<.0001	0.40983273	<.0001
4	4	X7		X7	0.1360	4.48	0.0155	0.26914573	<.0001	0.45338520	<.0001
5	5	X2		X2	0.0991	3.08	0.0538	0.24246214	<.0001	0.47554297	<.0001
6	6	X3		X3	0.0977	2.98	0.0591	0.21876154	<.0001	0.50814619	<.0001

图 8-27　变量筛选过程的结果列表

以上逐步判别分析从 7 个备选变量中选择了 6 个与分类变量关系密切的变量，作为建立判别模型的指标变量。下一步要做的工作就是用筛选出来的变量建立判别函数，对样本进行判别归类并对判别函数进行评价。

（2）判别分析 SAS 程序

```
Proc discrim data = Mylib.fylx pool = test crosslisterr;
    Class type;
    Var x1 – x3 x5 – x7;
Run;
```

在 PROC DISCRIM 语句中，data = Mylib.fylx 用来指定判别分析的训练数据集（变量筛选 SAS 程序中所建立的数据集），pool = test 要求在决定是否用合并协方差矩阵进行广义平方距离的计算以前，先对各类别内协方差矩阵进行齐性检验，根据检验结果决定所用的协方差矩阵。crosslisterr 要求在输出结果中给出交叉验证结果中被错误分类的样品，此选项隐含了对 crossvalidate 的设置，要求 DISCRIM 过程对判别函数进行交叉验证。程序中未设置“method=”选项，DISCRIM 过程采用默认的设置即参数法进行判别分析的过程。程序中忽略了 priors 语句，因此各类别先验概率值将被设置为相等。

提交上述程序，分析结果如下。

图 8-28 给出的是有关数据集的结构情况。

The DISCRIM Procedure

Observations	63	DF Total	62
Variables	6	DF Within Classes	60
Classes	3	DF Between Classes	2

Class Level Information

type	Variable Name	Frequency	Weight	Proportion	Prior Probability
1	_1	32	32.0000	0.507937	0.333333
2	_2	13	13.0000	0.206349	0.333333
3	_3	18	18.0000	0.285714	0.333333

Within Covariance Matrix Information

type	Covariance Matrix Rank	Natural Log of the Determinant of the Covariance Matrix
1	6	11.39034
2	6	11.89065
3	6	11.82456
Pooled	6	13.55488

图 8-28　数据集的结构情况、类别信息与类内协方差矩阵信息

数据一般情况：样品数 63，指标变量数 6，分类变量水平数 3，总自由度（DF Total）62，类内自由度（DF Within Class）60，类间自由度（DF Between Class）2。

Class Level Information（各类别有关信息）：各列从左到右依次为 Type（分类变量水平值）、Variable Name（哑变量名）、Frequency（各类别所含样品数）、Weight（各类别权重）以及 Proportion（各类别占总样本数的比例）、Prior Probability（各类别的先验概率）等，由于先验概率设置为各类别相等，因此各类的先验概率均为 0.333333。

Within Covariance Matrix Information（类内协方差矩阵有关的信息）：各列从左到右依次为 Type（分类变量水平值）、Covariance Matrix Rank（协方差矩阵的秩）、Natural Log of the Determinant of the Covariance Matrix（协方差矩阵之行列式的自然对数）。此部分的最后一行为合并类内协方差矩阵的有关信息。

图 8-29 为各类内协方差矩阵齐性检验的结果（Test of Homogeneity of Within Covariance Matrices），其中的大部分内容是有关符号的定义及有关指标的计算方法的介绍，这里不进行详细介绍，我们所关心的是协方差齐性检验的结果。

Chi-Square	DF	Pr > ChiSq
97.017638	42	<.0001

Since the Chi-Square value is significant at the 0.1 level, the within covariance matrices will be used in the discriminant function
Reference: Morrison, D.F. (1976) Multivariate Statistical Methods p252

图 8-29　各类内协方差矩阵齐性检验的结果

此处χ^2检验的结果表明各类内协方差不齐（$p < 0.0001$），因此各类内的协方差矩阵将被用于广义平方距离的计算，从而将得到一个二次判别函数（Quadratic Discriminant Function）而非线性判别函数（Linear Discriminant Function）。

图 8-30 为各类间的广义平方距离，可见类内平方距离小于类间平方距离。

图 8-31 所示为训练样本回代的判别分类汇总结果，上半部分为来自各类别（真实类别）的样品被判别函数归入各类别的频数和百分比（上一行为频数，下一行为百分比），下半部分为各类别的错误分类率（Error Count Estimates for type），可见第三类（type = 3）的错分率最高，为 0.1667，各类别的总错分率为 0.1124。需要注意的是，通过训练样本回代对判别函数的评价总是高估判别函数的判别效能，即得出的错分率估计值总是偏低。

Generalized Squared Distance to type

From type	1	2	3
1	11.39034	18.48618	20.13529
2	76.77758	11.89065	20.01105
3	31.12518	30.37525	11.82456

图 8-30　各类间的广义平方距离

Number of Observations and Percent Classified into type

From type	1	2	3	Total
1	29 90.63	3 9.38	0 0.00	32 100.00
2	0 0.00	12 92.31	1 7.69	13 100.00
3	2 11.11	1 5.56	15 83.33	18 100.00
Total	31 49.21	16 25.40	16 25.40	63 100.00
Priors	0.33333	0.33333	0.33333	

Error Count Estimates for type

	1	2	3	Total
Rate	0.0938	0.0769	0.1667	0.1124
Priors	0.3333	0.3333	0.3333	

图 8-31　训练样本回代的判别分类汇总结果

图 8-32 为交叉验证判别分类中被错误分类的样品及其有关的信息。各列从左到右依次为样品号、原来所属的类别（From type）、被归入的新类别（Classified into type），后三列为对各条样品依据判别函数所得的归属各类别的后验概率（Posterior Probability of Membership），discrim 过程依据此后验概率对每条样品进行判别归类。

Posterior Probability of Membership in type

Obs	From type	Classified into type	1	2	3
5	1	2 *	0.0308	0.9691	0.0001
12	1	3 *	0.4968	0.0000	0.5032
16	1	2 *	0.1326	0.8661	0.0014
18	1	2 *	0.0264	0.9697	0.0039
22	1	3 *	0.0000	0.0000	1.0000
24	1	2 *	0.0290	0.9687	0.0023
25	1	2 *	0.1273	0.8727	0.0000
30	1	2 *	0.0935	0.9060	0.0005
31	1	2 *	0.4158	0.5840	0.0002
34	2	1 *	0.8367	0.1595	0.0038
35	2	3 *	0.0000	0.0003	0.9997
38	2	3 *	0.0000	0.0080	0.9920
41	2	3 *	0.0000	0.0000	1.0000
42	2	3 *	0.0029	0.0000	0.9971
49	3	1 *	0.9853	0.0146	0.0001
50	3	1 *	0.9466	0.0486	0.0048
51	3	2 *	0.0329	0.7563	0.2108
52	3	1 *	0.6198	0.1926	0.1876
55	3	2 *	0.0000	0.9131	0.0869
58	3	1 *	0.5307	0.0117	0.4576
60	3	2 *	0.0222	0.9778	0.0000

* Misclassified observation

图 8-32　交叉验证判别分类中被错误分类的样品及其有关信息

最后部分（图 8-33）给出的是交叉验证的判别分类汇总结果，上半部分为来自各类别（真实类别）的样品被判别函数归入各类别的频数和百分比，下半部分为各类别的错误分类率（Error Count Estimates for type），可见第三类（type = 3）的错分率最高，为 0.3889，各类别的总错分率为 0.3516。与训练样本回代的判别分类结果相比，交叉验证的错分率明显增大，但交叉验证的分类结果更加真实和客观，在没有检验数据集时交叉验证的结果是评价判别函数判别效能的可靠指标。

由于判别函数为二次方程，输出结果中没有关于判别函数的内容，只有判别函数为线性方程时，输出结果中才会给出有关的模型和相应的参数。

（3）非参数判别法

从本例结果来看，所建立判别函数的判别效能不太理想，错分率估计值达到 0.3516，这可能与数据不符合参数法判别分析的条件（各变量在各类别内服从多元正态分布）有关，应采用的判别分析方法为非参数法。

将上面程序中 PROC DISCRIM 语句修改如下：

```
Proc discrim data = Mylib.fylx method = npar k = 3 crosslisterr;
```

其中，method=npar 指定采用非参数方法进行判别分析；k = 3 指定采用非参数方法中的 K 最近邻法，且近邻个数为 3（实际操作中此数值需经过多次尝试，方可获得最佳的判别效能）。修改后的代码如下：

```
Proc discrim data = Mylib.fylx method = npar k = 3 crosslisterr;
    Class type;
    Var x1 – x3 x5 – x7;
```

Run;

```
                    The DISCRIM Procedure
      Classification Summary for Calibration Data: MYLIB.FYLX
   Cross-validation Summary using Quadratic Discriminant Function

              Generalized Squared Distance Function

         2                    -1
        D (X) = (X-X̄    )' COV    (X-X̄    ) + ln |COV    |
         j          (X)j      (X)j     (X)j          (X)j

        Posterior Probability of Membership in Each type

                             2                    2
        Pr(j|X) = exp(-.5 D (X)) / SUM exp(-.5 D (X))
                           j       k            k

       Number of Observations and Percent Classified into type

  From type          1            2            3         Total

      1             23            7            2            32
                 71.88        21.88         6.25        100.00

      2              1            8            4            13
                  7.69        61.54        30.77        100.00

      3              4            3           11            18
                 22.22        16.67        61.11        100.00

    Total           28           18           17            63
                 44.44        28.57        26.98        100.00

    Priors     0.33333      0.33333      0.33333

                 Error Count Estimates for type

                        1            2            3        Total

  Rate             0.2813       0.3846       0.3889       0.3516
  Priors           0.3333       0.3333       0.3333
```

图 8-33 交叉验证的判别分类汇总结果

将修改后的程序提交执行，得到判别分析结果如下。因篇幅所限，此处仅给出交叉验证的分类结果（见图 8-34），感兴趣的读者可自行练习操作，体会非参数法的不同之处。

```
      Posterior Probability of Membership in type

          From    Classified
  Obs     type    into type        1          2          3

    4       1         3 *      0.2250     0.0000     0.7750
    5       1         2 *      0.1733     0.8267     0.0000
   22       1         3 *      0.0000     0.0000     1.0000
   25       1         2 *      0.4561     0.5439     0.0000
   30       1         2 *      0.1733     0.8267     0.0000
   31       1         2 *      0.4561     0.5439     0.0000
   35       2         3 *      0.0000     0.4286     0.5714
   42       2         3 *      0.0000     0.0000     1.0000
   49       3         1 *      1.0000     0.0000     0.0000
   50       3         1 *      0.5152     0.0000     0.4848
   52       3         1 *      1.0000     0.0000     0.0000
   60       3         2 *      0.1688     0.8312     0.0000
   61       3         2 *      0.0000     0.7234     0.2766

           * Misclassified observation
```

```
    Number of Observations and Percent Classified into type

  From type          1            2            3         Total

      1             26            4            2            32
                 81.25        12.50         6.25        100.00

      2              0           11            2            13
                  0.00        84.62        15.38        100.00

      3              3            2           13            18
                 16.67        11.11        72.22        100.00

    Total           29           17           17            63
                 46.03        26.98        26.98        100.00

    Priors     0.33333      0.33333      0.33333

                 Error Count Estimates for type

                        1            2            3        Total

  Rate             0.1875       0.1538       0.2778       0.2064
  Priors           0.3333       0.3333       0.3333
```

图 8-34 交叉验证的判别分类汇总结果

从结果可见非参数方法的判别效能比参数法大大提高，错分率估计值为 0.2064。

设置不同的先验概率值，也会得出不同的判别结果。在先验概率已知的情况下，应首先将已知的概率作为先验概率，而在先验概率未知的情况下，不应随意指定各类的先验概率，可选的做法是指定各类别先验概率相等（Priors Equal）或设置为各类别占总数的比例（Priors Proportional）。本例中先验概率是未知的，我们仅演示了各类先验概率相等情况下的分析结果，感兴趣者可增加语句“priors proportional;”，观察分析结果有何不同（需注意此种做法会低估判别模型的错分率）。

判别分析在医学及其他领域有着广泛的应用前景，但由于其操作和结果的解释较为复杂，使其推广应用受到一定的限制。实际应用中应充分结合专业知识，尤其在变量筛选和结果的解释方面，不应仅仅依靠分析结果的统计学意义，而应将专业知识放在首要的位置。

8.3 习题

1．为了更深入了解我国人口的文化程度状况，现利用 1990 年全国人口普查数据对全国 30 个省、直辖市、自治区进行聚类分析。分析选用了三个指标变量：大学以上文化程度的人口占全部人口的比例（DXBZ）；初中文化程度的人口占全部人口的比例（CZBZ）；文盲半文盲人口占全部人口的比例（WMBZ），分别用来反映较高、中等、较低文化程度人口的状况，原始数据如表 8-11 所示。

表 8-11　1990 年全国人口普查文化程度人口比例　（%）

地　区	序　号	*DXBZ*	*CZBZ*	*WMBZ*
北京	1	9.30%	30.55%	8.70%
天津	2	4.67%	29.38%	8.92%
河北	3	0.96%	24.69%	15.21%
山西	4	1.38%	29.24%	11.30%
内蒙	5	1.48%	25.47%	15.39%
辽宁	6	2.60%	32.32%	8.81%
吉林	7	2.15%	26.31%	10.49%
黑龙江	8	2.14%	28.46%	10.87%
上海	9	6.53%	31.59%	11.04%
江苏	10	1.47%	26.43%	17.23%
浙江	11	1.17%	23.74%	17.46%
安徽	12	0.88%	19.97%	24.43%
福建	13	1.23%	16.87%	15.63%
江西	14	0.99%	18.84%	16.22%
山东	15	0.98%	25.18%	16.87%
河南	16	0.85%	26.55%	16.15%
湖北	17	1.57%	23.16%	15.79%
湖南	18	1.14%	22.57%	12.10%
广东	19	1.34%	23.04%	10.45%
广西	20	0.79%	19.14%	10.61%
海南	21	1.24%	22.53%	13.97%
四川	22	0.96%	21.65%	16.24%
贵州	23	0.78%	14.65%	24.27%
云南	24	0.81%	13.85%	25.44%

（续）

地　区	序　号	DXBZ	CZBZ	WMBZ
西藏	25	0.57%	3.85%	44.43%
陕西	26	1.67%	24.36%	17.62%
甘肃	27	1.10%	16.85%	27.93%
青海	28	1.49%	17.76%	27.70%
宁夏	29	1.61%	20.27%	22.06%
新疆	30	1.85%	20.66%	12.75%

注：数据来源：《中国计划生育全书》第 886 页。

2．有 6 个铅弹头，用“中子活化”方法测得 7 种微量元素含量数据（见表 8-12）。

表 8-12　7 种微量元素含量数据

Ag(银)	Al(铝)	Cu(铜)	Ca(钙)	Sb(锑)	Bi(铋)	Sn(锡)
0.05798	5.5150	347.10	21.910	8586	1742	61.69
0.08441	3.9700	347.20	19.710	7947	2000	2440
0.07217	1.1530	54.85	3.052	3860	1445	9497
0.15010	1.7020	307.50	15.030	12290	1461	6380
5.74400	2.8540	229.60	9.657	8099	1266	12520
0.21300	0.7058	240.30	13.910	8980	2820	4135

1）试用多种系统聚类分析方法对 6 个弹头和 7 种微量元素进行分类，并比较分类结果；

2）试用 VARCLUS 过程对 7 种微量元素进行分类。

3．表 8-13 中列出各国家和地区男子径赛记录的数据，试分别用类平均法、离差平方和法和 k 均值法进行聚类分析，聚类前先对各变量作标准化变换。

表 8-13　各国家和地区男子径赛记录

国家和地区	100m/s	200 m/s	400 m/s	800 m/min	1500 m/min	5000 m/min	10000 m/min	马拉松 (min)
阿根廷	10.39	20.81	46.84	1.81	3.70	14.04	29.36	137.72
澳大利亚	10.31	20.06	44.84	1.74	3.57	13.28	27.66	128.30
奥地利	10.44	20.81	46.82	1.79	3.60	13.26	27.72	135.90
比利时	10.34	20.68	45.04	1.73	3.60	13.22	27.45	129.95
百慕大	10.28	20.58	45.91	1.80	3.75	14.68	30.55	146.62
巴西	10.22	20.43	45.21	1.73	3.66	13.62	28.62	133.13
缅甸	10.64	21.52	48.30	1.80	3.85	14.45	30.28	139.95
加拿大	10.17	20.22	45.68	1.76	3.63	13.55	28.09	130.15
智利	10.34	20.80	46.20	1.79	3.71	13.61	29.30	134.03
中国	10.51	21.04	47.30	1.81	3.73	13.90	29.13	133.53
哥伦比亚	10.43	21.05	46.10	1.82	3.74	13.49	27.88	131.35
库克群岛	12.18	23.90	52.94	2.02	4.24	16.70	35.38	164.70
哥斯达黎加	10.94	21.90	48.66	1.87	3.84	14.03	28.81	136.58

（续）

国家和地区	100m/s	200 m/s	400 m/s	800 m/min	1500 m/min	5000 m/min	10000 m/min	马拉松 (min)
捷克斯洛伐克	10.35	20.65	45.64	1.76	3.58	13.42	28.19	134.32
丹麦	10.56	20.52	45.89	1.78	3.61	13.50	28.11	130.78
多米尼加共和国	10.14	20.65	45.80	1.82	3.82	14.91	31.45	154.12
芬兰	10.43	20.69	45.49	1.74	3.61	13.27	27.52	130.87
法国	10.11	20.38	45.28	1.73	3.57	13.34	27.97	132.30
德意志民主共和国	10.12	20.33	44.87	1.73	3.56	13.17	27.42	129.92
德意志联邦共和国	10.16	20.37	44.50	1.73	3.53	13.21	27.61	132.23
大不列颠及北爱尔兰	10.11	20.21	44.93	1.70	3.51	13.01	27.51	129.13
希腊	10.22	20.71	46.56	1.78	3.64	14.59	28.45	134.60
危地马拉	10.98	21.82	48.40	1.89	3.80	14.16	30.11	139.33
匈牙利	10.26	20.62	46.02	1.77	3.62	13.49	28.44	132.58
印度	10.60	21.42	45.73	1.76	3.73	13.77	28.81	131.98
印度尼西亚	10.59	21.49	47.80	1.84	3.92	14.73	30.79	148.83
以色列	10.61	20.96	46.30	1.79	3.56	13.32	27.81	132.35
爱尔兰	10.71	21.00	47.80	1.77	3.72	13.66	28.93	137.55
意大利	10.01	19.72	45.26	1.73	3.60	13.23	27.52	131.08
日本	10.34	20.81	45.86	1.79	3.64	13.41	27.72	128.63
肯尼亚	10.46	20.66	44.92	1.73	3.55	13.10	27.38	129.75
韩国	10.34	20.89	46.90	1.79	3.77	13.96	29.23	136.25
朝鲜人民民主共和国	10.91	21.94	47.30	1.85	3.77	14.13	29.67	130.87
卢森堡	10.35	20.77	47.40	1.82	3.67	13.64	29.08	141.27
马来西亚	10.40	20.92	46.30	1.82	3.80	14.64	31.01	154.10
毛里求斯	11.19	22.45	47.70	1.88	3.83	15.06	31.77	152.23
墨西哥	10.42	21.30	46.10	1.80	3.65	13.46	27.95	129.20
荷兰	10.52	20.95	45.10	1.74	3.62	13.36	27.61	129.02
新西兰	10.51	20.88	46.10	1.74	3.54	13.21	27.70	128.98
挪威	10.55	21.16	46.71	1.76	3.62	13.34	27.69	131.48
巴布亚新几内亚	10.96	21.78	47.90	1.90	4.01	14.72	31.36	148.22
菲律宾	10.78	21.64	46.24	1.81	3.83	14.74	30.64	145.27
波兰	10.16	20.24	45.36	1.76	3.60	13.29	27.89	131.58
葡萄牙	10.53	21.17	46.70	1.79	3.62	13.13	27.38	128.65
罗马尼亚	10.41	20.98	45.87	1.76	3.64	13.25	27.67	132.50
新加坡	10.38	21.28	47.40	1.88	3.89	15.11	31.32	157.77
西班牙	10.42	20.77	45.98	1.76	3.55	13.31	27.73	131.57
瑞士	10.25	20.61	45.63	1.77	3.61	13.29	27.94	130.63
瑞典	10.37	20.46	45.78	1.78	3.55	13.22	27.91	131.20
中国台北	10.59	21.29	46.80	1.79	3.77	14.07	30.07	139.27
泰国	10.39	21.09	47.91	1.83	3.84	15.23	32.56	149.90
土耳其	10.71	21.43	47.60	1.79	3.67	13.56	28.58	131.50

（续）

国家和地区	100m/s	200 m/s	400 m/s	800 m/min	1500 m/min	5000 m/min	10000 m/min	马拉松 (min)
美国	9.93	19.75	43.86	1.73	3.53	13.20	27.43	128.22
苏联	10.07	20.00	44.60	1.75	3.59	13.20	27.53	130.55
西萨摩亚	10.82	21.86	49.00	2.02	4.24	16.28	34.71	161.83

注：数据来源：1984 年洛杉矶奥运会 IAAP / ATFS 田径统计手册。

4．根据经验，今天与昨天的湿度差 x_1 及今天的压温差（气压与温度之差）x_2 是预报明天是否下雨的两个重要因素。现收集到一批样本数据如表 8-14 所示。

表 8-14　天气预报样本数据

π1(雨天)		π2(非雨天)	
x_1(湿度差)	x_2(压温差)	x_1(湿度差)	x_2(压温差)
−1.9	3.2	0.2	6.2
−6.9	10.4	−0.1	7.5
5.2	2.0	0.4	14.6
5.0	2.5	2.7	8.3
7.3	0.0	2.1	0.8
6.8	12.7	−4.6	4.3
0.9	−15.4	−1.7	10.9
−12.5	−2.5	−2.6	13.1
1.5	1.3	2.6	12.8
3.8	6.8	−2.8	10.0

今测得 $x_1 = 0.6$，$x_2 = 3.0$，假定两组的协方差矩阵相等。

1）试用距离判别法预报明天是否会下雨，并估计误判概率；

2）假定两组的 $x=(x_1, x_2)'$均服从二元正态分布，且根据其他信息及经验给出先验概率 $p_1 = 0.3$，$p_2 = 0.7$，试用贝叶斯判别法预报明天是否下雨。

5．对 28 名一级和 25 名健将级标枪运动员测试了 6 个影响标枪成绩的训练项目，这些训练项目成绩为：30m 跑（x_1）、投掷小球（x_2）、挺举重量（x_3）、抛实心球（x_4）、前抛铅球（x_5）和五级跳（x_6），全部数据列于表 8-15 中。

表 8-15　训练项目成绩

编　号	组　别	x_1	x_2	x_3	x_4	x_5	x_6
1	I	3.60	4.30	82.30	70.00	90.00	18.52
2	I	3.30	4.10	87.48	80.00	100.00	18.48
3	I	3.30	4.22	87.74	85.00	115.00	18.56
4	I	3.21	4.05	88.60	75.00	100.00	19.10
5	I	3.10	4.38	89.98	95.00	120.00	20.14
6	I	3.20	4.90	89.10	85.00	105.00	19.44
7	I	3.30	4.20	89.00	75.00	85.00	19.17

（续）

编　号	组　别	x_1	x_2	x_3	x_4	x_5	x_6
8	I	3.50	4.50	84.20	80.00	100.00	18.80
9	I	3.70	4.60	82.10	70.00	85.00	17.68
10	I	3.40	4.40	90.18	75.00	100.00	19.14
11	I	3.60	4.30	82.10	70.00	90.00	18.10
12	I	3.60	4.50	82.00	55.00	70.00	17.40
13	I	3.60	4.20	82.20	70.00	90.00	18.12
14	I	3.40	4.20	85.40	85.00	100.00	18.66
15	I	3.30	4.30	90.10	80.00	100.00	19.86
16	I	3.12	4.20	89.00	85.00	100.00	20.00
17	I	3.10	4.20	90.20	85.00	115.00	20.80
18	I	3.60	4.20	81.96	65.00	80.00	17.20
19	I	3.70	4.40	81.00	80.00	95.00	17.00
20	I	3.30	4.30	90.00	80.00	110.00	19.80
21	I	3.80	4.09	80.00	60.00	80.00	16.89
22	I	3.70	4.30	83.90	85.00	100.00	18.76
23	I	3.50	4.20	85.40	85.00	100.00	18.70
24	I	3.40	4.10	86.70	85.00	110.00	18.50
25	I	3.30	4.10	88.10	75.00	85.00	18.96
26	I	3.70	4.10	84.10	70.00	95.00	18.70
27	I	3.60	4.30	82.00	70.00	90.00	18.40
28	II	3.20	4.20	89.20	85.00	115.00	19.88
29	II	3.40	4.00	103.00	95.00	110.00	24.80
30	II	3.30	4.50	118.00	90.00	120.00	25.70
31	II	3.10	4.50	105.00	85.00	110.00	25.10
32	II	3.80	4.10	104.53	80.00	100.00	24.98
33	II	3.00	4.20	112.00	95.00	125.00	25.35
34	II	3.90	3.70	98.20	85.00	90.00	21.80
35	II	3.50	4.10	98.70	90.00	120.00	22.78
36	II	3.10	3.90	98.20	60.00	90.00	21.98
37	II	3.30	3.90	109.00	100.00	120.00	25.30
38	II	3.10	3.95	98.40	95.00	115.00	25.20
39	II	3.14	3.90	95.30	90.00	110.00	21.42
40	II	3.60	4.30	93.60	75.00	85.00	20.84
41	II	3.12	3.90	95.80	80.00	105.00	21.80
42	II	3.00	3.90	93.80	85.00	90.00	21.08
43	II	3.40	3.91	96.30	110.00	120.00	21.98
44	II	3.63	3.78	98.56	85.00	120.00	22.36
45	II	3.30	3.98	97.40	85.00	100.00	22.34
46	II	3.30	4.40	112.00	75.00	110.00	25.10

（续）

编 号	组 别	x_1	x_2	x_3	x_4	x_5	x_6
47	II	3.50	4.10	107.70	87.50	110.00	25.10
48	II	3.40	4.20	92.10	80.00	120.00	22.16
49	II	3.60	4.10	99.48	85.00	120.00	23.10
50	II	3.10	4.40	116.00	75.00	110.00	25.30
51	II	3.12	4.00	102.70	80.00	110.00	24.68
52	II	3.60	4.10	115.00	85.00	115.00	23.70
53	II	3.50	4.30	97.80	75.00	100.00	24.10

另有 14 名未定级的运动员也测试了同样 6 个项目，数据如表 8-16 所示。

表 8-16　训练项目成绩

编 号	x_1	x_2	x_3	x_4	x_5	x_6
1	3.50	4.10	85.30	75.00	105.00	18.65
2	3.40	4.40	85.40	75.00	95.00	18.60
3	3.60	4.30	85.36	75.00	90.00	18.60
4	3.60	4.10	83.70	75.00	105.00	18.60
5	3.20	4.10	89.35	75.00	95.00	20.28
6	3.40	4.15	86.28	60.00	77.50	18.90
7	3.60	4.20	84.10	80.00	100.00	18.70
8	3.10	4.10	98.00	95.00	130.00	22.30
9	3.00	4.10	122.00	100.00	115.00	27.10
10	3.20	4.30	92.68	80.00	105.00	20.68
11	3.10	4.20	91.76	85.00	100.00	22.20
12	3.30	4.20	98.40	65.00	100.00	22.86
13	3.30	4.60	92.00	80.00	195.00	23.07
14	3.40	4.30	97.36	75.00	110，00	22.12

假定两组数据均来自于多元正态总体，且 $C(1\mid 2)=C(2\mid 1)$（其中 $C(j\mid i)$为假定本来属于 Gi 的样品被判为属于 Gj 时造成的损失）。

1）对 14 名未定级的运动员，假设先验概率 $p_1=p_2$，试在$\Sigma_1=\Sigma_2=\Sigma$和$\Sigma_1\neq\Sigma_2$的两种情形下分别对他们归属何组作出贝叶斯判别；

2）试对 1）的误判概率作出估计；

3）假设$\Sigma_1=\Sigma_2=\Sigma$，$p_1=0.8$，$p_2=0.2$，试对这 14 名未定级运动员的归属作出贝叶斯判别。

提示：$\Sigma_1\neq\Sigma_2$时，proc discrim 语句中选项：pool = no，$\Sigma_1=\Sigma_2$时，proc discrim 语句中选项：pool = yes。

第9章 属性（分类）数据分析

在社会科学中常常需要处理分类数据，如性别、居住地区、投票行为、是否购买某种商品等。本章介绍属性（分类）数据的分析方法。

9.1 属性数据及其分析

为了某种目的通过调查表进行社会调查得到的数据，一般都是分类数据。例如，人口普查中的性别、职业、受教育程度等；在市场研究中，为了了解一种新产品的吸引力，根据顾客是否已看到这种新产品的广告及是否已购买了该新产品，将顾客分为不同类。这些问题中涉及描述对象属性或种类的数据称为属性数据。

9.1.1 属性数据分析与列联表

对属性数据进行的描述与分析，通常需要采用列联表的方式进行，故又称之为列联分析。

1. 属性变量与属性数据分析

从变量的测量水平来看可将变量分为两类：连续变量和属性（Categorical）变量，属性变量又可分为有序的（Ordinal）和无序的变量。

在方差分析和回归分析中，研究因变量与一些自变量的相关关系。在方差分析中，自变量就是属性变量，它们都只取几个离散的值；在回归分析中，自变量是连续变量。但方差分析和回归分析中的因变量都必须是连续变量.

当我们研究的指标（因变量）是一个属性变量，并希望用其他变量来说明或预测这个属性变量的取值时，不管用以说明的变量是属性的或连续的，使用的统计方法统称为属性数据分析，所以属性数据分析是一种有着广泛实际应用的统计方法。

对属性数据进行分析，将达到以下几方面的目的：

1）产生汇总分类数据——列联表；

2）检验属性变量间的独立性（无关联性）；

3）计算属性变量间的关联性统计量；

4）对高维数据进行分层分析和建模。

2. 列联表

列联表（Contingency Table）是由两个以上的属性变量进行交叉分类的频数分布表。例如一个集团公司在四个不同的区域设有分公司，现该集团公司欲进行一项改革，此项改革可能涉及各分公司的利益，故采用抽样调查方法，从四个分公司共抽取 420 个样本单位，了解职工对此项改革的看法，调查结果如表 9-1 所示。

表 9-1　关于改革方案的调查结果

	一分公司	二分公司	三分公司	四分公司	合　计
赞成该方案人数	68	75	57	79	279
反对该方案人数	32	45	33	31	141
合计	100	120	90	110	420

表中的行（Row）是态度变量，这里划分为两类：赞成改革方案或反对改革方案；表中的列（Column）是单位变量，这里划分为四类，即四个分公司。表 9-1 所示的列联表称为 2×4 表。

一般地，具有两个或多个属性变量的列联表称为交叉表。其中具有两个变量的列联表通常称为双向表，具有三个变量的表称为三向表，依次类推。当双向表中的两个变量都仅有两个水平时，这种特殊的表称为 2×2 表。

交叉表的基本形式如图 9-1 所示。

		列				
		第 1 列	第 2 列	…	第 c 列	行边缘频数
	第 1 行	n_{11}	n_{12}	…	n_{1c}	$\sum_{j=1}^{c} n_{1j}$
行	第 2 行	n_{21}	n_{22}	…	n_{2c}	$\sum_{j=1}^{c} n_{2j}$
	…	…	…	…	…	…
	第 r 行	n_{r1}	n_{r2}	…	n_{rc}	$\sum_{j=1}^{c} n_{rj}$
	列边缘频数	$\sum_{i=1}^{r} n_{i1}$	$\sum_{i=1}^{r} n_{i2}$	…	$\sum_{i=1}^{r} n_{ic}$	$\sum_{i=1}^{r}\sum_{j=1}^{c} n_{ij}$

图 9-1　双向表的一般形式

这是一张具有 r 行和 c 列的一般列联表，称为 $r\times c$ 表。其中，第 i 行第 j 列的单元表示为单元$_{ij}$。交叉表常给出在所有行变量和列变量的组合中的观测个数。表中的总观测个数用 n 表示，如图 9-1 所示。例如，在单元$_{ij}$中的观测个数表示为 n_{ij}。

称在一个单元的观测个数为单元频数，最右边为行变量的总频数，称为行边缘频数，最下边为列变量的总频数，称为列边缘频数，右下角为总频数。

9.1.2　属性变量关联性分析

对于不同的属性变量，从列联表中可以得到它们联合分布的信息。但有时还想知道形成列联表的行和列变量间是否有某种关联性，即一个变量取不同数值时，另一个变量的分布是否有显著的不同，这就是属性变量关联性分析的内容。

属性变量关联性检验的假设为

H_0：变量之间无关联性　　H_1：变量之间有关联性

由于变量之间无关联性说明变量互相独立，所以原假设和备择假设可以写为：

H_0：变量之间独立　　H_1：变量之间不独立

1. χ^2 检验

在双向表的情形下，如果行变量与列变量无关联性的原假设 H_0 成立，则列联表中各行的相对分布应近似相等，即

$$\frac{n_{ij}}{\sum_j n_{ij}} \approx \frac{\sum_i n_{ij}}{n} \quad (j=1，2，\cdots，c)$$

或

$$n_{ij} \approx \frac{\sum_j n_{ij} \sum_i n_{ij}}{n} \overset{def}{=} m_{ij} \quad (j=1，2，\cdots，c)$$

其中 m_{ij} 称为列联表中单元 $_{ij}$ 在无关联性假设下的期望频数，而 n_{ij} 是单元 $_{ij}$ 的观测频数。为了检验无关联性，将观测的单元频数与无关联的原假设为真时单元的期望频数进行比较。一个通常使用的检验是 χ^2 检验。χ^2 统计量为：

$$\chi^2 = \sum_{i=1}^{r}\sum_{j=1}^{c}\frac{(n_{ij}-m_{ij})^2}{m_{ij}}$$

在 H_0 成立的条件下，当观测数据较大时，χ^2 统计量的分布近似服从自由度为 $(r-1)(c-1)$ 的 χ^2 分布。

由于 χ^2 分布是一种连续性分布，而属性数据是不连续的，故上式只是一个近似计算公式。计算出来的 χ^2 值往往偏大，相应的 p 值偏小，从而人为地增加了犯第一类错误的机会。为纠正这种偏性，可采用修正 χ^2，用 $\chi_C{}^2$ 表示，即

$$\chi_C^2 = \sum_{i=1}^{r}\sum_{j=1}^{c}\frac{(|n_{ij}-m_{ij}|-0.5)^2}{m_{ij}}$$

注：通常要求 χ^2 检验应满足的条件是：$n \geqslant 40$ 且所有单元的期望频数均不小于 5。

χ^2 修正的条件：$n \geqslant 40$ 但有单元的期望频数小于 5。

2. Fisher 精确检验

如果 χ^2 检验的条件不满足，可以使用 Fisher 精确检验。Fisher 精确检验最初是针对 2×2 这种特殊的列联表而提出来的。

Fisher 精确检验建立在概率论中超几何分布的基础上，对于单元频数小的列联表来说，它是特别合适的。

Fisher 精确检验计算在 H_0 成立的条件下，当总频数和边缘频数固定时，各种可能的表的超几何概率 p 之和

$$PROB = \sum_A p$$

对于双边检验，A 是具有概率 p 小于或等于观测表概率的表的集合；对于左（右）边检验，A 是这样一些表的集合，其中每个表的单元 $_{ij}$ 中频数小于（大于）或等于观测表中相应

的频数。

9.1.3 属性变量关联度计算

前面讨论了使用χ^2分布对两个属性变量之间的关联性进行统计检验，如果变量相互独立，说明它们之间没有关联；反之，则认为它们之间存在关联。这个关联程度可以由以下几个统计量来刻画。

1. φ 系数

φ 系数（Phi coefficient）是描述 2×2 表数据关联程度最常用的一种相关系数。其计算公式为：

$$\varphi = \pm\sqrt{\chi^2 / n}$$

其中，χ^2 即χ^2统计量。

$|\varphi|$的取值范围是在 $0 \sim 1$ 之间，φ 的绝对值越大，说明行变量与列变量的关联程度越高。$\varphi = 0$，表示变量之间相互独立；$|\varphi| = 1$，表示变量之间完全相关，此时列联表某个方向对角线上的值全为 0。

当列联表 $r \times c$ 中的行数 r 或列数 c 大于 2 时，φ 系数将随着 r 或 c 变大而变大，且 φ 无上界，此时可用列联系数。

2. 列联系数

列联系数（Contingency Coefficient）简称为 c 系数，主要用于大于 2×2 表的情况。c 系数的计算公式为：

$$c = \pm\sqrt{\frac{\chi^2}{\chi^2 + n}}$$

c 系数的取值范围为$-1 < c < 1$，特别当 $r \times c$ 表中两个变量相互独立时，$c = 0$。c 系数的最大值依赖于列联表的行数和列数，且随着 r 或 c 变大而变大。例如，对于 2×2 表，$c = 0.7071$；对于 3×3 表，$c = 0.8165$；对于 4×4 表，$c = 0.87$。

c 系数的缺点是，根据不同行列的列联表计算出来的 c 系数不便比较。

3. V 系数

鉴于 φ 系数无上界、c 系数小于 1 的不便，克莱默提出了 V 系数（Cramer's V），其计算公式如下：

$$V = \pm\sqrt{\frac{\chi^2}{n \times \min[(R-1),(C-1)]}}$$

其中 $\min[(r-1)(c-1)]$表示取$(r-1)$或$(c-1)$中较小的一个。$V = 0$，表示两个变量相互独立，$|V| = 1$，表示变量之间完全相关。

9.1.4 有序变量关联性分析

对于数值变量，可以计算两两变量的相关系数。属性变量因为没有数值概念所以不能计算相关系数，但对于两个有序变量可以计算类似于相关系数的关联性量度。用来度量有序变量关联程度的统计量有 γ 统计量、τ_b统计量和 τ_c统计量等。这几个统计量均由以下定义的观测对一致或不一致的个数（即 P 和 Q）来计算。

设（$A1$，$B1$）和（$A2$，$B2$）是一对观测，若 $A1>A2$ 且 $B1>B2$，或 $A1<A2$ 且 $B1<B2$ 则称该对观测是一致的；若 $A1>A2$ 且 $B1<B2$，或 $A1<A2$ 且 $B1>B2$ 则称该对观测是不一致的。

用 P 表示所有观测对中一致对的个数，Q 表示所有观测对中不一致对的个数。

γ 统计量（Gamma）的定义为：

$$\gamma = \frac{P-Q}{P+Q}$$

τ_b统计量（Kendal Tau-b）的定义为：

$$\tau_b = \frac{P-Q}{\sqrt{n^2 - \sum_{i=1}^{r}\left(\sum_{j=1}^{c} n_{ij}\right)^2}\sqrt{n^2 - \sum_{j=1}^{c}\left(\sum_{i=1}^{r} n_{ij}\right)^2}}$$

τ_c统计量（Kendal Tau-c）的定义为：

$$\tau_c = \frac{P-Q}{n^2(m-1)m}$$

式中，$m = \min(r，c)$。

这三个统计量的取值均在–1.0～1.0 之间，值接近于 1.0 表示正关联，接近于–1.0 表示负关联，等于 0 表示没有相关关系。

9.2　SAS 中的属性数据分析

SAS 中可以使用“分析家”或通过编程实现属性数据分析。由于 SAS 中专门用于列联分析的过程是 FREQ 过程，而“分析家”又是调用 FREQ 过程实现列联分析的，所以下面只介绍使用“分析家”实现列联分析的方法。通过“分析家”所生成的过程代码可以学习掌握 FREQ 过程。

9.2.1　2×2 表的分析

【例 9-1】　为了探讨吸烟与慢性支气管炎有无关系，调查了 339 人，情况如表 9-2 所示。

表 9-2　吸烟与慢性支气管炎的关系调查表　　（单位：人）

	患慢性支气管炎	未患慢性支气管炎
吸烟	43	162
不吸烟	13	121

设想有两个随机变量：x 表示吸烟与否，y 表示患慢性支气管炎与否。检验吸烟与患慢性支气管炎有无关系，即检验 x 与 y 是否相互独立。

原假设 H_0：x 与 y 相互独立。

表 9-2 中数据使用如下代码存入数据集 mylib.bron，形式如图 9-2 所示。

```
data mylib.bron;
   input   x $    y $    numcell;
   label x = '吸烟'    y = '慢性支气管炎';
   cards;
   吸烟    患病    43
   吸烟    未患    162
   不吸烟    患病    13
   不吸烟    未患    121
;
Run;
```

	吸烟	慢性支气管炎	numcell
1	吸烟	患病	43
2	吸烟	未患	162
3	不吸烟	患病	13
4	不吸烟	未患	12[illegible]

图 9-2　数据集 mylib.zqgy

1．分析步骤

1）在“分析家”中，打开数据集 Mylib.bron。

2）选择菜单 Statistics（统计）→Table Analysis（列联表分析），打开 Table Analysis 对话框。

3）选中变量 smoke，单击 Row 按钮，将其移到行变量框中；选中变量 bron，单击 Column 按钮，将其移到列变量框中；选中变量 numcell，单击 Cell Counts 按钮，将其移到单元格计数框中，如图 9-3 所示。

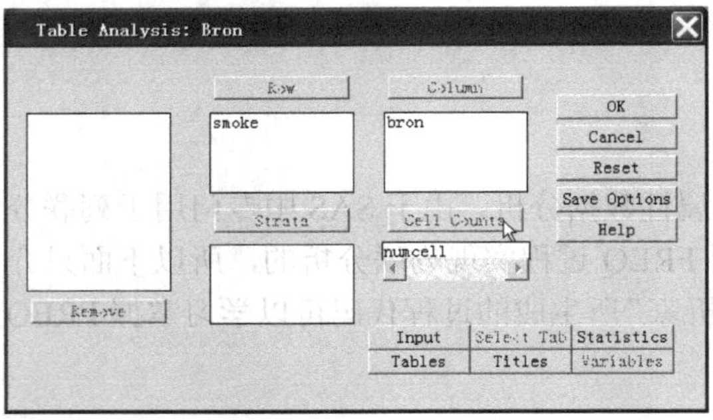

图 9-3　Table Analysis 对话框

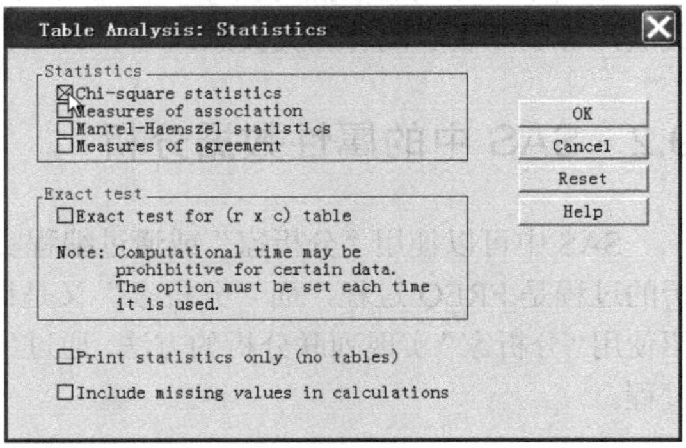

图 9-4　Table Analysis：Statistics 对话框

图中右下方的 6 个按钮的功能如下：

Input：设置输入变量值的顺序。

Select Tab：选择分层列联表，设置了分层变量（Strata）后才能使用。

Statistics：设置统计量。

Tables：设置显示表的频数与百分位数。

Titles：设置输出显示的标题。

Variables：设置分组变量，变量列表中非空时才能使用。

4）为了使用χ^2 统计量检验变量的关联性，单击 Statistics 按钮，打开 Table Analysis：Statistics 对话框，选中 Statistics 栏下的 Chi-square Statistics 复选框，如图 9-4 所示。

在此对话框中可进行如下设置：

- Statistics —— 设置统计量。其中，Chi-square statistics：χ^2 统计量；Measures of association：联合度量；Mantel-Haenszel statistics：曼特尔-亨塞尔统计量；Measures of agreement：一致性度量。
- Exact test —— 设置精确检验。Exact test for(r × c) table：行×列(r × c)表的精确检验。
- Print statistics only(notables)：设置仅打印（显示）统计量（没有表）。
- Include missing values in calculations：计算时包含缺失值。

单击 OK 按钮，返回。

5）为了在列联表中显示各种频数、百分数，单击 Tables（列联表）按钮，打开 Table Analysis：Tables 对话框。选中 Frequencies（频数）栏下的 Expected（期望）复选框，取消 Percentages（百分数）栏下的复选框，如图 9-5 所示。

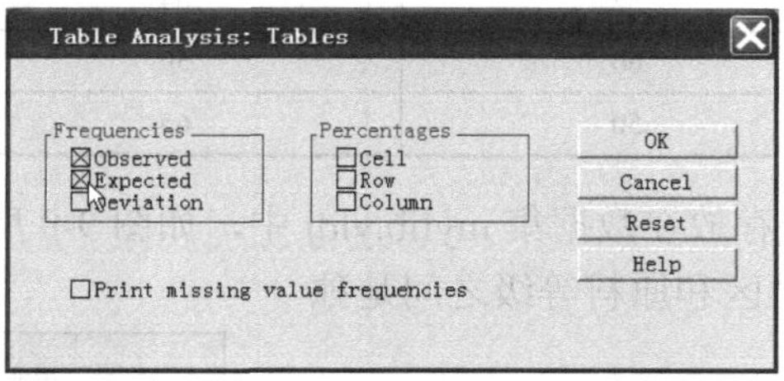

图 9-5　Table Analysis：Tables 对话框

在此对话框中可进行如下设置：

- Frequencies —— 设置频数。Observed：观察频数；Expected，期望频数；Deviation，差值频数。
- Percentages —— 设置百分数。Cell：单元格百分数；Row：行百分数；Column：列百分数。
- Print missing value frequencies —— 打印缺失值频数。单击 OK 按钮，返回；单击 OK 按钮，得到分析结果。

2．结果分析

列联表中列出了表格单元的观测频数（上一行）和在原假设下的期望频数（下一行），可以看出，吸烟人中患病的观测频数比期望频数大（见图 9-6），说明吸烟与患病有一定关系。

进一步检验的结果只要看后面（见图 9-7）统计量部分的 Chi Square 一行，其值为 7.4688，p 值为 0.0063，所以应拒绝原假设，从而作出结论：吸烟与患慢性支气管炎是有关联的。当然，这个关联度不是很大，三个关联度系数均在 0.15 左右。

对于两行两列的表格 FREQ 过程自动给出 Fisher 精确检验的结果，其双侧检验 p 值为 0.0069，应拒绝原假设。如图 9-8 所示。

9.2.2　$r\times c$ 表的分析

【例 9-2】　一种原料来自三个不同的地区，原料质量被分成三个不同的等级。从这批原料中随机抽取 500 件进行检验，结果如表 9-3 所示。要求检验各个地区和原料质量之间是否存在依赖关系。

```
Table of smoke by bron
smoke(吸烟)     bron(慢性支气管炎)

Frequency
Expected  |患病     |未患     |  Total
----------+---------+---------+
不吸烟     |      13 |     121 |    134
          |  22.136 |  111.86 |
----------+---------+---------+
吸烟       |      43 |     162 |    205
          |  33.864 |  171.14 |
----------+---------+---------+
Total            56       283      339
```

图 9-6　吸烟与患病的列联表

```
Statistics for Table of smoke by bron

Statistic                       DF       Value      Prob
------------------------------------------------------
Chi-Square                       1      7.4688    0.0063
Likelihood Ratio Chi-Square      1      7.9250    0.0049
Continuity Adj. Chi-Square       1      6.6736    0.0098
Mantel-Haenszel Chi-Square       1      7.4467    0.0064
Phi Coefficient                        -0.1484
Contingency Coefficient                 0.1468
Cramer's V                             -0.1484
```

图 9-7　列联表的统计量

```
     Fisher's Exact Test
----------------------------------
Cell (1,1) Frequency (F)        13
Left-sided Pr <= F          0.0041
Right-sided Pr >= F         0.9985

Table Probability (P)       0.0026
Two-sided Pr <= P           0.0069
```

图 9-8　Fisher 精确检验

表 9-3　原料抽样的结果　　　　（单位：件）

	一　级	二　级	三　级
甲地区	52	64	24
乙地区	60	59	52
丙地区	50	65	74

设表 9-3 中的数据已经存放在数据集 mylib.yldj 中，如图 9-9 所示。

检验的原假设为 *H*0: 地区和原料等级之间是独立的（不存在依赖关系）。

	x	y	numcell
1	甲地区	1	52
2	乙地区	1	60
3	丙地区	1	50
4	甲地区	2	64
5	乙地区	2	59
6	丙地区	2	65
7	甲地区	3	24
8	乙地区	3	52
9	丙地区	3	74

图 9-9　数据集 mylib.yldj

1．分析步骤

1）在“分析家”中，打开数据集 Mylib.yldj。

2）选择菜单 Statistics（统计）→Table Analysis（列联表分析），打开 Table Analysis 对话框。

3）选中变量 *x*，单击 Row 按钮，将其移到行变量框中；选中变量 *y*，单击按钮 Column，将其移到列变量框中；选中变量 *numcell*，单击按钮 Cell Counts，将其移到单元格计数框中，如图 9-10a 所示。

4）为了使用χ^2 统计量检验变量的关联性，单击 Statistics 按钮，打开 Table Analysis: Statistics 对话框，选中 Statistics 栏下的 Chi-square Statistics 复选框；考虑对列联表作 Fisher 精确检验，选中 Exact test 栏下的 Exact test for (r x c) table 复选框，如图 9-10b 所示。

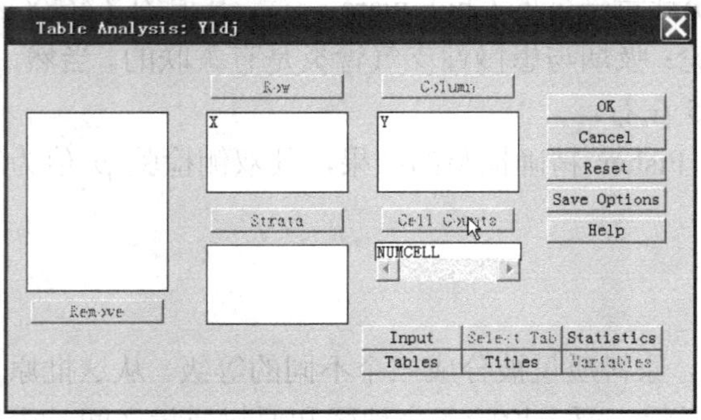

a)

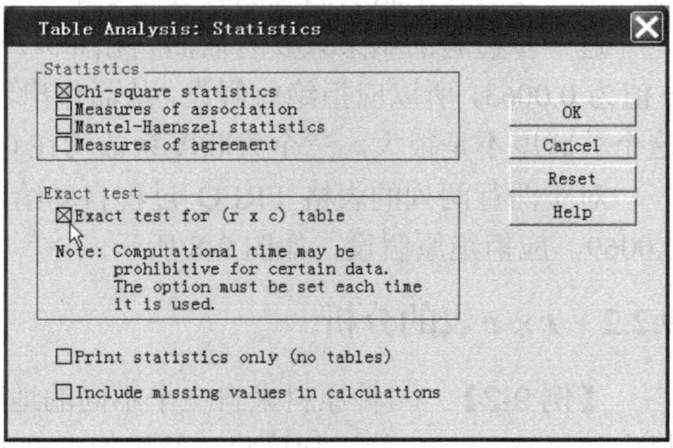

b)

图 9-10　Table Analysis 对话框

单击 OK 按钮，返回。

5）为了在列联表中显示各种频数、百分数，单击 Tables（列联表）按钮，打开 Table Analysis: Tables 对话框。选中 Frequencies（频数）栏下的 Expected（期望）复选框，取消 Percentages（百分数）栏下的复选框，如图 9-11 所示。

两次单击 OK 按钮，得到分析结果。

2．结果分析

列联表（见图 9-12）中列出了表格单元的观测频数（上一行）和在原假设下的期望频数（下一行）。

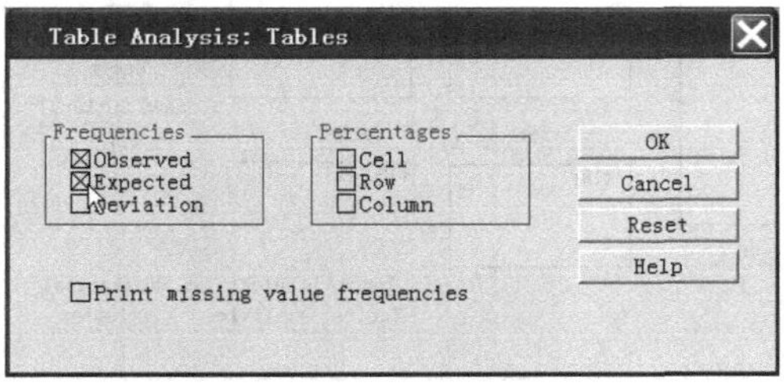

图 9-11　Table Analysis：Tables 对话框

```
                 Table of X by Y

X(x)       Y(y)

Frequency|
Expected |       1|       2|       3|  Total
---------+--------+--------+--------+
丙地区   |     50 |     65 |     74 |    189
         | 61.236 | 71.064 |   56.7 |
---------+--------+--------+--------+
甲地区   |     52 |     64 |     24 |    140
         |  45.36 |  52.64 |     42 |
---------+--------+--------+--------+
乙地区   |     60 |     59 |     52 |    171
         | 55.404 | 64.296 |   51.3 |
---------+--------+--------+--------+
Total        162      188      150      500
```

图 9-12　地区与原料等级的列联表

进一步检验的结果要看（见图 9-13）统计量部分的 Chi Square 一行，其值为 19.8225，p 值为 0.0005，所以应拒绝原假设，从而作出结论：地区与原料等级是有关联的。这里的关联度系数取值分别是 0.1991、0.1953、0.1408。

图 9-14 给出 Fisher 精确检验结果，其双侧检验 p 值远小于 0.05，也应拒绝原假设。

```
          Statistics for Table of X by Y

Statistic                     DF       Value      Prob
------------------------------------------------------
Chi-Square                     4     19.8225    0.0005
Likelihood Ratio Chi-Square    4     20.7323    0.0004
Mantel-Haenszel Chi-Square     1      4.6857    0.0304
Phi Coefficient                       0.1991
Contingency Coefficient               0.1953
Cramer's V                            0.1408
```

图 9-13　列联表的统计量

```
       Fisher's Exact Test
----------------------------------
Table Probability (P)    2.694E-09
Pr <= P                  3.856E-04
```

图 9-14　Fisher 精确检验

9.2.3　分层列联表分析

对 294 人进行性别（sex）、饮酒（drink）与抑郁症（cases）关系的调查，结果见表 9-4。要求检验三者之间是否存在关联性。

表 9-4　性别、饮酒与抑郁症关系的调查　　（单位：人）

	饮　酒		不　饮	
性　别	正　常	患　病	正　常	患　病
男	87	8	14	2
女	106	33	37	7

设表 9-4 的数据已经存放在数据集 mylib.cesd 中，形式如图 9-15 所示。

1．分析步骤

1）在“分析家”中，打开数据集 Mylib.cesd。

2）选择菜单 Statistics（统计）→Table Analysis（列联表分析），打开 Table Analysis 对话框。

3）选中变量 *sex*，单击 Row 按钮，将其移到行变量框中；选中变量 *cases*，单击按钮 Column，将其移到列变量框中；选中变量 *drink*，单击按钮 Strata，将其移到分层变量框中；选中变量 *numcell*，单击按钮 Cell Counts，将其移到单元格计数框中，如图 9-16 所示。

	SEX	CASES	DRINK	NUMCELL
1	男	正常	饮酒	87
2	女	正常	饮酒	106
3	男	患病	饮酒	8
4	女	患病	饮酒	33
5	男	正常	不饮	14
6	女	正常	不饮	37
7	男	患病	不饮	2
8	女	患病	不饮	7

图 9-15　数据集 mylib.cesd

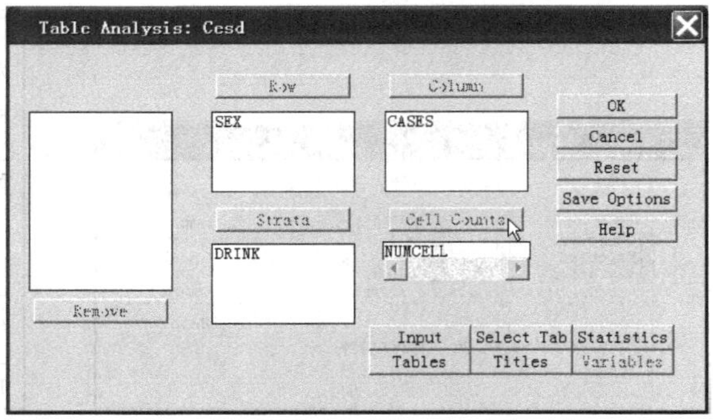

图 9-16　“Table Analysis”对话框

4）单击 Select Tab（选择表）按钮，打开 Table Analysis：Select Tab 对话框。在 Select tables（选择列联表或分层表）选项区域中选择 SEX * CASES，DRINK * SEX * CASES 两项，如图 9-17 所示。

单击 OK 按钮返回。

5）单击 Statistics（统计量）按钮，打开 Table Analysis：Statistics 对话框，选中 Statistics 栏下的 Chi-square Statistics 复选框，如图 9-18 所示。

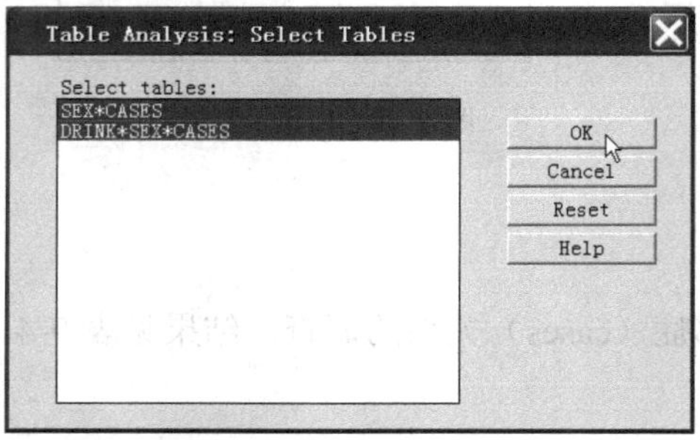

图 9-17　Table Analysis：Select Tab 对话框

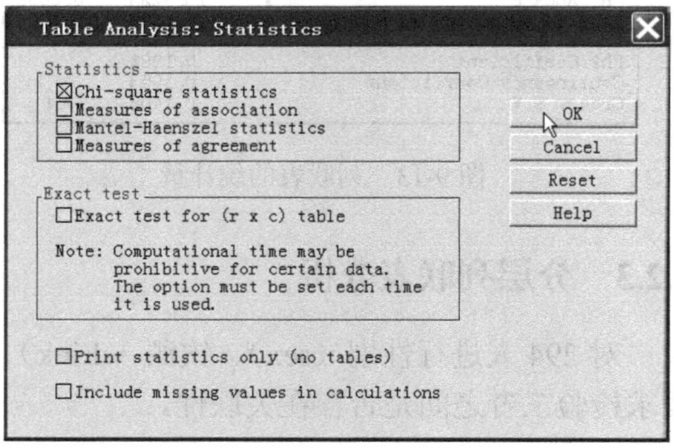

图 9-18　Table Analysis：Statistics 对话框

单击 OK 按钮返回。

6）单击 Tables（列联表）按钮，打开 Table Analysis：Tables 对话框。选中 Frequencies（频数）栏下的 Expected（期望）复选框，取消 Percentages（百分数）栏下的复选框，如图

9-19 所示。

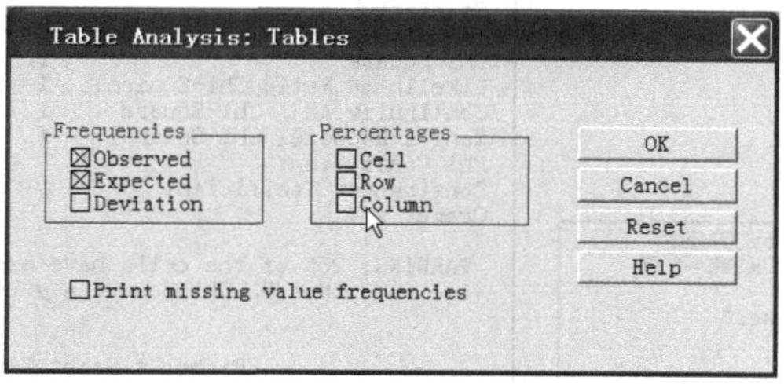

图 9-19　Table Analysis：Tables 对话框

两次单击 OK 按钮，得到分析结果。

2．结果分析

结果分为三个部分：不论饮酒与否、只考虑饮酒者、只考虑不饮酒者。

1）不论饮酒与否：列联表（图 9-20a）列出了表格单元的观测频数（上一行）和在原假设下的期望频数（下一行）。可以看出女性患抑郁症的频数大于期望频数，因此有可能女性比男性更易患抑郁症。

```
            Table of SEX by CASES

SEX(sex)        CASES(cases)

Frequency|
Expected |患病     |正常     |  Total
---------+--------+--------+
男       |     10 |    101 |    111
         | 18.878 | 92.122 |
---------+--------+--------+
女       |     40 |    143 |    183
         | 31.122 | 151.88 |
---------+--------+--------+
Total          50      244      294
```

a)

```
          Statistics for Table of SEX by CASES

Statistic                       DF       Value      Prob
---------------------------------------------------------
Chi-Square                       1      8.0815    0.0045
Likelihood Ratio Chi-Square      1      8.7268    0.0031
Continuity Adj. Chi-Square       1      7.1968    0.0073
Mantel-Haenszel Chi-Square       1      8.0541    0.0045
Phi Coefficient                        -0.1658
Contingency Coefficient                 0.1636
Cramer's V                             -0.1658


                    Fisher's Exact Test
             ----------------------------------
             Cell (1,1) Frequency (F)        10
             Left-sided Pr <= F          0.0028
             Right-sided Pr >= F         0.9991

             Table Probability (P)       0.0019
             Two-sided Pr <= P           0.0040

                    Sample Size = 294
```

b)

图 9-20　性别与抑郁症的列联表

进一步检验的结果要看χ^2检验与 Fisher 精确检验结果。由图 9-20b 看出χ^2统计量的值为 8.0815，p 值为 0.0045；Fisher 精确检验的双侧检验 p 值为 0.040，所以应拒绝原假设，从而作出结论：男女性别与患抑郁症与否是有关联的。但是，对于 2×2 表来说，这里的 φ 系数为 –0.1658，说明性别与患抑郁症的关联度不是很大。

2）只考虑不饮酒者（Controlling for DRINK = 不饮）：从列联表（图 9-21a）和检验统计量（图 9-21b）可以看出虽然女性患抑郁症的频数略大于期望频数，但χ^2统计量的值为 0.1070，p 值为 0.7436；Fisher 精确检验的双侧检验 p 值为 1.0000，所以无法拒绝原假设，即对于不饮酒者来说，患抑郁症与性别因素无关联。

3）只考虑饮酒者（Controlling for DRINK = 饮酒）：从列联表（图 9-22a）和检验统计量（图 9-22b）可以看出女性患抑郁症的频数大于期望频数，因此有可能女性比男性更易患抑郁症。

```
        Table 1 of SEX by CASES
     Controlling for DRINK=不饮

SEX(sex)      CASES(cases)

Frequency|
Expected |患病      |正常     |  Total
---------+---------+--------+
男       |      2  |    14  |     16
         |    2.4  |  13.6  |
---------+---------+--------+
女       |      7  |    37  |     44
         |    6.6  |  37.4  |
---------+---------+--------+
Total          9        51        60
```

a)

```
      Statistics for Table 1 of SEX by CASES
           Controlling for DRINK=不饮

Statistic                       DF       Value       Prob
-----------------------------------------------------------
Chi-Square                       1       0.1070     0.7436
Likelihood Ratio Chi-Square      1       0.1104     0.7397
Continuity Adj. Chi-Square       1       0.0000     1.0000
Mantel-Haenszel Chi-Square       1       0.1052     0.7457
Phi Coefficient                         -0.0422
Contingency Coefficient                  0.0422
Cramer's V                              -0.0422

 WARNING: 25% of the cells have expected counts less
          than 5. Chi-Square may not be a valid test.

                 Fisher's Exact Test
          ----------------------------------
          Cell (1,1) Frequency (F)          2
          Left-sided Pr <= F           0.5508
          Right-sided Pr >= F          0.7602

          Table Probability (P)        0.3111
          Two-sided Pr <= P            1.0000

                  Sample Size = 60
```

b)

图 9-21　只考虑不饮酒者

```
        Table 2 of SEX by CASES
     Controlling for DRINK=饮酒

SEX(sex)      CASES(cases)

Frequency|
Expected |患病      |正常     |  Total
---------+---------+--------+
男       |      8  |    87  |     95
         | 16.645  | 78.355 |
---------+---------+--------+
女       |     33  |   106  |    139
         | 24.355  | 114.65 |
---------+---------+--------+
Total         41       193       234
```

a)

```
      Statistics for Table 2 of SEX by CASES
           Controlling for DRINK=饮酒

Statistic                       DF       Value       Prob
-----------------------------------------------------------
Chi-Square                       1       9.1649     0.0025
Likelihood Ratio Chi-Square      1       9.9163     0.0016
Continuity Adj. Chi-Square       1       8.1355     0.0043
Mantel-Haenszel Chi-Square       1       9.1257     0.0025
Phi Coefficient                         -0.1979
Contingency Coefficient                  0.1941
Cramer's V                              -0.1979

                 Fisher's Exact Test
          ----------------------------------
          Cell (1,1) Frequency (F)          8
          Left-sided Pr <= F           0.0016
          Right-sided Pr >= F          0.9996

          Table Probability (P)        0.0012
          Two-sided Pr <= P            0.0027

                  Sample Size = 234
```

b)

图 9-22　只考虑饮酒者

进一步检验的结果图 9-22b 看出χ^2统计量的值为 9.1649，p 值为 0.0025；Fisher 精确检验的双侧检验 p 值为 0.0027，所以应拒绝原假设，从而作出结论：对于饮酒者来说，男女性别与患抑郁症与否是有关联的，女性饮酒者更容易患抑郁症。

9.2.4　有序变量的关联性分析

【例 9-4】　研究奶牛种群大小与其患某种细菌性疾病的关系。牛的患病程度（disease）分为没有（0）、低（1）、高（2），牛群大小（herdsize）分为小（1）、中（2）、大（3）。根据患病程度和牛群大小记录的 9 个类中动物的头数见表 9-5。

表 9-5　奶牛疾病与牛群大小的数据

	没有（0）	低（1）	高（2）
小	9	5	9
中	18	4	19
大	11	88	136

设表 9-5 的数据已经存放在数据集 mylib.cows 中，形式如图 9-23 所示。

1．分析步骤

1）在“分析家”中，打开数据集 Mylib.cows；

2）选择菜单 Statistics（统计）→Table Analysis（列联表分析），打开 Table Analysis 对话框。

3）选中变量 herdsize，单击 Row 按钮，将其移到行变量框中；选中变量 disease，单击按钮 Column，将其移到列变量框中；选中变量 numcell，单击按钮 Cell Counts，将其移到单元格计数框中，如图 9-24 所示。

	牛群大小	患病程度	numcell
1	1	0	9
2	1	1	5
3	1	2	9
4	2	0	18
5	2	1	4
6	2	2	19
7	3	0	11
8	3	1	88
9	3	2	136

图 9-23　数据集 mylib.cows

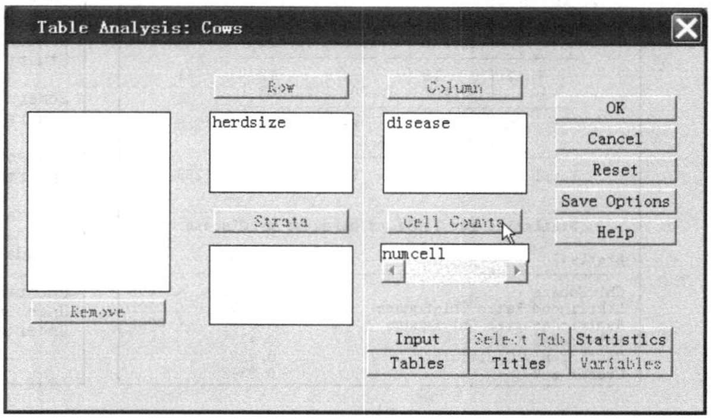

图 9-24　Table Analysis 对话框

4）单击 Statistics（统计量）按钮，打开 Table Analysis：Statistics 对话框，选中 Statistics 栏下的 Chi-square Statistics 与 Measures of association 复选框，如图 9-25 所示。

单击 OK 按钮返回。

5）单击 Tables（列联表）按钮，打开 Table Analysis：Tables 对话框。选中 Frequencies（频数）栏下的 Expected（期望）复选框，取消 Percentages（百分数）栏下的复选框，如图 9-26 所示。

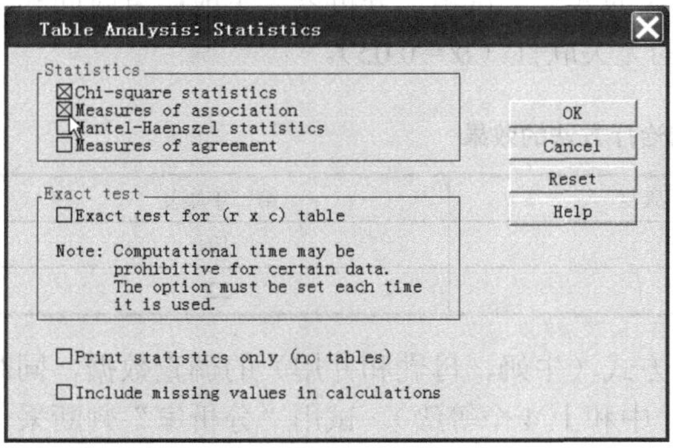

图 9-25　Table Analysis：Statistics 对话框

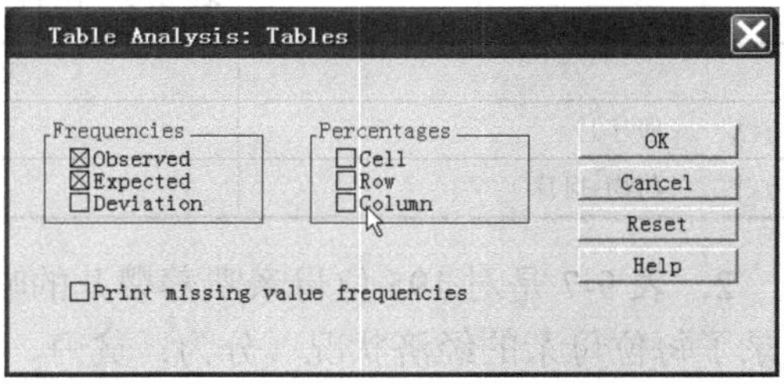

图 9-26　Table Analysis：Tables 对话框

两次单击 OK 按钮，得到分析结果。

2．结果分析

列联表（见图 9-27a）列出了表格单元的观测频数（上一行）和在原假设下的期望频数

（下一行）。从列联表中实际频数与期望频数的对比可以看出，小的种群患病比期望频数轻，大的种群患病比期望频数重，即患病程度与种群大小有正的关联。

χ^2 统计量的值为 67.0411，p 值为 0.0001，所以应拒绝原假设，从而作出结论：患病程度与种群大小是有关联的。而且，这里的 c 系数达 0.4280，说明患病程度与种群大小的关联度是相当大的。

```
                The FREQ Procedure

           Table of herdsize by disease

   herdsize(牛群大小)      disease(患病程度)

   Frequency|
   Expected |       0|       1|       2|  Total
   ---------+--------+--------+--------+
          1 |      9 |      5 |      9 |     23
            | 2.9231 | 7.4615 | 12.615 |
   ---------+--------+--------+--------+
          2 |     18 |      4 |     19 |     41
            | 5.2107 | 13.301 | 22.488 |
   ---------+--------+--------+--------+
          3 |     11 |     88 |    136 |    235
            | 29.866 | 76.237 |  128.9 |
   ---------+--------+--------+--------+
   Total          38       97      164      299

      Statistics for Table of herdsize by disease

Statistic                       DF       Value      Prob
---------------------------------------------------------
Chi-Square                       4     67.0411    <.0001
Likelihood Ratio Chi-Square      4     56.6417    <.0001
Mantel-Haenszel Chi-Square       1     23.6359    <.0001
Phi Coefficient                         0.4735
Contingency Coefficient                 0.4280
Cramer's V                              0.3348
```

a)

```
     Statistics for Table of herdsize by disease

Statistic                                 Value       ASE
----------------------------------------------------------
Gamma                                    0.4113    0.1009
Kendall's Tau-b                          0.2173    0.0606
Stuart's Tau-c                           0.1482    0.0436

Somers' D C|R                            0.2762    0.0780
Somers' D R|C                            0.1710    0.0482

Pearson Correlation                      0.2816    0.0660
Spearman Correlation                     0.2331    0.0656

Lambda Asymmetric C|R                    0.0000    0.0000
Lambda Asymmetric R|C                    0.1094    0.0794
Lambda Symmetric                         0.0352    0.0264

Uncertainty Coefficient C|R              0.0990    0.0256
Uncertainty Coefficient R|C              0.1437    0.0375
Uncertainty Coefficient Symmetric        0.1172    0.0302

                 Sample Size = 299
```

b)

图 9-27　患病程度与种群大小的列联表

由图 9-27b 看出，算出 Kendall 的 Tau-b 统计量值为 0.2173，其标准误差（ASR）为 0.0606，用统计量值加减两倍标准误差作为 Kendall 的 Tau-b 的 95%置信区间，可算得（0.0961，0.3385）在零点右边，所以可以认为患病程度和牛群大小之间的有序关联是显著的。

9.3 习题

1．表 9-6 是对外伤施行的两种不同治疗方法的效果。试用“分析家”生成康复时间和治疗方法的列联表；并检验康复时间和治疗方法的无关联性（$\alpha = 0.05$）。

表 9-6　两种不同治疗方法的效果

	第一年康复	第二年康复
方法一（理疗）	38	12
方法二（药物+卧床）	43	32

2．表 9-7 是对 195 位母亲喂养婴儿的哺育方式（牛奶、母乳和并用）的调查数据，同时记录了每位母亲的经济状况（分为：贫穷、下、中和上 4 个等级）。试用“分析家”判断采用的哺育方式是否与母亲的经济状况相关（$\alpha = 0.01$）。

表 9-7　婴儿哺育方式和母亲经济状况的数据

	贫　穷	下	中	上
牛奶	30	15	11	12

（续）

	贫　穷	下	中	上
母乳	7	18	19	29
并用	5	23	7	19

3．为比较两种工艺对产品的质量是否有影响，对其产品进行抽样检查，结果见表 9-8。

表 9-8　产品抽样结果　（单位：件）

	合　格	不 合 格	小　计
工艺一	3	4	7
工艺二	6	4	10
小计	9	8	17

注：因抽查的产品数量 n 少，虽然单元频数 n_{ij} 均大于 0，但期望频数 m_{ij} 多数小于 5，故 χ^2 检验不适合，应使用 Fisher 精确检验.

4. 表 9-9 记录了某公司在过去 6 个月中的顾客信息，其中包括顾客的性别（sex：男和女），顾客的年收入（income：低、中和高）和购买价值（purchase：1=大于等于 100 元，0=小于 100 元），共记录了 431 位顾客的资料。试用“分析家”完成以下练习：

1）生成购买价值与顾客年收入和顾客性别的列联表，并分析购买行为与性别及收入高低的联系；然后检验购买价值与顾客的年收入及顾客的性别是否有关联性。

2）把性别（sex）作为分层变量生成购买价值与顾客年收入的列联表，并分析比较男女顾客中收入高低的人群的购买行为。

3）对有序变量购买价值与顾客年收入检验是否有显著的有序关联性，并计算关联性统计量。

表 9-9　某公司记录的顾客信息

	价值<100 元		价值≥100 元	
	男	女	男	女
低收入	35	55	8	34
中收入	58	40	15	31
高收入	37	44	38	36